Tom Arheim • Bjørn Hafsten • Bjørn Olsen • Sverre Thuve

FRA SPITFIRE TIL F-16

LUFTFORSVARET 40 ÅR 1944–1984

Oslo 1984

ISBN 82-7046-0389

Omslag: Bjørn Wallin
Tegninger: © Tom Arheim
Sats, paste-up og trykk: PDC a.s Bryne, Aurskog 1984

Innledning

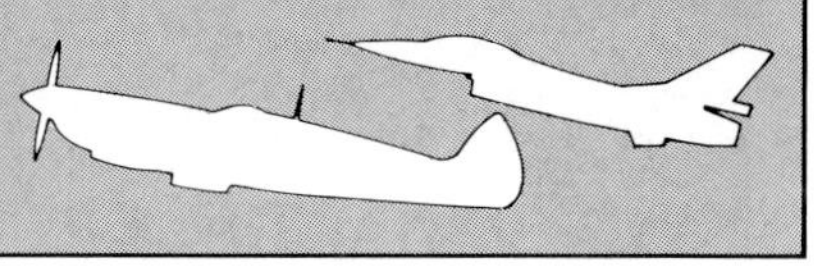

"Fra Spitfire til F-16" er den første samlede fremstilling av Luftforsvarets virksomhet. Det ble derfor mye upløyet mark å gå igjennom, spesielt fordi store deler av forsvarsgrenens egne arkiver fra 1945 til 1960 er makulert. Takket være notater gjort på et tidligere tidspunkt, kunne man imidlertid rekonstruere de fleste viktige hendingene.

For de siste 15—20 årene er mye av det stoffet man gjerne skulle ha hatt med, pålagt sikkerhetsmessige begrensninger, noe som alltid vil være et forståelig problem i forbindelse med Forsvaret.

Fra forfatternes side er det bevisst lagt vekt på den kanskje viktigste fasen i Luftforsvarets historie som selvstendig forsvarsgren, nemlig etableringen og gjenoppbyggingen i Norge etter krigen. Hovedretningslinjene i utbyggingen er gitt en så bred behandling som mulig, og dette stoffet må også ses i sammenheng med de deler av boken som omhandler skvadroner, skoler og stasjoner.

De fleste vil fort merke seg at navn på enkeltpersoner kun unntaksvis er tatt med i den generelle teksten. Dette er bevisst gjort — både fordi boken først og fremst er ***forsvarsgrenens*** *historie og på grunn av at man i en bok av dette format umulig kan få med alle som fortjener å bli nevnt uten at det hele vil virke som en navneoppramsing.*

Forfatterne, som har mange års arbeide innen norsk flyhistorie bak seg, har ønsket å gi en fremstilling som kan leses av et så bredt publikum som mulig og ikke bare er beregnet på eksperter.

Vi ønsker Luftforsvaret til lykke med 40-års jubiléet!

Tom Arheim   Bjørn Hafsten   Bjørn Olsen   Sverre Thuve

Forord

I løpet av de åtti år som har gått siden den første bemannede og kontrollerte flukt i et motordrevet fly ble foretatt, har vår klode vært igjennom to verdenskriger og opplevd en rekke begrensede konflikter hvor fly har vært anvendt som stridsmiddel.

Allerede innen første verdenskrig brøt ut, forelå det spredte betraktninger om flyets militære betydning, men det var erfaringene fra dets bruk under krigen som førte til at det frem av skepsis og konservatisme, både blant politikere og høyere militære ledere, vokste en gryende forståelse for at beherskelsen av luftrommet over slagmarken ville være en dominerende faktor i fremtidige konflikter.

Taktiske og strategiske doktriner for anvendelse av luftstyrker ble lansert. Deres holdbarhet ble senere testet i Etiopia, i Kina — og i særdeleshet i Spania, som nærmest ble et flyteknikkens og taktikkens blodige prøvefelt. For ett av de diktaturer som deltok her skulle erfaringene vise seg særdeles verdifulle for det ragnarokk som ble utløst i september 1939. Det var fortsettelsen av dette som førte til at en beskjeden oppsetning av umoderne og skralt bevepnede norske flystyrker i 1940 fikk sin ilddåp og fikk føle på skinnet hva begrepene luftmakt, luftherredømme og luftoverlegenhet innebar.

Ingen seksårsperiode i flygingens historie kan vise til en så dramatisk utvikling innen feltene flyteknologi, lufttaktikk og luftstrategi som perioden 1939-45. Norske flybesetninger i England fikk erfare dette. Med flymateriell av en helt annen kvalitet enn det som var tilgjengelig i april 1940 deltok de i luftoperasjoner som dekket flyets totale anvendelsesspektrum.

Historien om de norske flystyrkers innsats under den annen verdenskrig er ikke bare en summarisk beretning om planer, organisasjon, styrkedisponering, trefninger og resultater gjennom fem år. Den er også en historie om ledende offiserers forutseenhet, om menneskelig vågemot, om kampvilje og avdelingsånd og om liv som gikk tapt på veien mot freden i 1945. De flystyrker og besetninger som i maidagene dette året returnerte Norge etter fem års utlendighet var et garvet og hardt prøvet korps. De returnerte organisert i en forsvarsgren — Luftforsvaret. Den hadde bare rukket å bli et halvt år gammel. Men i den lå kjernen til det lederskap og den faglige kvalitet som etterkrigstidens Luftforsvar skulle vokse frem og utvikles under.

I dag fremstår forsvarsgrenen med materiell og utstyr som man for 40 år siden ikke en gang kunne drømme om. Datateknologi og mikroprosessorer har gjort sitt inntog og funnet plass i de forskjellige våpensystemer. Moderniseringen er et produkt av våpenteknologiske gjennombrudd og endringer i våre sikkerhetspolitiske omgivelser. Den har vært nødvendig for

at Luftforsvarets ressurser ut fra almengyldige anvendelsesprinsipper skal kunne bidra til løsning av de oppgaver et balansert forsvar er pålagt.

En del viktige milepeler er passert på veien frem til dagens Luftforsvar. Men det har også vært nødvendig å forsere enkelte hindere. Stigende omkostninger på materiellanskaffelsessiden og for forsvarsgrenens daglige drift har nødvendiggjort rasjonaliseringstiltak og organisasjonsjusteringer som har grepet inn i såvel forsvarsgrenens virksomhetsform som i enkeltmenneskers tilværelse. Dette har til tider vært en smertefull prosess. På bemanningssiden har det forekommet svingninger som skyldes Forsvarets manglende konkurranseevne på det sivile arbeidsmarked.

Dette til tross har forsvarsgrenen i løpet av etterkrigstiden maktet å opprettholde en høy faglig standard og den har alle forutsetninger for å kunne møte nye utfordringer.

Magne T. Sørensen
Generalmajor
Generalinspektør for Luftforsvaret

In memoriam

Til minne om dem som har mistet livet
under aktiv tjeneste i Luftforsvaret.

Innhold

Innledning ... 3

Forord ... 4

In memoriam ... 5

To flyvåpen
- To flyvåpen før krigen ... 7
- Luftkrigen i Norge ... 14
- I landflyktighet ... 19
- Etterretningsflyginger i Sverige ... 25
- Fra krig til fred ... 26
- Forsvarsgrenens navn ... 28

I et fritt Norge
- Hjemme igjen ... 29
- De britiske flyavdelinger i Norge 1945 ... 34
- Engangsanskaffelsen ... 37
- Treårsplanen 1946 – 49 ... 39
- Forsvarskommisjonen av 1946 og seksårsplanen 1949 – 55 ... 44
- Norges inntreden i NATO og våpenhjelpen ... 45
- Organisasjonsendringer ... 49
- Utviklingen i første halvpart av 50-årene ... 50
- Ground Controlled Approach (GCA) ... 51
- Hovedretningslinjer for Forsvaret fra 1957 ... 52
- Opprettelsen av Luftkommando Sør-Norge ... 52
- Styrkemålsetting for perioden 1964—68 ... 53
- Operasjon "Pingvin" ... 54
- Over til supersoniske jagerfly ... 56
- Langtidsplanen 1969 – 73 ... 58
- Forsvarskommisjonen av 1974 ... 59
- Langtidsplanen 1974 – 78 ... 59
- Collocated Operating Bases (COB) ... 60
- Militære flyruter ... 60
- Sivil og militær lufttrafikk ... 61
- I FN's tjeneste ... 62
- Kvinner i Luftforsvaret ... 64
- F-16 Fighting Falcon ... 66
- 1984 – Nåtid og fremtid ... 67

Skvadroner og avdelinger
- 330 skvadron ... 70
- 331 skvadron ... 76
- 332 skvadron ... 85
- 333 skvadron ... 92
- 334 skvadron ... 99
- 335 skvadron ... 106
- 336 skvadron ... 113
- 337 skvadron ... 118
- 338 skvadron ... 123
- 339 skvadron ... 127
- 717 skvadron ... 130
- 718 skvadron ... 134
- 719 skvadron ... 139
- 720 skvadron ... 142
- Feltartilleriets Fly-OP-tjeneste ... 145
- Luftforsvarets småflyavdelinger ... 147
- Luftforsvarets ACRO-team ... 153
- Kjennetegn og merker på fly 1940 – 84 ... 156

Luftvernartilleriet
- Luftvernartilleriet ... 167
- NIKE-bataljonen ... 172

Stasjoner og skoler
- Luftforsvarets kontroll- og varslingssystem ... 177
- Luftforsvarets forsyningskommando – Kjeller ... 187
- Luftforsvarets stasjoner ... 190
- Luftforsvarets skoler ... 204

Tillegg
- Forsvarsgrenens sjefer ... 216
- Luftforsvarets flyoppsettinger ... 219
- Forkortelser ... 222
- Bibliografi ... 223
- Forfatternes takk ... 224

To flyvåpen

To flyvåpen før krigen

De to tradisjonelle forsvarsgrenene før første verdenskrig var Hæren og Marinen. Da flymaskiner, eller aeroplaner, like etter århundreskiftet gjorde sitt inntog, var det til å begynne med ingen som la vekt på disse nyskapningene i militær sammenheng. Krigføring foregikk enten til lands eller til sjøs — ikke i luften.

Imidlertid var det enkelte som tidlig så klart at luftfartøyer kom til å spille en rolle i fremtidig krigføring, og det gikk ikke lenge før de militære myndigheter i forskjellige land begynte å interessere seg for "flyveapparater". Fordelene fremfor ballonger og luftskip, som allerede i en viss utstrekning var i militær bruk, var åpenbare. Flere og flere nasjoner opprettet luftvåpen, gjerne i tilknytning til hær og marine.

Her hjemme i Norge gikk det noen år før vi fikk se de første fly. Det første tiåret etter århundreskiftet fremkalte ikke den store interessen for luftfart. Riktignok ble det eksperimentert med ballonger og drager, både på sivilt og militært hold, men uten noen særlig oppslutning på høyeste hold. Først da Norsk Luftseiladsforening ble stiftet i mai 1909, kom det litt fart i sakene. Foreningen, som hadde et sterkt innslag av militære medlemmer, forsøkte samme år å skaffe midler til kjøp av fly og utstyr, men dette slo feil. Derimot var foreningen ganske virksom på ballongområdet de første årene og arrangerte sammen med avisen "Tidens Tegn" de første flyginger i Norge i 1910. Flygingene var rene oppvisninger og ble utført av den svenske baron Cederström med et Bleriot monoplan.

Dette førte til at Stortinget i årene 1909 – 12 bevilget små summer til et "flyvevæsen". Midlene skulle dekke utgifter til undersøkelser med henblikk på fremtidig bruk av fly i Forsvaret. Noe av disse knappe bevilgningene ble utbetalt som støtte til mer eller mindre geniale norske flykonstruksjoner, som det fantes endel av på den tiden.

Rumpler Taube "Start" fotografert under sin tjeneste i Marinens flyvevæsen. Flyet hadde opprinnelig hjulunderstell, men ble i 1913 påmontert flottører og stasjonert på Møringen. "Start" havarerte en rekke ganger, men ble alltid reparert og kom i tjeneste igjen. Flyet ble benyttet frem til våren 1916 og var også i luften noen ganger i forbindelse med 10-års jubileet for den første flygingen som ble feiret i 1922. "Start" befinner seg nå på Norsk Teknisk Museum i Oslo.

Først i 1912 ble det litt fart i sakene. Luftseiladsforeningen, anført av ingeniørkaptein i Hæren, Einar Sem-Jacobsen, gikk ut med en storstilt landsinnsamling for en norsk "luftflaade". I en brosjyre som ble delt ut, ble ". . . aeroplanenes betydning for Forsvaret . . ." fremholdt i tekst og bilder.

Ennå før innsamlingen kom igang kom det rykter om nye svenske oppvisninger i Norge, med bl.a. overflyging av Marinens hovedbase i Horten. Dette falt de norske marineoffiserer tungt for brystet, og den 19. april 1912 ble det dannet en komité i Horten med sikte på å samle penger til kjøp av fly og utdannelse av flyger.

Denne innsamlingen gikk langt bedre enn den i 1909. Allerede den 30. april kunne premierløitnant Hans Fleischer Dons, som av komitéen var uttatt til flyger og sendt til Tyskland for utdannelse, etter fullmakt bestille et fly, en Rumpler Taube endekker, en vanlig tysk militærmaskin i de dager.

Den videre historie er relativt godt kjent. Dons fikk bare delvis fullført sin flygerutdannelse før han måtte returnere til Norge sammen med flyet. Ennå hadde ikke noen svenske vist seg over Horten, selv om en hadde fløyet over Kristiania. Det hastet å komme i luften.

Den første norske "militære" flyging fant sted den 1. juni 1912 fra Gannestadjordet i Borre. Taube-flyet var døpt "Start", og premierløitnant Dons fløy i 35 minutter til Øra ved Fredrikstad, en strekning på 48 km. Utover sommeren ble det utført flere flyginger rundt Kristianiafjorden. Den 4. august samme år ble imidlertid "Start" med tilbehør og utstyr, bl.a. et flyskur, donert Forsvarsdepartementet til bruk i Marinen. Marinens Flyvevæsen var et faktum.

Stortinget hadde etterhvert fått øynene opp for nødvendigheten av å bruke fly i Forsvaret, og bevilget sommeren 1912 et større beløp til utdanning av flygere utenlands. Det ble en marineoffiser og tre offiserer fra Hæren som reiste til Frankrike. Samtidig ble det for Landsinnsamlingens midler innkjøpt to fly. Disse ble gitt som gave til Hæren. Således var også Hærens Flyvevæsen et faktum. Allerede høsten 1912 kunne norske militærflygere delta i en større manøver på Hedmarken.

F.F. 2 type M.F. 15 nr. F.1 og F.7 under feltmanøvren høsten 1916. Flytypen var en norsk konstruksjon, men basert på et fransk fly. Disse maskinene ble vanligvis omtalt som Maurice Farman, og ut fra dette kommer forkortelsen M.F. fulgt av byggeåret 1915.

Mens flyvirksomheten i Marinen holdt seg i området rundt Horten, med Marinens Hovedverft som teknisk base, foretok to offiserer fra Hæren befaring pr. sykkel i området rundt Kjeller ved Lillestrøm, med tanke på en flyplass for de to Maurice Farman Longhornflyene Hærens flyvåpen disponerte.

Marinen bygget i 1913 om sitt ene fly til sjøfly ved å montere flottører. Samtidig satte Hæren igang egen flyproduksjon og oppførte et flyskur på Kjeller. Flyproduksjonen besto i første omgang av montering av et stort antall reservedeler innkjøpt fra Frankrike med de to første flyene, med tillegg av endel reservedeler produsert i Kristiania. Ialt fire slike "bastarder" ble montert i løpet av de neste par år. Etter Tryggve Grans Nordsjøflyging i 1914 ble hans Bleriot XI monoplan overlatt Hæren og satt inn i nøytralitetsvakt etter krigsutbruddet samme år.

For samme formål fikk Marinen låne en Longhorn fra Kjeller i august 1914. Flyet fikk da påmontert flottører. Et nytt flyskur ble også oppført på Karljohansvern. Til det utlånte flyet hørte det et komplett sett tegninger som Hæren hadde anskaffet med henblikk på reservedeler. Disse tegningene ble kopiert til Marinens bruk, og på grunnlag av dem ble det første flyet så konstruert. Det fikk typebetegnelsen M.F. 1 — M.F. sto for Marinens Flyvebaatfabrik. Flyet fløy første gang den 23. mai 1915, og ialt seks fly av typen ble bygget i Horten. Flyfabrikken var igang.

Flyplassen på Kjeller fotografert under en manøver i slutten av 1920-årene.

Også på Kjeller var det som nevnt flyproduksjon. Allerede i 1913 var de første planer om samarbeide mellom Hæren og Marinen på trappene. En felles flyfabrikk for begge forsvarsgrenene ville forenkle mye. Den ble foreslått lagt til Kristiania, hvor det var lettere tilgang på sivil arbeidskraft. Men både Hæren og Marinen argumenterte sterkt for adskilt virksomhet, og planene ble derfor skrinlagt av Forsvarsdepartementet.

De tidligste flytypene var spinkle maskiner bygget av tre og duk, med store doble bæreflater og motoren bak førergondolen. Motoren var som regel en vannavkjølt rekkemotor på 90 – 130 h.k. og ikke alltid til å stole på. Til å begynne med var flyene ubevæpnet, men etter krigsutbruddet fikk besetningen med seg en Krag-Jørgensen karabin og en Colt pistol. Senere ble det også montert Madsen maskingevær i en del av flyene.

Om de statlige bevilgninger hadde vært små i de første årene, endret dette seg under krigen. Såvel Forsvarsdepartementet som Storting og Regjering hadde fått øynene opp for flygingens militære betydning.

Bevilgningene var blitt så store at man i 1917 ikke maktet å utnytte midlene i produksjonen hverken i Horten eller på Kjeller, og kjøp av fly i utlandet ble aktuelt. Dette ble vanskeliggjort ved at det var krig, men etter lange forhandlinger lyktes det både Hæren og Marinen å få kjøpt fly fra Storbritannia. Dette var mer moderne fly enn man hadde hatt tidligere — med kraftigere motorer foran cockpiten og bedre manøvreringsegenskaper og bevæpning.

Marinen kjøpte Sopwith Baby, jagerfly utstyrt med flottører, mens Hæren fikk tak i fly av typen B.E.2e, to-seters speiderfly. Med disse typene ble en ny periode innen norsk militærflyging innledet, og de gamle gondonflyene forsvant etterhvert ut av bildet.

Etter en overenskomst skulle Marinens operasjonsområde være kysten og farvannene utenfor, mens Hæren skulle operere til lands. Egne serienummer på flyene ble innført i 1916. Like nummer for Marinen og ulike nummer for Hæren ble brukt for å skille de to flyvåpnene fra hverandre. Med ett unntak ble det til at Marinen kun hadde sjøfly, mens Hæren hadde fly med hjulunderstell. Dette begrenset Hærens virkefelt noe, slik at det ble Marinen som utførte større, spesielle oppdrag forskjellige steder i mellomkrigsårene. Sjøflyene kunne nemlig lettvint brukes på snø og is såvel som på vann, grunnet flottørenes konstruksjon, mens Hærens maskiner var henvist til å få påmontert ski til bruk på vinterføre. Spesielt under de store, dramatiske hendelsene i Polarområdene de neste to tiår kom dette til uttrykk.

HÆREN:

FLYGERVING

SPEIDERVING

SPEIDERVING
(senere modell)

Det eneste norsk-konstruerte jagerflyet var M.F. 9, bygget i Horten. Totalt ble 10 fly, i tre versjoner, levert Marinens flyvåpen i perioden fra 1925 til 1932. Flytypen var plaget av spinn-problemer og ble lite benyttet. Bildet viser en M.F. 9 B, nr. F.130, i Horten omkring 1930.

Mange var de flytypene som så dagens lys ved flyfabrikkene i Horten og på Kjeller opp gjennom årene, både av egne konstruksjoner og gjennom lisensproduksjon. Frem til 1940 ble det hos Marinen konstruert hele 12 egne flytyper, M.F. 1 til M.F. 12. Ikke alle var like vellykket for sine formål. Det ble bygget både skole-, bombe-, rekognoserings-, jager- og torpedofly. Vel kjent er M.F. 9, kalt Høver-jageren etter konstruktøren, direktør Johan Høver ved Marinens Flyfabrikk. 15 slike jagerfly ble bygget. Like kjent er M.F. 11, et oppklarings- og rekognoseringsfly. Hele 29 ble bygget, og typen var fremdeles i aktiv tjeneste ved krigsutbruddet i 1940.

Karljohansvern i Horten var hovedbase for Marinens flyvåpen helt fra opprettelsen høsten 1912. Basen og flyfabrikken ses i forgrunnen. Bildet er fra et besøk av 12 svenske Heinkel He 5 speiderfly i tidsrommet fra den 13. til 17. juli 1939. De besøkende flyene ligger fortøyet i bøyer ute på reden. En M.F. 11 ligger utenfor den ene slippen, og et annet norsk fly står oppe på land.
Under krigen benyttet tyskerne anleggene til sine sjøfly, og tilknytningen til maritime fly ble faktisk opprettholdt helt frem til slutten av 1960-årene med overhaling av Luftforsvarets amfibiefly.

Marinens flystasjon i Kristiansand S omkring 1930 med fire Hansa Brandenburg W.33. Flytypen "var" Marinens flyvåpen i over et ti-år fra 1921. Tilsammen 23 ble bygget på lisens i Horten, og Marinen overtok også fem liknende fly fra Hærens Festningsflyvegrupper i 1928.
Etter et havari den 25. august 1933 hvor to mann omkom, ble det konstatert material-tretthet i flyets senterseksjon, noe som resulterte i at samtlige gjenværende fly ble satt på bakken.

Utover egne konstruksjoner bygget også Marinen et stort antall fly på lisens. En rekke fly ble dessuten innkjøpt fra utlandet. Således gikk over 160 fly gjennom Marinens journaler i tiden 1912 til 1940.

Av større hendelser kan nevnes deltakelse i postflyginger langs kysten i begynnelsen av 1920-tallet i samarbeide med sivile myndigheter. Marinen utførte også en bragd da man så tidlig som i 1922 gjennomførte en langflyging Horten — Kirkenes og retur langs kysten, som en slags demonstrasjonstur.

Både i 1923, 1925 og 1928 var Marinen på Svalbard med fly av typene Sopwith Baby og Hansa Brandenburg W. 33 som sikrings- og hjelpestyrke for forskjellige polarekspedisjoner. I 1929 – 30 og 1930 – 31 var Marinen representert med en Hansa Brandenburg på to ekspedisjoner til Antarktis. I 1935 foretok en M.F. 11 den første direkte flyging Horten-Svalbard og retur, og i 1936 ble en annen M.F. 11 benyttet hele sommeren til fotografering og kartlegging av Svalbard. En M.F. II var også i 1938 på hjelpeekspedisjon i Barentshavet. I tillegg ble Marinens fly flittig benyttet i sildeleting for fiskeflåten.

Mye slit og dramatikk ligger bak en knapp oppsummering av hendelser som dem ovenfor, men det vil føre for langt å gå i detalj her, dessverre. Det må imidlertid med rette sies at pionerånden så absolutt var tilstede hos våre gamle militærflygere.

Hva skjedde så i Hærens flyvåpen i denne tiden? I likhet med Marinen benyttet de seg av både innkjøpt materiell og egne konstruksjoner, betegnet F.F. 1 til F.F. 10. Over 200 fly passerte hangarportene på Kjeller i mellomkrigstiden. Mens Marinen stasjonerte sine fly langs kysten, i Horten, Kristiansand S og Bergen, skulle Hæren dekke innlandet med stasjoner på Kjeller, Sola, Værnes og Bardufoss, etterhvert som organisasjonen av flyvåpnene skred frem.

Inntil 1928 hadde Hæren såkalte Festningsflyvegrupper med Hansa Brandenburg på flottører til støtte for kystbefestningene. Etter Forsvarsdepartementets vedtak om at alle sjøfly skulle opereres av Marinen, ble disse flyene overført til Horten, og Festningsflyvegruppene opphørte.

Etter forsøket på å etablere felles flyfabrikk i 1913 var det i 1916 forslag om sammenslåing av begge flyvåpen. Det samme gjentok seg i 1920. Til slutt ble det i Luftforsvarsutredningen av 1937 på nytt forsøkt på sammenslåing, uten at dette førte frem. Hver gang var det i det vesentlige Hærens overkommando, HOK, som var imot. Marinen var mer samarbeidsvillig.

Ved dannelsen av Flyvåpnenes felleskommando i 1941 var det derimot Marinen som stemte imot en fullstendig sammenslåing av de to forsvarsgrenenes flyvåpen til en tredje, selvstendig forsvarsgren.

De mest kjente flytyper i Hærens flyvåpen i mellomkrigstiden var F.F. 7 Hauk og F.F 9 Kaje, samt de senere lisensbygde typene Fokker og Tiger Moth. Begge de sistnevnte var i bruk ved krigsutbruddet sammen med jagerflyet Gloster Gladiator.

MARINEN:

FLYGERVING

SPEIDER/NAVIGATØRVING

NAVIGATØRVING

LUFTSKYTTERVING

FLYMEKANIKERVING

Harald Nicolaysen i F.F. 9 Kaje I nr. 45. Flyet tilhører Trøndelag flyveavdeling (TFA) og passerer her over kjente landemerker i distriktet, Værnes flyplass, Værnes kirke og Stjørdalselva.
Kaje var et norskkonstruert treningsfly, utviklet og bygget på Kjeller. Typen var meget vellykket. Ialt 19 fly ble bygget, 10 Kaje I i 1922, fire Kaje II i 1925 og fem Kaje III i 1926. De tre variantene hadde noe forskjellig vingespenn og profil, men var stor sett like.
Kaje I nr. 33 var på en rutinetur fra Værnes da flyet havarerte i Rødmosjøen den 15. juli 1931. Over 40 år senere ble maskinen lokalisert av dykkere fra Draugen Froskemannsklubb i Trondheim. Den var i forbausende god stand og ble berget i august 1975. Kaje 33 befinner seg nå på Bodø hovedflystasjon, hvor den er under restaurering av frivillige entusiaster.

Spesielle hendelser i Hærens flyvåpen var bl.a. deltakelse i forskjellige flystevner og konkurranser i Skandinavia.

Så tidlig som i 1920 var forøvrig to av Hærens flygere på en lengre ekspedisjon, da de som deltakere i en internasjonal redningsekspedisjon brakte med seg en av Hærens B.E.2e-maskiner til isødet i Karahavet ombord på en isbryter, for om mulig å komme et innefrosset russisk skip til unnsetning. Flyet kom ikke til anvendelse på grunn av forholdene, men det russiske skipet ble allikevel funnet og berget. Etter hva man vet, er dette et av de aller første planlagte forsøk på bruk av fly i Arktis.

I 1931 utførte Hæren i samarbeide med Marinen postflygninger på ruten Oslo-Göteborg. Likeledes foretok tre Fokkere i 1934 en lengre tur til minne om Trygve Grans Nordsjøflyging. Ruten gikk via København og Kontinentet til England og Skottland. Derfra fulgte man Grans rute fra 1914 over Nordsjøen til Jæren. Dette var den første virkelige langflyging utført av Hærens flygere.

Hærens flyvåpen var også ved flere anledninger involvert i ambulanseflygninger, på et tidlig tidspunkt.

En de Havilland DH 60M Moth fotografert på Kjeller. Tre fly, deriblant 105, ble innkjøpt fra fabrikken i England og kom til Norge ved årsskiftet 1929/30. Etter montering på Kjeller ble 105 tildelt Flyveskolen i februar 1930.
Året etter ble 101 og 105 tatt ut til bruk på postruter til Sverige og fikk den 30. mai sivilregistreringene N-45 og N-46. Den 10. august gikk N-46 tilbake til Flyveskolen igjen som 105 og tjenestegjorde der inntil utrangering våren 1934.
Standard Moth ble også lisensbygget på Kjeller. Seks fly ble levert sommeren/høsten 1931 og de siste fire våren påfølgende år. Flyene var meget godt likt og en god erstatning for de norskbygde flyene Hæren tidligere hadde benyttet til treningsformål. En forbedret type, DH 82 Tiger Moth, kom imidlertid snart, og seks Standard Moth ble solgt til sivilt bruk midt i 1930-årene.
Av de øvrige havarerte eller ble avskrevet fire, og de tre siste var under overhaling da krigen kom.
Standard Moth var forøvrig en norsk betegnelse. I England og andre steder er flytypen kjent som Gipsy Moth.

Hangaren på Sola høsten 1939. Flyene er Bombevingens Caproni Ca. 310 og Fokker CVE samt Tiger Moth. Noen av mannskapene bodde i hangaren, og tre av teltene deres kan ses til venstre på bildet.
Caproni-flyene kom fra Italia, og da de fire bomberne ankom Norge i 1938, skrev en optimist i et militært tidsskrift at nå hadde ingen potensiell fiende noen sjanse. Man kunne stasjonere ett fly på Østlandet, ett på Vestlandet, ett i Trøndelag og det siste i Nord-Norge — og dermed ville alle angrep kunne slås tilbake!

Etter den første verdenskrig sank forsvarsviljen. Bevilgningene ble mindre, særlig etter at nedgangstider og arbeidsløshet satte inn. I tredveårene truet "det brukne geværs" politikk ikke minst de to flyvåpen. Materiellet ble slitt og foreldet. Tjenestetiden for de vernepliktige flygere gikk ned, og det ble strammet inn på alle hold. Ute i Europa samlet uværsskyene seg. Nasjonene rustet opp, men her hjemme slet man med knappe bevilgninger og små muligheter.

Både Hærens og Marinens flyvåpen brukte mesteparten av tiåret frem til krigsutbruddet i 1940 på å lete etter og prøve å finne egnede flytyper både til treningsfly og kampfly. Flere forhold gjorde dette vanskelig, både økonomiske, politiske og tekniske. Begge flyvåpen kjøpte små antall av forskjellige flytyper for utprøving — uten resultat.

Først i 1939 ble det litt fart i sakene. Da var krigstrusselen blitt så overhengende at de bevilgende myndigheter løsnet på pengepungen. Begge forsvarsgrener sendte sine representanter til USA og andre land for å kjøpe flymateriell. Hæren bestilte 36 jagerfly og like mange stupbombefly fra henholdsvis Curtiss- og Douglasfabrikkene. I tillegg ble 15 Caproni bombefly bestilt i Italia og 10 Focke Wulf treningsfly i Tyskland.

Den første norske Curtiss Hawk H75A-6 fotografert umiddelbart før sin aller første prøvetur den 29. januar 1940 på Buffalo Municipal Airport. Prøveturen ble utført av H.L. Child, Curtiss-fabrikkens sjefsflyger.

Marinen bestilte 24 Northrop sjøpatruljefly i tillegg til 12 Heinkel He 115 torpedofly. Dessverre skulle det vise seg at disse bestillingene allerede var for sent ute. Kun seks Heinkel He 115 var levert da krigen kom.

Utover nye flytyper drev begge våre flyvåpen før krigen med eksperimentering, utprøvinger og tildels produksjon av det meste av det utstyr som skulle til i flyene, enten på egen hånd ved de respektive flyfabrikker eller i samarbeide med andre av Forsvarets bedrifter. Både flymotorer, bomber, torpedoer og maskingeværer ble produsert i Norge. Likeledes ble delvis foto- og radioutstyr laget. Norsk flyproduksjon i mellomkrigstiden var således en hel industri med mange sysselsatte og store oppgaver, selv med de relativt beskjedne midler som sto til disposisjon.

Luftkrigen i Norge

Ved utbruddet av den 2. verdenskrig i 1939 ble det klart at Norge stilte meget svakt materielt sett for å verne sin nøytralitet. Ikke bare de to flyvåpnene, men hele Forsvaret led under myndighetenes mangel på vilje til å styrke militærvesenet i tyve- og tredveårene. På tross av voksende politisk uro i Europa og stadig økende krigsfare gikk det sent med planene om nyinnkjøp av materiell og å styrke Forsvaret på vesentlige punkter. Dette også på tross av at ledende offiserer, ikke minst på flygersiden, hadde sagt klart ifra om de mangler som var.

Da krigen var et faktum — den 3. september 1939 — ble det besluttet å innkalle visse enheter til nøytralitetsvakt. Bortsett fra de seks Heinkel He 115 torpedofly som Marinen hadde mottatt, hadde ingen av de flyene begge flyvåpen hadde bestilt i utlandet blitt levert. Det ble derfor nødvendig å benytte tildels svært gamle fly til den krevende oppgaven å verne Norges nøytralitet.

I henhold til planene for mobilisering hadde Marinen fordelt sine fly til Horten, Kristiansand S, Hafrsfjord ved Sola, Flatøy ved Bergen, Hitra og Skattøra ved Tromsø. Hæren hadde stasjonert sine fly på Kjeller, Fornebu, Sola, Værnes og Bardufoss.

Etter kunngjøring av forskrifter angående landets nøytralitet, hadde ikke militære luftfartøyer fra krigførende land adgang til norsk luftterritorium. Denne kunngjøringen trådte ikraft ved mobiliseringen og ble utvidet ved Kgl. resolusjon av 7. september 1939 om forbud mot all utenlandsk lufttrafikk — sivil og militær — over Norge.

Men allerede tidlig begynte fly fra de stridende parter å krenke norsk luftrom. Den 31. august havarerte et britisk fly i nærheten av Bergen, fulgt dagen etter av nok en britisk nødlanding. Senere fulgte stadig flere krenkelser av både britiske og tyske fly. Da vinterkrigen i Finland brøt ut i november 1939, fikk man også en rekke krenkelser av russiske fly over de nordligste landsdeler.

Alle disse flyene skulle avskjæres og avvises eller oppbringes når de kom inn i norsk luftrom. Dessverre lyktes dette bare i få tilfeller. Det viste seg fort at de norske flyene var for langsomme i forhold til inntrengerne. Hæren hadde relativt gammeldagse Gloster Gladiator jagerfly, Fokker speiderfly fra tyveårene samt et lite antall moderne Caproni Ca. 310 bombefly. Marinen hadde M.F.11 speiderfly, samt de mer moderne Heinkel He 115. Av alle disse typene var det vel bare den siste som egentlig var egnet til den oppgaven de var satt til å utføre.

I september 1939 ble Jagervingen overført fra Kjeller til Fornebu. Krigen var brutt ut nede i Europa, og Jagervingen ble satt inn i nøytralitetsvakten. Dette bildet er tatt høsten 1939, kort tid etter overføringen. De to flyene til venstre er av typen Gloster Gladiator, samme jagerflyet de norske flygerne møtte Luftwaffe med den 9. april 1940. Ellers viser bildet to Armstrong Whitworth Scimitar og en Fokker CVD. Scimitar-jagerne ble i januar 1940 avgitt til Flyskolen på Kjeller og kom ikke i kamp under felttoget.

Men på tross av uegnet materiell greide man i endel tilfeller å jage de inntrengende fly ut igjen. Noen måtte lande på norsk jord, vesentlig på grunn av tekniske vanskeligheter. Fly og mannskaper ble da internert. Utenriksdepartementet sendte i denne tiden utallige protestnoter til Storbritannia, Tyskland og Sovjet.

I januar 1940 begynte de første jagerflyene å komme fra USA til Hærens flyvåpen. De var av typen Curtiss Hawk H75A-6, enmotors, lavvingede jagerfly som var helt moderne for sin tid. Flyene kom i store pakkasser på skip til havn i Oslo og Bergen og ble videresendt til Kjeller for montering. Der rakk flyfabrikken å få satt sammen et lite antall før overfallet den 9. april. De øvrige befant seg fremdeles i kasser på Kjeller eller i innskipningshavnene. Ingen av de ferdigmonterte flyene kom til anvendelse den skjebnesvangre invasjonsdagen.

Hva hadde så Hærens og Marinens flyvåpen å stille opp med av folk og materiell mot den angripende tyske luftarmada, verdens mektigste flyvåpen?

På Fornebu lå Jagervingen fra Hærens flyvåpen med sine Gladiator jagerfly. Av de 10 flyene avdelingen hadde, var syv luftdyktige. Disse hadde et par uker i forveien fått skiftet ut skiunderstellet med hjul, noe som bl.a. ga en viss øking av farten. I tillegg hadde avdelingen et par Tiger Moth skolefly og en Fokker CVD til disposisjon.

Curtiss Hawk H75A-6 nr. 439 var det første av fem-seks fly av denne typen man rakk å montere på Kjeller før den 9. april 1940. Av de 24 fly som var bestilt i USA i 1939, kom tilsammen 19 frem til Norge. De siste fem var underveis fra USA, men ble etter det tyske angrepet på Norge dirigert til Greenoch i Storbritannia, hvor de etterhvert ble overtatt av RAF.
Flyene i Norge ble tatt av tyskerne, og de fleste ble i 1941 solgt til det finske flyvåpnet.

Da det tyske angrepet satte inn tidlig på morgenen den 9. april, var allerede avdelingen i høyeste beredskap, og to fly var i luften for å rekognosere. Ytterligere tre fly ble sendt opp før det ble kontakt med fienden. De to første flyene kom i kamp med tyskerne før de måtte returnere til Fornebu for etterfylling av ammunisjon og drivstoff. De øvrige tre møtte ingen fiende, men ble allikevel kalt tilbake.

Til å begynne med trodde man dette var en vanlig grensekrenkelse fra tysk side, men da stasjonen fikk melding om ytterligere fly på vei opp Oslofjorden, ble det på nytt sendt opp fem Gladiator jagerfly, senere også de to siste. Alle flyene kom etterhvert i kamp med den overlegent store tyske luftflåten som svermet inn over Oslo-området, men måtte etter en stund avbryte kampene for etterfylling. Det viste seg da at også Fornebu ble angrepet og bombet. To av Gladiatorene som hadde rukket å lande, ble skutt i brann. De øvrige norske jagerflyene ble beordret vekk fra området og landet forskjellige steder i Østlandsområdet, for å fortsette kampen senere. Imidlertid var fem tyske fly skutt ned av våre jagerfly under luftkampene over indre Oslofjord denne tidlige morgenen.

På Kjeller holdt Speidervingen til med ni Fokkere og fem Tiger Moth. Flyskolen på samme sted hadde ni Fokkere og 15 Tiger Moth. Ingen av disse flyene var utstyrt eller egnet for luftkamp, og da meldingene tidlig på natten innløp fra befestningen i ytre Oslofjord om at de var i kamp, ble alle luftdyktige fly gjort istand til avgang. Speidervingen dro avgårde og samlet seg senere på Steinsfjorden. Flyskolen dro mot Østerdalen. Kjeller ble utsatt for intense bombeangrep utover dagen, og mesteparten av det flymateriell som var igjen, ble ødelagt. De nye Curtiss-jagerne var imidlertid blitt spredt utover plassen og slapp unna ødeleggelse.

På Sola lå Bombevingen med to Tiger Moth, tre Fokkere og fire Caproni bombefly, dessuten tre Fokker CVD fra Speidervingen. Disse flyene ble beordret til Østlandet utpå dagen den 9. april, og de av flyene som var luftdyktige, sto klar til avgang da tyske fly angrep med bomber og mitraljøseild. Flere av de norske flyene ble skadet og kunne ikke ta av, eller måtte nødlande kort etter avgang. De øvrige fortsatte østover via Kjevik til Steinsfjorden, hvor de sluttet seg til Speidervingen.

På Værnes hadde Hærens flyvåpen sin Trøndelag flyavdeling (TFA), med ni Fokkere og en Tiger Moth. Flyene ble beordret vekk fra plassen allerede natten til den 9. april, og avdelingen forflyttet seg til Selbusjøen.

I de påfølgende dager hadde Luftwaffe nærmest totalt luftherredømme over Sør-Norge, og flyene fra Hæren spilte ingen vesentlig rolle i kamphandlingene. Den 28. april gikk det ut ordre til fungerende sjef for Hærens flyvåpen om at restene av flyvåpnet i Sør-Norge skulle samles og reorganiseres i Nord-Norge.

Marinens hovedbase var Karljohansvern i Horten. Der var stasjonert 1. flyavdeling (FA 1) av Marinens flyvåpen, med fem M.F. 11, to gamle Douglas torpedofly og et skolefly av typen M.F. 10. Avdelingen disponerte også en Junkers Ju 52/3m, leiet fra Det Norske Luftfartsselskap og bygget

Ved det tyske angrepet på Norge var det norsk-konstruerte M.F. 11 fly som utgjorde ryggraden i Marinens flyvåpen. Tilsammen 16 slike fly var klare for innsats fra Horten, Kristiansand S, Sola, Bergen (Flatøy), Trondheim (Aunøya) og Vadsø. Bildet viser F.310 som tilhørte 2. flyavdeling og var stasjonert på Flatøy. Etter krigsinnsats på Vestlandet ble F.310 den 12. april fløyet til Storbritannia etter ordre fra Sjefen for 2. sjøforsvarsdistrikt. Oppdraget var å søke kontakt med det britiske Admiralitetet. Den 4. juni var F.310 tilbake i Norge etter en hasardiøs flytur fra Sullom Voe til Tromsø. To dager senere ble flyet stasjonert i Vadsø sammen med en M.F. 11, nr. F.346. Da krigshandlingene i Nord-Norge opphørte, ble de tre gjenværende M.F. 11 beordret til Finland den 8. juni 1940. Der ble de overtatt av det finske flyvåpnet og benyttet blant annet til rekognoserings- og transportoppdrag under Fortsettelseskrigen fra 1941 til 1944. To av flyene eksisterte helt fram til 1950, og det ene ble tilbudt Norge for museumsformål. Dessverre var det liten interesse her, og tilbudet ble ikke tatt imot.

om til bombe- og torpedofly. Dette flyet var imidlertid i Oslo til overhaling ved DNLs verksted og ble tatt av tyskerne der. Underlagt FA 1 var også flystasjonen i Kristiansand S med tre M.F. 11 og en M.F. 10. Avdelingens ene Heinkel He 115 var utlånt til FA 2 på Sola.

Marinens flyvåpens hovedoppgave under nøytralitetsvakten hadde vært patruljering av norskekysten, på vakt mot brudd på flyforbudet over norske farvann. Denne aktiviteten ble beordret intensivert på grunn av de truende begivenheter de første dagene av april 1940. For eksempel hadde et tysk troppetransportskip blitt torpedert av en polsk ubåt utenfor Sørlandskysten den 8. april.

Da Oslofjordens befestninger kom i kamp natten til den 9. april, ble flyene på Karljohansvern om morgenen beordret i hva man trodde var sikkerhet, innenfor Oscarsborg. På grunn av dårlig vær med tåkedis og lavt skydekke ble flyene kjørt på vannet til Vindfangerbukta ved Drøbak. Bare ett av disse flyene kom seg senere over til Vestlandet og kunne delta i de videre kamphandlinger. De øvrige ble etterlatt og senere overtatt av tyskerne. Flyene fra Kristiansand S evakuerte til Møsvatn i Telemark, og et par kom seg senere til Vestlandet.

Fokker 371 fra Speidervingen på Feforvannet den 11. april 1940. Flygerne er fra venstre lt. Jon Nordmo, lt. Edvard Omholt-Jensen og lt. Chr. Lange. Merk at flyet er påført en hastig kamuflasje med malekost. Etter at felttoget i Sør-Norge var slutt, kom 371 nordover. Der forble Fokkeren inntil kamphandlingene opphørte, og den 8. juni var 371 blant de flyene som ble evakuert til Finland. Det finske flyvåpnet tok maskinen i tjeneste med registreringen FO-65. Den 12. mars 1944 havarerte så FO-65 i Øst-Karelen under et rekognoseringsoppdrag.

På Flatøy ved Bergen holdt 2. flyavdeling til med fire M.F. 11, to Heinkel He 115 og tre Douglas DT-2B. Ingen av de gamle Douglasene var flydyktige, heller ikke det ene M.F.11-flyet. To andre av M.F.11 maskinene var detasjert til Sola sammen med FA 1s He 115. FA 2 var preget av mangler. Man hadde ikke flytorpedoer og svært lite med bomber. Dessuten var det en viss mangel på bensin.

Da ukjente krigsskip trengte inn i Korsfjorden natten til den 9. april, ble avdelingen på Flatøy varslet og beordret til å bombe skipene, men dette skjedde uten resultat p.g.a. at flyene måtte angripe fra stor høyde — 3000 m — for å unngå fartøyenes kraftige antiluftskyts. Dette var det første norske flyangrep på krigsfartøyer i hele vår historie. Bergen ble hurtig besatt av fienden og stasjonen på Flatøy evakuert. Fly og mannskaper ble spredd forskjellige steder på Vestlandet, og Sognefjord flygruppe og Hardanger flygruppe opprettet. Disse to flygruppene dekket 4. Divisjons mobilisering ved en rekke flyangrep mot tyske fartøyer, hvorav ett ble senket og flere skadet. De ble oppløst etterhvert som motstanden på Vestlandet ebbet ut. Noen av flyene ble da sendt over til Storbritannia, andre til Nord-Norge hvor krigen ennå var i full gang. FA 2 hadde forøvrig en M.F. 11 stasjonert i Arnøy på Hitra. Den avdelingen ble forsterket med et oppbrakt tysk sjøfly av typen Arado Ar 196, som nødlandet tom for bensin ved Lyngstad den 8. april. Da Trondheim falt, flyttet avdelingen sørover langs kysten til Romsdalsfjord og ble ytterligere forsterket med to britiske Walrus amfibiefly med besetninger. Etter at kamphandlingene var over, fløy alle de fire flyene til Storbritannia. Derfra dro forøvrig to M.F. 11 tilbake til Norge og landet i Tromsø for å fortsette kampen.

Etterhvert som kampene i Sør-Norge avtok, var det flere og flere av de norske stridende både til lands, til sjøs og i luften som samlet seg i Nord-Norge, hvor motstandskampen fortsatte med full styrke. Fra før krigsutbruddet fantes det der to flyavdelinger — Hærens Hålogaland flyavdeling (HFA) på Bardufoss med detasjementer på Seida og Banak, og Marinens 3. flyavdeling(FA 3) på Skattøra ved Tromsø, med detasjement i Vadsø. HFA var oppsatt med endel Fokkere og Tiger Moth. FA 3 hadde Heinkel He 115 og M.F. 11 og ble forsterket med to tyske He 115 fly som ble kapret fra tyskerne på Helgelandskysten. Begge disse avdelinger ble etterhvert forsterket med fly fra Sør-Norge. Ettersom kamphandlingene skred frem, opererte de norske militærflyene fra forskjellige provisoriske baser over hele landsdelen.

Både Hærens og Marinens avdelinger var i stadig kamp med fienden, som ble påført tildels store tap. Endel av flyoperasjonene skjedde i samarbeide med britiske jagerfly som hadde etablert seg på Bardufoss, eller marinefly fra hangarskip utenfor norskekysten. FA 3 deltok sammen med HFA i støtteoperasjoner for general Fleischers 6. Divisjon ved direkte bombeoperasjoner mot de tyske stillingene på Narvik-fronten. Det ble også opprettet en provisorisk flyskole ved Alapmoen, men den fikk ikke lange funksjonstiden før kapitulasjonen var et faktum.

Heinkel He 115 var Marinens flyvåpens mest moderne kampfly i 1940. Seks fly ble levert fra Tyskland sommeren og høsten 1939, og ytterligere seks ble bestilt for levering våren 1940, en kontrakt som aldri ble oppfylt.
Bildet viser He 115 B nr. F.64. Det var et av to tyske fly av denne typen som ble erobret av norske styrker etter nødlanding på Helgelandskysten den 13. april 1940. F.64 ble tatt i Brønnøysund og ankom den 30. april til Marinens flystasjon på Skattøra, hvor det straks ble satt inn i krigsoperasjonene i Nord-Norge. Ved evakueringen fra Nord-Norge den 7. juni ble F.64, sammen med Heinkel-flyene F.56 og F.58, fløyet til Sullom Voe på Shetland. Senere kom det til Helensburg i Storbritannia, samlingsstedet for personell fra Marinens flyvåpen. Dette bildet er tatt der.

Fokker CVD nr. 381 fra Hålogaland flyavdeling. Flyet ble den 16. april beskutt og ødelagt av tyske styrker etter en landing på Pettersenvann ved Ofotbanen.

Innen kamphandlingene sluttet, hadde fremsynte høyere offiserer beordret en god del personell over til Storbritannia med allierte skip, for der å kunne danne grunnstammen i det som måtte bli det nye flyvåpenet i utlendighet. Øvrig personell, og endel av flyene, ble ved kapitulasjonen den 7. juni evakuert til Storbritannia eller Finland. Resten av materiellet ble søkt ødelagt der det befant seg. Hvis norske flygere igjen skulle i kamp, måtte det bli med nytt materiell, fra baser i utlandet.

I landflyktighet

Felttoget i Norge var slutt. Brukbart flymateriell var ført ut av landet. Likeså hadde en del personell som ønsket det, reist. De øvrige ble dimittert umiddelbart etter den 8. juni og sendt hjem.

Etter en samtale med general Otto Ruge reiste kaptein Ole Reistad til Finland den 10. juni, med ordre om å forsøke å etablere en norsk flyskole på finsk jord. Under forhandlingene i Helsingfors midt i juni ble det imidlertid klart at selv om finnene var velvillige nok, ville det neppe bli mulig å gjennomføre planene om norsk flygerutdannelse der.

Da kamphandlingene i Sør-Norge var slutt, hadde en gruppe offiserer fra Hærens flyvåpen i midten av mai reist til England. Denne gruppen, som var ledet av kaptein Bjarne Øen, skulle forsøke å sette opp nye flyavdelinger med nytt materiell på britisk jord, med sikte på senere overføring til Nord-Norge der kampene da fremdeles pågikk. Da Den Norske Militærmisjon ble opprettet noe senere, overtok den forhandlingene med britene. Men på grunn av den pressede situasjonen på dette tidspunkt var det ikke mulig å få

Slik kunne det se ut på Island Airport i Toronto en sommerdag i 1941. De norske flyene er hovedsakelig Curtiss H75A-8 jagere, men også noen Douglas 8A-5 stupbombere. I tillegg til FTL Little Norway benyttet Royal Canadian Air Force flyplassen, og to av deres maskiner, en Harvard og en Bristol Bolingbroke, kan også ses på bildet.
Curtiss og Douglas-flyene var bestilt i mars 1940, ankom ved årsskiftet 1940/41 og var i tjeneste til mars 1943. Endel fly var da allerede solgt, og de siste ble avhendet den 28. mai samme år.
Flyene hadde vært brukt til avansert trening, og etter at de ble solgt, konsentrerte FTL seg om det som hele tiden hadde vært hovedoppgaven, nemlig elementær trening. Den foregikk ved Little Norway, som benyttet Island Airport og Muskoka ved Gravenhurst i Ontario.
Den 16. februar 1945 ble treningen offisielt overført til Winkleigh i Storbritannia.

kjøpt nye fly i England, heller ikke å få utdannet flygere eller opprette selvstendige flyavdelinger. En avtale kom allikevel istand. Norske flygere skulle få innpass i britiske treningsleire, for senere å kunne settes inn i de britiske skvadronene som allerede kjempet i Norge. Ved kapitulasjonen i Nord-Norge falt imidlertid denne avtalen bort, og all flyging for nordmenn i Storbritannia ble innstilt.

Også i Frankrike ble det gjort forsøk på å etablere egne avdelinger under norsk flagg, men ved den franske kapitulasjonen bortfalt alle muligheter for dette.

Siste alternativ for oppretting av selvstendige norske flyavdelinger i utlandet var da Canada. Allerede under felttoget i Norge var det ført forhandlinger — tildels gjennom den norske legasjon i Washington — om mulighetene for en norsk treningsleir. De kanadiske myndighetene var positivt innstilt — og Island Airport ved Toronto ble stilt til disposisjon. Et etableringsprogram og budsjettforslag ble laget med sikte på å opprette flyskole og treningsleir samt stab i tilknytning til denne flyplassen. I første omgang var det bare Hærens flyvåpen som var ment å skulle benytte leiren, og det var hærpersonell som ble plukket ut for overføring. Planene omhandlet oppretting av to jagervinger med de bestilte Curtiss-jagerne og en speider- og bombeving med Douglas 8A-5. Men Forsvarsdepartementet bestemte at også personell fra Marinens flyvåpen skulle overføres og trenes i Canada. Den 21. juli 1940 seilte så to skip fra Glasgow til Toronto, med ialt 120 befal og menige fra begge flyvåpnene.

Flyplassen som var stilt til disposisjon, var helt uten forlegninger og ble delvis benyttet av sivile kanadiske flyklubber. Hangarplass og verkstedmuligheter for flyene fantes ikke. Nordmennene forhandlet seg frem til et område nær flyplassen for oppføring av bygninger til en mer permanent treningsleir. Utover høsten vokste denne leiren frem, og den 10. november 1940 ble kommandoen heist i Little Norway og leiren offisielt åpnet.

I tillegg til rekruttering og utdannelse av nytt personell skulle leiren, kalt Flygevåpnenes treningsleir (FTL), ta seg av både elementær og videregående flyger- og navigatørutdannelse, samt utdannelse av bakkemannskaper. Videre skulle det forberedes oppsetting av en sjøflyskvadron med personell fra Marinens flyvåpen og de 24 nye Northrop N-3PB som Marinen hadde i bestilling. En jagerskvadron skulle også opprettes etterhvert som personellet var klart og Curtiss-jagerne ankommet. Man kunne imidlertid ikke regne med å operere i Storbritannia med det materiell Norge hadde bestilt. Det fantes der nemlig intet forsynings- eller vedlikeholdsapparat for Douglas 8A-5 eller Curtiss H75A-8. Disse flyene ble derfor levert til FTL i Toronto som treningsfly.

I desember 1940 ble det på møter i England mellom representanter for de norske flyvåpnene og RAF gjort rede for de tiltak nordmennene hadde satt iverk i Canada, og forhandlet om oppretting av en maritim og en jagerskvadron i Storbritannia. Resultatet ble at første norske skvadron skulle opprettes på Island med Northrop-fly og personell fra Marinens flyvåpen. Videre besluttet man å opprette en norsk jagerskvadron på britisk jord, bemannet med folk fra Hærens flyvåpen. Til slutt skulle begge flyvåpnene stå for oppretting av en norsk bombeskvadron.

Det første synlige resultat av disse forhandlingene var opprettingen av No. 330 (Norwegian) Squadron, underlagt Royal Air Force Coastal Command. I henhold til avtalen ble denne skvadronen altså stasjonert på Island, et land som var strategisk viktig å kontrollere, men hvor britene hadde begrensede ressurser. Samtidig ble Island valgt fordi Northrop-flyene var av amerikansk konstruksjon og ville fått samme dele- og reparasjonsproblemene i Storbritannia som Hærens fly ville ha vært utsatt for.

330 skvadron var ment som en ren marine-skvadron og ble for en stor del bemannet med de av Marinens flygere som var kommet over fra Norge. Man fastholdt altså fremdeles både i prinsipp og praksis to norske flyvåpen. Riktignok var det på dette området skjedd en viss tilnærming. For bedre å kunne utnytte de ressurser Norge rådet over av økonomisk, personell- og materiellmessig art, fant man det hensiktsmessig i størst mulig grad å

samarbeide på de områdene som naturlig falt likt på de to flyvåpen. Første skritt var allerede tatt ved å la begge forsvarsgrener ha adgang til treningsleiren i Toronto.

Også på det organisasjonsmessige plan ville det være mye å hente med et nærmere samarbeide, og på nytt reiste det gamle spørsmål fra før krigen seg — sammenslåing av de to flyvåpnene til én ny forsvarsgren. Forsvarets overkommando (FO) og Hærens overkommando (HOK) gikk inn for dette, mens Marinen gikk imot. Et kompromiss ble valgt ved at man etablerte en felles overkommando for de to flyvåpnene, med både hær- og marineoffiserer. Denne enheten fikk betegnelsen Flyvåpnenes felleskommando (FFK) og ble sidestillet under FO og HOK og Sjøforsvarets overkommando (SOK). Ved Kgl. resolusjon av 4. april 1941 ble Hjalmar Riiser-Larsen beordret som sjef for FFK, med Bjarne Øen som stabssjef. Samtidig ble Ole Reistad utnevnt til sjef for den felles utdanningsavdelingen (FTL) i Canada.

Av de 24 sjøflyene Marinen hadde bestilt fra Northrop-fabrikken, ble det besluttet å sende seks til Canada som treningsfly. De øvrige 18 ble sendt til Island sammen med endel av 330 skvadrons personell. Skvadronens øvrige mannskaper var marinefolk som kom fra Storbritannia. Det første tilholdssted ble lagt utenfor Reykjavik, i en leir som tidligere hadde vært brukt av en britisk maritim skvadron.

Operativt skulle skvadronen, som nevnt, høre inn under RAF Coastal Command, med Atlanterhavspatruljer for konvoieskorte, isrekognosering og ubåtjakt som operasjonsfelt. Flyene og alt utstyret ankom pakket i kasser på én kjøl i mai 1941. Montering av flyene startet umiddelbart. Det gikk raskt unna, allerede den 23. juni utførte skvadronen sitt første operative tokt. En flygende norsk kampenhet var endelig klar til innsats utenfor Norge!

Corbett Camp ved Reykjavik fotografert fra et av Northropflyene. To andre Northroper kan sees i beskyttelsesgravene mellom moloen og slippen.
330 skvadron begynte sine operasjoner fra Corbett Camp sommeren 1941. A-flight brukte stedet som base frem til den 1. desember 1942. Da opphørte den operative tjenesten for både A- og B-flight, men noe personell ble igjen til sommeren året etter idet C-flight i Budareyri fortsatte å fly Northrop inntil begynnelsen av mai.
Både flymannskaper og mekanikere hadde en meget hard tid på Island. Alt vedlikeholdet foregikk stort sett ute, og alle tre basene lå meget værhardt til.
I ettertid har forøvrig utseendet til den leiren nordmennene overtok og bygget ut, gitt grunnlag for humoristiske kommentarer — sammenlignet med de allierte naboers ordnede rekker!

Samtidig med etableringen av 330 skvadron på Island var man igang med å forberede opprettingen av 1. jagerving. I løpet av våren 1941 ble flygerne til denne avdelingen sendt over fra Canada til Storbritannia, for operativ trening ved RAFs Operational Training Units. Senere fulgte det tekniske personale — som vesentlig var utdannet i Canada. Den 21. juli 1941 ble så 1. jagerving — eller No. 331 (Norwegian) Squadron som den ble betegnet — opprettet på flyplassen Catterick i Yorkshire. Skvadronen fikk først velbrukte Hawker

Hurricane I jagerfly fra RAF, og den 9. august var man oppe i full skvadronstyrke. Den andre norske enhet av flyvåpnet var kampklar i England.

I henhold til en militæravtale mellom Norge og Storbritannia av 28. mai 1941 skulle FFK rekruttere, administrere og utdanne alt norsk personell, mens britene skulle ta seg av den operative ledelse gjennom Royal Air Force. 331 skvadron — og senere også 332 skvadron — ble derfor underlagt RAF Fighter Command.

Det ble etterhvert opprettet nye norske feltavdelinger. 2. jagerving ble oppsatt og sendt over fra Canada og ble i januar 1942 til No. 332 (Norwegian) Squadron, også denne på basen Catterick.

I likhet med hva 331 skvadron da hadde, fikk de Spitfire jagerfly. Skvadronen sluttet seg i juni 1942 til 331 skvadron på flystasjonen North Weald, nord for London. Disse to skvadronene skulle senere danne grunnstammen i det som til slutt kom til å hete No. 132 (Norwegian) Wing, etablert i november 1943.

Vickers Supermarine Spitfire Mk. VB fra 332 skvadron på North Weald, en flystasjon nordøst for London. De norske jagerskvadronene lå stasjonert der i ca. to år.
North Weald var en permanent RAF stasjon som ble erklært operativ første gang i august 1916. Frem til den 1. verdenskrigs slutt var stasjonen base for Home Defence Squadrons som forsvarte London mot angrep fra tyske luftskip og bombefly. Deretter lå virksomheten nede inntil en utbygging tok til i 1926, og fra den 27. september året etter var North Weald operativ igjen for resten av mellomkrigstiden. Da den 2. verdenskrig brøt ut i 1939, gjenopptok North Weald rollen i Londons forsvar som Sector Station for Sector E, No. 11 Group RAF Fighter Command. Stasjonen var i full aktivitet under Slaget om Storbritannia høsten 1940 og ble utsatt for mange tyske bombeangrep.
331 skvadron ankom North Weald i mai 1942, fulgt av 332 måneden etter. Nordmennene likte seg meget godt, og basen var da også komfortabel og velutstyrt — i motsetning til de forhold skvadronene senere skulle møte under kampene på Kontinentet.
North Weald fortsatte som RAF base frem til den 4. januar 1966. Stedet tilhører nå Epping Forest District Council og er tenkt utbygget som et aktivitetssenter for distriktet. En aktiv glideflyklubb, et lite museum og et norsk minnesmerke holder erindringen om tiden som flystasjon ved like.
Bemerk forøvrig at selv om personellet ved jagerskvadronene stort sett kom fra Hærens flyvåpen, ses en marinegast blant bakkemannskapene på dette bildet.

Nok en maritim skvadron var på trappene. Behovet for å kunne operere på norskekysten førte i 1942 til at en liten norsk avdeling ble etablert i Woodhaven i Skottland, utstyrt med Catalina flybåter. Avdelingen fikk etterhvert status som skvadron og ble til No. 333 (Norwegian) Squadron. I likhet med den første maritime avdelingen ble også 333 skvadron underlagt RAF Coastal Command. Senere fikk skvadronen en tilvekst i form av hurtiggående Mosquito jagerbombere — spesielt beregnet på operasjoner langs norskekysten. Catalina-avdelingen ble betegnet som 333 skvadrons A-flight, mens Mosquitoene ble kalt B-flight.

Andre norske avdelinger var Stockholms-ruten, hvor Norge i samarbeide med britene opprettholdt en flyrute mellom Bromma ved Stockholm og Leuchars i Skottland. I Montreal i Canada opererte norske mannskaper som en enhet under RAF Ferry Command (senere Transport Command). De utførte bl.a. fergeflyginger over Atlanteren med nye fly fra USA til krigsområdene i Europa og Nord-Afrika.

I tillegg til disse rene norske enhetene var også nordmenn med i en rekke andre avdelinger i Storbritannia og Canada, og norske flymannskaper deltok aktivt i luften på de fleste frontavsnitt i Vest-Europa. Dette var delvis et ledd i opplæringen — de fleste kom tilbake til norske avdelinger senere. Unntatt herfra er de norske bombeflymannskapene. De var opplært på flermotors fly og mange av dem hadde tjenestegjort ved transportavdelingene. Siden planene om en norsk bombeskvadron ikke ble realisert, ble disse karene sendt til britiske skvadroner.

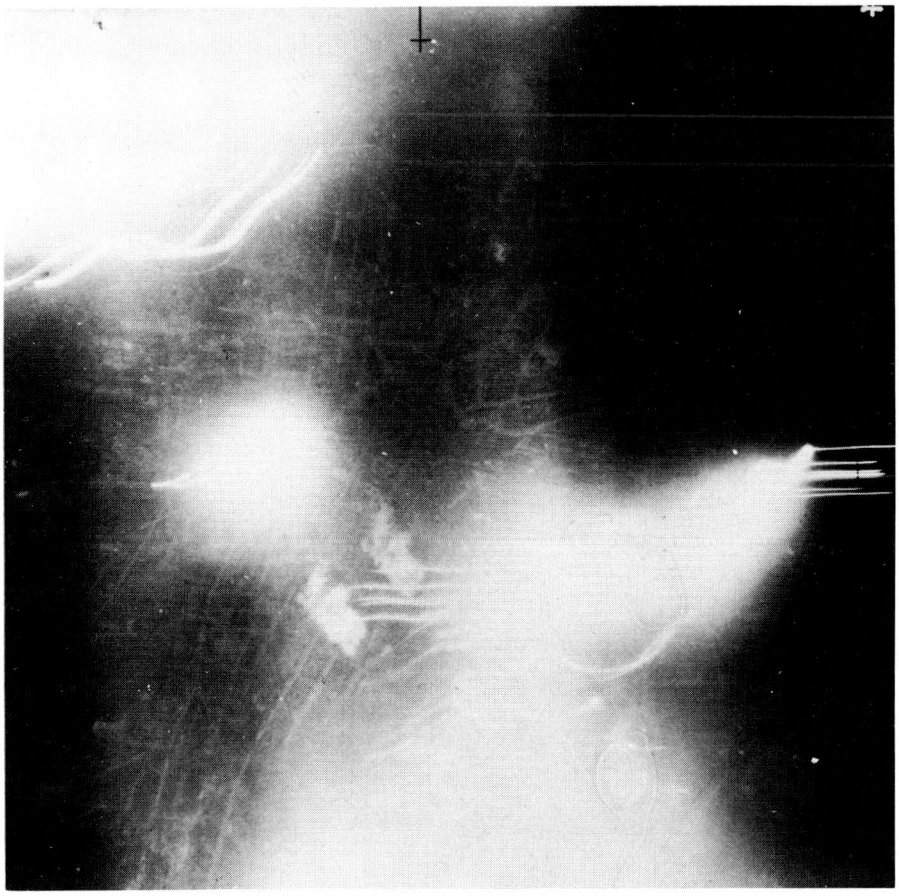

Noen egen norsk bombeskvadron ble aldri opprettet, men i august 1942 ble det avtalt at norske flymannskaper skulle stilles til rådighet for RAF Bomber Command.
Mange nordmenn kom til å tjenestegjøre på de store bombeflyene, og norske besetningsmedlemmer ble vel ansett blant sine allierte kolleger. Noen skvadroner hadde ganske store norske innslag, særlig No. 35 og No. 76 Squadron. Begge var utstyrt med Handley Page Halifax bombefly.
Bildet er målfoto fra et raid mot Essen natten mellom den 5. og 6. mars 1943 og viser hvordan en tysk by kunne ta seg ut for flymannskapene. Raidet betydde åpningen av en offensiv mot tysk industri i Ruhr-området og satte rundt fem kvadratkilometer av Essen i brann. Midt i det rammede området lå våpenfabrikken Krupp. Over 400 britiske fly deltok i angrepet, 14 av dem vendte ikke tilbake.
Flyet som tok bildet, var Halifax MP-C fra No. 76 Squadron og ble ført av kaptein Gunnar Halle med løytnant Hallvard Vikholt som navigatør. De øvrige besetningsmedlemmer var briter.

Hærens og Marinens flyvåpen sto i begynnelsen av 1943 fortsatt i prinsippet ved siden av hverandre som selvstendige etater. De hadde forskjellige uniformer, egne regulativer osv. Dette måtte imidlertid ses på som en midlertidig ordning etter opprettingen av FFK i 1941. Forsvarsdepartementet påla i april 1943 FFK, etter de opprinnelige planer om flyvåpnenes virksomhet, å utrede spørsmålet om en hel sammenslåing av de to flyvåpen. Denne utredningen lå ferdig den 31. juli 1944, og FFK gikk sterkt inn for en slik sammenslåing med den begrunnelse at de samme problemene var til stede i begge de to flyvåpen, såvel operativt som administrasjons-, vedlikeholds- og treningsmessig. FO og HOK sluttet seg til FFKs konklusjoner, mens SOK på sin side fremholdt betydningen av at Marinens flyvåpen ble opprettholdt som selvstendig etat.

Forsvarsdepartementet sluttet seg imidlertid til flertallet, og ved Kgl. resolusjon av 10. november 1944 ble det bestemt: "...inntil Stortinget bestemmer noe annet, opprettes *Luftforsvaret* som den tredje forsvarsgren, hvori det nåværende Hærens og Marinens flyvåpen inngår med enheter, personell og materiell av enhver art". Dermed var Luftforsvaret opprettet. I London — som en forsvarsgren oppstått under krig, en helt ny forsvarsgren uten lange historiske bånd som Hæren og Marinen hadde. Men med en moral og en kampvilje som gjorde at norske mannskaper og avdelinger hevdet seg med glans.

Ved sammenslåingen kom vår nye forsvarsgren til å bestå av 485 offiserer og 2099 sersjanter og menige, tilsammen 2584, ifølge tall pr. 31. desember 1944. Disse var fordelt på 330 skvadron med Sunderland flybåter, 331 og 332 skvadron med Spitfire jagerfly og 333 skvadron med Catalina flybåter i A-flight og Mosquito jagerbombere i B-flight. Dertil kom transportavdelingen med Lockheed Lodestar. Treningsavdelingen var utstyrt med Cornell og Harvard skolefly. Det fantes selvsagt et administrativt apparat og dessuten Luftforsvarets sanitet og et kvinnekorps. Kontreadmiral Hjalmar Riiser-Larsen ble generalmajor og sjef for den nye forsvarsgrenen, med oberst Birger F. Motzfeldt som stabssjef.

Mye var ennå ugjort, ikke minst når det gjaldt gjenoppbygging av et anstendig luftforsvar i Norge når krigen en gang var over. Samling av styrkene under felles ledelse var et viktig skritt i denne retningen.

Men krigen var ennå ikke slutt.

Catalina Mk. I "Vingtor" i Woodhaven. "Vingtor" var den første Catalina nordmennene mottok. Overtagelsen skjedde den 17. februar 1942 i Greenoch, og to dager senere fløy kaptein H.M.H. Jørgensen flyet til Woodhaven. "Vingtor" gjorde tjeneste frem til februar 1944 og bærer på bildet kjennetegnet QL-R fra No. 413 Squadron, hvor norske Catalina-mannskaper hadde fått sin første trening. Dette kjennetegnet ble beholdt til januar 1943, da flyet fikk tildelt kjenningsbokstaven B.
Woodhaven lå på sørbredden av fjordarmen Tay. Det ble utmerket base for 333 skvadron som opererte derfra med sine Catalinas fra opprettingen helt frem til krigens slutt.

Etterretningsflyginger i Sverige

Da tyskerne trakk seg ut av Finland og Finnmark ved årsskiftet 1944/45, ble det pålagt den norsk-britiske etterretningstjeneste i Stockholm å skaffe tilveie opplysninger om disse troppeforflytningene. Observasjonsposter ble utplassert i de aktuelle områder langs grensen mellom Sverige, Finland og Norge.

Til å forsyne disse postene ble det bestemt å anskaffe eller leie et fly. Saken hastet, og for å skjære igjennom byråkratiet fikk man leiet et fly under påskudd av å fly grensepatruljering mellom Sverige og Norge for å hjelpe norske flyktninger. Flyet som ble leiet, var en tidligere norskregistrert Waco YKS7 (LN-EAO) som i juli 1943 var blitt tillatt eksportert til Sverige. Det var nå sivilt registrert i Sverige med kjennetegn SE-ANG. Utstyrt med skiunderstell ble flyet stasjonert i nærheten av Gällivare fra slutten av januar 1945.

Noen langvarig glede fikk man ikke av Waco'en idet flyet havarerte på Luspensjøen allerede den 10. februar. Man var på vei tilbake etter et tokt til Norge da flyet kom inn i sterk snøstorm og måtte nødlande. Da det var så som så med flytillatelsen, tok man, for å unngå diplomatiske problemer, og senket hele flyet gjennom et hull som ble sprengt i isen. Nytt fly måtte skaffes, men det var ikke lett. Det viste seg imidlertid at den tyske legasjon i Stockholm hadde til salgs et tidligere internert tysk sjøfly av typen Arado Ar.196A-3. Nå kunne ikke godt den norsk-britiske etterretningstjenesten gå til tyskerne for å kjøpe fly. Det ble derfor opprettet et "skyggefirma", A/B Kontinentagentur, som foresto selve kjøpet. På midlertidig basis ble flyet registrert SE-AOU, men det er noe uklart om man rakk å sette flyet inn i operasjonene før krigen var slutt.

Da det ble klart at russerne gjorde krav på en rekke av de tyske fly som var blitt internert i Sverige under krigen, ble SE-AOU fløyet fra Lidarangen til sjøflyhavna ved Fornebu den 26. mai 1945. Det var den britiske major John Turner som hadde kjøpt flyet for egne penger, og han fikk ordnet det slik at Luftforsvaret skulle ta seg av flyet inntil han fikk avhendet det. Det ble 333 skvadron som tok flyet i bruk, og det fikk nå påmalt RAF-merking. Aradoen ble brukt til en rekke turer langs kysten og fulgte med 333 skvadron da avdelingen flyttet til Sola ved årsskiftet 1945/46.

Sommeren 1946 ble flyet solgt av Turner til et sivilt flyselskap i Sverige.

Arado Ar. 196A-3

Dette en-motors sjøflyet ble utviklet av det tyske Arado Flugzeugwerke i 1937 og fire prototyper fløy i løpet av det påfølgende år. Under krigen var flytypen i bruk ombord på alle større tyske krigsskip samt på de mange hjelpekrysserne som herjet på verdenshavene. Mange Ar. 196 ble også stasjonert i Norge og benyttet til eskorte- og sjøredningstjeneste. Tilsammen leverte fabrikken 493 fly før produksjonen opphørte ved utgangen av 1944. Ved kapitulasjonen befant det seg 12 Ar. 196A i Norge og 11 av disse ble ødelagt av britiske Aircraft Disarmament avdelinger. Tre fly lå i sjøflyhavnen på Sola, og 330 skvadron tok over ett av dem som fikk kjennetegnet WH-G. Flyet ble imidlertid satt på bakken og hugget opp etter ganske kort tid. Et annet Arado-fly ble benyttet av 333 skvadron og er omtalt i avsnittet på denne siden. ★

Aradoen i sjøflyhavna på Fornebu etter overføringen fra Sverige.

Fra krig til fred

Etter opprettelsen av FFK i 1941 var overgangen til Luftforsvaret som selvstendig forsvarsgren i 1944 mer av administrativ og kommandomessig art enn av rent praktisk betydning. De operative avdelinger fortsatte som tidligere, og den største forandringen for dem var kanskje uniformsreglementet. Her het det at alt personell i Luftforsvaret skulle ha flyblå uniformer tilsvarende dem RAF brukte. Flyskolen i Canada hadde hatt dette helt siden 1941, og ved de fleste operative avdelinger hadde man også i stor grad benyttet RAF's farger.

Mest standhaftig var marinepersonellet. De holdt på sine mørkeblå marineuniformer, og selv etter overgangen til nytt uniformsreglement kunne man se slike uniformer ved de maritime skvadronene. Ja, så sent som i 1947/48 brukte for eksempel enkelte av instruktørene ved LTS på Kjevik marineuniform ved mer høytidelige anledninger!

De enkelte merket nok lite til forandringen. Det kan være ganske typisk det en av veteranene fra No. 132 (N) Wing skrev i sin dagbok: "Det begynte i grunnen lenge før den 10. november 1944. En dato har man imidlertid, og min dagbok forteller meg at denne dagen, som var en fredag, hadde regn — ikke alminnelig regn, men grisevær — at flyene av den grunn stod på bakken, at det var lønningsdag og kaldt som det bare kan være en novemberdag ute på flate bondelandet ca. en mil utenfor Brüssel. Plassen het forresten Grimbergen og "Doodle Bug'ene" — eller V-1 — hadde sin faste rute over oss på vei mot England. Det var ikke det værste grisehull vi hadde kampert i siden Caen, og stort sett trivdes vi. Vi visste jo ikke da at det var vår "fødselsdag", og om vi så hadde visst, hadde vi mer jordnære problemer å hanskes med".

Ved opprettelsen av Luftforsvaret hadde man nådd det tredje trinn i den langtidsplan som ble lagt i 1941, ved etableringen av en felles kommando for de to flyvåpen. Neste skritt var å planlegge overføring til Norge ved krigens slutt, og videre utbygging etter krigen.

Samtidig med Luftforsvarets etablering foreslo britene en endring i punkt seks i militæravtalen av 28. mai 1941. I henhold til denne hadde den norske regjering hittil båret utgiftene til de norske stridskrefter, herunder flyvåpnene, både for materiell, underhold og lønninger. Det nye forslaget gikk ut på en låne-/leieavtale med britene, hvor disse påtok seg å levere alt materiell vederlagsfritt — uniformer, våpen og proviant. Kun mannskapenes lønninger skulle betales av Norge. Til gjengjeld skulle våre stridskrefter stilles til rådighet for de britiske styrker inntil seks måneder etter krigens slutt. Samtidig skulle Norge gi tilsvarende underhold til britiske styrker på norsk territorium i den samme seksmåneders-perioden.

En lignende låne-/leieavtale eksisterte allerede mellom Norge og USA. Gjennom den ble de fleste av treningsflyene til FTL levert, samt flyene til Stockholmsruten og Transportavdelingen. Denne avtalen gikk imidlertid vesentlig på materiell, så som våpen, drivstoff, reservedeler og endel intendanturmateriell — i tillegg til fly.

Høsten 1944 ble det også arbeidet med planer om en tredje jagerskvadron. Disse planene ble aldri satt ut i livet på grunn av krigens utvikling, selv om personelltilgangen hadde gjort det mulig.

Men det var ennå noen harde måneder igjen av krigen. Jagerskvadronene i No. 132 (N) Wing fortsatte fremrykkingen fra Frankrike, gjennom Belgia til Nederland. Etter at vingen i august 1944 var kommet over til Frankrike, til feltflyplassen B (for British) 16 ved Caen, flyttet den i september til B 33 nær Amiens, etter ganske kort tid videre til B 57 ved Lille og så i oktober til foran omtalte B 60 ved Grimbergen. I desember gikk ferden inn i Nederland, først til B 79 ved Bergen-op-Zoom hvor vingen var helt til februar 1945 da den rykket over til B 85 Schijndel ved Nijmegen, og endelig til B 106 Twente, like ved den tyske grensen, i april.

Under hele perioden på Kontinentet levde personellet under temmelig kummerlige feltforhold, svært forskjellige fra det de var vant til fra for eksempel North Weald. Men på de feltflyplassene hvor vingen ble i litt lengre tid,

Norske flymannskaper var i årene 1941—45 med på å ferge et betydelig antall fly fra samlestasjonen på Dorval flyplass ved Montreal til alle krigsområder. Bildet viser Consolidated Liberator B.VI (serienr. KH356) som med helt norsk mannskap startet fra Dorval den 27. november 1944 og fløy via den Sør-Atlantiske fergeruten til Allahabad i India, med ankomst der den 9. desember. Bildet er tatt den 8. desember i Masira som ligger i det nåværende sheikdømmet Muscat & Oman.

viste fingerferdige nordmenn en utrolig oppfinnsomhet når det gjaldt å gjøre det beste ut av forholdene.

Tåke, lavt skydekke, regn, slaps og til og med snefall var det mye av i denne perioden, og det medførte selvsagt ikke bare problemer med flygningen som sådan, men også endel havarier og tap.

Hele avdelingen var en tid plaget av en dysenterilignende maveinfeksjon på grunn av at tyskerne ikke hadde fått tid til å begrave sine falne skikkelig. Det oppstod derfor mang en gang både svært ubehagelige og av og til tragikomiske situasjoner.

De alliertes større og større overlegenhet i luften gjorde at jagerflyene mer ble satt inn i lavangrep mot bakkemål, ofte svært godt forsvarte. Tapene var ganske store og bitre, særlig fordi alle skjønte at krigen gikk mot en relativt snarlig slutt.

Men selv om tapene var harde, var også resultatene gode. Den 29. desember 1944 oppnådde 331 skvadron våre jagerflygeres største luftseier. Etter at skvadronen om formiddagen hadde angrepet og ødelagt tyske kjøretøyer og lokomotiver og skutt ned fire av fem Fw. 190 jagerfly mot tap av fire egne fly og en flyger, var den igjen på vingene senere på dagen mot ny tysk luftaktivitet. I en luftkamp av gammelt mønster klarte skvadronens flygere da å skyte ned 12 og skade to av totalt 25 tyske Messerschmitt Bf. 109 jagere, uten at ett eneste norsk fly ble ødelagt eller alvorlig skadet.

I april 1945 var den aktive krigsinnsats på Kontinentet slutt for 331 og 332 skvadron. Den 25. april var de tilbake på North Weald uten fly idet disse var blitt overlatt til skvadroner fra henholdsvis Belgia og New Zealand. Nye Spitfire Mk. IXe ventet i Storbritannia, og fra basen Dyce i Skottland forberedte skvadronene seg på innsats i Norge. Men da tyskerne i landet overga seg den 8. mai, ble dette heldigvis ikke aktuelt. Skvadronene fløy derfor den 22. mai fra Dyce via Sola til Gardermoen med 36 Spitfires.

De maritime skvadronene forsatte sin krigsinnsats helt til siste dag, 330 skvadron fra Sullom Voe på Shetland med lange, slitsomme patruljer over åpent hav og 333 fra Woodhaven med Catalina og Banff med Mosquito, mer i kontakt med Norge og norske kystfarvann.

Norske fly fikk æren av å fly den allierte våpenstillstandskommisjonen til Norge ved tyskernes kapitulasjon. Ingen som opplevde det, vil noengang glemme synet av en Sunderland fra 330 og en Catalina fra 333 der de svingte over Oslo før landing i sjøflyhavna på Fornebu.

333 skvadronens B-flight flyttet fra Banff til Gardermoen den 8. juni og ble noen dager senere til 334 skvadron. Den 10. juni kom A-flight etter til Fornebu sjø med sine Catalinas, og 330 begynte overføringen av Sunderland-flyene fra Sullom Voe til Sola sjø.

Transportavdelingens Lodestars ble også overført fra Leuchars til Fornebu i juni og etterhvert supplert med 10 Douglas Dakota.

Bakkemannskaper fra 132 (N) Wing får seg en matbit under en forflytning på Kontinentet, sannsynligvis i Nederland. Fra venstre: Nils Hauglum, Arne Holm Johnsen, Arnold Øveraas, Tor Steffensen, Aasmund Westgaard, Per Walde, Harry Rødstange og Leif Lyssand. Inne i bilen sitter Edmund Rennan, og Ivar Waage har tatt oppstilling bak på lasteplanet. Steffensen og Lyssand har en knapp hengende i venstre lomme. Det er sikringen fra en tysk sjokkgranat som nordmennene fant endel av. Alle med respekt for seg selv måtte kaste minst én slik granat. Sikringen hengte man i knapphullet i venstre lomme og ble dermed "Member of the Red Ball".

Endelig hjemme igjen! Spitfires fra 331 og 332 skvadron under mellomlanding på Sola den 22. mai 1945 underveis fra Dyce i Skottland til Gardermoen. I forgrunnen ses flyet til oberstløytnant Jon Ryg som overtok som Wing Commander Flying etter Rolf Arne Berg. Maskinen ble noe senere avgitt til 331 skvadron med kjennetegn FN-D, endret til A-AC fra august 1946. Flyets serienummer var PT536.

Tidlig i 1945 var Flyskolen, med Cornell og Harvard, flyttet fra Canada til RAF-stasjonen Winkleigh i Devon, hvor den ble til slutten av året.

Ved krigens slutt besto Luftforsvaret av 505 offiserer, 2133 sersjanter og menige samt et kvinnekorps på 63, en total styrke på 2.701 personer.

Krigen var slutt — vårt Luftforsvar kunne se tilbake på en meget ærefull innsats. Nordmenn hadde hevdet seg helt på topp gjennom lange og harde år med store resultater, men også med smertelige tap — mange av de beste kom aldri hjem.

Neste store oppgave og utfordring ventet — oppbygging av Luftforsvaret i Norge.

Ved tyskernes kapitulasjon befant det seg to Blohm & Voss Bv 222 seks-motors flybåter ved Djupvåg i Sørreisa. De utgjorde Stabsschwarm/See-AufklärungsGruppe 130 og hadde blant annet vært benyttet som troppetransportfly under evakueringen fra Finland.
Flyet på bildet, Bv 222C-012, ble overført til sjøflyhavnen i Trondheim, og den 14. juli hentet der av et britisk mannskap som fløy maskinen via København til Storbritannia. Etter prøveflyginger der ble flyet sendt til USA, hvor det ankom i februar 1946.

Forsvarsgrenens navn

Da den tredje forsvarsgren ble opprettet den 10. november 1944 ved sammenslåing av Marinens og Hærens flyvåpen, ble det ved Kongelig resolusjon av samme dato bestemt at forsvarsgrenens navn skulle være LUFTFORSVARET.

I årene som har gått siden opprettelsen, har dette imidlertid skiftet, nær sagt ettersom Luftvernartilleriet har gått inn eller ut. Luftvernartilleriet ble utskilt fra Hæren som eget våpen i 1946 og dannet da sammen med Flyvåpnet den tredje forsvarsgrenen, LUFTFORSVARET.

Slik var navnet inntil Luftvernartilleriet i 1953 gikk tilbake til Hæren. Flyvåpnet ble da en selvstendig forsvarsgren med navnet DET KONGELIGE NORSKE FLYVÅPEN.

Allerede i 1957 ble det ved Stortingsproposisjon nr. 75 bestemt at Luftvernartilleriet igjen skulle føres sammen med Flyvåpnet, og mot Sjefen for Flyvåpnets og Forsvarsdepartementets innstilling vedtok Stortinget den 10. desember 1959 at forsvarsgrenens navn skulle være LUFTFORSVARET.

På engelsk har man imidlertid hele tiden konsekvent brukt det samme, ROYAL NORWEGIAN AIR FORCE. Forkortelsen var først RNAF, men ble senere RNoAF for å unngå forveksling med Royal Netherlands Air Force. Å oversette Luftforsvaret direkte til AIR DEFENCE ville bare ha ført til begrepsforvirring.

I et fritt Norge

Hjemme igjen

Etter hvert som krigen utviklet seg, ble det klart at den allierte overkommandoen kom til å foreta det avgjørende slaget mot Tyskland gjennom en invasjon på Kontinentet. Norge havnet derfor i periferien av den strategiske planlegging, og bare en nærmest symbolsk styrke ble øremerket for å settes inn ved en tysk kapitulasjon i landet.

Det var nettopp plan "Apostle I", basert på en betingelsesløs tysk kapitulasjon, som ble det endelige alternativ for en alliert besettelse av Norge. Til å lede de flystyrker som skulle inngå i ekspedisjonskorpset, ble No. 88 Group (Fighter Command) opprettet i Edinburgh den 10. april 1945.

Den innledende fasen av "Apostle I" ble gitt navnet "Operation Doomsday" og skulle sørge for overføringen til Norge av det nødvendige antall land-, sjø- og luftstyrker for gjennomføringen av selve "Apostle I". Hele operasjonen hadde to hovedhensikter, for det første å håndheve kapitulasjonsbetingelsene, og for det andre å avvæpne alle tyske styrker. Videre skulle den sørge for å etablere full kontroll slik at forholdene ble lettet for sivilbefolkningen og eventuelle uroligheter forhindret.

Da kapitulasjonen i Norge trådte i kraft klokken 00.01 den 9. mai, var No. 88 Group fullt utbygget, og forskjellige stabsavdelinger ble overført til landet.

Også fra LOK i London ble det avgitt forskjellige staber til Oslo, og midlertidige kvarterer ble opprettet rundt om i byen selv om man forsøkte å konsentrere virksomheten i Storgaten 33. Landet ble delt inn i soner eller grupper, og innen hver sone var det et Wing Headquarters som stod for ledelsen av de lokale avdelingene.

I tillegg til de norske skvadronene avga RAF to jager-, en transport- og en redningsskvadron.

Storgaten 33 i Oslo, hvor Forsvarsdepartementet holdt til før flyttingen til det nye Forsvarsbygget på Huseby. Luftforsvarets overkommando var også i en periode her, blant annet var det i denne bygningen virksomheten ble organisert umiddelbart etter krigen.

Messerschmitt Bf. 108 Taifun

Noen Bf. 108 en-motors kommunikasjonsfly ble overtatt av de allierte i Norge sommeren 1945. De var under krigen benyttet som stabsfly ved blant annet Jagdfliegerführer Norwegen på Forus ved Sola. Minst tre ble overtatt av Luftforsvaret og brukt ved Gruppe 1 fra Gardermoen og Fornebu. En maskin ble benyttet av Norges Luftfartsstyre og ble det første sivilregistrerte norske flyet etter krigen, LN-IAB. I april 1946 ble et fly hugget opp, to solgt til Widerøes Flyveselskap A/S og det fjerde benyttet til reservedeler av Widerøe. ★

Focke Wulf Fw 58B-2 Weihe

Et eksemplar av denne lette transportflytypen, med konstruksjonsnr. 58046 og tysk kjennetegn DB + OP, ble overtatt av Luftforsvaret på Bardufoss den 3. juli 1945. Etter meget kort tid ble flyet ødelagt under landing på Hattfjelldal flyplass og kassert. Under krigen var denne maskinen benyttet i den tyske sjøredningstjenesten i Norge.

Fw 58 Weihe ble utviklet for sivilt og militært bruk i 30-årene og Luftwaffe benyttet flytypen til blant annet ambulanse-, trenings-, sjøredning- og kommunikasjonsoppdrag. ★

Selv om hovedtyngden av personell og utstyr kom sjøveien fra Storbritannia til Norge, ble en lang rekke RAF skvadroner med firemotors Short Stirling og Handley Page Halifax satt inn i transporttjenesten og overførte blant annet 1st Airborne Division til Gardermoen.

Den første tiden gikk med til å overta anlegg fra Luftwaffe, fjerne sprengstoff på flyplasser og redde brukbart materiell fra ødeleggelse. På den måten ble blant annet store mengder sambandsutstyr tilført Luftforsvaret.

Arbeidet gikk med rekordfart, og allerede den 15. juni begynte forsvarsgrenens organisasjon å ta form. Foruten LOK i Oslo besto den foreløpig av fire geografiske grupper, en gruppe for utstyr og vedlikehold samt en gruppe for trening.

Gruppe 1 omfattet Østlandet og ble administrert direkte fra luftstaben i Oslo.

Gruppe 2 var vedlikeholds- og utstyrsgruppe med hovedkvarter på Kjeller. Der skulle verksteder og sentrallagre etableres samt at et byggekontor var planlagt som en del av gruppen.

Gruppe 3, treningsgruppen, var foreløpig etablert i Solplassen 1 i Oslo med rekrutterings- og mobiliseringskontor. Det var allerede gitt tillatelse for innkalling av årsklassene 1938/39 til den påtenkte rekruttskolen på Gardermoen.

Gruppene 4, 5 og 6 var distriktsgrupper med hovedkvarter henholdsvis i Stavanger for Vestlandet, på Værnes for Trøndelag og på Bardufoss for Nord-Norge.

Denne organisasjonen ble i store trekk beholdt frem til den 1. mars 1946.

Fra og med den 1. mars 1946 ble Luftforsvaret omorganisert ved at de tidligere distriktsgrupper ble benevnt Luftkommandoer med Luftkommando Øst (LKØ) i Oslo, Luftkommando Vest (LKV) i Bergen, Luftkommando Trøndelag (LKT) i Trondheim og Luftkommando Nord (LKN) på Bardufoss. Senere ble LK'enes hovedkvarter flyttet samt navnene endret til Østlandet, Vestlandet og Nord-Norge. LKT beholdt betegnelsen Trøndelag.

Den første skolen som kom i gang i Norge etter krigen, ble Sambandsskolen, med et kurs som startet i juli med ca. 70 elever.

Etter avsluttet kurs flyttet skolen til Kjeller i slutten av september, og treningen fortsatte der.

Luftforsvarets luftvernavdeling ble opprettet den 14. juni 1945. Den første tiden ble hovedoppgaven å reise rundt i Norge for å inspisere tyske anlegg og få reddet så mye som mulig fra ødeleggelse. Også hjemmestyrkene ble satt inn i dette arbeidet, samtidig som tysk personell ble beholdt i den tekniske tjenesten.

Norge var i 1945 et land helt nedkjørt etter fem års okkupasjon. Ressursene var små, og transportmidler fantes omtrent ikke. En av Luftforsvarets hovedoppgaver ble derfor å bygge opp flyruter for både militære og sivile myndigheter.

Den sivile lufttrafikken ble avviklet i samarbeide med Norges Luftfartsstyre, et statlig organ som ble opprettet i Storbritannia den 19. november 1943 for å drive nødvendig flytrafikk i Norge inntil et sivilt eller statlig selskap kunne overta denne oppgaven.

Av materiell hadde Luftforsvaret igjen syv av i alt 12 innkjøpte Lodestar. I tillegg var syv Douglas C-47A anskaffet våren 1945. Norges Luftfartsstyre hadde kjøpt inn tre Douglas C-53D, og Luftforsvaret anskaffet Noorduyn Norseman på låne- og leiebetingelser.

Det var primitive forhold som møtte de avdelingene i Luftforsvaret som ble stasjonert i Finnmark i 1945. Dette bildet er tatt på Høybuktmoen flyplass ved Kirkenes i august det året og viser den første provisoriske bølgeblikk-brakken som ble satt opp. At forholdene for personellet ble svært kummerlige, sier seg selv. Bebyggelsen forøvrig var dessuten helt rasert.

Disse flyene ble fra mai 1945 direkte underlagt Luftforsvaret og kom ikke under RAF's operative ledelse slik tilfellet var for de øvrige skvadronene.

No. 88 Group satte også betydelige mengder materiell inn i lufttransporttjenesten. De norske skvadronene 330 og 333 fløy regelmessige ruter langs norskekysten fra juni frem til november 1945 med henholdsvis Sunderland og Catalina flybåter. No. 88 Group Communications Squadron opererte ruter med Avro Anson fra Fornebu, og senere Gardermoen, til København, Stockholm og Stavanger. Detasjementer fra RAF skvadronene 437 og 575 drev hovedsakelig ruter mellom Oslo, Stavanger og Trondheim samt Oslo og London med sine Douglas Dakota.

Dessuten kom Fornebu og Gardermoen med i rutenettet til en rekke avdelinger, som med Dakota, Warwick og Mosquito fra RAF samt Douglas C-47 fra USAAF drev regelmessig trafikk over hele Kontinentet, inklusive Skandinavia.

Det var allikevel Luftforsvaret med No. 20 Transport Squadron og Norseman-flighten på Fornebu, No. 22 Transport Flight på Bardufoss og No. 21 Transport Flight på Skattøra som sto for hovedtyngden av transportflygningene her hjemme, godt hjulpet av 330 og 333 skvadron.

Norges Luftfartsstyre etablerte seg i Fridtjof Nansens plass 1 fra og med den 19. juni, og rutene som ble fløyet på dette tidspunktet var Fornebu-Leuchars daglig med Lodestar og Dakota, samt Fornebu-Kjevik-Sola og Oslo-Trondheim med Norseman.

Ikke fullt en måned senere, den 10. juli, var programmet vesentlig utvidet og så slik ut:

Oslo-Trondheim	Ju. 52/3m	Tre ganger ukentlig
Oslo-Trondheim	Norseman	Leilighetsvis
Oslo-Kjevik-Sola	Norseman	Leilighetsvis
Oslo-Stockholm	Lodestar	Daglig
Oslo-København	Lodestar	Daglig
Oslo-Turnhouse (Storbr.)	Lodestar	Daglig
Oslo-Croydon/London	Dakota	Daglig
Oslo-Tromsø	Catalina	333 skvadron tre ganger ukentlig
Sola-Bergen-Trondheim	Sunderland	330 skvadron daglig unntatt søndag

Med base på Skattøra drev dessuten noen Ju 52/3m sjøfly leilighetsflyging i Nord-Norge.

Utover ettersommeren og høsten ble nye ruter opprettet, som Bardufoss-Banak-Høybuktmoen (Kirkenes) fra den 10. august og Oslo-Amsterdam fra midten av oktober.

I første halvdel av november trakk RAF ut de mannskapene som hadde sørget for flykontroll og flyplassdrift i Norge, noe som sammen med dårlige værforhold førte til at alle innenlandske ruter ble innstilt. Utenlandsrutene ble fortsatt trafikkert frem til midten av februar 1946.

En rekke tyske fly ble overtatt av Luftforsvaret og RAF i Norge. Bildet viser en Fieseler Fi. 156C-3 Storch (konstr. nr. 1516) på Værnes. Flaggstripene på halen viser klart at det var i norsk eie. Det var da også dette flyet som ble overtatt av 332 skvadron i slutten av juli 1945. I november ble flyet avgitt til Gruppe 5's stasjonsflight på Værnes og den 12. januar 1946 fløyet til Bardufoss for tjeneste ved LKN.

Junkers Ju. 52/3m

Luftwaffe etterlot seg ikke mindre enn 46 fly av denne typen i Norge. Størstedelen ble overtatt av RAF og fløyet til Hamburg, men 12 fly ble overtatt her i landet for bruk av Luftforsvaret og sivile flyselskaper. Åtte av disse flyene kom i Luftforsvarets tjeneste i 1945, og to ble overhalt for bruk i Nord-Norge fra sommeren 1946. I september 1950 kjøpte det portugisiske flyvåpnet disse to sistnevnte flyene, og ett skal visstnok finnes i en park eller barnehage i Portugal den dag i dag.

Tilsammen ble rundt fem tusen Ju. 52/3m bygget fra 1933 til 1944, og i tillegg kommer flere hundre bygget i Frankrike og Spania. ★

Fieseler Fi. 156 Storch

Dette lette kommunikasjonsflyet fantes nær sagt innen hver eneste avdeling i det tyske Luftwaffe, og 63 slike fly ble funnet rundt omkring i Norge etter kapitulasjonen i mai 1945. Mange ble benyttet av RAF, og Luftforsvaret overtok 35 Storch som ble brukt fra sommeren 1945 til det ble innført flyforbud for typen året etter.

Det ble bestemt å bygge opp 10 fly på Kjeller, men bare åtte ble fullført. De "norske" Storchene ble utrangert i 1954, og de to gjenværende flyene overlatt til Bardufoss flyklubb.

Storch fløy første gang i 1936 og tilsammen rundt 2.900 fly av mange varianter ble bygget for Luftwaffe. I tillegg ble flytypen produsert i Frankrike og Tsjekkoslovakia til lenge etter krigen. ★

LUFTFORSVARET:

FLYGERVING

NAVIGATØRVING

HELIKOPTER FLYGERVING
(Utgått)

HELIKOPTER FLYGERVING
(Ikke brukt)

RADIOTELEGRAFIST/SKYTTERVING

MASKINIST/SKYTTERVING
(Utgått)

MASKINISTVING

Det amerikanske flyvåpnet var representert i Norge med et detasjement fra SHAEF (Supreme Headquarters Allied Expeditionary Force) samt No. 1427 Base Unit, som med stasjon på Gardermoen utførte nødvendig lokal trafikktjeneste for den amerikanske flyruten Paris-Brüssel-Bremen-København-Gardermoen-Stockholm.

Etter at de operative norske skvadronene var kommet hjem, fortsatte treningsleiren på Winkleigh. Dessuten var restene av det gamle FFK igjen i London, og noen ganske få nordmenn var fortsatt ved No. 45 Group i Montreal i Canada.

I Norge ble etter hvert førkrigsbefal og vernepliktige innkalt til tjeneste, men omfattende klareringsprosedyrer av sikkerhetsgrunner førte til at det tok lang tid før disse karene ble tilført sine avdelinger. Samtidig dimitterte en lang rekke mannskaper som hadde fått både trening og operativ erfaring under krigsårene. Resultatet var at selv om personellmengden økte fra 2.848 den 1. juli 1945 til 5.018 den 1. januar året etter, var mange av de mannskapene som skulle dannet ryggraden i Luftforsvaret, borte.

Sommeren og høsten 1945 gikk med til organisasjonsmessig oppbygging og igangsetting av skoler og kurs for alle typer personell. For Spitfire- og Mosquito-skvadronene bestod tjenesten i eskorte av VIP-transporter og en del oppvisninger, foruten beredskapsflygingen. Som en adspredelse i en ellers grå hverdag ble det derfor satt opp en sommerrevy i Luftforsvarets regi på Casino-teatret i Oslo.

Noe av det viktigste som fant sted i 1945, var de forhandlingene som ble ført mellom Luftforsvaret og britenes Air Ministry. Formålet var å sikre rimelig materiell hjelp til gjenoppbyggingen av et selvstendig norsk flyvåpen. Allerede i begynnelsen av juli ble de norske ønskene fremlagt og de endelige sluttforhandlinger berammet til to møter, den 27. september og den 1. oktober.

Fra norsk side hadde man for det første ett til to år basert seg på en styrke bestående av seks skvadroner, fordelt på fem flystasjoner og med følgende oppsetting:

Gardermoen:	En stasjonskommando
	En jagerskvadron med Spitfire LF IXe
	En bomberskvadron med Mosquito FB Mk. VI
	En elementær flyskole
	En feltflyskole
	En rekruttskole med depot for ca. 300 mann
Værnes:	En stasjonskommando
	En jagerskvadron med Spitfire LF IXe
	En rekruttskole med depot for ca. 250 mann
Sola:	En stasjonskommando
	En bomberskvadron med Mosquito FB Mk. VI
	En flybåtskvadron med seks pluss tre Catalina Mk.IVB
	En rekruttskole med depot for ca. 250 mann
Bardufoss:	En stasjonskommando
	En jagerskvadron med Spitfire LF IXe
	En rekruttskole med depot for ca. 250 mann
Kjevik:	En stasjonskommando

Selve flyanskaffelsen ble satt opp med totalt 190 maskiner, inkludert de 36 Spitfire LF IXe Norge allerede disponerte. Den omfattet dermed 78 Spitfire Mk. IX, 8 Spitfire Mk. VB, 55 Mosquito og 49 Oxford. I tillegg kom to verksteder for fly og motorer, teknisk utstyr for trening, signal- og radarutstyr, båter til Catalina-skvadronen, ammunisjon og bomber samt reservedeler og en lang rekke andre former for utstyr.

Samtidig som Air Ministry's prisoverslag ble lagt frem, eksploderte et bildekk utenfor møtelokalet, og lederen av den britiske delegasjonen bemerket tørt at "Ved mottak av disse opplysninger begikk lederen for den norske delegasjonen selvmord!" Etter at munterheten hadde lagt seg, kunne britene fortelle at man hadde redusert det opprinnelige prisforslaget med hele 75 prosent.

Anskaffelsen ble anbefalt, men det kom senere visse reduksjoner og endringer i valget av enkelte flytyper.

Skolene ble etter hvert satt i gang, og allerede den 28. august kunne den tekniske fagskolen på Kjeller starte de første åtte-ukers kursene for flymekanikere samt kurs for reparatører, elektrikere og våpenmekanikere.

Flygerutdannelsen ble fastlagt til en forskole på åtte uker, fulgt av elementærutdannelsen på 16 uker. Videre trening skulle foregå ved en egen feltflyskole, også med 16 ukers varighet, og det hele ble avsluttet med åtte ukers skyte- og bombeskole. Utdannelsen var stort sett lagt opp likt for en- og tomotors flygere.

Elementærskolen flyttet fra Winkleigh til Gardermoen i månedsskiftet oktober/november og ble samtidig delvis nedlagt. Feltflyskolen ble så opprettet på samme sted den 22. november.

I oktober begynte så RAF sin tilbaketrekking av alle avdelinger, med unntak av en mindre Air Mission, som fortsatt ble værende i Oslo.

330 skvadron ble tatt ut av ruteflygningene langs kysten og satt inn i transportoppdrag mellom Norge og Storbritannia.

Den 8. november ble de flyene som var gitt fra RAF til Luftforsvaret, formelt overtatt som norsk eiendom, og endelig, den 19. november, gikk følgende telegram ut til samtlige enheter:

"Nov 19/45
88 Group Headquarters closing down in Oslo with effect from 0001 hours 21 November.
From that date the operational and administrative control of all RNAF units and RNAF personell in Norway are taken over by RNAF HQ Oslo. All returns and correspondance regarding operational and administrative matters formerly forwarded to Air Ministry Fighter Command and 88 Group Headquarters are to be forwarded to RNAF Fridtjof Nansens plass 8 Oslo with effect from 0001 hours on 21 November."

Luftforsvaret ble etablert som egen forsvarsgren ved en enkel, kortfattet resolusjon, og like enkel og kortfattet ble ordren om full utskillelse fra RAF. Fra og med den 21. november 1945 skulle man stå på egne ben.

I tiden fra den 1. november frem til den 1. januar 1946 ble imidlertid størstedelen av Luftforsvarets operative enheter enten nedlagt eller så kraftig redusert at betegnelsen luftforsvar nesten ble illusorisk. Planene for denne nedbyggingen ble lagt frem allerede den 20. september 1945, og i korte trekk gikk de ut på følgende:

330 skvadron skulle helt nedlegges så snart som mulig etter den 10. november. Dette ble gjennomført den 15. desember og Sunderland-flyene tilbakelevert RAF.

331 skvadron ble nedlagt som skvadron og omgjort til en operativ treningsavdeling fra og med den 22. november da Feltflyskolen ble opprettet.

332 skvadron skulle nedlegges snarest mulig etter RAF's tilbaketrekking fra Norge. Den ble derfor lagt ned som garnisonerende avdeling fra den 1. januar 1946 og flyene lagret på Værnes.

333 skvadron ville bli utvidet til en styrke på ni Catalina og overført Sola ved årsskiftet 1945/46.

334 skvadron ble delvis nedlagt på Gardermoen fra den 1. desember. Mosquito-flyene skulle bare vedlikeholdsflys.

Som nevnt ble elementærflyskolen nærmest nedlagt etter overføringen til Gardermoen og de fleste flyene lagret der eller på Kjeller. En kjerne fra skolen skulle allikevel holdes intakt slik at nye kurs kunne igangsettes på kort varsel et stykke ut i 1946.

LUFTSKYTTERVING

LASTELEDERVING

REDNINGSMANNVING

SYSTEMOPERATØRVING

FLYSØSTERVING

FLYLEGEVING

SYSTEMOPERATØRVING
(Sjøforsvaret)

Transportavdelingene i Nord-Norge ble nedlagt i løpet av november og etterfulgte dermed Norseman-flighten som hadde lidd samme skjebne allerede i begynnelsen av august.

Tilbake var da No. 20 Transport Squadron med sine Lodestar, C-47A og C-53D. Begge de to sistnevnte flytypene skulle avgis til sivilt bruk, på tross av at både Hæren og deler av Luftforsvaret ønsket å beholde dem blant annet for trening av fallskjermtropper.

Det var liten vilje til å høre på disse ønskene, og da det nystartede DNL var et faktum i mars 1946, ble de ti Douglas-maskinene etter hvert overtatt av selskapet. Tilbake hadde man til militært bruk de syv Lodestar-flyene, og også disse ble delvis bortsatt for lagring våren 1946. No. 20 Transport Squadron var da allerede nedlagt den 15. februar det året.

Luftforsvaret hadde nå bare én vei å gå — mot oppbygging og aktivisering. Retningslinjene ble trukket opp i den første planen for gjenreising av Forsvaret, den såkalte "Treårsplanen".

De britiske flyavdelinger i Norge 1945

Selv om de norske skvadronene utgjorde hovedtyngden av den luftstyrke som inngikk i de alliertes oppsettinger i Norge etter frigjøringen, ble det tilført flere rene britiske avdelinger som en del av No. 88 Group. Da dette er de eneste utenlandske flyavdelinger som over et lengre tidsrom har vært stasjonert her hjemme, vil det være av interesse å se litt nærmere på dem.

Miles Martinet Mk. I på Gardermoen høsten 1945. Denne flytypen ble hovedsakelig brukt til målsleping i RAF, og flyets underside er derfor gulmalt med sorte striper.
Et par slike fly inngikk i Hovedkvarterflightene ved No. 129 og No. 128 Wing Headquarters på henholdsvis Sola og Gardermoen høsten 1945.

No.88 Group Communications Squadron.

Avdelingen ble opprettet med en styrke på 12 Avro Anson Mk. XII på RAF stasjonen Turnhouse den 7. mai 1945. Straks etter ble skvadronen overført til Fornebu, hvor den snart ble satt inn i ruteflyginger til København og Stockholm samt Kristiansand S og Stavanger. Dette var rene militære ruter, og fordi aktiviteten på Fornebu fikk en større sivil karakter utover sommeren 1945, ble skvadronen flyttet til Gardermoen den 8. juli. Dette ble avdelingens faste stasjon i Norge frem til midten av november, da turen gikk tilbake til Storbritannia. Av de fly som tjenestegjorde i skvadronen kan nevnes følgende RAF serienr.: PH626, PH642, PH644, PH645, PH646 og PH647.

No. 165 (Ceylon) Squadron.

Som en del av RAF's overvåkingsstyrke ble skvadronen overført fra sin vanlige stasjon i Bentwaters til Dyce i Skottland, for der å ligge i beredskap for overføring til Norge på kort varsel. Skvadronen ble tildelt No. 130 Wing på Værnes, og den fløy dit via Sumburgh på Shetland den 20. juni. På Værnes fikk avdelingen tildelt Vest-hangaren nærmest sjøen.

I løpet av tiden på Værnes mistet man tre flygere i totalhavarier. Skvadronen var oppsatt med 18 Spitfire Mk.IXe, blant annet følgende fly: Serienr.

PL317 (SK-A, totalhavarerte i sjøen den 12. september 1945 med F/Lt. G.J.Boniface), MH387. MK939, MA329, PL262 (totalhavarerte i Stjørdalselva den 2. august 1945, F/S A.H.Watts omkom), PT966, MK673 (totalhavarerte den 28. juli 1945 da flyet traff noen høyspentledninger ca. 3 mil nord for Trondheim. Flygeren, W.O. Stanley Brown, ble drept på stedet).

Den 5. november ble skvadronen overført til Storbritannia. Et fly ble imidlertid stående igjen på Værnes da skvadronen reiste. Det var Spitfire IXe MJ855, med kjennetegnet SK-Z, som ikke var iorden. RAF fant det ikke bryet verd å ta flyet over til Storbritannia, og det ble overtatt av Luftforsvaret den 21. november 1945, gitt norsk kjennetegn A-BL og tildelt 332 skvadron.

No. 276 (Air Sea Rescue) Squadron.

Luftforsvaret hadde i 1945 ingen egne enheter spesielt oppsatt for sjøredningstjeneste, og det ble derfor bestemt at en slik enhet skulle tildeles No. 88 Group. Skvadronen var oppsatt med ni Supermarine Walrus Mk.I amfibier og to Avro Anson Mk.I. For å dekke størstedelen av kysten i Sør-Norge ble avdelingen oppdelt i tre flighter, C-flight på Kjevik som også var skvadronens hovedkvarter i Norge, B-flight på Sola og A-flight på Gardermoen. Flighten på Gardermoen ble imidlertid snart overført til Værnes. Tjenesten i Norge tok til den 24. august 1945 da skvadronen ankom Kjevik fra sin stasjon på Andrews Field.

Noe lystig møte med Norge ble det ikke, for i skvadrondagboken har man anført at Kristiansand S. var halvparten så stor, men dobbelt så død som en middels gravlund i London.

I slutten av oktober 1945 ble hele skvadronen samlet på Gardermoen og fløy den 2. november via Kontinentet tilbake til Storbritannia. I Norge benyttet man bl.a. følgende fly: Walrus Mk.I med serienumrene LZ181, Z1819, W3081, P5658 og X9573. Anson Mk.I NK325 og NK421.

Supermarine Walrus amfibiefly fra A-Flight, No. 276 Squadron RAF på Gardermoen. Skvadronen utførte fra mai til november 1945 sjøredningstjeneste i Norge.
To fly av denne typen, med britiske besetninger, inngikk forøvrig i en av Marinens flyvåpens avdelinger under kamphandlingene i Sør-Norge etter det tyske angrepet i april 1940.

No. 138 Squadron.

Skvadronen ble aldri helt overført til Norge, men hadde et detasjement på Værnes i perioden 29. august til 26. september 1945. På det meste opererte ni store fire-motors bombefly av typen Avro Lancaster B.I, nå riktignok i den fredelige rollen som fotofly. Det var Finnmark fylke som skulle kartlegges fra luften, et arbeide man faktisk hadde påbegynt under krigen. Tilsammen fløy skvadronen 69 tokter i Norge, hvorav 20 ikke ble fullført. Norsk område var godt kjent for denne skvadronen som under krigen hadde fløyet en rekke tokter med slipp av agenter og forsyninger til hjemmestyrkene. Blant de fly som var på Værnes, kan nevnes: RAF serienr. NG409 (P), LM282 (C), ME751 (F) og NF966 (T).

Avro Lancaster B.I. bombefly fra No. 138 Squadron RAF fotografert på Gardermoen sommeren 1945.
Fra august 1941 til mars 1945 var denne avdelingen en såkalt "Special Duties" skvadron som fløy forsyninger og agenter til motstandsstyrkene i de okkuperte land, deriblant Norge. I mars 1945 ble 138 skvadron overført til Bomber Command, utstyrt med Lancaster og satt inn i bombingen av det stadig minskende "Grossdeutschland".
I Norge fløy skvadronen kartleggingsoppdrag.

No. 575 Squadron.

Også denne avdelingen hadde bare et detasjement i Norge og var ikke direkte underlagt No. 88 Group. No. 575 Squadron var en transportskvadron oppsatt med Douglas Dakota III, og fra den 19. juni startet avdelingen med flyginger fra Fornebu på de fast oppsatte rutene i inn- og utland. Fly brukt i Norge inkluderer RAF serienr. KN290, KN431, KG608, KG323 og KG442.

No. 129 (Mysore) Squadron.

Som den andre av de to jagerskvadroner som skulle inngå i No. 130 Wings oppsetning på Værnes, ble No. 129 Squadron den 25. mai overført fra sin stasjon på Bentwaters til Turnhouse og senere til Dyce. Her ble skvadronen liggende helt til den 17. juni da man sammen med No. 165 Squadron fløy via Sumburgh til Værnes, riktignok med et tre dagers opphold i Sumburgh.

Ankomsten til Værnes ble noe kjedelig idet F/Sgt. D.H.Brown fikk motorvansker med sin Spitfire Mk.IXe og måtte nødlande på et jorde ca. 35 kilometer sydvest for Trondheim. Flyet, DV-N (serienr. MH317), ble totalvrak, men flygeren slapp fra uhellet med bare mindre skader. Oppholdet på Værnes ble relativt kortvarig, for allerede den 17. juli flyttet skvadronen til Gardermoen. Dens plass på Værnes ble overtatt av den norske 332 skvadron.

Som ved så mange skvadroner i 1945 fikk også 129 Squadron sin Fieseler Storch. Dette ex-tyske flyet ble meget populært til all slags mer og helst mindre autorisert flyging. Den 19. september ble Storchen tatt i luften for første gang. Sammen med de øvrige RAF avdelinger skulle 129 Squadron tilbake til Storbritannia i november, og den 8. november tok skvadronen av fra Gardermoen med kurs for Hamburg og Molesworth. Under hele oppholdet i Norge var 129 Squadron utrustet med Supermarine Spitfire Mk.IXe, blant annet RAF serienr. PL149 (DV-J), PL344 (DV-K), PT961 (DV-D), MJ484 (DV-A) og TA855 (DV-V).

No. 130 (Punjab) Squadron.

Den fjerde og siste rene RAF skvadron i Norge var No. 130 Squadron som, i likhet med de norske 331 og 332 skvadron, var blitt overført til North Weald etter lang tjeneste på Kontinentet. Som for de fleste andre avdelinger gikk turen videre til Dyce med skvadronens 18 Supermarine Spitfire IXe.

Som en del av No. 132 (N) Wing ble Kjevik skvadronens base for hele oppholdet i Norge, og den ankom dit den 20. juni.

Sammen med 165 Squadron forlot 130 Squadron Norge den 5. november 1945.

I tillegg til skvadronene fikk hver Wing tildelt to til tre Miles Martinet Mk.I i begynnelsen av august. Disse flyene ble alle tilbakelevert RAF i november.

Avdelinger fra Polens hær og marine deltok under kamphandlingene i Norge i 1940, og det polske flyvåpnet var ved frigjøringen fem år senere representert ved No. 301 Squadron. Skvadronen fløy ruter mellom Storbritannia og Oslo, Athen og Istres med Vickers Warwick C Mk.III. Bildet viser Warwick GR-T (RAF serienr. HG339) på Gardermoen vinteren 1945.

Engangsanskaffelsen

Som tidligere nevnt ble de innledende forhandlingene mellom norske og britiske myndigheter ført i London fra den 27. september til den 1. oktober 1945. Størrelsen på leveransene ble etter politisk behandling i Norge noe redusert, og valget av flytyper endret man også på i et par tilfeller.

Totalrammen for utstyrsleveransen fra Storbritannia lå på 720.000 britiske pund, og i tillegg kom 200.000 pund for bekledning og personlig utstyr til 5.000 mann. For i underkant av en million pund skulle altså Norge få et fullt oppsatt flyvåpen på fem skvadroner og alle tilhørende tjenester samt reservedeler og forsyningsmuligheter for ett års drift.

Separat ble det forhandlet om utstyr av amerikansk opprinnelse. Det endte med et tilbud på ni Catalina, 23 Harvard samt en mengde reservedeler og motorer for 1.123.000 amerikanske dollars. For øvrig ble det amerikanske materiellet som var levert i løpet av krigen på låne- og leiebasis, gjort opp i 1947.

Flyene som skulle leveres fra Storbritannia, ble overtatt av norske mannskaper ved forskjellige Maintenance Units (vedlikeholdsavdelinger). Etter en foreløpig mottakskontroll ble de fløyet via Kontinentet til Gardermoen. Der ble flyene overtatt av Landsdelslager Øst før de etter hvert gikk til Kjeller hvor overhaling fant sted. Til slutt ble de levert fra Kjeller til skvadroner, skoler eller stasjoner for aktiv tjeneste.

Kjellers kapasitet var begrenset, og dessuten var de operative avdelingene enten delvis nedlagt eller på et meget lavt beredskapsnivå. Enkelte fly, som for eksempel noen av de innkjøpte Airspeed Oxford, ble aldri tatt i bruk av Luftforsvaret og stod ved lagringsavdelingen inntil de ble solgt i begynnelsen av 50-årene. Andre totalhavarerte under vedlikeholdsflyging før de rakk frem til de operative enhetene.

Mange maskiner var veteraner fra krigen, og den tekniske standard var ikke alltid på topp. Blant Spitfire-jagerne fant man også gamle kjenninger fra de norske skvadronenes krigsoperasjoner.

De første flyene ble overført fra Storbritannia i slutten av desember 1946, men starten ble så dårlig som vel mulig. Det aller første flyet, Avro Anson

Airspeed Oxford

Oxford ble bygget for RAF for å dekke en lang rekke treningsfunksjoner som navigasjon, instrumentflyging, radio, skyting, fotografering og bombing i tillegg til å utdanne flygere på to-motors fly. Prototypen fløy første gang den 19. juni 1937 og ble etterfulgt av ikke mindre enn 8.751 fly i tre hovedvarianter.
Etter krigen kjøpte Luftforsvaret 20 fly. Syv var av typen Mk. I og de øvrige 13 Mk. II, de siste utstyrt med mitraljøsetårn. Flyene ble levert i tidsrommet mai til september 1947. To Oxford Mk.I ble i tillegg innkjøpt fra DNL i mai 1948, og et tilsvarende fly (serienr. 6284M/LX474) ga RAF til LTS på Kjevik som instruksjonsmateriell ganske nøyaktig ett år tidligere.
Fra 1950 til 53 ble de fleste flyene solgt til sivile operatører i Sverige og Jugoslavia, men fire maskiner gikk til Widerøe. ★

Størstedelen av de 22 Airspeed Oxford treningsfly som Luftforsvaret anskaffet i årene 1947-48, ble aldri benyttet, men ble stående ved Lagringssveiten på Gardermoen. Blant dem som ikke ble brukt, var Oxford Mk. I (seienr. N4602), vist på dette bildet.
Kjennetegnet V-AS var reservert for dette flyet. Etter at flytypen ble utfaset, ble mange Oxford solgt til sivilt bruk i Norge og Sverige, men den største avtageren var faktisk Jugoslavia. Hele fem fly fant veien dit, deriblant N4602 som ble registrert YU-ABX for turen fra Norge til sitt nye hjemland.

EG274, ble hentet på flystasjonen Pershore den 18. desember og skulle fly til Norge sammen med Anson DJ513. Sistnevnte fikk snart tekniske problemer og ble stående igjen på Eindhoven i Nederland, mens EG274 fortsatte hjemover. Alt gikk bra til man kom til Gardermoen, men der var værforholdene helt håpløse. Folkene på plassen hørte Anson-maskinen, men skyene lå nesten helt nede på bakken, og det var totalt umulig å komme seg ned. Flyet ble derfor omdirigert til Fornebu, som imidlertid viste seg å ha like dårlige forhold. Bensinbeholdningen ble etter hvert faretruende lav, og mannskapet måtte forberede seg på nødlanding. De fant et egnet sted i Vestreelva ved Langøya på Kråkerøy, og ved 19.30-tiden på kvelden klarte fenrik Egil Thuen å gjennomføre en meget vellykket nødlanding. Flyet ble imidlertid såpass ødelagt at det ble avskrevet.

10 Avro Anson Mk. I ble kjøpt fra RAF's overskuddslagre og levert til Norge mellom desember 1946 og august 1947. Ett fly havarerte på leveringsturen. De øvrige ble, etter overhaling på Gardermoen, avgitt til Flyskolen.
Bildet viser DJ513 foran Hangar C på Gardermoen den 20. mars 1948. Flyet ble den våren forsøkt modifisert til bruk i sjøredningstjenesten. Redningsflåter og nødutstyr, såkalt Lindholme-gear, skulle henges opp under buken. Helt vellykket ble modifikasjonen ikke. Selv om våpenmekanikerne Nils Skogsberg og Sverre Thuve forsøkte alle lure knep for å få plass til alt på utsiden, endte det med at en container måtte være inne i flyet og kastes ut gjennom døren om det ble bruk for den. DJ513 fikk forøvrig senere kjennetegnet W-AH.
Utallige økenavn ble gitt Anson. Mest kjent er kanskje "Luftens Lassaron" og "Ti tusen flydeler i tett formasjon".

Leveringen forløp ellers uten uhell av alvorlig karakter og var avsluttet i juni 1948. Leveransene foregikk slik:

	Spitfire Mk. IX	Spitfire PR XI	Mosquito FB Mk. VI	Mosquito T Mk. III	Anson	Oxford
Des. 46					2	
Jan. 47					3	
Mai 47	6				1	6
Jun. 47	3					6
Jul. 47	1		3		2	5
Aug. 47	2	3	7	1	2	2
Sep. 47	5					1
Okt. 47	7					
Mai 48	6			2		
Jun. 48	1					
Sum	31	3	10	3	10	20

I samme periode, men utenfor engangsanskaffelsen, ble det innkjøpt fra overskuddslagre og private eiere seks Harvard og to Catalina flybåter. Senere kom flere Harvards før Vampire-leveransene tok til.

Treårsplanen 1946 - 49

Forsvarsdepartementet utarbeidet i perioden 1945—46 en "Plan for en første reising av Norges forsvar", også kalt "Treårsplanen", som ble godkjent ved Kongelig resolusjon av 13. september 1946. Utgangspunktet ble tatt fra Fellesprogrammets målsetting for Forsvaret: "Landets forsvar bygges opp etter de erfaringer krigsårene har gitt, så det kan være et vern om landet og oppfylle våre internasjonale militære forpliktelser".

Planen var ment å skulle gi en oversikt over de retningslinjer man aktet å følge den første tiden i arbeidet med å reise en militær beredskap i Norge, og det var forutsetningen at spørsmålene om ordningen av et norsk forsvar på lengre sikt skulle forberedes gjennom en forsvarskommisjon for å få en grundig og allsidig behandling. "Treårsplanen" skulle dekke tiden frem til den 1. juli 1949. Selv om planen var en overgangsordning, skulle ikke reformer det i hovedtrekk var enighet om, utsettes.

Denne planen er interessant lesning, både fordi den gir en vurdert oppsummering av krigserfaringene og fordi en rekke målsettinger er like gyldige i dag som den gang de ble skrevet. Som eksempel kan siteres:

"Det som skjedde i 1940 og senere viser at det norske folk vil kjempe for sin frihet og uavhengighet selv mot tilsynelatende overveldende overmakt. Dette er en folkepsykologisk erfaring av grunnleggende betydning i norsk forsvarspolitikk. Det norske folk vil i fremtiden, som i fortiden, uten tvil gå aktivt inn for forståelse og avrustning mellom landene og for løsningen av mellomfolkelige konflikter ved fredelige midler; men det kan formodentlig sies med stor bestemthet at det norske folk ikke vil gi seg for overgrep og forsøk på å krenke norsk frihet og selvstendighet.

At en slik innstilling er av den største verdi for et lite fredselskende folk, synes å være en historisk erfaring. *Viljen* til å forsvare seg synes i det lange løp å være en garanti for frihet og selvstendighet. Det er jo også så at det å gi seg for en fiende, ikke innebærer noen som helst garanti mot å bli krigsskueplass eller skånet for krigens ulykker.

For den alminnelige mann og kvinne er det kanskje kjernen i "erfaringene fra 1940" at vi ikke må stelle oss slik at vi eventuelt må kjempe uten rimelige midler til å forsvare oss.

Forsvaret vil alltid være en byrde for et folk å bære, både fordi det legger beslag på ungdommen i en viktig tid av deres liv, på arbeidskraften og fordi det krever realøkonomiske goder som ellers kunne komme andre formål til gode. Uttrykt på en mer pengemessig måte koster forsvaret penger som må

Avro Anson

Denne flytypen, som i RAF ble gitt tilnavnet "Trofaste Annie", var i britisk militær bruk fra 1936 til 1967, og rundt 11.000 fly i en lang rekke versjoner ble bygget i Storbritannia og Canada.
Anson ble vurdert i konkurranse med Caproni Ca. 310 da Hærens flyvåpen skulle kjøpe inn lette bombefly før krigen, men valget dengang gikk i favør av Caproni. I tillegg til de ti Anson Mk. I Luftforsvaret kjøpte etter krigen, ble en sivil kanadiskbygget Anson Mk. V, registrert LN-PAR, leiet i perioder i slutten av 40- og i begynnelsen av 50- årene. Her i landet brukte man Anson av 50- årene. Her i landet brukte man Anson til treningsformål.
De gjenværende syv flyene ble i 1950 og 51 solgt sivilt til Sverige og Jugoslavia. ★

utliknes på folket gjennom skattene og derigjennom belaster deres levestandard. I treårsperioden spiller hensynet til landets gjenreising og nyreising inn på det sterkeste.

Forsvaret har først og fremst til oppgave å virke fredsbevarende. Norsk forsvar skal understreke utad at vi vil sette oss til motverge mot et hvert overfall. Det gjelder at alle makter er klare over at vi *vil* forsvare oss, og at vi tar de offer som er nødvendig for å *kunne det*. Det er grunn til å understreke, etter erfaringene i denne krig, at en innbitt vilje til å *kjempe videre* selv etter militært nederlag og okkupasjon, er en viktig del av et lite lands forsvarsberedskap.

Det er vanskelig å tenke seg at Norge skulle komme til å forsvare seg mot overfall uten å ha allierte, og det er nødvendig å erkjenne at Norge med sine begrensede militære og økonomiske ressurser ikke vil kunne holde stand alene i lengre tid mot en militær stormakt. Men norsk forsvar må kunne holde ut alene inntil vi får effektiv hjelp av dem som måtte bli våre allierte".

Også dengang var det altså naturlig nok økonomiske begrensninger. I avsnittene som omhandler landets økonomiske bæreevne og den økonomiske ramme for Forsvaret i treårsperioden, finner man blant annet: "Deltagelsen i okkupasjonen av Tyskland med en styrke av Hæren på over 4.000 mann medfører særlige utgifter og binder til en viss grad budsjettet". Dette er nærmest en parallell til situasjonen de siste årene, med anskaffelsen av F-16.

Man gjorde også et forsøk på å vurdere den militærtekniske utvikling:

— Den elektroniske teknikk hadde ført til en uanet utvidelse av det man kan kalle våre sansers aksjonsradius,
— Man så begynnelsen til de målsøkende prosjektiler,
— Reaksjonsdriften hadde vært gjenstand for en voldsom utvikling. Og det het: "Pointet i denne teknikk er å frembringe kraften til fremdrift ved reaksjonsvirkningene fra massepartikler som skytes ut bakover. Ved krigens slutt var topphastigheten for raketter 4.800 kilometer i timen, for fly 980 km. pr. time. Når flyene ikke er kommet høyere, skyldes det at luftmotstanden øker enormt når man nærmer seg lydens hastighet og blir for kraftig for utvekster som vinger og ror. I stratosfæren skulle det dog være mulig også for fly å gå over lydens hastighet. En slik flytype vil ha praktisk talt ubegrenset aksjonsradius."

Det skulle allikevel bare gå noen ganske få år før vanlige jetfly fløy hurtigere enn lyden — til tross for "utvekster" som vinger og ror!

Forsvarsdepartementet understreket at det var et vesentlig ledd, også i et lite lands forsvarsberedskap, å sørge for å holde seg på et høyt teknisk og vitenskapelig nivå.

Planen har en grundig vurdering av menneskemateriellet og mannskapstilgangen. Den siste var faktisk ganske problematisk idet vernepliktsmassen sank fra ca. 30.000 i 1940 til ca. 18.800 i 1955. Dog regnet man med å bøte på dette til en viss grad, for eksempel ved å regne en lavere kassasjonsprosent (ca. 20 % mot ca. 30 % før krigen) og ved en eller annen form for etterutdannelse av krigsårsklassene 1940—44.

Personellsituasjonen ble til tider ganske kritisk. Da det våren 1948 ble satt i gang ekstraordinære beredskapstiltak på grunn av den spente internasjonale situasjonen, gikk man til det drastiske skritt å innkalle både flygere og teknisk personell som hadde gjort tjeneste ute under hele krigen. At dette var mildt sagt upopulært, er ikke vanskelig å forstå. Disse karene hadde omsider fått seg sivile stillinger og omstilt seg til et mer normalt liv. De hadde virkelig for lengst gjort en større innsats for landet enn hva man med rimelighet kunne forlange av dem, og dette er et kjedelig eksempel på hvilke tilfeldige skjevheter i samfunnsbyrdene som kan oppstå.

Planen kommer også inn på mer systematiske personelluttak, noe som var nytt i Forsvaret, bortsett fra at Luftforsvaret hadde benyttet amerikanske og kanadiske metoder under krigen.

Når det gjaldt spørsmålet om øvelsestidens lengde, hadde man helt opp til krigsutbruddet basert seg på et system med kortvarige våpenøvelser. De vernepliktige ble ansett for å være så godt psykisk og fysisk utrustet at de kunne bli utdannet på kort tid for kamp i Norge. Erfaringene fra krigen hadde imidlertid vist noe annet, og det var enighet om å basere seg på samme tjenestetid som for eksempel våre naboland, 12 måneder med eventuelle repetisjonsøvelser.

Spørsmålet om kvinner i Forsvaret ble også ganske inngående behandlet, og det var stemning for alminnelig verneplikt og arbeidsplikt for kvinner, både i fred og krig. Dette vant imidlertid ikke gehør i Stortinget.

Befalsspørsmålet var viktig — og vanskelig, ikke minst i Luftforsvaret hvor det hadde vært meget stor avgang av både flygere og teknikere til de sivile flyselskapene, som Forsvaret ikke kunne konkurrere med hverken når det gjaldt lønninger eller for eksempel boforhold. Det kom frem en rekke forslag til utdannelsesmønstre, blant annet om internatskoler hvor man kunne begynne i 15-års alderen og få kombinert sivil og militær utdannelse. Noe slikt ble aldri gjennomført.

Mesteparten av personellet som stod til rådighet for Luftforsvaret, var utdannet i Canada og Storbritannia under krigen. Det gjaldt såvel folk til administrative og tekniske stillinger som flygere. Det flygende personell hadde aktiv krigstjeneste bak seg og var et uvurderlig aktivum ved oppbyggingen av den nye forsvarsgrenen. Det var derfor av vesentlig betydning for Luftforsvaret å sikre seg flest mulig av krigsbefalet ved å ta dem inn i faste yrkesoffisersstillinger.

Arbeidsoppgavene var nærmest uendelige, og det måtte nødvendigvis ta tid før man fant frem til den rette form for alle sider av Forsvaret. Av de ting som ble diskutert, var blant annet innenlandsk produksjon av krigsmateriell, den militære verkstedvirksomheten, sikring av drivstoff og ikke minst Forsvarets egne etablissementer.

Tyskerne hadde benyttet, og stort sett utbygget, alle de gamle norske anleggene fra før krigen. Men både disse utbyggingene og alt det nye som var oppført, var gjennomgående usolid og trengte mye reparasjon og vedlikehold. Noe var selvsagt allikevel av varig verdi, både sivilt og militært.
En rekke flyplasser hadde tyskerne bygget ut, men ofte hadde de ikke bekymret seg så mye om eiendomsforholdet.

Treårsplanen for Luftforsvaret var basert på det synet at det var helt nødvendig å konsolidere og bygge videre på det grunnlag man hadde, for å vedlikeholde en høy standard og for å kunne følge med i den utvikling som skjedde. Luftforsvaret hadde et godt erfaringsgrunnlag når det gjaldt de operative flyavdelingers organisasjon og virksomhet, men med hensyn til de bakre organisasjoner som vedlikeholds- og forsyningstjenesten måtte man starte fra grunnen av. Et unntak var skolevirksomheten som under krigen var bygget opp i store trekk ut fra RAF's trenings- og skoleprogrammer, men i en egen norsk organiasjon.

Det var her en uendelighet av spørsmål å ta stilling til, og "Treårsplanen" måtte derfor bli avfattet i grove trekk, med *mål* for oppbyggingen i perioden.

Utbyggingen var forutsatt å bli:
— Tre jageravdelinger med Spitfire,
— To lette bomberavdelinger med Mosquito jagerbomber,
— En flybåtavdeling med Catalina,
— En transportavdeling med Lodestar og Dakota.

Spitfire LF IXe FN-I (serienr. NH193) fra 331 skvadron på Værnes sommeren 1951. Som maskot hadde FN-I (tidligere kjennetegn A-CI) påmalt et "Mikke Mus"-hode i underkant av cockpitdekselet.
Flyet ble utrangert i januar 1952 og var muligens blant de 22 Spitfires som høsten 1952 ble solgt som skrap til Stjørdal Støperi.
På bildet skimtes såvidt Spitfire PR XI A-ZB fra Nr. 1 Fotorekognoseringsving som i kortere perioder var stasjonert på Værnes.

Men, den senere utviklingen kom til å arte seg noe annerledes.

Organisasjonen skulle til enhver tid ha høy beredskap, ut fra den tanke at fredstids- og krigsorganisasjonen skulle avvike minst mulig fra hverandre. Det ble imidlertid ikke antatt at alle avdelinger behøvde å ha full krigsstyrke i fredstid. Man regnet med at enkelte avdelinger, som var garnisonerende, hadde på det nærmeste full styrke året rundt. De øvrige ville bare ha det nødvendige personell for administrasjon og vedlikehold av materiellet, for så å bli satt opp til repetisjonsøvelser med full styrke et par måneder av året. Praksis viste imidlertid etterhvert at dette var en dårlig løsning.

Antall og plassering av baser for flyavdelingene var et vanskelig spørsmål, en avveining mellom økonomi og beredskap og et spørsmål om fordeling av flyplassene mellom militært og sivilt bruk. "Treårsplanen" gikk inn for følgende basering av avdelingene:

Gardermoen:	Flyskolen En transportavdeling (garnisonerende) Rekruttskoler
Eggemoen:	En jageravdeling (garnisonerende)
Haslemoen:	En lett bomberavdeling (ikke garnisonerende)
Sola:	En lett bomberavdeling (garnisonerende) En flybåtavdeling (garnisonerende) Rekruttskole
Værnes:	En jageravdeling (ikke garnisonerende)
Bardufoss:	En jageravdeling (ikke garnisonerende)
Kjevik:	Tekniske skoler

Det var videre forutsatt oppsetting av et landsdelsverksted og et landsdelslager i hvert av de fire luftkommandodistriktene Østlandet, Vestlandet, Trøndelag samt Nord-Norge.

Disse luftkommandoer ble opprettet allerede fra den 1. mars 1946 og den tidligere gruppe-organisasjonen ble samtidig nedlagt.

Allerede i 1945/46 ble det bestemt å kutte noe ned på det antallet fly man i utgangspunktet hadde blitt enige med RAF om å overta, for å ha en bevilgning i reserve til innkjøp av "de mest moderne flytyper", som det står anført i Stortingsmelding nr. 32 1945/46. Innkjøpene ble redusert med 10 Spitfire, 34 Mosquito og 14 tomotors treningsfly av typene Anson og Oxford. I Statsbudsjettet for 1946/47 ble det oppført anskaffelse av ytterligere 10 Harvard fra USA til erstatning for kasserte treningsfly. Denne anskaffelsen ble gjenstand for omfattende diskusjon fordi flyene skulle betales i amerikanske dollar, noe det var stor knapphet på i Norge.

I 1947 tok Flyvåpnet opp spørsmål om levering av jetdrevne jagerfly, både til øvelsesformål og som ledd i beredskapen. Luftforsvarets overkommando foreslo anskaffelse av 20 slike fly i 1948 og 1949, for at disse kunne gå inn istedenfor Spitfire i feltoppsettingene. Det er interessant å se at prisen dengang var på mellom fem og seks hundre tusen kroner pr. fly. Forsvarsdepartementet stilte seg positivt til forslaget og uttalte blant annet: "Departementet anser det for å være av stor betydning å finne plass for anskaffelsen innenfor treårsplanens budsjettramme. Det er ikke tvilsomt at jetdrevne fly etterhvert vil erstatte vanlig propelldrevne, og det gjelder for vårt flygevåpen å komme med snarest mulig. Også fra et alminnelig flypolitisk synspunkt vil det være av betydning at landet holder seg på høyde med utviklingen i flyteknikken."

På samme tidspunkt tok LOK opp spørsmålet om anskaffelse av moderne utstyr til slepemålsflyging. Både Flyvåpnet selv, Luftvernartilleriet, Kystartilleriet og Hæren måtte ha skikkelige slepemål for å kunne drive effektive skarpskytingsøvelser. Man foreslo anskaffelse av to moderne slepefly av typen de Havilland Mosquito Mk. XVI B med spesialutstyr, beregnet å koste rundt en million kroner. Konvertering av egne Mosquitoes ble ansett som vanskelig gjennomførbart, noe departementet imidlertid ikke følte seg helt overbevist om. Det ble da heller ingen anskaffelse av spesielle slepemålsfly.

Derimot ble anskaffelsen av "jetdrevne jagerfly" vedtatt. Valget falt på de Havilland Vampire F Mk. III, og de to første flyene landet på Gardermoen den 2. mai 1948. Det tredje, som hadde startet samtidig fra flyplassen Hatfield i England, måtte stoppe et par dager i Nord-Tyskland på grunn av problemer med cockpitdekslet. Norge var kommet inn i jetalderen.

Etter hvert fulgte flere Vampire, både F Mk. III, FB Mk. 52 og treningsversjonen T Mk. 55. De første Vampires gikk inn som en egen ving i 331 skvadron, men ble senere skilt ut og opprettet som 336 skvadron.

Rygge og Jarlsberg var ikke blitt tatt i bruk som militære flyplasser etter krigen, men på slutten av 40- og begynnelsen av 50-årene ble de igjen aktuelle. Kjevik ble overlatt til sivil luftfart, men Luftforsvaret beholdt en vesentlig del av bygningene til sin tekniske skolevirksomhet. For å utrede den fremtidige ordning av Fornebu, Kjevik, Sola og Herdla ble det nedsatt et utvalg.

I en tilråding fra Forsvarsdepartementet av den 21. november 1947, godkjent ved Kronprinsregentens resolusjon samme dag, ble det besluttet at Luftforsvarets utnyttelse av Sola flyplass skulle opphøre, idet plassen var utsett til å bli "Atlanterhavslufthavn" snarest mulig. Luftforsvaret måtte derfor flytte til Forus, for at utbyggingen av Sola som sivil flyplass kunne komme i gang med minst mulig forsinkelse. I første omgang ble en million kroner bevilget til foreløpige utbedringer av de tyske anleggene på Forus. Ikke lenge etter ble beslutningen omgjort, og man kan vel si at Luftforsvaret har "levd lykkelig på Sola i alle sine dager" — hittil!

Våren 1948 ble det satt i gang ekstraordinære beredskapstiltak og både befal og mannskaper innkalt til seks måneders beredskapstjeneste. Midler ble raskt bevilget til et større antall jetjagere enn opprinnelig forutsatt, og tiltak igangsatt for en raskere og sterkere utbygging av luftvarslingen. Det ble imidlertid understreket av man ikke var istand til å skape et sterkt militært forsvar i løpet av året.

Mot slutten av 1948 ble ytterligere ekstraordinære beredskapstiltak foretatt for perioden 1. januar 1949 — 30. juni 1950. I den forbindelse uttalte LOK at det som i hovedtrekk var oppnådd for Luftforsvarets vedkommende, var en betydelig høyere mobiliseringsberedskap på det flymessige området, samtidig som det hadde vært mulig å styrke de oppsatte feltflyavdelingene. Også Luftvernartilleriet hadde kommet et skritt videre.

Flyvåpnet holdt kunnskapene vedlike hos sitt eldre befal ved repetisjonsøvelser hos garnisonerende skvadroner, og utdannelse av nye flygere var kommet i gang ved Flyskolen på Gardermoen i 1947/48.

LOK anså det for å være av vesentlig betydning å få levert ytterligere jetjagere i tillegg til de to skvadroner Vampire som var bestilt, hvorav den ene var levert i slutten av 1948, og foreslo derfor bestilling av to nye skvadroner. Likeledes måtte utbyggingen av radartjenesten fortsette, men

I juni 1949 ble det arrangert en norsk-britisk samøvelse. 30 Avro Lancaster og Avro Lincoln bombefly fra RAF simulerte dag- og nattangrep mot mål i Norge ut fra sine baser i Storbritannia. Målene ble forsvart av enheter fra Luftforsvaret.
Charles E. Brown, trolig verdens beste flyfotograf, besøkte Norge i forbindelse med denne øvelsen. Fra en av 335 skvadrons Lodestars tok han en serie bilder som senere gikk verden over og som i en nylig utgitt bok om ham er betegnet som blant hans aller beste. Det sies at yngre fotografer ofte lo av Brown og hans tungvinte, gammeldagse utstyr — inntil de så resultatet!
De to flyene Brown fotograferte, er her samlet på et bilde, Vampire F Mk. III B-AH (serienr. P42459) og Mosquito FB Mk. VI F-AK (serienr. RS605). Sistnevntes serienummer ble forøvrig feilaktig malt på flyet som RS-650, men det nummeret tilhørte en Mosquito som ble eksportert fra Storbritannia til Jugoslavia.
De Havilland Vampire F Mk. III. var Luftforsvarets første jetfly.
Konstruksjonsarbeidet på Vampire ble startet i 1941, og prototypen fløy første gang i september 1943. Opprinnelig ble flyet kalt Spider-Crab, men navnet var skiftet til Vampire da typen i 1946 kom i skvadronstjeneste hos RAF. En lang rekke Vampire-varianter ble produsert, og flyene tjenestegjorde i mange lands flyvåpen opp gjennom årene.
For mange av flygerne ved 331 skvadrons B-flight, og senere 336 skvadron, var hjemflyging av Vampire fra de Havilland -fabrikken på Hatfield et kjærkomment avbrekk i den daglige rutinen. Turen gikk vanligvis via Gütersloh i Nord-Tyskland og Danmark, men mellomlandinger i Nederland og Sverige forekom også. På grunn av mangelfulle værmeldinger kunne en slik tur ta opptil fem døgn.

der var leveringstidene lange. Man ville også forsøke å istandsette en del mindre flyplasser for å kunne gjennomføre en spredning av flyavdelingene, og fire millioner kroner ble foreslått til fordeling på Eggemoen, Rygge, Jarlsberg, Lista, Gossen, Bodø, Forus og Kjeller. Haslemoen var ikke lenger aktuell som stasjon for Luftforsvaret.

Da treårsperioden utløp i 1949, var situasjonen med hensyn til flymateriellet omtrent som forutsatt, med følgende avdelinger:

To jagerskvadroner med Spitfire (331 og 332).
En jagerskvadron med Vampire (336, med så mange fly at 337 ble utskilt som egen skvadron et halvt år senere),
En lett bomberskvadron med Mosquito (334).
En flybåtskvadron med Catalina (333).
En transportskvadron med Lodestar (335).

Forsvarskommisjonen av 1946 og seksårsplanen 1949–55

Forsvarskommisjonens innstilling, som forelå høsten 1949, kom frem til at Luftforsvarets sentrale ledelse skulle være slik som prøvet i treårsperioden:

— Forsvarets overkommando, Luftforsvaret, med Sjefen for Luftforsvaret,
— Generalinspektøren og Sjefen for Luftvernartilleriet,
— Luftforsvarets tekniske etat,
— Luftforsvarets intendantur,
— Luftforsvarets sanitet,
— Luftforsvarets inspeksjoner.

Kommisjonen var enig i LOK's forslag til skoler:
— Luftkrigsskolen og stabstjenestekurser,
— Luftforsvarets flygeskole,
— Flyvåpnets befalsskole for administrasjonsbefal,
— Luftvernartilleriets befalsskole,
— Flyvåpnets skyte- og våpenskole,
— Luftvernartilleriets skyte- og våpenskole,
— Luftforsvarets tekniske forskole,
— Luftforsvarets tekniske skole,
— Luftforsvarets sambandsskole,
— Luftforsvarets radarskole,
— Luftforsvarets våpentekniske skole.

Flyskolen hadde inntil da holdt til på Gardermoen, men man forutsatte at den skulle ha sitt eget skoleetablissement og øvelsessted på Rygge, da skoleflyging av sikkerhetsmessige grunner ikke burde drives på flyplasser der det foregikk annen flyvirksomhet.

Skyte- og bombeskolen hadde ikke vært etablert i treårsperioden, men ble nå vedtatt opprettet med øvelsesplass på Lista. Der var også Luftforsvarets våpentekniske skole etablert etter at den ble utskilt fra LTS på Kjevik. Selve LTS skulle for øvrig fortsatt bli på Kjevik.

Luftforsvarets organisasjon omfatter ikke minst flyplasser for å gi en solid og smidig basisorganisasjon for de operative flyavdelinger i en krigssituasjon. En del av disse flystasjonene skulle inngå i fredsorganisasjonen for å danne det nødvendige antall øvelsessentra for de oppsatte flyskvadronene. De øvrige plasser skulle stå i reserve. LOK foreslo følgende fredstidsflystasjoner: Gardermoen, Eggemoen, Forus, Værnes og Bardufoss, samt Skattøra sjøflystasjon.

Forus skulle ha et "anneks" på Sola land og Sola sjø. Videre skulle Sola sjø og Skattøra bare opprettholdes så lenge man hadde Catalina flybåter.

Forsvarskommisjonen sluttet seg til LOK's forslag til antall skvadroner:
- Åtte jagerskvadroner,
- To lette bomber/nattjagerskvadroner (fortrinnsvis en som lett bomber og en som nattjager),
- To rekognoseringsskvadroner,
- En transportskvadron.

Oppsettingen av skvadronene skulle etter forutsetningen skje gradvis gjennom hele seksårsperioden i takt med personelltilgangen og utbyggingen av organisasjonen for øvrig.

Kommisjonens forslag til Luftforsvarets fredstidsorganisasjon så slik ut:

LUFTFORSVARETS HOVEDINNDELING I FRED

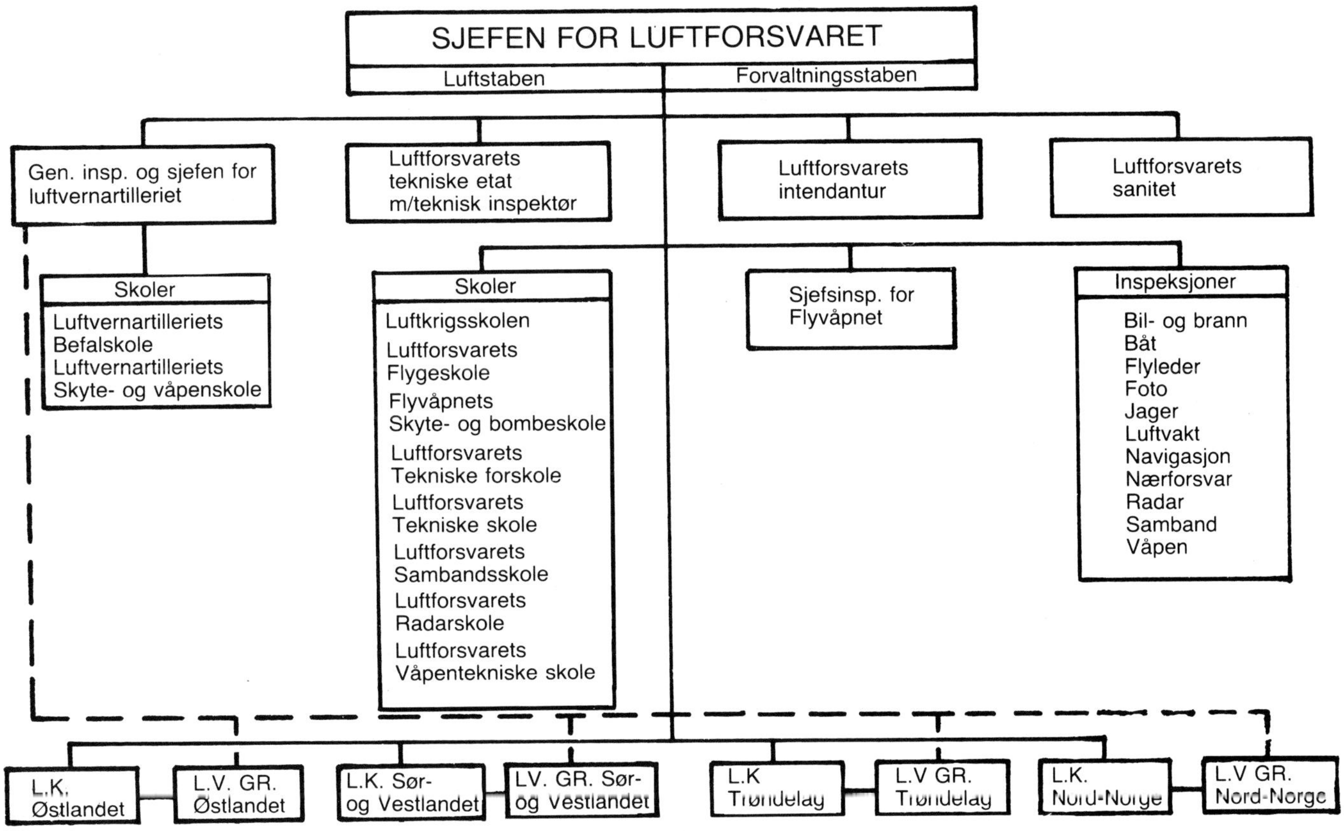

I mellomtiden var imidlertid Norge kommet med i NATO, og med den store våpenhjelp landet ganske snart mottok, fikk Luftforsvaret en langt raskere utvikling enn opprinnelig foreslått.

Norges inntreden i NATO og våpenhjelpen

Den utenrikspolitiske situasjonen ble også i vårt land ansett som bekymringsfull etter kuppet i Tsjekkoslovakia, det sterke sovjetiske presset på Finland (som vel de fleste oppfattet som den direkte foranledningen til de ekstraordinære beredskapstiltak truffet i 1948) og Berlin-blokaden. Dette førte til at Norge tok sin sikkerhetspolitikk opp til ny overveielse, og da det ikke forelå tilstrekkelig grunnlag for et nordisk forsvarsforbund, var det naturlig for landet å søke tilknytning til det sikkerhetssystem som var under utarbeidelse for landene ved det nordlige Atlanterhav.

NATO-pakten ble undertegnet den 4. april 1949. De norske myndighetene hadde visse reservasjoner, og følgende viktige prinsipper ble fastholdt helt fra landets inntreden i alliansen:

— Ingen utenlandske operative avdelinger skal baseres på norsk jord i fredstid
— Ingen norske avdelinger skal baseres utenfor landets grenser uten norske myndigheters uttrykkelige samtykke, og
— Det norske Forsvar skal i fred stå helt under nasjonal kommando. Bare under større NATO-øvelser og i krig kan norske avdelinger komme under operativ kommando av det allierte hovedkvarter.

Disse begrensningene skaper utvilsomt visse problemer for et helt integrert og samkjørt NATO-forsvar i Nord-Europa. Spesielt fører de til at Luftforsvaret alene må:

— Bemanne og holde i kontinuerlig drift et kommando- og varslingsapparat som strekker seg over en distanse tilsvarende avstanden fra Syd-Norge til Italia.
— Holde i drift de skvadroner som Norge i henhold til NATO-forpliktelsene skal ha i operativ beredskap.
— Med disse relativt få skvadroner klare å utføre alle rene luftforsvarsoperasjoner og de støtteoperasjoner for hær og marine som kreves.
— Ved et eventuelt angrep klare å holde stand mot en overmektig fiende i den første fasen inntil man får NATO-hjelp utenfra.

For å få til en smidigere operativ stabsorganisasjon nedad til alle operative avdelinger og oppad til Nordkommandoen på Kolsås, ble det opprettet et "kontrolloverhode" — den gang kalt Flykommandør. På grunn av landets store utstrekning ble stillingen delt i to, Flykommandør Syd og Flykommandør Nord.

Pakten forutsetter gjensidig hjelp, men det er også helt klart at hvert medlems innsats beror på vedkommende lands ressurser. Den gang måtte det også tas hensyn til de krav landets økonomiske gjenreising stilte. Det var derfor av helt avgjørende betydning for mange land, ikke minst Norge, at USA var villig til å gi en storstilt støtte i form av våpenhjelp. Mutual Defense Assistance Agreement (Våpenhjelpavtalen) ble undertegnet i Washington den 27. januar 1950.

Norge hadde svært uensartet materiell, av tysk, britisk, svensk eller tidligere norsk opprinnelse. Det var derfor nødvendig å foreta grupperinger av materiellet for å lette forsyningstjenesten. For Flyvåpnets del forsøkte man å standardisere flytypene mest mulig. I første omgang ble det tatt sikte på å beholde Vampire jagerflyene, som var helt nye. Catalina kystrekognoseringsflyene søkte man å bytte ut med en passende amerikansk type — det endte med Catalina amfibium. Transportflyene ville Flyvåpnet erstatte med Douglas Dakota, som da også ble benyttet av DNL.

Det første amerikanske forslaget inneholdt blant annet tilbud om et antall lette bombefly av typen Douglas B-26 Invader, men LOK fant at det ville være mest hensiktsmessig fortsatt å bruke Mosquito som bedre kunne kombinere kystrekognosering og oppgavene som lett bomber.

Korea-krigen og de begivenheter den medførte, satte ytterligere fart i utbyggingen av Forsvaret. En realistisk freds- og forsvarspolitikk forutsatte at NATO-landene i løpet av forholdsvis kort tid økte sin militære styrke slik at det ikke ville være mulig å renne landene overende før de kunne komme hverandre til hjelp og før de kunne få mobilisert sine ressurser.

Leveransene av F-84 Thunderjet, som kom til å bli det jagerflyet Luftforsvaret har hatt i størst antall, begynte med seks F-84E til 334 skvadron, overlevert ved en høytidelighet på Sola den 10. september 1951. Fra sommeren året etter kom den nyere versjonen F-84G i til sammen 200 fly. Hele seks skvadroner ble oppsatt med denne typen, som dannet ryggraden i landets flyvåpen frem til slutten av 1950-årene.

Samtidig med de store flyleveransene fortsatte utbyggingen av flyplassene i raskt tempo. Av midlene til bygge- og anleggsvirksomhet ble

246 millioner kroner fordelt til flyplasser, for arbeider som ble igangsatt våren 1952 og skulle gjøres ferdig så fort det var fysisk mulig.

De flyplassene som i første omgang skulle utbygges gjennom NATO's infrastrukturprogram, var Rygge, Gardermoen, Jarlsberg, Lista, Ørland, Bodø og Bardufoss. Det oppstod imidlertid snart tvil om det var riktig å fortsette den utbygging av Jarlsberg som var satt i gang. Den ville gi tilfredsstillende forhold for fly som Spitfire og Vampire, men F-84 stilte større krav. Allikevel hadde Jarlsberg i en periode stor betydning for beredskapen på Østlandet, inntil Rygge var ferdig utbygget. Grundige undersøkelser førte imidlertid til stopp i arbeidene på Jarlsberg, og man konsentrerte seg isteden om Torp.

Offisiell overlevering av de seks første Republic Thunderjet på Sola den 10. september 1951. Flyene har fått norske nasjonalitetsmerker, men har fremdeles de amerikanske buzz-numbers på nesen. Disse første maskinene var av typen F-84E, senere fulgte ikke mindre enn 200 F-84G i årene 1952 til 1955.
På bildet sees i forgrunnen F-84E med serienr. 51-9578 som etter levering til 334 skvadron med kjennetegn RI-X, senere var innom samtlige skvadroner oppsatt med Thunderjet inntil den avsluttet tjenesten som T3-X ved fotovingen.

Det fellesfinansierte programmet tok i prinsippet sikte på utbygging av flyplasser til krigsbruk, mens det var en nasjonal oppgave å ta vare på de tillegg som måtte gjøres av hensyn til forlegning i fredstid, undervisningsopplegg og lignende.

Under NATO's rådsmøte i Lisboa i februar 1952 ble tilrådinger fra en tidligere nedsatt 12-manns komité behandlet og enstemmig vedtatt. Resultatet var en kvantitativ og kvalitativ målsetting som var i samsvar med hvert enkelt lands økonomiske bæreevne. Sammenlignet med den målsettingen Forsvarskommisjonen hadde, innebar det nye forslaget at antallet feltfly ville bli ca. 20 % større, og alle jagerfly skulle være jetdrevne.

Det amerikanske eskorte-hangarskipet USS"Tripoli" ved kai i København den 9. april 1952. Skipet hadde hele 44 Republic F-84G Thunderjets ombord, hvorav 13 til Luftforsvaret. I tillegg til hangarskipene "Tripoli" og "Corregidor" ble flyene transportert til København med handelsskip fra en rekke land, blant annet skip fra Den Norske Amerikalinje.
Fra den 10. mars 1952 til den 18. august 1954 ble ialt 703 Republic F-84G, Lockheed T-33 og North American T-6 transportert til Europa ved 109 skipninger. Flyene ble fordelt med 158 til Belgia, 164 til Nederland, 112 til Danmark, 142 til USAF Europe og 127 til Norge. NATO-landenes flyvåpen i Europa skulle bygges opp på rekordtid til en slagkraftig enhet!

Selv om F-84 altså dannet ryggraden i 1950-årene, kom dette til å bli en periode hvor flere nye og bedre flytyper ble innført. Allerede tidlig var det bestemt at Flyvåpnet skulle få allværsjagere i tillegg til de mange skvadronene med F-84G jagerbombere. I september 1955 fikk så 337 skvadron sin første North American F-86K Sabre og ble dermed den første allværsjageravdelingen. Sommeren etter ble også 339 skvadron oppsatt med den samme flytypen.

Fotorekognosering ble fra 1949 frem til 1954 ivaretatt av tre Spitfire PR XI. Deretter overtok seks F-84E med kamera montert i venstre tip-tank. Dette var imidlertid ikke tilfredsstillende, og i juni 1956 fikk Flyvåpnet det mest moderne taktiske rekognoseringsfly i den vestlige verden, nemlig Republic RF-84F Thunderflash. Samtidig ble den tidligere Nr. 1 Fotorekognoseringsving til 717 skvadron.

Utskifting av F-84G med North American F-86F Sabre dagjagere tok til våren 1957, da 332 skvadron mottok sine første maskiner. Det var fly som var trukket ut av tjeneste i USAF og ble levert til Norge etter IRAN-overhaling i Spania. Maskinene som senere ble levert, hadde gjennomgått "Complete Rehabilitation", og etter hvert kom seks skvadroner til å bli oppsatt med typen.

Flyvåpnet mottok sin første Fairchild C-119G i slutten av juni 1956. I overtagelsesseremonien på Gardermoen deltok representanter for norske og amerikanske militære og sivile myndigheter. Alle de åtte flyene Norge overtok, hadde tidligere tjenestegjort i det belgiske flyvåpnet. De ble overhalt og modifisert av den tekniske avdelingen i flyselskapet SABENA før leveringen til Norge.

Transportskvadronen 335 skiftet ut sine gamle Lodestar med 10 Douglas C-47A høsten 1950. Fra sommeren 1956 begynte den å få tildelt Fairchild C-119G Flying Boxcar. I tillegg til selve transportskvadronen var en del flystasjoner istand til å utføre lettere transportoppgaver med sine Norseman og Otter.

Helikoptere var blitt innført ved anskaffelsen av Bell 47D-1 våren 1953, senere supplert med Bell 47G og J. Under våpenhjelpen fikk man også fire større helikoptere av typen Sikorsky H-19D.

333 skvadron hadde fått fabrikkoverhalte Consolidated PBY-5A Catalina amfibiefly i 1954, og selv om dette var ment som en midlertidig løsning, ble flyene beholdt til 1961. Mot slutten av 1961 ble den første Grumman HU-16B/ASW Albatross levert til skvadronen, og året etter ble 330 skvadron gjenopprettet og også oppsatt med Albatross. Dette var et langt skritt fremover når det gjaldt å løse de maritime oppgavene.

Flyvåpnet anskaffet tre Agusta-Bell 47J-1, en amerikansk helikopterkonstruksjon bygget på lisens i Italia. Bildet viser de to siste som ble levert den 23. september 1959 med kjennetegn KK-Y (konstr. nr. 1082) og KK-Z (konstr. nr. 1083). Ingen av dem skulle få lang tjeneste. KK-Z havarerte den 28. juli 1960 på Nordskott ved Bodø og KK-Y få dager senere, den 10. august, ved Rauøy. Som erstatning ble to Agusta-Bell 47J-2 anskaffet i november 1960, og de overtok kjennetegnene etter de to totalhavarerte maskinene.

Organisasjonsendringer

I 1952 var tiden moden for organisasjonsendringer, noe det i Forsvaret som helhet har vært svært mange av i etterkrigstiden. Luftforsvarets organisasjon og ramme var da bygget på "Treårsplanen" fra 1946, med de justeringene som etter hvert var blitt foretatt på basis av forsvarsbudsjettene og ekstraordinære beredskapsbevilgninger.

Den sterke ekspansjon i forsvarsgrenen og medlemskapet i NATO hadde ført til at det ble nødvendig med en del justeringer og endringer. Etter det nye opplegget kom den sentrale ledelsen til å se slik ut:

— Flyvåpnets overkommando med
  Adjutanturen
  Operasjonsstaben
  Personellstaben
  Økonomistaben
  Forsyningsstaben
— Flykommandøren
— Flyvåpnets forsyningskommando.

De viktigste forandringene ellers var opprettingen av depot for bakre linjers vedlikehold og forsyninger, sammenslåingen av luftkommandostab og hovedflystasjon samt å innpasse påtenkte landsdelslagre og -verksteder i hovedflystasjonenes organisasjon.

Luftforvarets overkommando var i en årrekke i denne bygningen, Myntgaten 2 i Oslo, før man flyttet til Forsvarsbygget på Huseby.

Samtidig forsvant de mange inspeksjoner for samband, våpen, radar, bil og brann, båter, luftvakt og navigasjon. Tilbake var Generalinspektøren for Flyvåpnet og Nærforsvarsinspektøren som begge en tid var underlagt Flykommandøren.

Hovedvekten var lagt på taktiske flystyrker, med andre ord på jagerskvadroner. Det var derfor naturlig at organisasjonen ble lagt opp til å passe et typisk jagerflyvåpen. Naturlig var det også at organisasjonen måtte være en krigsorganisasjon, og Flyvåpnet fikk samme organisasjon i fred som i krig.

Det var en alminnelig oppfatning at denne nye organisasjonen Flyvåpnet fikk, var meget god, faktisk at den var den beste av de tre forsvarsgreners. Den sentrale ledelsen var forenklet, delegasjon av myndighet var gjennomført i stor grad, og overkommandoen ble organisert på en mer logisk og effektiv måte.

Utviklingen i første halvpart av 50-årene

I trontalen for 1952 ble det uttalt at Regjeringen så det som sin første plikt å trygge landets selvstendighet. Den ville gå inn for at Norge som medlem av Atlanterhavspakten tok sin forholdsmessige del av byrdene ved å bygge ut demokratienes fellesforsvar, det som skal forebygge krig og trygge fred og frihet.

Samme året ble det fremlagt en plan for fortsatt utbygging av Forsvaret frem til den 1. juli 1954. Planen var i stor grad bygget på Forsvarskommisjonens innstilling, avgitt høsten 1949. Innstillingen var et godt og grundig arbeide, men ble avgitt bare få dager før det planleggende arbeide innen NATO tok til. Allerede i juni 1950 hadde da Regjeringen funnet det riktig å påskynde utbyggingen av Forsvaret i 1951 og -52 så godt som mulig.

For Luftforsvarets vedkommende regnet dette forserte programmet med en skvadron mindre enn hva Forsvarskommisjonen hadde foreslått. Antall fly pr. skvadron var imidlertid større enn forutsatt, slik at det samlede antallet fly kom til å ligge noe over kommisjonens innstilling.

Også dengang tvang begrensede ressurser frem en prioritering av de viktigste oppgavene. Kommisjonen kom til at Forsvaret måtte bygges opp med maksimal konsentrasjon om alternativet invasjon gjennom luften og/eller over sjøen av en stormakt. Beredskapen skulle for Luftforsvarets vedkommende konsentreres om å holde skvadronene på full styrke til enhver tid — også de nye som etterhvert ble satt opp.

På et møte i det Nordatlantiske råd avholdt i Ottawa i september 1951 la NATO's fellesstaber frem sine resultater når det gjaldt minstestyrkene medlemslandene måtte ha for å virke krigsforebyggende og eventuelt også være tilstrekkelige om et angrep allikevel skulle bli satt inn. Det ble påvist at de styrker landene tok sikte på i perioden frem til den 1. juli 1954, langt fra nådde opp til disse minstemål. Møtet slo fast at det var absolutt nødvendig for landene å øke både tempoet og omfanget i forsvarsinnsatsen.

For Norges vedkommende kom flyplasser øverst på prioriteringslisten for bygge- og anleggsarbeider, særlig på grunn av landets store geografiske utstrekning. Den topografiske beskaffenhet ville by på både praktiske og økonomiske problemer, men de siste ble delvis løst ved store fellesfinansieringstilskudd fra de øvrige medlemslandene.

Flyplassene skulle bygges ut i henhold til NATO's standard, basert på minimumskrav for krigsbruk. For norsk fredsbruk var det nødvendig å satse ytterligere, og store beløp til bedre forlegninger, undervisnings- og vedlikeholdsutstyr etc. måtte bevilges. Flyplassen på Kjeller var ikke omfattet av det fellesfinansierte programmet, men da den ble ansett nødvendig både for freds- og krigsbruk ble utbygging av rullebanen for nasjonale midler vedtatt.

Programmet omfattet også sentralisering av all skolevirksomheten på Værnes, men dette ble senere henlagt.

For å kunne dekke personellbehovet ble førstegangstjenesten i Flyvåpnet forlenget fra 12 til 18 måneder. Dette, sammen med større antall vervet personell, ville på sikt være med på å øke mannskapenes kvalitet. I et forsøk på å sikre en høy standard ble det også generelt for alle land blant annet anbefalt at lønningene for fast personell i forsvaret ble hevet slik at disse stillingene ville kunne konkurrere med sivile yrker.

Ground Controlled Approach (GCA)

Begrepet Ground Controlled Approach ble kjent tidlig under krigen da amerikanerne eksperimenterte med å ta radar i bruk som innflygingshjelpemiddel. Systemet var etter datidens begreper meget avansert. Ved hjelp av to radarsystemer, en søkeradar og en presisjonsradar, tok GCA-kontrolløren flyene inn. Søkeradaren viste flyenes avstand og retning fra flyplassen, og presisjonsradaren ga et tredimensjonalt bilde av flytrafikken. GCA ble tatt i bruk i England allerede under krigen og var til meget stor nytte i mørke og under dårlige værforhold.

Det første norske personellet ble i 1950 sendt på kurs til USA og kunne ta GCA i bruk på Gardermoen to år senere. No. 1 GCA Unit, Gardermoen, ble opprettet den 12. juni 1952, og settet ble satt opp på gressbakken vest for sydenden av flyplassens nord-syd bane. Alt virket selvsagt ikke helt perfekt fra starten av, og det fortelles en historie om en flyger som fikk høre: "You are approaching end of runway — on the centreline — on the glidepath". Da han tittet ut av cockpiten så han imidlertid ikke rullebanen, men stasjonsmesterkontoret på Hakadal stasjon! Det gikk heldigvis bra, og flygeren ga i bestemte ordelag sin mening til kjenne overfor GCA-kontrolløren. Men det var drillet inn en rutine også for slike tilfeller, og svaret lød lakonisk: "Sorry, mis-identification".

Utover 50-årene ble de karakteristiske GCA-vognene et vanlig syn ved hovedflystasjonene.

Problemene ble overvunnet, og den 1. mars 1953 fikk avdelingen operativ status. Dermed kunne den kontrollere trafikk i henhold til instrumentflygingsreglene, kjent som IFR.

Like etter kom GCA på Sola i drift, fulgt av Bodø i 1955 og Ørland og Rygge året etter. Tilsammen mottok Flyvåpnet syv GCA-enheter som ble plassert på hovedbasene der den største flyaktiviteten fant sted. I den første tiårsperioden ble det gjennomført rundt 130.000 innflyginger kontrollert med GCA. Dette var selvsagt til stor nytte under dårlige værforhold, men enda viktigere i nødsituasjoner, hvor GCA-operatørene mange ganger har medvirket til å få situasjonen under kontroll, og det hele har endt godt.

Hovedretningslinjer for Forsvaret fra 1957

I januar 1957 ble det lagt frem en Stortingsproposisjon om hovedretningslinjer for Forsvaret. Utbyggingen hadde da i de foregående fem årene vært basert på de retningslinjene Stortinget vedtok i 1952 som et ledd i en alminnelig styrking av NATO's fellesforsvar. Man lå etter planen på mange felter, men for Flyvåpnets vedkommende var utbygging foretatt utover den styrke som var forutsatt i det opprinnelige programmet.

Blant de viktigste hovedretningslinjene for Flyvåpnet ble satt opp:

— Tilrettelegging av forholdene ved flyavdelingene for å nå full operativ standard og for å kunne konvertere til moderne materiell
— Utbygging av kontroll- og varslingssystemet etter egne såvel som etter NATO's behov
— Tilrettelegging av forholdene sammen med Luftvernartilleriet for en hensiktsmessig innføring av styrte våpen.

Man var i denne perioden veldig opptatt av spørsmålet om innføring av "styrte og styrbare våpen", men Forsvarsdepartementet var like tydelig usikre på hvilke våpen, hvilke anleggsmessige arbeider som måtte gjøres og ikke minst på om disse kunne fellesfinansieres gjennom NATO-programmet.

Alle gjenværende norske Vampire på Værnes.
I 1956 ble den kjente norske flygeren Thor Solberg's firma i New York gitt opsjon på salg av disse flyene, og blant landene som var interessert fant man for eksempel Mexico. Noe salg ble det imidlertid ikke. Med unntak av treningsflyene, T Mk. 55, som ble solgt tilbake til fabrikken og deretter videre til RAF, ble de fleste flyene avhendet som skrap i Norge.

Opprettelsen av Luftkommando Sør-Norge

I 1963 kom det en nyordning av luftkommando-organisasjonen sør i landet, da Luftkommando Sør-Norge ble opprettet. Den omfattet de tidligere luftkommandoene Østlandet, Vestlandet og Trøndelag.

Sjefen for Luftkommando Sør-Norge ble samtidig gitt kommandomyndighet over alle enheter av Luftforsvaret i området, med unntak for Forsyningskommandoen og skolene. Han var også Sjef for luftstridskreftene i Sør-Norge og utpekt som alliert sjef i krig med tittelen Commander Allied Tactical Air Forces South Norway — praktfullt forkortet til COMTAFSNOR!

Luftkommando Sør-Norges fredelig utseende trebygninger på Voksenlia, ikke langt fra Holmenkollen i Oslo.

Styrkemålsetting for perioden 1964-68

I juni 1964 ble beslutningen om anskaffelse av Northrop F-5 tatt i Stortinget, og denne anskaffelsen inngikk som et vesentlig moment i styrkemålsettingen for årene fra 1964 til 1968.

På det tidspunktet var Forsvarets viktigste oppgaver definert slik:
— Å kunne gjennomføre en effektiv overvåkings- og varslingstjeneste
— Å kunne yte sterkest mulig motstand mot invasjon
— Å legge forholdene best mulig til rette for alliert hjelp.

Utenom F-5 var de viktigste postene på anskaffelsesprogrammet:
— Elektroniske sikter for de fredsoppsatte, lette luftvernbatteriene
— Utskifting av helikopterparken med nytt materiell. Leveransene av de første Bell UH-1B hadde da tatt til i juni 1963
— Holde midler disponible for utskifting av transportflyene om dette skulle vise seg nødvendig.

Kontroll- og varslingssystemet var på det tidspunktet nærmest ferdig utbygget ifølge de foreliggende planene, men dette var gjort med helt vesentlige tilskudd av NATO-infrastrukturmidler.

Utskifting av RF-84F var planlagt, men ble foreløpig stilt i bero. Det viste seg nemlig at de tekniske problemene med drift og vedlikehold ikke var så store som man først hadde antatt. Flyene ble derfor beholdt i tjeneste til juni 1970.

F-86K Sabre var ikke lenger noe moderne fly, og anvendeligheten som allværsjager ble etter hvert begrenset. Flyene forsvant fra tjenesten i 1967/68, og de fleste ble hugget opp da det ikke var aktuelt med redistribuering under våpenhjelpprogrammet.

På denne tiden inngikk 12 militære flyplasser i Luftforsvarets organisasjon, åtte i Sør-Norge og fire i Nord-Norge. En nedbygging av antallet sør i landet ble planlagt, men samtidig arbeidet man for å bedre mulighetene til bruk av Banak.

Kongehuset har vært faste gjester hos 335 skvadron.
Her har Douglas C-47 BW-K (serienr. 43-15613) brakt H.M. Kong Olav V til et besøk på Ørland flystasjon. Denne Dakota'en hadde spesiell innredning for transport av viktige personer og ble ofte benyttet av Kongefamilien.

En analyse av spørsmålet om anskaffelse av flere jagerbombere eller luftforsvarsraketter var avsluttet. Konklusjonen ble at den optimale kombinasjon av jagerfly og aktive luftforsvarstiltak varierer med konfliktens omfang. Det ville derfor være gunstigst å legge hovedvekten på jagerbombere ved geografisk begrensede konflikter, mens verdien av de aktive luftforsvarsmidler øker ved konflikter av noe større omfang. Denne konklusjonen var kanskje ikke så entydig, men det konkrete resultatet ble iallfall i første omgang anskaffelse av flere F-5 enn de 64 som opprinnelig var bestilt.

Det kan i forbindelse med anskaffelsen av F-5 være interessant å merke seg at utgiftene for en skvadron på 20 fly var ca. 140 millioner kroner, men på grunn av en spesiell avtale med USA ble de første 64 flyene levert for en vesentlig lavere nasjonal innsats.

Operasjon "Pingvin"

Økt aktivitet og interesse i Antarktis fra en rekke nasjoner i forbindelse med det geofysiske år, førte i 1958 til at Utenriksdepartementet og Norsk Polarinstitutt rettet en anmodning til Flyvåpnet om støtte til luftfotografering for kartlegging av endel områder i den norske sektoren der.

Polarinstituttet hadde allerede i 1957 sendt nedover en ekspedisjon for geografiske og meteorologiske målinger, samt is-studier og en rekke andre vitenskapelige oppgaver. For å fullføre denne ekspedisjonen manglet det bare å luftfotografere de oppmålte områdene, som omfattet hele 45.000 kvadratkilometer. Etter å ha vurdert planene og kostnadsoverslaget fra både Polarinstituttet og Flyvåpnet godkjente Regjeringen opplegget i januar 1958.

Norsk Polarinstitutt skulle i sin helhet bære utgiftene ved flyekspedisjonen, som var beregnet til 350.000 kroner. De skulle også delta med noen sivile eksperter på områdene geologi, topografi og luftfotografering. I tillegg skulle instituttet sørge for transporten til Antarktis og hjem igjen.

Flyvåpnet skulle på sin side stille fly og annet teknisk utstyr til rådighet, samt nødvendig personell etter en spesifisert fremdriftsplan for ekspedisjonen - basert på frivillige mannskaper. Videre skulle Flyvåpnets folk stå ansvarlig for den operative delen med flyging og teknisk vedlikehold.

For dette formålet ble Støtteving 7070 opprettet den 10. mars 1958, med to DHC 3 Otter fly som materiell og ni mann fra Flyvåpnet samt tre sivile deltakere i det som kom til å bli kalt Operasjon "Pingvin".

Operativt og administrativt ble støttevingen underlagt Luftkommando Østlandet, Gardermoen, og Flyvåpnets forsyningskommando fikk ansvaret for å fremskaffe og utlevere nødvendig utstyr og materiell ettersom behovet tilsa det under oppbyggingsperioden. Blant annet skulle de to flyene modifiseres. Ekstra bensintanker og ekstra gyrokompass ble montert og radiokompass samt solkompass innstallert. I tillegg kom det inn retningsgyro og radiohøydemåler, samt en periskopdriftsmåler. En HF-radio kom på plass i tillegg til flyenes øvrige radioutstyr, og i samarbeide med Polarinstituttet ble et flykamera montert. Dessuten omfattet utstyret både ski- og hjulunderstell.

For utprøving av utstyret og trening av mannskapene under "arktiske" forhold ble det midt i mars 1958 gjennomført en vinterøvelse av en ukes varighet i Jotunheimen. Der deltok de fleste av ekspedisjonens medlemmer samt de hjelpemannskapene som var uttatt, og de hadde med seg et Otter-fly. Etter denne øvelsen ble avdelingen delvis oppløst frem til den 1. juli. Personellet vendte tilbake til sine opprinnelige avdelinger, og bare støttevingens nøkkelfolk arbeidet videre med planlegging og forberedelser.

Da vingens personell igjen ble samlet midtsommers, tok man Jarlsberg flyplass i bruk som operasjonsbase. Det ble gjort av forskjellige grunner, mest fordi innlasting for avreise skulle skje i Horten, hvor flyene ble modifisert, demontert og pakket ned ved flyfabrikken på Marinens hovedverft. De to flyene som var stillet til rådighet, var 0-AF, serienummer 53-30, og 0-AG med serienummer 53-31.

Den 24. oktober la M/S "Polarbjørn" til kai i Horten, og innlastingen kunne begynne. Skipet var for denne ekspedisjonen leiet av Norsk Polarinstitutt og ble ført av en kjent og erfaren ishavsskipper. Det var ikke så store skuta, så flyskrogene måtte i sine pakkasser stå ute på dekket under hele ferden.

Den 1. november var så alt klart for høytidelig, offisiell avreise fra Oslo. Både Sjefen for Flyvåpnet og direktøren for Polarinstituttet var blant dem som var møtt frem for å ønske hell og lykke på reisen.

Turen sørover ble preget av mye tung sjø og utbredt sjøsyke. De fleste ekspedisjonsmedlemmene var lite sjøvante og valgte å holde køya i lange perioder. Ved passering av Kanariøyene ble imidlertid været betraktelig bedre og holdt seg stort sett slik på resten av turen. Den rituelle dåp foretatt av Kong Neptun måtte til ved passeringen av Ekvator, og den 27. november "mellomlandet" 7070 støtteving i Cape Town. Der ble det tatt ombord bunkers, vann, proviant og flybensin, før siste del av reisen tok til den 2. desember.

Den norske Bouvet-øya var første kartleggingsmål, men tykk tåke hindret luftfotografering. Man måtte derfor nøye seg med radarbilder av hele øyas kyst.

Ferden videre sørover bragte synkende temperatur og stadig hyppigere kjenning med isen. Den 9. desember var "Polarbjørn" for alvor inne i drivisen. Etter å ha passert Polarsirkelen gjennom masser av sammenhengende pakkis, ankom skuta isbarrieren den 17. desember og kunne lete opp en brukbar lossehavn. Under ferden gjennom isen hadde skipet da daglig hatt radiokontakt med Norway Station på Dronning Maud Land og Bergen Radio.

Brukbar losseplass ble funnet og døpt Otter-bukta. Arbeidet foregikk på 12-timers skift, for det gjaldt å utnytte tiden godt. Ekspedisjonens oppgaver var mange, og siste frist til å komme ut av isen igjen var den 20. februar. Innen den datoen måtte oppdraget være fullført.

Lossingen og transporten inn på isen gikk greit unna uten noen uhell, og monteringen av flyene kunne ta til. Selve flygingen begynte julaftens formiddag, da begge flyene i formasjon foretok en tur til Norway Station, den norske IGY-ekspedisjonens hovedkvarter.

Dagen etter startet de egentlige flygingene med transport og fotografering. Operasjon "Pingvin" var i full gang.

Det ble etablert stasjon i en medbragt hytte. Den inneholdt både verksted, kjøkken, radio-, mørke-, proviant-, oppholds- og soverom. Utenfor ble det satt opp telt til lager og andre formål. Telefonlinje mellom hytta og teltene ble strukket, likeledes også til "Polarbjørn" i Otter-bukta.

Personellet fotografert den 23. januar 1959, siste natt med midnattsol. Fra venstre: Vingsersjant Odd Thoresen (fly- og motortekniker), vingsersjant Bjarne Stamsø (samband/radioleder, telegrafist), major Gudmund Odden (sjef, flyger/navigatør/telegrafist), kaptein Gunnar Nilsen (nestkommanderende, flyger), løytnant Gudmund Hermansen (navigatør/telegrafist), stabssersjant Nils Bomstad (senior flyteknisk leder), kaptein Roald Alstad (flyger), vingsersjant Thor Hølen (elektro- og motortekniker) og vingsersjant Atle Brundtland (instrument- og flytekniker).

28. januar 1959. Otter O-AF lastes ombord i M/S "Polarbjørn" før hjemreisen fra Antarktis.

Flyfotograferingen gikk sin gang og lå faktisk foran tidsskjemaet. Som regel var bare det ene flyet engasjert i selve fotograferingen. Det andre fløy ut bensindepoter, slik at fotoflyets rekkevidde kunne økes. Værvarslingen ble foretatt av meteorologene ved Norway Staion, som hadde en stri jobb så lenge flygningene pågikk.

Mange harde landinger med tung last medførte forøvrig stor slitasje på flyenes skiunderstell, men alvorlige uhell ble unngått.

En veritabel polarstorm holdt imidlertid på å anrette stor skade for ekspedisjonen. Nede i Otter-bukta var en god del utstyr lagret på isen under selve barrieren. Det var for det meste pakkutstyr, samt en kran og noen andre ting brukt under lossingen - lagret der til ekspedisjonen var klar til å laste igjen for hjemturen.

Stormen brøt opp isen i flak, og pakkutstyret drev langsomt til havs. Heldigvis ble dette oppdaget på et tidlig tidspunkt, og en storstilet redningsaksjon ble satt i verk. Karene firte seg i tau ned fra isbarrieren til flakene, og ved hjelp av vinsjen på en liten traktor fikk de heist opp og berget det vesentligste. Men noe forsvant, blant annet emballasjen til flyvingene — noe som senere førte til at disse måtte stues under dekk på hjemreisen.

Denne stormen var det eneste uværet av betydning som rammet Operasjon "Pingvin", i motsetning til den felles norsk-svensk-britiske ekspedisjonen noen år tidligere. Der deltok norske sivile fly, men været var så dårlig at de nesten ikke kom i luften.

Forholdene gjorde at fotograferingen og kartleggingen kunne gjøres unna relativt raskt, faktisk foran den oppsatte timeplanen. Det ble også fløyet over mer land enn opprinnelig planlagt. Rundt 350.000 kvadratkilometer ble kartlagt under ekspedisjonen, og det ble fløyet en distanse på nesten 36.000 kilometer uten alvorlige uhell. Mer enn 3.000 fotografier ble tatt, og hele ekspedisjonen kunne bare betegnes som vellykket.

Siste flyging i isen var en tur med kapteinen på "Polarbjørn" for å rekognosere forholdene før hjemturen begynte. Deretter ble flyene demontert, utstyret pakket og leiren brutt. Den 29. januar 1959 kunne "Polarbjørn" så sette kursen hjem til Norge.

På veien ble Bouvet-øya besøkt nok en gang, men tåken lå like tykk, og ferden gikk videre mot Afrikas sørspiss.

Selve hjemturen fikk et noe ensformig preg. Det ble lange dager i sjøen og lite å foreta seg for ekspedisjonsmedlemmene, et stort antiklimaks etter den travle perioden i isen. Men etter å ha sneglet seg nordover, iallefall sett med en flygers øyne, kunne endelig "Polarbjørn" legge til kaien i Horten den 5. mars. Operasjon "Pingvin" var slutt.

Som et lite apropos kan nevnes at nok en Otter fra Luftforsvaret kom til å bli med på en ekspedisjon til Antarktis. Det skjedde imidlertid etter at flyet var tatt ut av norsk tjeneste. I 1967 ble Otter 0-AH, serienummer 60-395, solgt til Storbritannia og bragt med en britisk Antarktis-ekspedisjon ned til isen i 1968. Det fikk en noe mer ublid skjebne og havarerte der i mars året etter.

Over til supersoniske jagerfly

Utviklingen av jagerfly gikk meget raskt i begynnelsen av 1960-årene. I 1963 fikk også Norge del i den nye generasjonen av jagerfly som kunne gå raskere enn lyden, da 331 skvadron på Bodø fikk tildelt det meget omtalte Lockheed F-104G Starfighter. Overgangen fra F-86F til F-104G var etter mange eksperters mening for stor, men karene på 331 mestret utfordringen på en imponerende måte. Opprinnelig var det planlagt at Luftforsvaret skulle få to skvadroner F-104G under våpenhjelpen, men det endte med at verdien av den andre skvadronen ble benyttet til anskaffelse av en annen flytype — jagerbombere — i et større antall.

I utgangspunktet skulle 331 ha som primæroppgave overvåking og patruljering av norsk luftterritorium, med fotorekognosering som sekundæroppgave. I krig derimot skulle sist nevnte være hovedoppgaven. Man regnet med at utviklingen på flyområdet ville ha store økonomiske konsekvenser for

Den andre leveransen av Starfighter til Norge besto av tre RF-104G som kom til Horten ombord på det amerikanske hangarskipet "USS Fiddler" den 26. oktober 1963.
Før de ble fløyet til 331 skvadron i Bodø, ble flyene fraktet med bil til Torp flystasjon for mottakskontroll.

et lite land, slik at antallet fly etter hvert ville bli redusert. Mange mente også at bakke-til-luft raketter kunne gi et bedre effektivitets- og kostnadsmessig forsvar av nøkkelpunkter.

Det var en rekke momenter inne i diskusjonen om en ny jagerflytype, eventuelt flere typer. Kunne det være mulig å finne *en* flytype til erstatning for både F-86F (dagjager), RF-84F (fotorekognosering) og T-33 (overføringstrener)? De typer som ble vurdert, var Northrop N-156F Freedom Fighter, Douglas A-4D-5 Skyhawk og en ny versjon av Starfighter, Lockheed F-104-17.

Til slutt falt valget på Northrops fly, som nå hadde fått betegnelsen F-5, og i første omgang ble 64 F-5A jagerbombere bestilt. Det kan neppe være noen tvil om at ut fra de forutsetningene som forelå, var dette et godt valg, spesielt fordi det ganske snart viste seg at man kunne få dekket de formål som var ønsket, med to-seters versjonen F-5B som treningsfly og RF-5A til fotorekognoseringsoppgaven.

De første flyene ble levert til 336 skvadron på Rygge i mars 1966, og i løpet av 1970 var de øvrige dagjagerskvadronene også utstyrt med F-5. 717 skvadron fikk sine RF-5A fra april 1969, mens 718 hadde konvertert fra T-33 til F-5A og F-5B allerede året før.

Northrop F-5 må vel sies å ha svart til forventningene. Den har vel aldri vært utgitt for å være noe mer enn en relativt enkel jagerbomber, rimelig i drift. Et velansett britisk flytidsskrift skrev i sin tid at det var et rimelig bra fly for mindre land, som betalte med Dirhams, eselører og norske kroner! Når det nå ser ut til at F-5 kan beholdes i tjeneste frem til midten av 1990-årene, er det liten tvil om at man har fått valuta for pengene.

Fra sommeren 1973 fikk 334 skvadron levert kanadiskproduserte CF-104 Starfighter og ble tildelt invasjonsforsvar som hovedoppgave. Flyene hadde stått lagret lenge, men skulle leveres nyoverhalte. Det ble imidlertid mye arbeide med dem på Bodø, så man spøkte med at de ble levert nyovermalte isteden.

Luftforsvarets neste jagerfly — resultatet av "Århundrets våpenkjøp" — ble General Dynamics F-16. Det får, og fortjener, et kapittel for seg.

Man får god forståelse av hvilket apparat som kreves for å holde en Northrop F-5 i luften når utstyr og personell stilles opp på denne måten.

Langtidsplanen 1969-73

Ved inngangen til denne perioden kunne man med tilfredshet si at målsettingen fra forrige plan stort sett var oppnådd. Det som særlig hadde preget den perioden, var anskaffelsen av de nye Northrop F-5 jagerbomberne.

Det ble slått fast at karakteristisk for Luftforsvarets materiell er en høy stykkpris og kort levealder, hvilket vel egentlig ikke er noe spesielt for denne perioden. Forholdet bevirker en ytterst streng prioritering av forslag til kvantitet og en viss resignasjon i valg av utstyr. Samtidig understreker planen at Luftforsvaret skal løse så mange viktige forsvarsoppgaver på så mange forskjellige felter, at man bør vise forsiktighet med å legge noen av dem åpne.

Hovedkomponenten i de taktiske luftstridskrefter hadde hittil vært jagerbomberen, og det var rimelig å regne med at den ville beholde sin dominerende rolle i en årrekke. Forsvarssjefen ga derfor anskaffelse av jagerfly en meget høy prioritet, og den planlagte utbyggingen med F-5 ville tillate en øking av antallet jagerbombere i Nord-Norge, et tiltak som av operative grunner var meget påkrevet.

Situasjonen når det gjaldt fotorekognosering, var at RF-84F skulle skiftes ut. Av økonomiske grunner var det ikke aktuelt å anskaffe noe nytt, spesialisert rekognoseringsfly, men Northrop var kommet i gang med å produsere en fotoversjon av F-5, så svaret ga seg nærmest selv.

Hva transportfly angikk, var vurderingen at flyparken burde bestå av store transportmaskiner. Det falt da naturlig å velge Lockheed C-130 Hercules, som var standard i en rekke NATO-land. Gleden var selvsagt stor ved 335 skvadron da de seks bestilte flyene ankom Gardermoen i 1969.

Behovet for øking av antallet helikoptere var stort, særlig i Nord-Norge. Målsettingen var å få fordoblet oppsetningen med Bell UH-1B. Det var også i denne planperioden at 10 store Westland Sea King helikoptere ble bestilt, etter omfattende diskusjoner og utprøvinger.

Forsvarssjefen understreket sterkt betydningen av et godt flyplassforsvar, men det skulle vise seg å gå lang tid — svært lang tid — før dette ble en realitet.

Tidene skifter. Grumman Albatross er på vei ut, og erstatningen, Lockheed P-3B Orion, står klar til å overta.

Forsvarskommisjonen av 1974

Hovedlinjene for Forsvarets virksomhet for den lange perioden fra 1978 helt frem til 1993 ble trukket opp av den forsvarskommisjonen som ble nedsatt i 1974.

I den første femårsperioden var den vesentlige del av budsjettet bundet til anskaffelsen av jagerflyet F-16. Dessuten foreslo kommisjonen at oppbyggingen av rakettluftvernet ble påbegynt, men den saken ble igjen utsatt. Moderniseringen av Kontroll- og varslingssystemet ble gitt høy prioritet, og noe av moderniseringen ble også gjennomført.

I Luftforsvarets jubileumsår er man inne i den andre femårsperioden. Etter forutsetningene skal både leveransene av F-16 og oppbyggingen av rakettluftvernet være avsluttet innen periodens utløp i 1988, mens moderniseringen av K & V-systemet og kanonluftvernet skal fortsette.

Det forutsettes at de 13 flystasjonene som nå inngår i Luftforsvarets organisasjon, blir opprettholdt, mens jagerskvadronene konsentreres på tre steder, nemlig Rygge, Ørland og Bodø.

Kommisjonen vurderte problemene med mangel på flygere og teknisk personell. Særlig avgangen av flygere til sivile selskaper er stor på grunn av misnøye med arbeidsforholdene, beordringssystemet og økonomiske forhold. Det er vel urealistisk å tro at Forsvaret fullt ut kan konkurrere med de sivile flyselskapene hva sistnevnte angår, men det er ønske om å ta et krafttak på de felter hvor det er mulig, for å bedre situasjonen.

En CF-104 fra 334 skvadron følger et sovjetisk Antonov An-12, med NATO-typebetegnelsen Cub C. Cub C ligner vår egen C-130 Hercules, men er spesialutstyrt for elektronisk etterretning. Det sovjetiske flyvåpnet har rundt 600 slike An-12. Dessuten har det sivile flyselskapet Aeroflot 250 fly som er helt identiske, med unntak av de to 23mm kanonene i halen.

Langtidsplanen 1974-78

Denne langtidsplanen var en videreføring av de tidligere femårsplanene, og oppgavene var også stort sett definert som tidligere. Det ble tatt sikte på å styrke Luftforsvaret med blant annet:

— Aktive og passive tiltak for å beskytte radarstasjonene
— Anskaffelse av elektronisk utstyr for å trene personell i Kontroll- og varslingstjenesten for operasjoner under forhold hvor elektroniske mottiltak blir benyttet
— Styrking av de maritime rekognoseringsflys evne til å lokalisere og følge ubåter
— Anskaffelse av en ny generasjon luft-til-luft og luft-til-bakke våpen.
— Anskaffelse av utstyr til rekognoseringskvadronen for operasjoner i mørke og dårlig vær
— Anskaffelse av lavforsvarsraketter til flyplassene.

Forsvarssjefens ønske om anskaffelse av en skvadron allværsjagere for Sør-Norge ble av ressursmessige grunner ikke imøtekommet av Forsvarsdepartementet, som heller ikke fant anledning til å øke helikopterparken.

Derimot ble det tatt sikte på utskifting av Hærens observasjonsfly og Luftforsvarets skolefly med en enhetstype som kunne løse begge disse oppgavene. Men selv om intensjonen var god, skjedde ikke noen slik utskifting i denne perioden.

To Hawker Siddeley Harrier G R Mk. 1 fra RAF i formasjon med Northrop RF-5A "105" (serienr. 68-9105) og F-5B "594" (serienr. 65-10594). Harrier var det første jagerfly som kunne ta av og lande vertikalt. Det er i dag i tjeneste i en rekke land, i flere varianter.
Harrier-flyene fra RAF har deltatt i en rekke samøvelser med norske styrker.

Collocated Operating Bases (COB)

Forsvarets overkommando og USAF Europe inngikk den 29. mai 1974 en avtale om felles bruk av flystasjoner. COB-avtalen er en oppfølging av NATO-prinsippet om forsvar mot eventuelle angrep og går ut på å tilrettelegge mulighetene for innsats av amerikanske fly i forsvaret av Norge, i likhet med tilsvarende avtaler amerikanerne har med andre land.

I praksis betyr dette nå at det er gjort visse forberedelser på åtte norske flyplasser for mottak av amerikanske flyforsterkninger. Flystasjonene er Rygge, Sola, Flesland, Ørland, Bodø, Andøya, Evenes og Bardufoss.

Som for NATO-medlemskapet for øvrig har norske myndigheter sikret seg særregler. Det vil være landets regjering som tar avgjørelsen om utenlandske flys adgang til operasjoner fra norske baser, og flyene vil være underlagt de norske øverstkommanderende i Nord- eller Syd-Norge, i deres funksjon som allierte sjefer.

Forsterkningene omfatter taktiske jager- og rekognoseringsfly samt lufttransport- og støtteskvadroner. Ved en utvidelse av rammeavtalen den 21. mars 1977 ble også andre amerikanske flyavdelinger inkludert i tillegg til USAF.

Denne forhåndslagringen er viktig for å få forsterkninger til Norge på kortest mulig tid om en krisesituasjon skulle oppstå, noe som ikke minst blir påkrevet etter hvert som antallet av Luftforsvarets egne fly reduseres. Tilsvarende overenskomster om lagring av materiell og forsyningsstøtte fra norsk side er derfor også trukket opp for kanadiske og britiske luftstridskrefter.

Militære flyruter

Da det fra enkelte hold ble hevdet at den store transporten av mannskaper, særlig til og fra Nord-Norge, kanskje bedre kunne ivaretas av sivile flyselskaper, ble det i 1980 oppnevnt et utvalg — senere kalt Flyruteutvalget — til å utrede saken.

Et rutesystem for avvikling av personell- og godstransporter innen Forsvaret ble etablert i begynnelsen av 1972. Rutene betjenes delvis av militære C-130H og Twin Otter transportfly, delvis av sivile fly, hovedsakelig av typene Boeing 737, McDonnell Douglas DC-9, Short Skyvan, Fokker Friendship og Convair Metropolitan. Omfanget er så stort at for eksempel charterselskapet Busy Bee i 1979 anskaffet en Boeing 737-200C etter samråd med Forsvarets overkommando først og fremst til bruk på de militære flyrutene.

Forsvaret opprettet sine egne flyruter for avdelingstransporter, avløsning av mannskaper ved stående avdelinger, permisjonsreiser for de vernepliktige, permisjons- og feriereiser for befal i Nord-Norge og deres familier samt tjenestereiser og materielltransporter. Ved planleggingen av ruteopplegget legges det avgjørende vekt på Forsvarets primæroppgaver, beredskap, øvelser, utdannelse, økonomi og velferd.

I den kritikken som kom frem mot ruteopplegget, ble det blant annet hevdet at arbeidsplassene i den sivile luftfarten bedre kunne sikres ved overføring av transporten til flyselskapene, at reisetilbudet for sivile — særlig i Nord-Norge — kunne bedres og at flybillettene kunne bli billigere.

Flertallets konklusjon da innstillingen ble avgitt i mai 1982, var imidlertid en annen:

— De sivile og militære flyruter i Norge tjener to forskjellige behov
— En eventuell samordning vil gi liten eller ingen besparelse for de sivile reisende
— Det er ingen grunn til å tro at en samordning vil gi det sivile samfunnet noe bedre rutetilbud
— For Forsvaret vil en samordning føre til en vesentlig fordyrelse av lufttransportene
— Statistikk innhentet fra de sivile flyselskapene viser at de ikke har ledig kapasitet til de tider Forsvaret har behov.

I tillegg til sine egne fly har Forsvaret chartret inn sivile fly til personelltransporter. Bildet viser en Short Skyvan i 1977. Over døren står det "Chartered By Norwegian Armed Forces".

Sivil og militær lufttrafikk

Den militære og sivilie lufttrafikk bruker det samme luftrom, stort sett de samme flyplassene og de samme navigasjons- og landingshjelpemidler. De har også felles flysikrings-, brann-, havari- og redningstjeneste. Luftfartsverket inngår som en del av totalforsvaret, og det er derfor behov for kontinuerlig planlegging og samordning på en rekke felter.

Den militære luftfartsvirksomheten var dominerende i en lang årrekke etter krigen, og det var først i 1964 at antallet av de sivile flybevegelsene ble større enn Forsvarets. I de siste 20 år har imidlertid de militære flybevegelsene blitt sterkt redusert, samtidig som utviklingen av den sivile luftfarten har gått i motsatt retning. Den militære andel av totalen ventes faktisk å bli redusert til ca. 25 prosent innen 1990.

Når det gjelder flyplasser, var det helt frem til 1937 bare to landflyplasser av betydning, nemlig Kjeller og Værnes. Begge var bygget av Forsvaret. I 1937 ble den kommunale flyplassen på Sola åpnet og to år senere de tilsvarende plassene Kjevik og Fornebu. Under krigen bygget tyskerne ca. 20 flyplasser, og Forsvaret fikk senere ansvaret for vedlikeholds- og driftsutgiftene på de fleste av dem.

Utover i 60- og 70-årene kom det en rekke stamrute- og kortbaneflyplasser, som alle vil kunne være verdifulle for militære flyoperasjoner i en krisesituasjon. Forsvaret har imidlertid ikke selv bygget noen nye flyplasser siden 60-årene.

Utgiftsfordelingen på de flyplassene som har kombinert militær og sivil bruk, har helt klart ikke vært i Forsvarets favør, og det synes rimelig om en større del av utgiftene ble overført den sivile sektor, mer i takt med bruken.

Radar, flykontrollenheter, radionavigasjonshjelpemidler og samband har i stor grad vært utbygget av Forsvaret i første omgang, og den sivile lufttrafikken har på mange måter hatt god hjelp av Forsvaret.

Disponeringen av selve luftrommet er heller ikke så problemfri som man kanskje skulle tro.

Selv om hensynet til sikkerheten må være det avgjørende i fredstid, må reguleringen være slik at de som bruker luftrommet, kan løse sine oppgaver. Forsvaret har nødvendigvis en del spesielle krav, både når det gjelder beredskapsflygingen og øvelser. Dette medfører behov for spesielle øvelsesområder og muligheter til taktiske operasjoner.

I øvelsesområdene er det den sivile trafikken som må ta hensyn til den militære virksomheten, og beredskapsflygingen er av en slik nasjonal karakter at den må gis høyeste prioritet for at flygerne skal kunne utføre sine oppdrag innen overvåking og beskyttelse av landets suverenitet.

Den sivile lufttrafikken over norsk territorium har hatt en enorm utvikling, og det kan spores en viss engstelse for at den vil kunne bli en hindring for luftmilitær beredskap og øving. Med fortsatt øking i siviltrafikken ser det derfor nå ut til å være et behov for en samlet vurdering av hvordan luftrommet skal utnyttes.

I FN's tjeneste

Norge har vært involvert i militær innsats for De Forente Nasjoner helt siden 1949, og den første store innsatsen var et norsk feltsykehus, NorMASH, i Korea fra 1951 til 1954. Luftforsvaret bidro sporadisk med innsats av transportfly (som for eksempel da en norsk C-119G hentet hjem utstyr fra Egypt i 1967) og deltakelse av offiserer som FN-observatører. Spesielt må nevnes generalløytnant Odd Bull som begynte som sjef for observatørkorpset i Libanon og senere ble sjef for FN's overvåkingskommisjon i Midt-Østen.

Svenske og norske medlemmer av FN's militære styrker i Kongo fotografert foran en Douglas C-47 fra 335 skvadron.

Da Norge ble anmodet om å stille personell til FN's fredsbevarende styrker i Kongo, ble det samtidig ytret ønske om lette transportfly. Fra norsk side ble det reagert raskt. To DHC 3 Otter ble tatt ut og malt om i FN-farger på Gardermoen. Flyene var O-AC (serienr. 53-20) og O-AD (serienr. 53-21), og de ble hentet den 30. juli 1960 av en Douglas C-124 Globemaster fra USAF.
Begge flyene skal ha gått tapt i Kongo. Ved en forglemmelse ble de imidlertid stående i papirene inntil Luftforsvaret formelt kasserte dem den 9. mai 1967, nesten syv år etter overføringen til Kongo.

I 1958 var Norge villig til å stille fly av typene Norseman og Safir til tjeneste i Libanon, men tilbudet ble ikke tatt imot av FN som heller standardiserte på Cessna L-19 Bird Dog. En rekke norske offiserer deltok imidlertid i observatørkorpset, og norske flygere fløy FN-helikoptere med mekanikere fra andre land.

Den norske innsatsen i Kongo fra 1961 til 1964 må sies å være stor. Tilsammen deltok 1.173 nordmenn, hvorav 790 fra Luftforsvaret. Av disse var igjen innpå halvparten luftvernartillerister. To av forsvarsgrenens Otter transportfly ble stilt til disposisjon, og i begynnelsen av operasjonene var også en av 335 skvadrons C-119G en kortere periode i Kongo. Senere kom mer personell fra 335 skvadron til landet og fløy blant annet ved en italiensk C-119 avdeling. Alle de norske mannskapene gjorde en meget god innsats under de kaotiske forholdene som rådet.

Nordmenn bekledde flere høye stillinger i FN-styrkene. En av dem var generalmajor Chr. Roy Kaldager som var sjef for FN's samlede militære styrker i Kongo siste halvår av 1963. Også på andre måter utmerket nordmenn seg, for eksempel ble et helikoptermannskap (flyger og mekaniker) utnevnt til riddere av St. Olavs Orden for sin innsats, og andre nordmenn mottok også dekorasjoner etter FN-tjenesten.

Klargjøring på Gardermoen før Bell UH-1B helikopterne fra 720 skvadron sendes til Libanon for tjeneste ved UNIFIL, FN's fredsbevarende styrker. Helikopteret på bildet er "963" (serienr. 64-13963).

Libanon ble i 70-årene igjen operasjonsfelt for FN-styrker, og en norsk helikopterving, NORAIR, reiste fra Gardermoen i april 1978 med fire Bell UH-1B og 27 mann ombord i en amerikansk Lockheed C-5 Galaxy transportmaskin. Helikopterne var blitt malt hvite og merket UN, for United Nations. Tjenesten fortsatte til juli 1979, da avdelingen ble hjemkalt på grunn av den vanskelige personellsituasjonen i Luftforsvaret.

Helivingens oppgaver var rutineoppdrag som forbindelsesflyging mellom hovedkvarteret og de enkelte bataljonene, transport, rekognosering og ambulanseflyging. Den siste oppgaven var ofte dramatisk, og helikopterne var flere ganger utsatt for direkte beskyting under utførelsen av sine oppdrag. I februar 1979 styrtet et helikopter, og fire norske offiserer ble drept. Helivingens hovedkvarter i Naqoura ble også i april 1979 utsatt for direkte beskyting av libanesiske falangiststyrker, med det resultatet at alle de tre gjenværende helikopterne ble skadet. De ble imidlertid snart reparert eller skiftet ut, slik at operasjonene fortsatte helt til vingen ble trukket hjem.

Hercules-fly fra 335 skvadrons A-ving holdes til enhver tid i beredskap for FN-tjeneste og har utført en lang rekke transportoppdrag for organisasjonen, særlig til Midt-Østen. De norske Hercules-maskinene flyr derfor konstant med UN-merking, og også B-vingens Falcon-fly har hatt slik merking.

Kvinner i Luftforsvaret

Fra 1938 har kvinner hatt adgang til de militære embeter. Under siste verdenskrig og det første etterkrigsåret kunne kvinner således i en viss utstrekning gjøre militær tjeneste i Forsvaret.

Flyvåpnenes kvinnekorps ble opprettet i Storbritannia den 1. april 1943 og bidro med personell både ved staber og ute på flystasjonene. Ikke lenge etter kom en tilsvarende avdeling i Canada, hvor de første rekruttene møtte til tjeneste den 29. september. Kvinnene var hovedsakelig norske, men det var også noen fra Storbritannia og andre allierte land som gikk i norsk tjeneste etter å ha giftet seg med nordmenn. Ved krigens slutt var det 63 kvinner i Luftforsvaret.

Ordningen med såkalte K-soldater falt bort da Stortinget i desember 1946 bestemte at militær opplæring for kvinner skulle opphøre inntil spørsmålet om deres tjenestegjøring i Forsvaret var fullt utredet. Arbeidet med dette har vart helt til idag — og pågår vel egentlig fremdeles.

I jubileumsåret fikk Luftforsvaret sin første kvinnelige flyger, Siri Skare fra Åndalsnes. Hun ble tildelt "vingen" den 11. mai 1984 ved US Navy's treningssenter i Texas, og etter videre utdannelse i California kom hun til Andøya for å fly Orion ved 333 skvadron.
Siri Skare har lenge hatt "flydilla" og hadde allerede et høyt antall flytimer i sin loggbok da hun ble tatt opp ved Luftforsvarets Flygeskole, blant annet hadde hun skaffet seg flyinstruktøreksamen i USA.

For å bidra til gjennomføringen og lette innpassingen av kvinner i Forsvaret har det siden 1953 vært en ordning med inspektører for kvinners tjeneste i militære stillinger og funksjoner. Kvinneinspektørenes oppgaver omfatter rådgivende og kontrollerende virksomhet, planlegging, samordning og informasjon om kvinners tjeneste som militært personell.

I 1955 ble Forsvarets kvinnenemnd opprettet. Den ble i 1977 avløst av Forsvarets kvinneråd, som er et viktig samarbeidsledd og rådgivende organ for Forsvarssjefen og Generalinspektørene i saker som angår kvinners tjeneste i Forsvaret.

Forsvarsdepartementet opprettet i 1982 også en stilling med hovedansvar for likestillingsspørsmål og familiepolitikk for alle personellgrupper i Forsvaret.

En ny ordning for kvinnelig militært personell trådte ikraft fra den 1. januar 1977, med følgende hovedretningslinjer:

— Kvinners tjeneste er basert på frivillighet
— Kvinner kan ikke tjenestegjøre i militære stillinger av direkte stridende karakter
— Kvinners utdannings- og tjenestemuligheter er begrenset av elevkvoter og personellrammer
— Kvinner har ikke generell verneplikt og har heller ikke adgang til på frivillig basis å avtjene regulær førstegangstjeneste
— Det skal tas hensyn til kvinners spesielle livssituasjon (svangerskap, fødsel, amming)
— Kvinner skal integreres i Forsvaret så langt som mulig, såvel i krig som i fred
— Kvinner er underlagt samme regler som gjelder for menn vedrørende fremmøte- og tjenesteplikt ved mobilisering og i krig.

For Luftforsvarets vedkommende har kvinnene fra 1977 i prinsippet hatt adgang til befalsskolen, med unntak for Luftvernlinjen, alle linjer ved LTS på Kjevik og til Flygeskolen. De kan utdannes til all flygende tjeneste, unntatt som jagerflygere.

Forsvarsdepartementet nedsatte i september 1980 "Utvalget for yrkesmessig likestilling mellom kvinner og menn i Forsvaret". Det avga sin innstilling høsten 1982, og i samsvar med denne vil departementet i planperioden 1984 — 88 vurdere full likestilling yrkesmessig innen Forsvaret. I desember 1983 ble det forøvrig vedtatt at kvinner på frivillig basis også gis adgang til å avtjene førstegangstjeneste sammen med menn og av samme varighet som for menn.

En videre utvikling kom da Stortinget den 29. mai 1984 besluttet å oppheve begrensningen om at kvinner ikke kan gjøre stridende tjeneste. Dermed skulle alle funksjoner i Forsvaret kunne åpnes for kvinner.

Søkningen fra kvinner til Luftforsvaret er økende. En årsak ligger muligens i at arbeidstilbudet for tiden er svekket, noe som også har medført at stadig flere menn søker seg til Forsvaret. For kvinnenes vedkommende må en også ta hensyn til at rekrutteringen tidligere har gått tregt, på grunn av lite kjennskap til tilbudet og at tjenesten er frivillig. Pr. 1. juni 1984 var det kommet inn 116 søknader fra kvinner til årets opptak på befalsskolen, 23 til LTS og 19 til Flygeskolen.

Fra og med juniopptaket i 1982 har kvinner kunnet søke utdanning ved Flygeskolen til flygere av transport-, maritime- og kommunikasjonsfly, samt helikoptere og som navigatører. I alt har et hundretall vært innkalt til opptaksprøver på Rygge, og til og med januaropptaket 1984 er ti kvinnelige aspiranter godkjent for Flygeskolen. Av disse er én gått videre til utdanning i USA.

Det arbeides med direktiver for inntak av kvinner til førstegangstjeneste i Luftforsvaret. Inntakene beregnes å finne sted to ganger i året, på tidspunkter avpasset for eventuell kvalifisering for videre utdanning til utskrevet befal.

Kvinnene som har fått sin grunnleggende befalsopplæring i Luftforsvaret, synes å ha funnet seg til rette i miljøet, og mange planlegger en yrkeskarriere innen forsvarsgrenen. Åtte kvinner er under utdanning ved Luftforsvarets offisersskole, og fire er opptatt som elever ved Luftkrigsskolen fra 1984. Tidligere har en kvinne gjennomført Luftkrigsskolen, mens åtte har tatt offisersskolen. En oversikt pr. 10. juni 1984 viser at ialt 339 kvinner tjenestegjør som militært personell i Luftforsvaret, og det har vært en jevn stigning fra et antall på 210 for fire år siden. I tillegg må regnes med 47 flysykepleiere og 97 stasjonssykepleiere.

F-16 Fighting Falcon

Bakgrunnen for anskaffelsen av F-16 var en kostnads- og effektivitetsstudie som Forsvarets forskningsinstitutt startet i 1970 vedrørende vårt anti-invasjonsforsvar. Resultatet var at jagerfly fikk høyeste prioritet.

Mange forskjellige typer ble vurdert av såvel Luftforsvaret som andre allierte flyvåpen som skulle skifte ut sine jagerfly. Til slutt sto avgjørelsen mellom F-16, den svenske Viggen og den nyeste utgaven av Frankrikes berømte Mirage, Mirage F 1. Den amerikanske Northrop YF-17 var i praksis forsvunnet ut av bildet da USAF valgte F-16 den 13. januar 1975. Sommeren 1975 kom de samarbeidende NATO-landene Belgia, Danmark, Nederland, Norge og USA frem til én flytype — General Dynamics F-16. Et svært viktig moment i valget var samproduksjon i alle kjøperland, og norsk industri fikk sin del av dette, med Kongsberg Våpenfabrikk og Raufoss Ammunisjonsfabrikker i spissen. Det har vel aldri vært så mye omtale i massemedia av noen flytype eller noe våpenkjøp, og saken fikk tidlig navnet "århundrets våpenhandel".

Det blir ofte understreket hvilken stor del av forsvarsbudsjettet som har gått til innkjøp av F-16, og noen har det syn at dette har gått ut over nærmest alle andre sider av Forsvaret. Forsvarskommisjonen av 1974 fremhevet imidlertid helt klart den store betydningen av jagerfly, både i selve luftforsvarsrollen og i invasjonsforsvaret, og som en forutsetning for å sikre landets mobiliseringsforsvar og mulighetene for mottak av allierte forsterkninger. Kommisjonen kom frem til at 72 F-16 var det nødvendige minimumstall og at det burde anskaffes åtte erstatningsfly.

Det er interessant å sammenligne dette tallet med hva Luftforsvaret tidligere har hatt. Antallet var høyest i Thunderjet-perioden, med over 200 fly levert. Nå skal man klare seg med 72 F-16 samt et mindre antall Northrop F-5, de siste vesentlig for trening. Uansett hvor effektiv F-16 er, kan hvert enkelt fly ikke være mer enn ett sted om gangen, og det kan neppe være tvil om at dette må bety både et taktisk og et operativt problem, for arbeidsoppgavene er iallefall ikke blitt færre de senere år. Man kan jo ta luftvirksomheten utenfor Norge som et eksempel, og finner da at norske jagerfly hvert år avskjærer og identifiserer rundt 150 ukjente fly i nærheten av landets territorium.

Første norske F-16, den to seters F-16B "301", tar form ved Fokkerfabrikkene i Nederland. At flyet er norsk, forteller blant annet utbygget for bremseskjermen på halen.

"301" overleveres til Luftforsvaret på Rygge den 25. januar 1980. Flyet hadde imidlertid kommet til Norge ti dager tidligere, fløyet av major Steinar Berg og generalmajor Svein Heglund. Fire F-5 fra 336 skvadron møtte "301" over nordkysten av Danmark og eskorterte maskinen hjem.
Under overleveringsseremonien var representanter for amerikanske og norske myndigheter tilstede, samt selvsagt også produsenten General Dynamics. Etter taler av blant andre Under Secretary of the US Air Force Antonia Handler Chayes og forsvarsminister Thorvald Stoltenberg kunne så sjefen for 332 skvadron, major Einar Smedsvig, overta "301" og dermed innlede en ny epoke i Luftforsvarets historie.

De norske F-16 er utstyrt med bremseskjermer, noe som i utgangspunktet ble bestemt både av hensyn til våte og glatte rullebaner under vanskelige værforhold vinterstid og for å gi mulighet til å bruke flyene fra vesentlig mindre flyplasser enn hva forgjengerne kunne.

Den siste F-16 i bestillingen på 72 fly ble mottatt av Luftforsvaret den 4. juni 1984, og flyene er satt opp i fire skvadroner. Deres hovedoppgaver er fremskutt luft- og sjøinvasjonsforsvar. Luftforsvarskapasiteten vil være vesentlig bedret, ikke minst i mørke og dårlig vær. Mot slutten av inneværende fireårsperiode vil leveringene av Penguin Mk. 3 ta til. Etter nøye vurdering er denne sjømålsraketten utpekt som den beste for norske forhold, og F-16 vil da ha fullverdig utstyr også for sjøinvasjonsoppgaven.

Fra alle hold har det vært uttalt at F-16 svarer til de forventninger som ble stillet, og de var ikke små. Og om man skulle gjøre et nytt valg idag — ville det blitt F-16!

1984 — Nåtid og fremtid

Når man skal vurdere Luftforsvarets stilling i jubileumsåret, er det naturlig å ta for seg daværende Forsvarssjef general Sven Aa. Hauges syn på forsvarsprogrammet 1984 — 88, slik det er gjengitt i Stortingsmelding nr. 74 (1982 — 83). I hans avsnitt om Luftforsvaret heter det:

"Luftforsvarets hovedoppgaver vil fortsatt i første rekke være å delta i invasjonsforsvaret, overvåking og kontroll av norsk luftrom, varslingstjeneste og luftforsvar av viktige områder og baser.

Mottak av alliert hjelp er i en avgjørende grad avhengig av at flyplassene våre kan holdes åpne og operative. Forhåndslagringen av alliert materiell i Trøndelag samt på en del av flyplassene våre både i Sør- og Nord-Norge, stiller økende krav til luftforsvar av disse baseområder og av forsterkningstransportene til Nord-Norge. Dette fremhever spesielt betydningen av egne avskjæringsjagerfly, områdeluftvern og lavforsvarsluftvern i den første, avgjørende fasen av en konflikt.

Ved utgangen av planperioden 1984 — 88 vil Luftforsvarets struktur omfatte:

— Kontroll- og varslingssystemet med operasjonssentra og fjernvarslingsstasjoner, hvorav noen vil være moderniserte. I systemet vil inngå NATO's luftbårne kontroll- og varslingsstyrke som vil benytte Ørland hovedflystasjon for fremskutte operasjoner
— NIKE-bataljonen med fire rakettbatterier, hvorav to på mobiliseringsstatus
— Fire skvadroner F-16 allværsjagere
— En skvadron F-5 jagerfly
— En skvadron P-3B Orion maritime rekognoseringsfly, inkludert fly for Kystvakten
— En skvadron C-130 Hercules transportfly og et antall lette transportfly av typen Twin Otter
— Et mindre antall Falcon fly for elektronisk krigføring
— En skvadron UH-1B helikoptere, med detasjementer på enkelte flyplasser
— En skvadron Sea King redningshelikoptere
— En skvadron Lynx helikoptere for Kystvakten
— Seks nye luftvernrakettbatterier, oppsatt ved flystasjoner, for områdeforsvar i Troms, Nordland og Trøndelag
— Et antall luftvernartilleribataljoner med kanonbatterier L/70 og L/60."

En del av de punktene general Hauge nevner, fortjener nærmere kommentarer.

Overvåking og varsling er en meget viktig del av NATO's integrerte luftforsvar, og K & V-systemet vil være under kontinuerlig modernisering og effektivisering i denne perioden. AWACS-flyene er operative, og norske besetningsmedlemmer er med. Utbygging med siloradarer i beskyttede underjordiske anlegg vil pågå i hele perioden, og dette vil gi K & V økt overlevelsesevne og bedre motstandsdyktighet mot elektronisk krigføring. Radardekningen på Sør-Vestlandet, Vestlandet og Trøndelag vil bli forbedret.

Et nytt kommando-, kontroll- og informasjonssystem, NORCCIS, vil bli innført i perioden og vil gi kommandosjefene mulighet til raskt og effektivt å holde oversikt over luftsituasjonen.

F-104G og CF-104 er faset ut og antallet operative F-5 redusert, slik at jagerflyparken nå består av F-16 og et mindre antall F-5. De siste vil bli brukt til trening av nye flygere og visse støtteoppdrag. Når de norskproduserte Penguin Mk. 3 sjømålsrakettene blir tatt i bruk på slutten av perioden, vil F-16 dekke også anti-invasjonsrollen på en helt tilfredsstillende måte.

Med utgangspunkt i et totalt antall på 70 F-16 fly i 1984 og en statistisk tapsrate på ett fly pr. 10.000 flytimer, kan en forvente å komme ned på 60 F-16 i 1990 og under 50 fly mot slutten av 1990-årene. De gjenværende F-5 tar man sikte på å kunne oppdatere og holde i drift til midten av 90-årene — da er nok deres tekniske levealder definitivt ute. Fra dette tidspunktet vil det igjen være nødvendig å anskaffe nye jagerfly.

Første norske F-16A utstyrt med Penguin Mk. 3 rakett for utprøving. Raketten skal produseres av Kongsberg Våpenfabrikk og vil øke slagkraften til F-16 betydelig under angrep mot overflatemål til sjøs. Raketten på vingetippen er en Sidewinder, beregnet til bruk under luftkamp.

Behovet for å anskaffe et antall F-16 til erstatning for tapte fly er under stadig vurdering, men avhenger ikke minst av sakens økonomiske side.

Rakettluftvern ventes levert tidlig i perioden. Dette forutsettes supplert med lavforsvarsluftvern, og det foreldede kanonluftvernet av typen 40mm Bofors L/60 vil bli påbegynt utfaset og L/70-kanonene oppdatert. I løpet av 1984 skal Luftforsvaret levere sin innstilling om enkle, bærbare nærforsvarsraketter. Tre typer er aktuelle, den franske Mistral, den amerikanske Stinger Post og svenskenes Robot 70.

Etter at NIKE-bataljonens fire batterier er modernisert, er levealderen forlenget til midten av 1990-årene.

Overvåkingen av de enorme havområdene utenfor norskekysten er en uhyre viktig oppgave som utføres av Luftforsvarets P-3B Orion fly. Flyenes sensorsystemer er nå sterkt nedslitte, og det vil kreves betydelige og kostbare modifikasjoner i de nærmeste årene. Ut i 1990-årene må utskifting av flytypen vurderes.

UH-1B helikopterne nærmer seg slutten av sin tekniske levealder og er modne for utskifting. Aktuelle erstatningsalternativer er Aérospatiale 332 Super Puma, Bell UH-1H og Agusta Bell 412. Forsvarets helikopterutvalg la i 1982 frem en innstilling der man gikk inn for Super Puma, noe som i første omgang vil bety kjøp av seks maskiner. Prismessig ligger imidlertid disse helikopterne så høyt at det vil kunne bety en kraftig reduksjon i antallet operative helikoptere i Luftforsvarets tjeneste.

Blant forsvarsgrenens helikopterpersonell virker Bell UH-1H mer attraktivt. UH-1H er billigere og vil dermed kunne anskaffes i større antall, og det er svært likt UH-1B, hvilket medfører lettere overgang for flygere og teknikere.

Det vil imidlertid bli forsøkt opprettholdt en skvadron UH-1B i planperioden, samtidig som det tas standpunkt til nyanskaffelsen. I praksis bestemmes den fortsatt operative levealder for UH-1B av innsatsen når det gjelder vedlikehold og tilgangen på reservedeler.

Som det fremgår , er det nok av investeringsobjekter, og Forsvarssjefen sier mot slutten:

"På grunn av den raske teknologiske utvikling, anser Forsvarssjefen det nødvendig kontinuerlig å gjennomføre modifikasjoner og forbedringer på en rekke materielltyper i Luftforsvaret for å opprettholde våpensystemenes relative effektivitet. Den forventede utvikling når det gjelder budsjettene i programperioden, vil imidlertid kunne føre til at en rekke nødvendige modifikasjoner og fornyelser må utsettes eller utgå. Konsekvensen av dette kan bli at Luftforsvarets kamp- og støtteenheter teknologisk vil tape terreng, og derved relativt sett ikke makte å opprettholde sitt effektivitetsnivå."

Videre skriver general Hauge:

"Det er på det rene at Sovjetunionens væpnede styrker de senere år har gjennomgått en omfattende moderniserings- og effektiviseringsprosess på de fleste områder. Det er grunn til å anta at denne prosessen vil fortsette. Sammenholdt med det vi selv makter å gjennomføre i kommende planperiode, trekker Forsvarssjefen den slutning at vi i perioden ikke vil klare å opprettholde vår relative forsvarsevne hverken sett i forholdet øst — vest eller i forhold til vår tidligere forsvarsevne.

Forsvarssjefen vil på det sterkeste advare mot at vi kommer inn i en utvikling som ikke lenger gjør det mulig å opprettholde et nasjonalt balansert forsvar".

De to siste avsnittene av Forsvarssjef Hauges uttalelser er tankevekkende og foruroligende lesning. Mange har allerede reist spørsmålet om ikke et av verdens rikeste land kan yte nok til å ta vare på den friheten forrige generasjon ofret så mye for.

Med en høyere levestandard enn noensinne er det nærliggende å se på om prioriteringen av samfunnets midler virker som den skal. Mange gode formål trenger penger, og politikerne er utsatt for press fra alle som mener at nettopp deres behov må oppfylles. Men fred og frihet har alltid kostet, noe altfor mange først har funnet ut når det er for sent. Det burde derfor være lettere å ta et "upopulært" standpunkt idag enn kanskje en dag å oppdage at en har ansvaret for ennå en gang å sende norsk ungdom ut for å forsvare landet uten å være skikkelig utstyrt.

LUFTFORSVARETS NYE BRANSJEMERKER:

FLYTEKNISK TJENESTE

ADMINISTRATIV TJENESTE

ELEKTRONISK TJENESTE

OPERASJONSTJENESTE

LUFTVERNTJENESTE

Skvadroner og avdelinger

330 skvadron

Det ble sjefen for Sjøforsvaret — kontreadmiral Diesen — som førte forhandlinger med RAF med tanke på opprettelse av den første norske sjøflyskvadronen.

En nærliggende tanke var at denne skvadronen skulle operere sammen med RAF Coastal Command, som hadde avdelinger over nesten hele det britiske imperiet. Etter at britene hadde besatt Island den 10. mai 1940, hadde de hatt stasjonert en avdeling med Walrus amfibiefly ved Reykjavik, men dette var for dårlig materiell etterhvert som ubåtfaren i Atlanterhavet tiltok. En hel skvadron med "verdens raskeste sjøfly" — Northrop N-3PB — som Norge disponerte, må ha vært et kjærkomment tilskudd for de pressede britiske flystyrker. Slaget om Storbritannia var over noen måneder i forveien, og de engelske flyfabrikkene arbeidet på spreng for å erstatte tapene. Vesentlig ble det i denne tiden satset på jagerfly og tildels bombefly, de maritime kom i annen rekke.

Da Island var strategisk viktig, og britene som nevnt hadde dårlig materiell og knapt med personell stående på denne utposten, ble det allerede i november 1940 meddelt admiral Diesen at Coastal Command ønsket nordmennene velkommen til Reykjavik snarest. I mellomtiden ble felleskommandoen for våre to flyvåpen (FFK) opprettet i London, og det var sjefen for FFK, kommandørkaptein Hjalmar Riiser-Larsen, som sluttførte forhandlingene med RAF. Tidlig på våren 1941 ble det bestemt at den første norske flyavdeling opprettet utenfor Norge, skulle stasjoneres på Island. Operativt ble den underlagt RAF's hovedkvarter i Reykjavik.

Første kvarter ble etablert i en leir kalt "Corbett Camp", noen kilometer utenfor Reykjavik. Hit kom den første kontingent mannskaper, vesentlig menige, den 12. april 1941 fra Storbritannia. Ytterligere personell kom fra Canada, og den 25. april tellet avdelingen 128 mann. Den dagen ble 330 skvadron offisielt opprettet, med kaptein Hans A. Bugge som første skvadronsjef.

En Northrop N-3PB med 330 skvadrons første kodebokstaver, GS, fotografert på tokt utenfor sydvestkysten av Island sensommeren 1941. Mannskapet på tre retter alle sin oppmerksomhet mot fotografen, flyger og navigatør i cockpiten mens radiotelegrafisten titter gjennom vinduet rett bak flyets individuelle bokstav F.

I tillegg til de fire .50 kaliber Colt mitraljøsene i vingene hadde navigatøren og telegrafisten hver sin .30 kaliber Coltmitraljøse. Northrop-flyene var derfor ganske kraftig bestykket og engasjerte ved flere anledninger tyske patruljefly i luftkamp. GS-F (konstr.nr. 322) sto ferdigbygget den 22. mars 1941 og skulle bli det av flyene som fikk lengst sammenhengende levetid. Etter tjeneste på Island ble "F for Freddie" fløyet til Storbritannia i juni 1943 og lagret i Felixstowe inntil krigen sluttet. Da monterte teknikere flyet igjen, og i august 1945 kom "F" hjem til Norge. Ny tjeneste fulgte, nå som instruksjonsmateriell ved LTS på Kjevik. På slutten av 40-årene var man inne på tanken om å ta de to gjenværende Northrop-flyene i bruk til slepemålsflyging, men dette ble aldri gjennomført. "F" ble derfor stående på Kjevik inntil den skjebnesvangre vinteren 1956 da taket på en av hangarene raste sammen. Selv om flyet ikke sto i den hangaren, og derfor heller ikke ble skadet, led det samme triste skjebne som en rekke andre historiske fly og ble hugget opp.

330 skvadrons B-flight var stasjonert i Akureyri, Islands nest største by. Akureyri var et populært tjenestested, med forholdsvis gode operative forhold.
Selve leiren besto av Nissen-hytter med dertil hørende "bekvemmeligheter". Men byen var rett i nærheten, og nordmennene fant seg snart noen faste samlingssteder. Forholdet til sivilbefolkningen var også godt. Flyene lå ved slippen nede på havnen, rett på utsiden av bebyggelsen og en gate.
Etter at skvadronen hadde mottatt Catalina-fly, benyttet disse ofte Akureyri som utgangspunkt for sine operasjoner, men på bildet er det to Northrop N-3PB man ser.

Midt i mai var styrken kommet opp i litt over 200 mann, og skvadronen begynte å vente på flymateriellet som skulle komme fra USA. En viss engstelse rådde for denne transporten. Alt materiellet — 18 fly, reservedeler, ammunisjon og synkeminer, verktøy og utstyr — var i New York blitt lastet ombord i ett eneste skip, det norske D/S "Fjordheim". I en tid da tyske ubåter herjet som verst i Atlanteren, kan det kanskje stilles spørsmål om dette var en klok måte å forflytte en hel skvadrons utstyr på. Men, skipet kom vel frem til Reykjavik den 19. mai og ble losset så snart kaiplass var ordnet.

Montering av flyene ble igangsatt umiddelbart. Allerede den 2. juni var første Northrop klar til prøveflyging. Flere fulgte raskt, og etter en uke var seks fly ferdig montert. Første operative tokt ble fløyet den 23. juni, og dermed var frie nordmenn klar til kamp i luften igjen.

Treningsprogrammet for de av skvadronens flygere som var utdannet i Canada, hadde vært noe mangelfullt, og man satset på å øke antallet treningstimer for dem så raskt som mulig. Samtidig ble det igangsatt arbeide med å opprette to nye stasjoner for 330 skvadron andre steder på Island. På nordkysten, ved byen Akureyri, ble B-flight forlagt med tre fly og ved Budareyri på Østkysten C-flight med det samme antall. Skvadronens A-flight med seks fly samt hovedkvarter og vedlikeholdsavdeling ble liggende ved Reykjavik. Midt i august var forflyttingene overstått, og skvadronen kunne gå løs på sine virkelige oppgaver.

Samme måned hadde man de første kontakter med tyske ubåter. I tillegg var konvoi-eskorte og samarbeide med britiske sjøstridskrefter i området det vanligste virkefelt for skvadronens fly. Noen ambulanseturer av lokal karakter ble også utført.

Dessverre begynte man tidlig å få tap av fly. Teknisk svikt kombinert med dårlige værforhold kunne bli katastrofalt. Det ble fort klart at uansett innsats fra mekanikere og flymannskaper så egnet Northropflyene seg lite til de oppgaver man var pålagt — med begrenset aksjonsradius, dårlige navigasjonshjelpemidler og relativt svak bevepning.

Allerede den 15. juli 1941 mottok FFK i London beskjed fra Coastal Command at 330 skvadron skulle konverteres til en bomber-rekognoseringsskvadron utstyrt med Lockheed Hudson lette bombefly. Fra norsk side satte man straks igang med forberedende trening av flygere på to-motors fly ved Royal Canadian Air Forces skoler i Canada. Det var klart at en slik oppsetting ville kreve et stort antall mannskaper og at det ville ta relativt lang tid å opparbeide en slik styrke. Konverteringen skulle etter planene foregå i Storbritannia, og den 19. mars 1942 opplyste FFK i et brev til treningsleiren i Toronto at de første ti Hudsonflyene ville være klare for overtakelse i midten av mai. Ytterligere ti fly skulle overtas i juli, men det var mulig at dette kunne bli noe forsinket.

330, 331, 332 og 333 skvadron fikk sine første avdelingsmerker under krigen og disse var da av britisk type.

En av de 330 skvadrons Catalina Mk. IIIA (senere betegnet Mk. III) i Woodhaven. Legg merke til det norske flagget på skroget, rett bak cockpiten. I motsetning til 333 skvadrons fly var disse Catalinaene av amfibieutgaven, og mellom vingestenderne ses tydelig venstre hovedhjul i opptrukket stand.

Omtrent samtidig kom Coastal Command med forslag om å utruste 330 skvadron med Catalina amfibiefly i stedet for de landbaserte Hudsons. Tydeligvis hadde man "bondeanger", idet RAF hadde stor mangel på erfarne sjøflymannskaper. Kontreadmiral Riiser-Larsen fikk direkte spørsmål om 330 skvadron kunne settes opp med Catalina dersom RAF kunne få tak i flyene. Da RAF hadde overtatt tolv Consolidated Catalina Mk. IIIA på Lend-Lease betingelser, var det meningen at disse flyene skulle tildeles 330 skvadron på Island. Skvadronen hadde aldri mer enn seks slike fly på styrkelisten, alle ved A-flight. Catalinaer var imidlertid ofte detasjert til B-flight i Akureyri for operative flygninger. Det var meningen å sette opp hele 330 skvadron med Catalina, og krigsoppsettingen ble fastlagt til tolv fly, hvorav tre var i reserve. På grunn av problemer med flyene ble imidlertid oppsettingen redusert til seks Catalinaer, med tre i reserve, samt seks Northorp N-3PB. Disse Mk. IIIA-flyene var de eneste Catalinaer av amfibietypen RAF hadde under krigen, de øvrige var rene flybåter. Det ble derfor snart klart at skvadronen ikke kunne regne med å beholde denne flytypen.

330 skvadron hadde i 1941 og 1942 stadige konfrontasjoner med fienden, både fly og ubåter. Men været på Island og i farvannene rundt var en nesten like stor fiende som tyskerne. Dette slet enormt både på materiell og personell. Northrop-flyene ble nedslitte. Reservedeler var ikke å oppdrive. En rekke fly var allerede gått tapt. Det ble derfor ytret ønske fra FFK i London overfor britene om at 330 skvadron ble flyttet fra sin utsatte post, til den nordlige del av Storbritannia.

Den 1. desember 1942 kom så ordren om forflytting til Oban i Skottland. Inntil videre skulle imidlertid C-flight bli igjen i Budareyri og fortsette de operative flygninger. Dette holdt man på med til april 1943 med resten av Northrop-materiellet.

Da 330 skvadron flyttet til Skottland, var det både skvadronens og FFKs ønske å fortsette med Catalina. RAF ønsket derimot at skvadronen skulle fortsette sin virksomhet i Nord-Atlanteren med Storbritannia som utgangspunkt og ville derfor gjerne ha 330 skvadron oppsatt med de store Short Sunderland flybåtene og stasjonert på Shetland. Fra norsk side var det relativt stor motstand mot slike planer. Sunderland var et personell-krevende fly, med et mannskap på 10—13 personer. Air Ministry gikk derfor med på at flymateriellet og alt større vedlikehold helt og holdent skulle bekostes av RAF, kun mannskaper skulle stilles fra norsk side. Det viste seg imidlertid som ventet at også det bød på problemer, det ble vanskelig å stille det antall mannskaper som var fastlagt i skvadronens krigoppsettingsplan.

FFK forsøkte gjentatte ganger å få 330 skvadron konvertert til en mindre flytype, ikke minst med tanke på fremtidig nytte av skvadronen i et frigjort Norge. Man foreslo konvertering til flere forskjellige flytyper, med de Havilland Mosquito, Bristol Beaufighter eller North American B-25 Mitchell øverst på ønskelisten, men gikk til og med så langt at det ble diskutert å omgjøre 330 til en transportskvadron med Vickers Wellington eller Douglas Dakota. Dette siste forslaget ble sterkt imøtegått fra skvadronen, naturlig nok, og enden på det hele ble at Air Ministry gikk med på å redusere krigsoppsettingen til ni fly og elleve mannskaper. Også dette var en dårlig løsning sett med norske øyne, og det var helt klart at Sunderland-flyene ville bli tilbakelevert RAF så snart anledning bød seg.

Når været frisknet til ved flybåtstasjonen Sullom Voe, og det var ikke uvanlig, ble de flyene som lå på vannet, bemannet med såkalte "Gale-crews" for å styre dem opp mot vinden. Det ble mange og lange vakter ombord, og de var en lite populær del av tjenesten.
Bildet viser Sunderland Mk. II (serienr. W6064) med individuell bokstav "R". Den ble overtatt fra No. 423 Squadron i begynnelsen av mars 1943. Etter endt tjeneste ved den norske avdelingen ble flyet den 26. februar året etter avgitt til No. 4 OTU i Alness.

Den 12. februar 1943 mottok skvadronen sin første Sunderland, en Mk. III med serienummer DD835, i Oban. 1. april var styrken oppe i ti fly, og den 17. samme måned ble avdelingen erklært operativ på typen. Deretter ble 330 skvadron flyttet til den basen den skulle komme til å ha resten av krigen, Sullom Voe på Shetland.

Toktene fra Shetland fortsatte på samme måte som fra Island — lange patruljer over åpent hav, brutt av og til av møter med fiendtlige enheter. Ved slike anledninger hevdet som regel nordmennene seg godt, men led allikevel enkelte tap. Som på Island var også nå været en stor motstander. Når vinterstormene hylte over øygruppen i nord, var de store flybåtene voldsomme vindfang der de lå fritt fortøyet uten noen form for beskyttelse. De ble lett utsatt for skader, og mang en natt ble det å ha folk ombord i flyene og motorene igang for å holde opp mot vinden.

Da krigen sluttet i mai 1945, hadde avdelingen så absolutt levd opp til sitt motto "Trygg havet". På over 1.700 tokter hadde flyene fra 330 skvadron drevet ubåtjakt, konvoi-eskorte, ispatruljering og lignende oppdrag. 15 fiendtlige ubåter og en rekke fly var angrepet og ødelagt eller skadet. Alt dette hadde kostet, med tap på nærmere 70 nordmenn og hele 20 fly.

Sammen med en Catalina fra 333 skvadrons A-flight fikk Sunderland Mk. V, WH-G, ML827 æren av å fly den allierte våpenstillstandskommisjonen til Oslo den 8. mai i forbindelse med tyskernes kapitulasjon. En rekke andre transportoppdrag mellom Storbritannia og Norge fulgte. I perioden 10.—14. juni ble så skvadronen flyttet fra Shetland til Sola, fremdeles som en enhet av RAF og underlagt No. 129 Wing. Hovedoppgaven var transport langs norskekysten fra Sola via Bergen til Trondheim og Tromsø. Den 21. november 1945 ble 330 skvadron utskilt fra RAF og overført til Luftforsvaret. Som tidligere bestemt skulle flyene tilbakeleveres RAF og ikke inngå i Luftforsvarets oppsettinger. Den siste maskinen ble returnert utpå nyåret 1946, men allerede den 15. desember 1945 var 330 skvadron blitt nedlagt som operativ avdeling.

Først i 1953, etter at Norge var kommet med i NATO og våpenhjelpprogrammet var på sitt høyeste, ble det igjen behov for skvadronens tjenester. Denne gangen i avskjæringsrollen, med Republic F-84G Thunderjet jagerbombefly. Den 20. juli 1953 ble 330 skvadronen etablert på Gardermoen, og til treningsbruk fikk man tildelt to F-84E Thunderjet i september samme år, og noe senere nok et fly av denne typen. De første F-84G Thunderjet var ankommet allerede den 24. august, og utover høsten 1953 mottok skvadronen 25 slike fly. I denne Thunderjetperioden hadde avdelingen en styrke på mellom 22 og 27 fly.

Størstedelen av sin tid som jagerskvadron virket 330 i rollen som operativ treningsavdeling for F-84G i Flyvåpnet. I august 1956 flyttet skvadronen til Rygge, hvor den opererte frem til februar 1958. Da ble den igjen overflødig ved Flyvåpnets overgang til North American F-86 Sabre og på nytt nedlagt.

Først den 1. mars 1962 fikk vår eldste maritime skvadron igjen luft under vingene, nå på Sola og i sin opprinnelige rolle. Flyene var Grumman HU-

Short Sunderland

Sunderland, som var en militær videreutvikling av Short-fabrikkens passasjerflybåter i 30-årene, fløy første gang den 16. oktober 1937. Totalt ble 721 Sunderland-fly bygget av Short og Blackburn frem til juni 1946.

Flyene som ble brukt av 330 skvadron var aldri overtatt som norsk eiendom, og de siste ble levert tilbake til RAF i januar 1946 etter skvadronens nedleggelse den 15. desember 1945.

330 skvadron benyttet fly av følgende versjoner:

Sunderland Mk. II : 6 stk. mars 1943 — april 1944
Sunderland Mk. III : 30 stk. febr. 1943 — mai 1945
Sunderland Mk. V : 11 stk. apr. 1945 — des. 1945 ★

F-84G Thunderjet WH-P(serienr. 52-8451) fra 330 skvadron etter en buklanding på Gardermoen den 24. april 1956. Flyet ble reparert på Kjeller og kom tilbake til 330 skvadron i februar året etter. Senere gjorde det tjeneste ved 334 og 338 skvadron til flyet totalhavarerte i Holøydal ved Tolga etter en kollisjon med en annen F-84G (MU-R, serienr. 52-8434) den 21. januar 1960. I 338 skvadrons tjeneste hadde det kjenningsbokstavene MU-Z.

Westland Sea King

Westland Sea King er en lisensbygget britisk versjon av Sikorsky S-61 som opprinnelig ble utviklet for anti-ubåtkrigføring og første gang fløy den 6. desember 1960. S-61 er siden bygget i stort antall og mange versjoner og er i utstrakt sivil og militær bruk.

Westland Helicopters Ltd. begynte produksjon av helikopteret for den britiske og den vest-tyske marine, og det første eksemplaret bygget i England fløy den 7. mai 1969. Senere har Westland utviklet flere varianter, blant annet for ubåtsøk, redning og troppetransport. Også britiskbygde Sea King er solgt til en rekke land.

Etter meget grundig vurdering kjøpte Norge ti Sea King i 1970, og den norske versjonen fikk betegnelsen Sea King Mk. 43. De norske helikopterne brukes i redningstjenesten og er ikke utstyrt for ubåtsøk eller andre kampoppdrag. Et helikopter gikk tapt i 1977, men ble erstattet med et nytt ikke lenge etter. ★

16 B Albatross, to-motors amfibiefly med utstyr for anti-ubåt krigføring. Men også beregnet på rednings- og ambulanseoppdrag. På nytt var 330 skvadron på oppdrag langs Norskekysten og voktet våre farvann. Skvadronen mottok i alt ni slike Albatross-fly.

Albatross-perioden ble ikke så lang, og den 1. oktober 1968 ble 330 skvadron igjen deaktivisert — 10 år etter forrige nedleggelse.

Vår værharde kyst har imidlertid alltid utgjort en fare for dem som ferdes på havet. Etter noen alvorlige ulykker hvor bl.a. danske redningshelikoptere berget mange menneskeliv, reiste det seg krav om lignende materiell her hjemme. I 1969 ga Stortinget fullmakt til å bestille tre langtrekkende helikoptere, et antall som ble øket til ti året etter. Kostnadene var beregnet til 120 millioner kroner.

Flere typer var til vurdering, men til slutt valgte man Westland Sea King Mk. 43. Det er en britisk versjon av et amerikansk helikopter og har motorer og elektronisk utstyr som passet de norske krav. I desember 1970 ble bestillingen derfor plassert hos Westland.

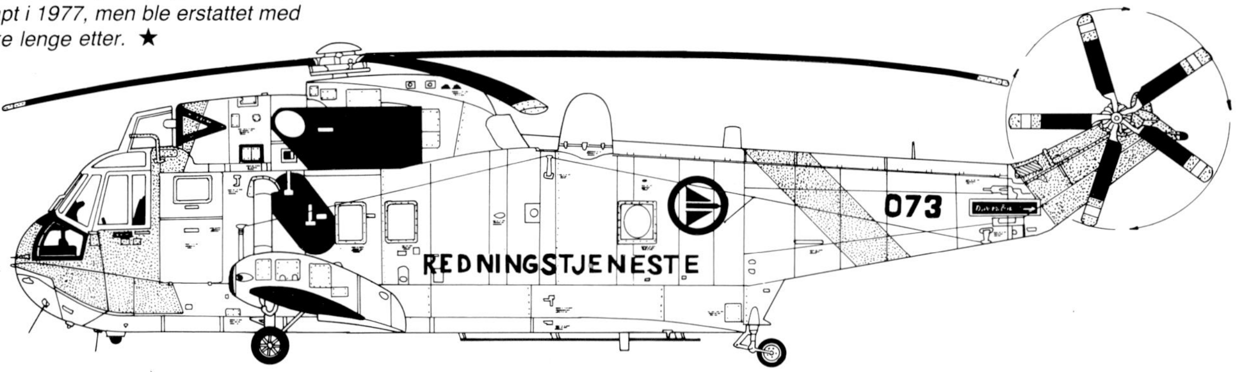

Noe uvant var det at Justisdepartementet sto for innkjøpet av disse helikopterne til redningstjenesten, men driften av avdelingen ble pålagt Luftforsvaret. I 1971 bestemte Generalinspektøren for Luftforsvaret at sjøredningsskvadronen skulle få betegnelsen 330 skvadron, og dermed var det klart for reaktivisering av den tradisjonsrike avdelingen med mottoet "Trygg havet".

Den første Sea King kom til Norge i november 1972, etter at norske mannskaper hadde gjennomgått trening i England. Flere maskiner fulgte raskt, og den 25. april 1973, på 32-års dagen for opprettelsen på Island, ble 330 skvadron formelt gjenopprettet under en høytidelighet på Bodø hovedflystasjon. For å kunne dekke den lange kysten er skvadronen delt i fire vinger, hver med to helikoptere. A-ving er stasjonert på Bodø, B-ving på Banak, C-ving på Ørland og D-ving på Sola. To helikoptere beregnes til enhver tid å være til overhaling eller blir holdt i reserve.

Ved gjenopprettelsen hadde faktisk skvadronen allerede vært operativ en tid. Forventningene til Sea King var i stor grad blitt innfridd. I juni 1973 hadde skvadronen sitt første store redningsoppdrag da et sivilt Sikorsky S-61 N helikopter styrtet i Nordsjøen. Dette var begynnelsen på en lang rekke oppdrag, under alle slags værforhold og over hele kyststrekningen. Står menneskeliv på spill, flyr 330 skvadron, og gjennom årene er det blitt mange mennesker som kan takke de store, hvite helikopterne for at de lever. Det er kanskje et typisk tegn at den tildels betydelige kritikken som ble reist ved anskaffelsen av Sea King, både når det gjaldt flytype og redningsskvadronens organisasjon, raskt forstummet.

Grumman HU-16B var Luftforsvarets siste amfibiefly. Bildet viser WH-B (serienr. 51-7207) fra 330 skvadron. Legg merke til lyskasteren under høyre vinge. Konstruksjonen av denne flytypen ble påbegynt i 1944, og prototypen fløy tre år senere. HU-16B var en videreutvikling av det opprinnelige flyet og tjenestegjorde her i landet fra 1961 til 1969.

330 skvadron har i Sea King-perioden vært Luftforsvarets utvilsomt mest omtalte avdeling. Så og si daglig har skvadronen gjort seg bemerket, enten i form av en liten notis om søk etter en savnet fisker, eller i store mediaoppslag i forbindelse med katastrofer som da boligplattformen "Alexander L. Kielland" kantret. Sea King helikoptere har også utallige ganger deltatt i redningsaksjoner i innlandet og har ofte stått i beredskap på høyfjellet under påsken.

Et av skvadronens helikoptere forsvant under et treningstokt i april 1977, og mannskapet omkom, men ellers har alvorlige uhell vært unngått. Erstatningshelikopter ble kjøpt inn,og i Luftforsvarets jubileumsår er 330 skvadron med full styrke på vakt og på oppdrag. I likhet med de øvrige skvadroner har man vært utsatt for problemer med flygeravgang til bedre betalte jobber i sivile selskaper, men dette ser nå ut til å bedre seg, og skvadronen vil sikkert også i fremtiden leve opp til sitt motto om å trygge havet.

Sea King "072" (konstr.nr. WA/753) under trening med redningsheisen. Redningsmannen på disse helikopterne er blant annet utdannet lettdykker og må ofte under redningsaksjoner gå ned i vannet eller ombord på flåter og livbåter for å hjelpe forkomne, nødstedte mennesker. Flere redningsmenn har mottatt utmerkelser for sin innsats under slike oppdrag. "072" forsvant den 29. april 1977 under en treningstur. De tre ombord omkom, og kun vrakrester er funnet etter helikopteret.

331 skvadron

Ved årsskiftet 1940/41 var første flygerkull fra Hærens flyvåpen på det nærmeste ferdig utdannet i Toronto, og forberedelsene til vår 1. jagerving kunne komme igang. I løpet av januar ble flygerne til denne avdelingen plukket ut og sendt til England for trening i operativ flygning ved britiske skoleavdelinger og skvadroner.

Bakkepersonellet ble delvis utdannet i Canada og delvis i England, og mannskapene ble etterhvert samlet for å danne vår første avdeling med jagerfly. I løpet av juni og juli 1941 var avdelingen såpass fulltallig at den kunne opprettes som en kampenhet. Den 21. juli ble så 1. jagerving, i RAF betegnet som No. 331 (Norwegian) Squadron, etablert på flystasjonen Catterick i Yorkshire. De første flyene ankom i slutten av samme måned. Det var enmotors jagerfly av typen Hawker Hurricane Mk. I, gamle og velbrukte veteraner fra Slaget om Storbritannia året før. Midt i august var skvadronen oppe i full styrke på nitten fly. Imidlertid var flyene teknisk dårlige, og det ble godt mottatt i skvadronen da RAF sist i august meddelte at 331 skvadron skulle få skifte til Hurricane Mk. IIB. Samtidig ble skvadronen beordret til Castletown i Skottland, hvor den ble erklært operativ for dagtokt.

Allerede i september kom ny flytteordre — denne gangen til Skeabrae på Orknøyene. Og den 21. september var skvadronen operasjonsklar fra sin nye base, nå fullt operativ både dag og natt.

Hele tiden ble det fløyet treningstokt, og flygerne ble stadig postert til britiske skvadroner i treningsøyemed. Treningen gikk for det meste ut på formasjonsflygning under kampforhold samt skyteøvelser. Denne første tiden på Orknøyene var forøvrig preget av dårlige værforhold.

I oktober kom det signal om konvertering til ny flytype — denne gang den legendariske Vickers Supermarine Spitfire. Flyene nordmennene fikk, var en tidlig versjon, Mk. II A, og de var i svært dårlig forfatning. Bakkemannskapene klaget og hevdet at de Hurricanes som forsvant, var langt bedre enn flyene man mottok.

I løpet av den tiden skvadronen lå stasjonert i Skeabrae, hadde den også detasjementer til Shetland og Skottland, og det ble stort sett fløyet trenings- og beredskapstokter.

Da mannskapene til den norske 2. jagerving kom til England i desember 1941, fikk dette sin betydning for 331 skvadron som måtte avgi både sin skvadronsjef og endel av sitt tekniske personell til den nye avdelingen.

Hawker Hurricane Mk. IIB FN-T (serienr. BD728) ble tildelt 331 skvadron den 18. august 1941. Flyet deltok bare i ett operativt tokt. Det fant sted den 16. november da sersjant Ulf Wormdal, sammen med fenrik Anton C. Hagerup i Hurricane FN-M, foretok en resultatløs "scramble". Senere samme dag ble FN-T avgitt fra skvadronen.

Supermarine Spitfire Mk. VB fra 331 skvadron i 1942. De fire nærmeste flyene er FN-S (serienr. BL891). FN-F (AR293), FN-E (BL681) og FN-C (BL919). Sistnevnte ble skutt ned nær Dunkirk den 21. juli 1942, med sjefen for A-Flight, løytnant Henning Leifseth, bak spaken.
331 skvadron fløy denne versjonen av Spitfire fra mars 1942 til begynnelsen av oktober samme år. Men fra desember 1942 og et stykke ut i 1943 hadde skvadronen igjen et par Mk. VB i tillegg til den vanlige oppsettingen med Spitfire Mk. IX.

Selv om vinteren ble lang og trist for skvadronen på Orknøyene, med mye dårlig vær og begivenhetsløse tokter, brakte våren 1942 gode nyheter. I mars fikk skvadronen igjen nye fly, denne gangen fabrikknye Spitfire Mk. VB. Dette var et tegn på forestående forflytning til mer aktive kampområder, og stemningen ble straks lettere.

I april kom signalet. Ny base ble North Weald i Essex, nordøst for London, og den 4. mai var skvadronen på plass.

Nå var det slutt på den ensformige tilværelsen. Som en del av North Weald Wing ble 331 sammen med to britiske skvadroner satt inn i luftkrigen over Kontinentet. På egen hånd, eller sammen med resten av wingen, var skvadronen stadig på operasjoner over Frankrike, Nederland eller Belgia. Hensikten med toktene var å angripe bakkemål fra lav høyde, eller å tvinge Luftwaffe i luften og engasjere til nærkamp. Dette ble skvadronens gjøremål hele sommeren 1942, en aktivitet som også kom til å medføre egne tap.

I juni måned ble vår 2. jagerving — nå 332 skvadron — også forflyttet til North Weald, og sammen med to andre skvadroner dannet de det som etterhvert skulle komme til å hete No. 132 (Norwegian) Wing. Våre to jagerskvadroner kom således til å operere sammen under resten av krigen.

Sammen fløy begge skvadroner offensive tokter over tyskokkupert område i tiden som fulgte. I august gikk en av de største enkeltoperasjoner for seg. Både 331 og 332 skvadron ble midlertidig forflyttet til flyplassen Manston ved Kanalkysten. Foranledningen var et planlagt raid på franskekysten av en kanadisk infanteridivisjon. De to norske skvadronene var blant dem som ble beordret til luftdekning av troppene under denne operasjonen. Den 19. august kom dagen. Allierte tropper gikk iland ved Dieppe, og nordmennene fikk noen svært hektiske timer i luften med ialt fire tokter over fiendtlig territorium for hver av skvadronene. Resultatene av denne aktiviteten taler for seg selv: 15 nedskutte tyske fly, tre sannsynlig nedskutt og 14 skadet. Dette mot tap av seks egne fly, men ingen flygere heldigvis.

I oktober ble det igjen byttet fly, og 331 skvadron ble oppsatt med nyeste versjon av Spitfire — Mk. IX, men mellom fire og syv Mk. VB ble beholdt langt ut i 1943.

Utover høsten gikk både 331 og 332 skvadron inn i en stillere periode, mest preget av treningstokter og beredskap. Utover vinteren tok aktiviteten seg opp igjen, og det ble fløyet hyppige tokter på Kontinentet, stadig med bakkemål og fiendtlige fly som hovedoppgave.

På nyåret 1943 ble flygningen delvis lammet av mye dårlig vær. På denne tiden fikk North Weald Wing en ny oppgave — eskortering av bombefly mot mål på fastlandet. Sammen med lavangrepene ble disse eskortetoktene etterhvert daglig kost utover våren og sommeren 1943. Norske fly var stadig engasjert i luftkamper mot tyske jagere, og skvadronens seiersliste økte jevnt, noe dessverre også tapslisten gjorde.

Utpå høstparten ble hele North Weald Wing reorganisert, som de første forberedelser til den forestående invasjonen i Frankrike sommeren etter. Vinteren igjennom gikk allikevel mest med til å utføre bomeflyeskorte, som før. Disse operasjonene hadde etterhvert tatt seg opp, og det ble en hektisk tid for våre jagerskvadroner. Høst- og vintermånedene brakte igjen med seg mye dårlig vær, men flygingene fortsatte. Da året 1943 var omme, toppet 331 skvadron scoringslisten med det høyeste antall nedskutte fiendtlige fly, foran hele 69 andre skvadroner i Sør-England.

I januar 1944 ble skvadronen sendt til Wales på skytekurs, noe som i realiteten var en hvileperiode. Ved tilbakekomsten til North Weald fikk man igjen nye fly, nå Spitfire Mk. IXE.

Eskorte- og lavangrepsoppdragene fortsatte utfortrødent utover våren, likeledes treningstoktene. I mars kom så ordre om forflytning til Bognor Regis på Kanalkysten, og 331 og 332 skvadron forlot Essex hvor de hadde holdt til i nesten to år. De var på ny på feltfot og ble innkvartert i telt med alt sitt utstyr og samtlige mannskaper. Dette var en helt uvant situasjon, som nordmennene imidlertid behersket godt etter kort tid.

Toktene mot Frankrike fortsatte, nå vesentlig som lavangrep mot bakkemål. Det var en farlig operasjonsform, men en som våre skvadroner etterhvert var blitt meget dyktige i.

De norske skvadronene skulle operere som jagerbomber-enheter under og etter invasjonen, og en intens bombetrening ble igangsatt. Sent i april dro så 331 skvadron på sitt første offensive bombetokt mot mål i Frankrike, et tokt som ble betegnet som vellykket.

På invasjonsdagen den 6. juni 1944 var både 331 og 332 skvadron i luften over brohodet ved Isigny i Frankrike. Oppgaven var å dekke troppene mot fiendtlige fly, men Luftwaffe viste seg ikke den dagen. Samme oppgaven ble skvadronens gjøremål også de påfølgende dagene. Senere ble dette kombinert med eskorte av allierte bombefly.

Den 22. juni ble hele No. 132 Wing flyttet til Tangmere, en flystasjon ikke langt fra Bognor. I månedsskiftet juli/august byttet 331 skvadron sine Spifire Mk. IX med to 20 mm kanoner og fire .303 maskingeværer mot nye fly utstyrt med to 0,5 toms mitraljøser i tillegg til de to 20 mm kanonene. Den 20. august, etter at man i mellomtiden hadde hatt et kort opphold på RAF stasjonen Funtington, flyttet så skvadronene over til Frankrike.

Første base på Kontinentet ble feltflyplassen B 16 ved Caen. Forholdene her var meget provisoriske, og aller verst ble det for bakkemannskapene. Plassen var et sølet jorde hvor det var lagt stålmatter til rullebane og taxeveier. Utenfor disse mattene sank flyene håpløst ned i søle og gjørme.

Operasjonene i Frankrike ble vesentlig lavangrep mot bakkemål på nytt, nå i samarbeide med de fremrykkende troppene — for det meste kanadiere på dette frontavsnittet.

På grunn av dårlige forhold på B 16 i september fløy 331 skvadron en kort periode fra Manston i England. Deretter flyttet hele wingen til B 33 nær Amiens. Også denne plassen var bløt og dårlig, og skvadronen ble snart beordret videre til B 39 ved St. Omer. Her var imidlertid ikke plassen ferdig klargjort, så wingen ble isteden forlagt ved Lille, på B 57.

På denne tiden var det nesten ikke tyske fly å se i luften, så aktiviteten fortsatte med bombetokter og angrep mot mål på bakken, spesielt jernbanen og lektere på elver og kanaler.

Nok en gang fikk 331 skvadron et avbrekk og et kort opphold i England, denne gang for skyte- og bombetrening på flyplassen Fairwood Common i Wales.

Samme dag skvadronen vendte tilbake til Kontinentet, ble hele wingen flyttet til B 60 på Grimbergen ved Brüssel. Dette var i oktober, og det begynte å bli i kaldeste laget å ligge i telt. Det ble derfor forsøkt å innkvartere flest mulig i bygninger i nærheten, og i et stort slott ble det ordnet med feltsenger og soveposer på all ledig gulvplass.

Under de stadige angrepene mot bakkemål ble de norske flyene utsatt for kraftig beskytning fra tysk luftvern, noe som resulterte i endel tap av både fly og flygere. Nå gikk også toktene inn over tysk territorium, for første gang i skvadronens historie.

Wingens neste oppholdssted ble B 79 ved Bergen-op-Zoom i Nederland. Hit kom 331 skvadron like før jul 1944. 332 skvadron fulgte etter nyttårsaften, etter å ha vært en tur i England på skytekurs. Denne plassen utmerket seg først og fremst fordi tyske V1 flygende bomber passerte lavt over på vei mot England.

331 skvadrons Fieseler Fi. 156C-3 Storch på Gardermoen sent i 1945. Mekanikeren til høyre er Olav M. Johannessen, den andre karen har det dessverre ikke vært mulig å identifisere.
Storch'en hadde kjenningsbokstaven "C" på halen og var ellers, som bildet viser, påført en norsk flaggstripe rundt skroget i likhet med skvadronens øvrige maskiner før innføringen av ny norsk merking på Luftforsvarets fly fra den 1. desember 1945.

Etter en tid på B 79 gikk veien videre til B 85 ved Nijmegen i februar 1945, og derfra til Twente i april. Hele tiden rådde vanskelige værforhold som gjorde lavflygningen problematisk.

Den 21. april ble både 331 og 332 skvadron avløst på B 106, som den fremskutte basen på Twente ble kalt, og overlot sitt materiell og sine fly til to andre skvadroner. Den 24. april gikk turen tilbake til Storbritannia for personellet ved våre to jagerflyskvadroner, og krigshandligene på Kontinentet var definitivt over for dem.

Flygere og bakkemannskaper ble sendt til Dyce i Skottland, hvor nye fly av typen Spitfire Mk. IXE ventet. Da tyskerne fremdeles sto i Norge og det hersket tvil om hvorvidt de ville gi seg ved en eventuell kapitulasjon på Kontinentet, forberedte man seg på at 331 og 332 skvadron skulle settes inn i frigjøring av hjemlandet.

Heldigvis overga også de tyske styrkene i Norge seg. Kapitulasjonen trådte i kraft den 9. mai klokken 00.01, og hjemreisen for våre jagerskvadroner kunne foregå i fredelige former.

Den uforglemmelige hjemturen gikk via Sola til Gardermoen den 22. mai, og der ble 331 og 332 skvadron mottatt av bl.a. H.K.H. Kronprins Olav.

331 skvadrons merittliste fra krigen teller 114 nedskutte tyske fly, 24 sannsynlig nedskutt og 73 ½ skadet. I tillegg kommer kjøretøyer av forskjellige slag, båter, lektere og jernbanemateriell. Som følge av operasjonene hadde avdelingen et tap på 40 mann og et ukjent antall fly. 11 av skvadronens flygere satt i tysk fangenskap ved krigens slutt.

Etter å ha blitt stasjonert på Gardermoen ved hjemkomsten til Norge, fortsatte 331 skvadron som en avdeling av RAF frem til den 21. november 1945. Da skjedde den offisielle overgang til Luftforsvaret også for denne skvadronen.

Bakkepersonell fra 331 skvadron foran Spitfire LF IXE FN-H (serienr. SM668). Første rekke fra venstre: Arne Hansen, Richard Reinertsen, Reidar Aronsen, Harald Johannesen, Leif Lyssand, Kaare Hagen, Willy Fløtten og Tor Steffensen. Bak: Kåre Nilsen og Nils Skogsberg. Bildet er tatt på Gardermoen vinteren 1945/46.
Flyet har en blanding av britisk og norsk merking, med en variant av førkrigstidens flaggstriper rundt akterskroget og norske farger på propellspinneren.
Iallfall i en periode av sin norske tjeneste bar dette flyet navnet "Bente". Det havarerte den 4. februar 1952 på Bardufoss.

Virksomheten fortsatte med Gardermoen som base. Et større antall mannskaper ble etterhvert dimittert fra Luftforsvaret, og det medførte et relativt stort overskudd på flymateriell og lite grunnlag for å holde operative jagerskvadroner igang. Det ble derfor bestemt at 331 skvadron midlertidig skulle nedlegges og materiellet overføres til Feltflyvingen, eller Feltflyskolen — en ny avdeling som skulle videreutdanne flygere fra Flyskolen til operative jagerflygere.

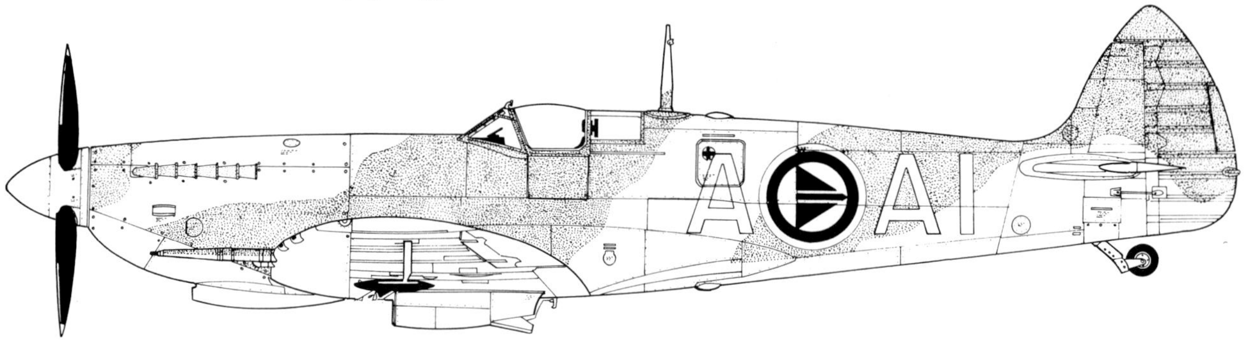

Den 22. november 1945 var nedleggelsen et faktum, og 331 skvadron sov en "Tornerosesøvn", på papiret, frem til 1947. Da ble den gjenopprettet den 27. mars, samtidig som Feltflyskolen ble nedlagt. Det ligger således nær å si at skvadronen egentlig ikke var nedlagt, men heller omgjort fra en operativ enhet til en skoleavdeling under et nytt navn i denne perioden.

I 1948 gikk Norge inn i jetalderen. Da mottok vi de første jagerfly med turbin-motor, idet tolv de Havilland Vampire F.Mk. III ankom i perioden fra mai det året til januar året etter. Det ble 331 skvadron som først fikk prøve seg på "blåselampa". Skvadronen ble delt i en Spitfire-ving og en Vampire-ving den 10. mai 1948. Etter et drøyt år ble imidlertid Vampire-vingen skilt ut for å danne 336 skvadron. Deretter ble 331 og dens velbrukte Spitfires flyttet fra Gardermoen. Ferden gikk nordover, med Værnes i Nord-Trøndelag som mål. I november 1949 var man vel etablert på nytt.

Fortsatt ble 331 benyttet som en overgangsskvadron for nye flygere inntil de kom over på jetfly. Luftforsvaret hadde etterhvert mottatt flere Vampire, slik at to jagerskvadroner, 336 og 337, nå opererte med denne flytypen.

Spitfire LF IXE A-AH (serienr. PT882) ble tildelt 331 skvadron på North Weald den 30. april 1945 og fikk kjennetegnet FN-K. Bildet viser "Unni", som flyet var døpt, på en treningstur i nærheten av Lillehammer. A-AH havarerte den 23. september 1949 på Kjevik.

I mars 1955 dro 331 og 332 skvadron til North Weald, en tur som for noen ble et besøk på gamle tomter. Her taxer F-84G FN-X (serienr. 52-2995) inn foran No. 1 Hangar, et bygg fra mellomkrigsårene. Den tegneserieinteresserte vil kjenne igjen Walt Disney's figur "Kaptein Krok" under cockpiten.
H.K.H. Prinsesse Astrid avduket i juni 1952 en minnestøtte over nordmenn som falt mens de tjenestegjorde på North Weald, og for å holde tilknytningen til Norge vedlike er de gamle offisersforlegningene, idag boliger, døpt "Norway House".

331 skvadrons eget flymateriell begynte å merke årene. Spitfirene var langt fra moderne lenger, og flere ble satt på bakken etterhvert som annet materiell kunne overta. Flygingen med Spitfire ble mer og mer nedtrappet, og i 1951 sto typen for endelig utrangering i Luftforsvaret. I sammenheng med dette hang 331 skvadrons videre skjebne i en tråd. Det ble bestemt at skvadronen skulle nedlegges midlertidig den 20. november 1951, og slik ble det.

Neste gang "Ener'n" ble samlet til dyst, var midtsommers året etter — den 15. juli 1952 ble skvadronen opprettet på nytt. Nå hadde jetalderen gjort sitt inntog for alvor. Vampire var allerede for "gammel". Norge var kommet med i NATO og skulle etterhvert motta store mengder amerikansk materiell over våpenhjelpprogrammet, så også på flysiden, hvor Republic F-84G Thunderjet skulle utgjøre ryggraden i Luftforsvaret frem til rundt 1960.

331 skvadron var flyttet fra Værnes til Sola i forbindelse med gjenopprettelsen og skulle derfra operere de nye jagerflyene. De var fabrikknye, transportert sjøveien fra USA til Europa og losset i oljehavnen ved Kastrup i Danmark for montering og klargjøring etter sjøtransporten. 331 skvadrons første oppgave ble derfor å hente de nye flyene på Kastrup.

Kvalifisert personell var mangelvare, spesielt på flygersiden. De fleste var fra et nytt kull som nettopp var ferdigutdannet i USA, og operativ trening på Thunderjet ble for disse igangsatt omgående. En vennskapelig kappestrid med 334 skvadron, som også lå på Sola og hadde et halvt års forsprang med F-84, gjorde at alt gled lettere i denne vanskelige og arbeidsfylte etableringsperioden.

Våren 1953 var 331 skvadron på nytt fullt operativ, og det ble etterhvert tid til andre gjøremål utover det intense arbeidet som var lagt ned for å oppnå denne status. Luftforsvarets første oppvisningsteam ble grunnlagt ved 331 skvadron, og på det store flystevnet på Fornebu sommeren 1953 stilte skvadronen med full styrke — 25 fly.

Dessverre hadde 331 skvadron sin del av de etterhvert hyppige havariene med F-84. Det var også et av skvadronens fly som var innblandet i den største flyulykken i 50-årene, da det kolliderte med en Douglas C-47 fra United States Air Force, og ialt 11 mennesker omkom.

Som en del av Flygruppe 2 ble 331 skvadron værende på Sola sammen med jet-skvadronene 334 og 338, men midtsommers 1955 var det igjen klart for forflytning. 331 og 334 skvadron skulle overføres til Bodø, hvor flyplassen nettopp var ferdig utbygget. Fra nå av skulle 331 skvadron i det vesentlige operere nord for Polarsirkelen, og den vil i 1985 ha holdt til på Bodø i 30 år.

Den første tiden på Bodø var ikke helt lett. Det var i begynnelsen store gnisninger mellom stasjonspersonellet og de nyinnflyttede skvadronene, men etterhvert jenket det seg til — man ble vant med hverandre og lærte å omgås.

Operativt gikk livet ved skvadronen sin gang uten særlig store hendelser. Et innslag litt utenom den vanlige rutinen var forsøk på drivstoff-fylling i luften, fra et av USAFs KC-97 tankerfly. Tidvis hadde 331 skvadron detasjementer på Bardufoss og Ørland, og ellers deltok skvadronen i forskjellige NATO-øvelser i løpet av 1955 og 1956. Repetisjonskurs ved bombe- og skyteskolen på Sola ble også gjennomført.

I juli 1956 feiret 331 skvadron sitt 15-års jubileum, med oppvisning av aerobatic-teamet og stort hangarball.

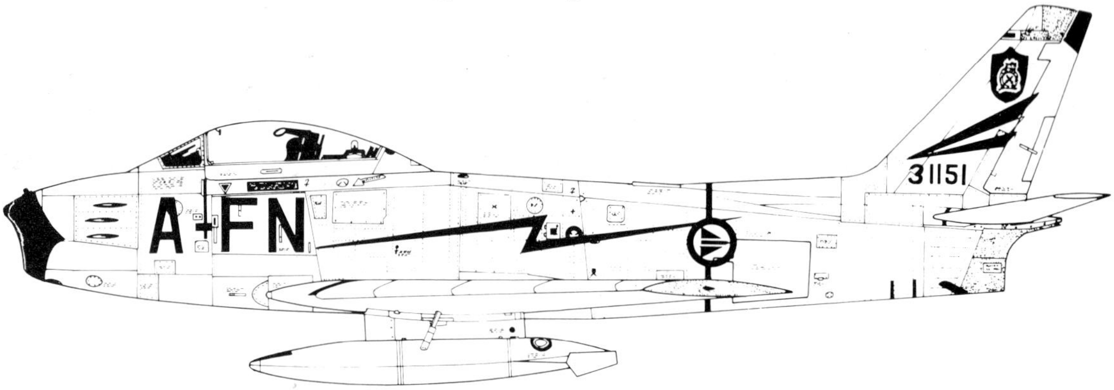

Nok en begivenhet i 331 skvadrons historie inntraff i 1958, da man sa farvel til F-84 og gikk over på North American F-86F Sabre — eller "Lille Sabre'n". Som jagerbomber var F-86F en stor forbedring fra den tunge Thunderjet'en, og det var med fornyet glød skvadronen gikk til sin oppgave. For første gang hadde flygerne maskiner som gikk hurtigere enn lyden. Det siste året med Thunderjet hadde forøvrig kostet — hele fire av flyene hadde totalhavarert.

Sabre-tiden ved Bodø hovedflystasjon ble i det vesentlige preget av rutinemessige operasjoner og må vel nesten regnes som en mellomperiode. De store hendelsene uteble for det meste, men skvadronen utførte i denne tiden et utmerket arbeide som vakthunder i nord, med få uhell og stor regularitet.

En helt ny epoke i Luftforsvaret ble innledet i 1963, da 331 skvadron nok en gang konverterte til en ny flytype. 13 høyverdige, supersoniske jagerfly av typen Lockheed F-104G Starfighter ankom Bodø på dekket av et amerikansk hangarskip en sommerdag dette året.

Forut for dette var 331 skvadron mannskapsmessig blitt redusert til nesten det halve, og det var med stor spenning det gjenværende personell mottok

I en periode hadde 331 skvadron sitt acroteam, ledet av major Trygve B. Jørgensen. Teamet var utstyrt med F-86F Sabre, som skvadronen på den tiden opererte. Det fikk imidlertid aldri offisiell status eller navn.

Modellbyggere vil finne masse detaljer på dette bildet av F-104G FN-E (serienr. 61-2629) på Bardufoss flystasjon. Flyet er utstyrt med to Sidewinder luft-til-luft raketter under forkroppen.

de nye flyene som forsiktig ble løftet med kran ned på brygga og tauet gjennom Bodøs gater til flystasjonen og 331s skvadronområde. Noen hadde sikkert bange anelser — å gå direkte fra F-86F til F-104G var som å hoppe over en generasjon jagerfly. Starfighteren hadde en heller dårlig havaristatistikk i utlandet å vise til, samtidig som den prestasjonsmessig innehadde en rekke verdensrekorder.

Overgangen ble også bråere enn tenkt da det viste seg at både F-104 simulatoren og to-seters flyene ble sterkt forsinket. Flygerne gikk til å begynne med fra teorikurset direkte ombord i det en-seters jagerflyet, en fremgangsmåte som medførte både hoderysten og grå hår hos de ansvarlige. Bare noen få hadde fått skikkelig trening på Starfighter i USA.

F-104G viste seg å være noe mer enn et fly. Det var et helt våpensystem og oversteg langt hva norske flygere tidligere hadde befattet seg med. Det skulle også vise seg å bli vedlikeholdsmessig vanskelig å holde flyene i luften. En rekke komponenter hadde kortere levetid enn antatt, og etterforsyningen gikk tregt. Dette ble imidlertid bedre etterhvert. Større bekymring vakte rasjonaliserings- og sentraliseringstankene som var fremme i Luftforsvaret på midten av 60-tallet — tanker som ville føre til at en vesentlig del av kvalifisert bakkepersonell ville forsvinne fra skvadronene.

En ny arbeidsform ble introdusert for 331 skvadron i 1967. Da var skvadronen innarbeidet på den nye flytypen og kunne settes inn i sin egentlig tiltenkte oppgave i Forsvaret. Som ren avskjæringsjager skulle Starfighteren i de kommende år operere over våre nordlige farvann og være på vakt mot eventuelle inntrengere luftveien. Fra den 1. november 1967 ble skvadronen regnet som operativ i denne sin nye rolle og det til alle tider av døgnet — hele året rundt. Den særegne "rautingen" fra Starfightere som lå i landingsrunde etter endt tokt, ble velkjent for Bodøfolk.

Den første tiden som beredskapsskvadron var sterkt preget av mangler. Både fly og mannskaper på vakt led på grunn av knappe ressurser, som ikke tillot den nødvendige utbygging. Først i 1971 sto de påkrevede anlegg klare.

Trening, prosedyre og materiell var til stadighet gjenstand for forbedringer for at skvadronen skulle fylle sin oppgave best mulig. Så langt fremme på

Lockheed/Canadair F-104 Starfighter

Dette jagerflyet, som for sin tid var meget avansert, fløy første gang så tidlig som den 7. februar 1954 og ble senere levert i stort antall til mange NATO-land. Lisensproduksjon foregikk i Vest-Tyskland, Belgia, Nederland, Italia, Japan og Canada.

Luftforsvaret mottok som våpenhjelp 16 Lockheed RF-104G i 1963, fulgt av tre F-104G i 1965/66. I tillegg kom fire fly av toseters-versjonen TF-104G.

Tidlig i 70-årene fikk Luftforsvaret tilbud om å kjøpe endel kanadisk-bygde Starfightere, og fra juni 1973 til desember 1974 ble tilsammen 19 CF-104 og tre CF-104D overtatt.

Da Starfighter ble utfaset i 1982/83 etter 20 års tjeneste i Norge, gikk de fleste gjenværende amerikansk-bygde fly tilbake til USAF som igjen redistribuerte dem til Tyrkia. De kanadisk-bygde maskinene står hovedsakelig lagret på Sola. ★

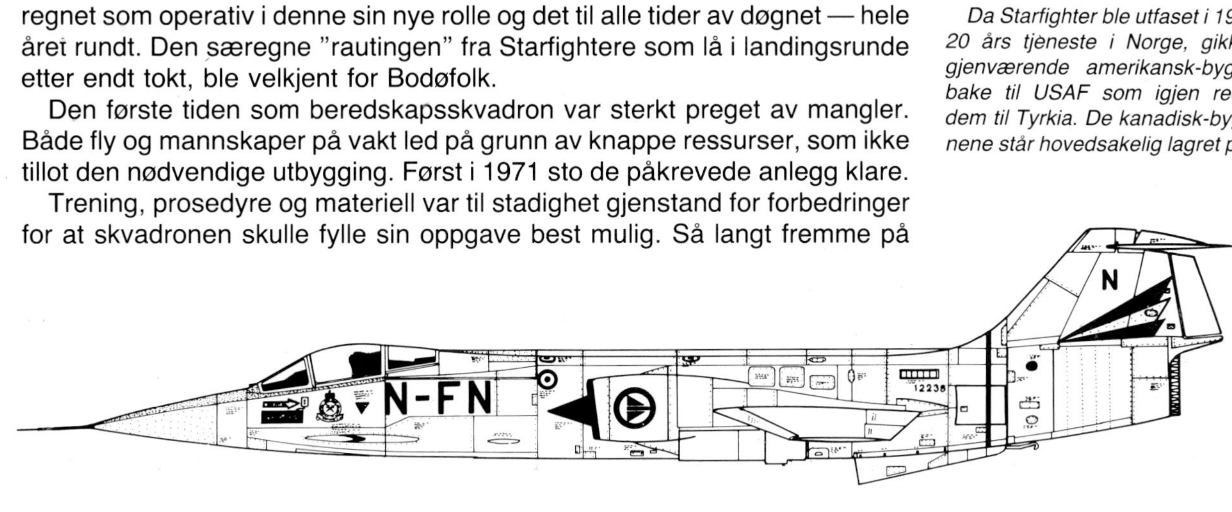

enkelte områder var 331 skvadron i denne tiden at observatører fra utlandet kom til Norge for å lære, og det ble med F-104 her hjemme på berget oppnådd resultater langt større flyvåpen kunne være bekjent av. Uhellsstatistikken er en bekreftelse på dette. Mens våre NATO-partnere hadde stadige uhell med flytypen, fløy 331 skvadron Starfighter i hele syv år uten at et eneste fly ble avskrevet.

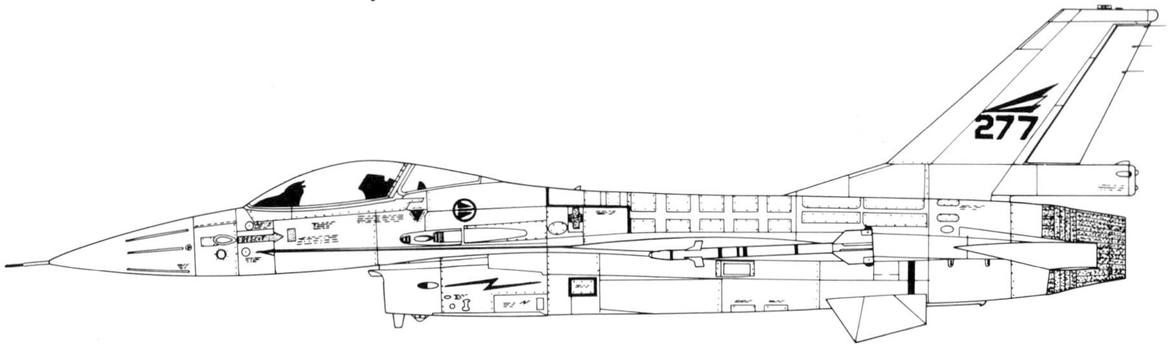

På grunn av stadig oppdatering og modernisering av flyene var F-104 fremdeles et moderne jagerfly da det i 1981 ble tatt ut av tjeneste ved 331 skvadron. I løpet av et par sommermåneder ble skvadronens siste Starfightere avlevert via det amerikanske flyvåpnet til et annet NATO-land, fordi de i sin tid var levert til Norge som våpenhjelp.

Fra den 1. januar 1981 gikk skvadronen over til treningsstatus i påvente av nok en ny flytype. Og det man nå ventet på, var resultatet av den såkalte "århundrets våpenhandel" — General Dynamics F-16 Fighting Falcon. Igjen skulle 331 skvadron bli den første operative avdeling med en helt ny flytype, idet "rivalen", 332 skvadron, var bestemt å skulle være skole- og overgangsskvadron for F-16.

Både flygere og bakkepersonell ble etterhvert utdannet på de nye flyene, her hjemme og i andre NATO-land. Skvadronen kom igjen opp i full styrke og kunne erklæres operativ — nå i ny to-delt rolle, som allværs luftforsvars- og anti-shipping skvadron. I likhet med for F-104 tok man med F-16 et langt teknologisk skritt på den luftmilitære vei her hjemme i Norge, og blant pionerene finner vi nok en gang 331 skvadron, som er den av Luftforsvarets jagerskvadroner som har lengst sammenhengende operativ tjeneste.

Et sovjetisk fly av typen BACKFIRE sammen med en F-16 fra 331 skvadron, fotografert i internasjonalt luftrom utenfor Lofoten den 26. mars 1982. Bildet er tatt av en annen F-16 fra 331 skvadron i Bodø.

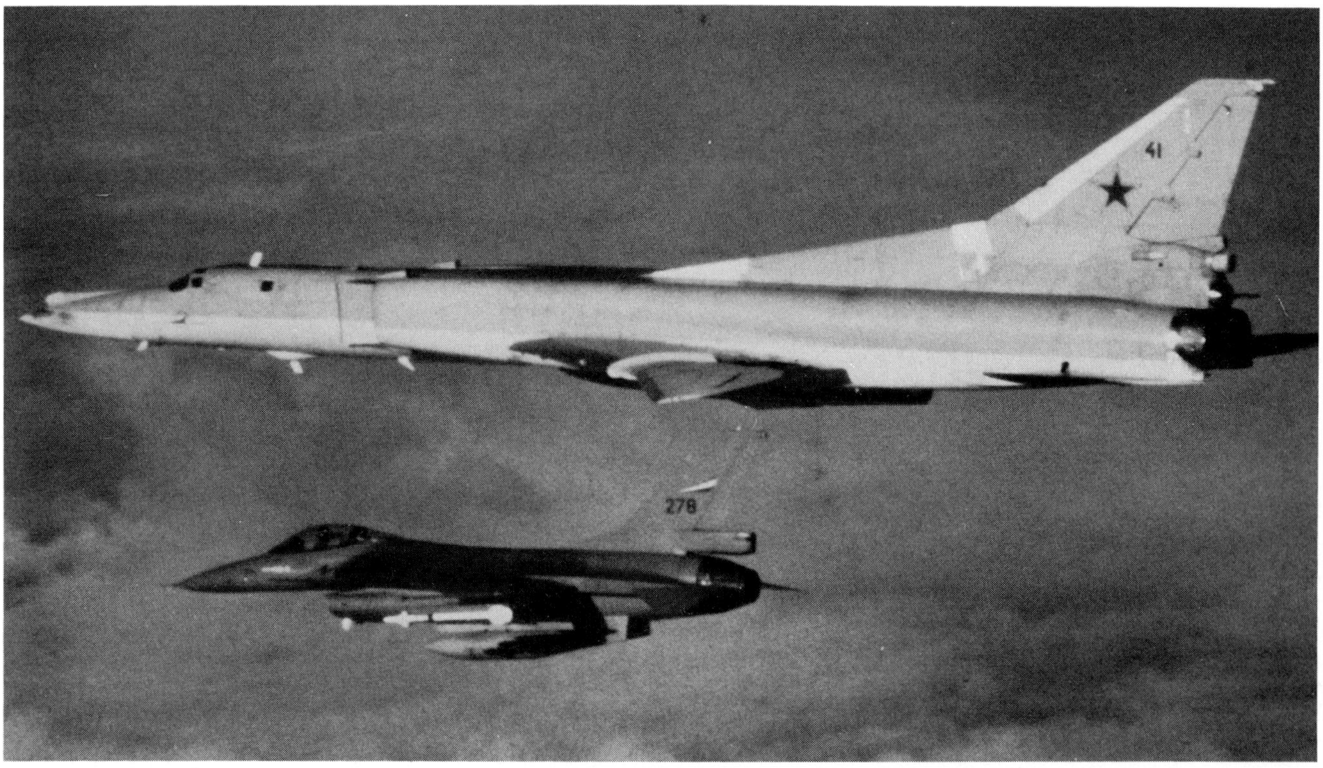

332 skvadron

I henhold til FFK's planer om en 2. jagerving utstedte kaptein Ole Reistad i oktober 1941 reiseordre for 135 mann fra Flyskolen i Toronto til England. Dette var den første kontingent til det som senere skulle bli No. 332 (Norwegian) Squadron i RAF.

Da mannskapene nådde sitt endelige bestemmelsessted, RAF-stasjonen Catterick i Yorkshire, ble skvadronen offisielt etablert der den 17. januar 1942. Allerede samme dag ankom dens to første fly av typen Vickers Supermarine Spitfire Mk. VA. Etterhvert strømmet flygere og bakkemannskaper til fra flere kanter. Mange av flygerne kom f.eks. fra britiske skvadroner, hvor de hadde fått operativ trening.

Flygingen tok snart til, og treningstokter ble fløyet helt frem til den 19. mars, da RAF erklærte skvadronen operativ. Men selv etter den datoen fortsatte treningen, sammen med de operative toktene. I begynnelsen av april ble de Spitfire Mk. VA som 332 skvadron hadde, skiftet ut med Spitfire Mk. VB. Disse var vesentlig nyere og representerte en absolutt forbedring. Senere samme måned kom skvadronen i luftkamp for første gang, riktignok uten å skyte ned noen fiendtlige fly.

Skvadronens A-flight var på denne tiden forlagt til RAF Thornaby i en periode og opererte derfra. De kom i stadige sammenstøt med tyske fly, men det ble fortsatt ingen særlige resultater ut av dette. Først sent i mai kunne 332 skvadron notere å ha skadet et tysk fly, en Junkers Ju 88.

Nok en måned gikk over i historien uten at seierslisten ble øket.

Den 19. juni skjedde det imidlertid noe gledelig. 332 skvadron ble flyttet fra Catterick til North Weald, for der å danne The Norwegian Fighter Wing - senere No. 132 (Norwegian) Wing - sammen med 331 skvadron. Fra da av følger de to norske jagerflyavdelingenes historie hverandre for det meste gjennom resten av krigen, og selv om det kanskje vil bringe forfatterne evig "fordømmelse" hos 332-veteraner, er dette beskrevet i kapittelet for 331 skvadron!

De viktigste hendelsene skal imidlertid kort repeteres også for 332 skvadron.

Den 14. august 1942 flytter skvadronen midlertidig til Manston for å delta i Dieppe-raidet, men er tilbake på North Weald igjen en uke senere.

Fra oktober samme år skiftes skvadronens Spitfire Mk. VB ut med Spitfire Mk. IX, og gjennom hele våren og sommeren 1943 flyr man sammen med

To våpenmekanikere fra 332 skvadron lader venstre maskinkanon på en Spitfire Mk. VB. Det var den første versjonen av Spitfire med kanoner i tillegg til .303 maskingeværer. Disse kanonene var en stor forbedring og medførte at jagerflygerne kunne åpne ild mot fienden på lenger avstand — og med mye større sjanse for at det tyske flyet ble ødelagt om det ble truffet.

All slags viktige forsyninger ble fløyet over til de allierte styrkene etter landgangen i Normandie den 6. juni 1944. På dette bildet tatt en drøy måned senere passer fenrik Nils M. Jørgensen på at leading aircraftman W. Hosking ikke lurer noe unna når slipptankene på hans Spitfire Mk. IX fylles opp med øl.

331 skvadron på tokter over tysk-okkupert område, både i angrep mot bakkemål og for å engasjere fiendtlige fly. Høsten 1943 blir 332 skvadron administrativt berørt i forbindelse med omorganisering av wingen med tanke på den kommende invasjon på Kontinentet.

Toktene går som før, men i januar 1944 kommer et avbrekk med en måneds skyte- og bombetrening. I mars følger nok en ukes bombetrening på RAF-stasjonen Southend, før 332 skvadron sammen med resten av wingen forlater North Weald for godt den 31. mars. Nytt oppholdssted blir Bognor Regis på Kanalkysten, deretter Tangmere i juni, 14 dager etter at invasjonen i Frankrike hadde funnet sted. Så følger opphold på Funtington tidlig i august, fulgt av Ford en uke senere, før 332 skvadron endelig tar veien over til Kontinentet den 20. august.

Helt fra ankomsten til North Weald hadde 332 skvadron levet opp til nordmennenes ry innen RAF forøvrig og levert en solid innsats. Skvadronen ble således nr. seks på seierslisten for 1943, toppet av 331 skvadron i konkurranse med 68 andre skvadroner.

Første stopp i Frankrike ble feltflyplassen B 16 nær Caen, hvor No. 132 (N) Wing holdt til i 14 dager før den flyttet til B 33 ved Amiens. Deretter fulgte B 57 Lille en uke senere, hvor de ble værende en måned. Wingen opererte da som jagerbombere til støtte for fremrykkende allierte markstyrker, i nært samarbeide med hæren.

Etter Lille ble nordmennene flyttet til B 60, Grimbergen i Belgia, før 332 skvadron i midten av desember ble trukket ut av kamp og sendt til Storbritannia for skytetrening og hvile på Fairwood Common. Da skvadronen igjen slutter seg til No. 132 (N) Wing, på nyttårsaftenen 1944, var wingen i mellomtiden flyttet videre til B 79 på Woensdrecht i Nederland. Her fikk man ligge i nesten to måneder før neste forflytning. Ikke minst bakkepersonellet hadde slitt hardt i knedyp gjørme på provisoriske flystriper.

Etter Woensdrecht fulgte B 85 Schjindel i februar 1945 og B 106 Twente i april. Så, den 26. april, ble begge de norske skvadronene kalt tilbake til England. 332 skvadron etterlot alt sitt materiell til en belgisk skvadron som rykket inn i stedet for nordmennene, mens de norske mannskapene bega seg tilbake til North Weald. Der ble 332 skvadron oppsatt med nye Spitfires, med tanke på innsats i Norge. Heldigvis kom freden den 8. mai 1945 uten kamphandlinger i hjemlandet, og den 22. mai kunne 332 sammen med 331 skvadron fly fra Dyce i Skottland via Sola til Gardermoen - og en strålende hjemkomst.

Skvadronen fortsatte som en RAF-enhet frem til 21. november 1945, da den ble overført Luftforsvaret.

332 skvadrons krigsinnsats kan oppsummeres slik: 66 1/2 fiendtlige fly nedskutt, 11 1/2 sannsynlig nedskutt og 49 1/2 skadet. I tillegg kommer også

Vickers Supermarine Spitfire

Når krigstiden tas med har ingen flytype vært brukt i så stort antall av norske jagerskvadroner som Spitfire, kanskje verdens mest berømte jagerfly gjennom tidene. Følgende versjoner ble tildelt 331 og 332 skvadron under krigen:

Spitfire IIA: 24 fly
Oktober 1941 til mai 1942
Spitfire VA: 24 fly
Januar 1942 til mai 1942
Spitfire VB: Ca. 80 fly
April 1942 til august 1943
Spitfire HF IXe/LF IXe: Ca. 400 fly
September 1942 til november 1945

I tillegg kommer 32 Mk. IX og tre PR XI som ble levert etter krigen og bringer antallet fly i norsk tjeneste opp i over 560. Spitfire ble første gang fløyet den 5. mars 1936, og 20.334 fly av mange varianter ble produsert frem til 1947, da ikke medtatt marineversjonen Seafire. I Norge ble Spitfire Mk. IX utfaset i 1952, men fotoversjonen fortsatte frem til den 25. mars 1954 da fenrik Amund Klepp foretok den historiske siste tur med Spitfire i Flyvåpnet. ★

her en rekke kjøretøyer, fartøyer og jernbanemateriell. Egne tap var 36 mann.

Vel etablert på Gardermoen med de andre norske skvadroner i No. 128 Wing, ble også 332 trukket med i den festrus som var så typisk i de første etterkrigsukene. Som en følge av dette mistet skvadronen en flyger den 14. juni, da han skulle vise hjembygden hva Spitfire var god for. Flyet fikk motorstopp og totalhavarerte.

Den grå hverdag kom imidlertid raskt nok, særlig etter skvadronens flytting til Værnes den 16. juli, der den byttet plass med den britiske No. 129 Squadron. Forholdene på Værnes var mer problematiske, og fordi skvadronen fikk som nærmeste nabo en hangar fylt med beslaglagt tysk brennevin, økte disiplinærsakene sterkt.

De fleste tok tjenesten ganske lett, og utover høsten dimitterte endel personell slik at aktiviteten ved 332 avtok betydelig. I desember 1945 kom ordren mange hadde hørt rykter om. Fra og med den 1. januar 1946 skulle 332 ikke lenger være garnisonerende avdeling. Personellet ble stort sett frabeordret, og flyene skulle bare vedlikeholdsflys.

Tornerosesøvnen skulle vare i over to år. Først den 12. april 1948 ble 332, som et ledd i Luftforsvarets 3-års plan, igjen aktivisert på Værnes. En stor del av personellet ble tilbeordret fra sivile stillinger, nærmest på repetisjonsøvelsesbasis. Det var meningen å overføre 332 til Bardufoss snarest mulig, men dette ble utsatt, og kun skvadronens B-ving ble detasjert dit fra juni 1948 til utpå høsten samme år.

Perioden på Værnes bar preg av stor aktivitet og deltakelse i en rekke større og mindre militærøvelser, ikke minst i samarbeide med Marinen. Flyparken var nå ganske nedslitt, og stadige tekniske problemer førte til avbrekk i flygingen. På tross av dette mistet skvadronen bare en flyger, som den 15. juni 1948 fikk motorstopp i landingsrunden og styrtet ved Ystines i Stjørdal med Spitfire A-BE.

Nettopp motorene førte til flere havarier, i tillegg til at endel flygere tydeligvis hadde glemt at Spitfire var utstyrt med opptrekkbart understell - i hvertfall når de skulle lande.

Da 331 skvadron ble overført til Værnes i oktober 1949 og overtok rollen som OTU i Luftforsvaret, ble 332 midlertidig nedlagt. Allerede året etter var imidlertid skvadronen igjen på vingene, nå fra Bardufoss som den første av Luftforsvarets skvadroner med fast stasjon i vår nordligste landsdel.

En ny periode med mye flyging fulgte, men samarbeidspartneren var nå byttet til Hæren.

Det var helt klart at Spitfire var passé som jagerfly. Flyene ble avskrevet bare ved det minste lille tekniske problem. 332 skvadron ble så nedlagt den 1. juli 1952, vel 10 år etter opprettelsen i Storbritannia.

Et kjent, men godt bilde av samtlige Spitfire LF IXe fra 332 skvadron på Værnes sommeren 1946.

Noen lang "ferie" fikk skvadronen ikke. Som et ledd i Luftforsvarets storstilte utbyggingsplaner, med bakgrunn i det amerikanske våpenhjelp-programmet, ble 332 aktivisert på Gardermoen den 23. februar 1953 som en del av Flygruppe 1.

Det var den nye arbeidshesten, Republic F-84G Thunderjet, som skvadronen skulle få. Etter noen måneder, nærmere bestemt den 2. mai 1953, overtok 332 sin første F-84G, med kjennetegn AH-A (serienr. 52-3046), og nå fulgte flyene i jevn strøm fra klargjøringsavdelingen på Kastrup, inntil skvadronen hadde mottatt sin kvote på 25 fly i slutten av juni.

Som i de fleste andre skvadroner på denne tiden kjempet også 332 om å få tak i det beste personellet, ikke bare på flygersiden, men også innen teknisk og administrasjon.

332 skvadron fikk sommeren 1953 tildelt ikke mindre enn 22 "nyklekkede" sersjanter som etter avsluttet utdannelse i USA skulle tilpasses de noe mer nøkterne forhold i Norge.

Lett var denne oppgaven ikke, og spesielt huskes en episode denne sommeren da en av de nye hadde en "close shave" som det heter. Under siste del av innlegg for landing på Gardermoen fra nord eksploderte flyets motor. Etter å ha tatt med seg adskillige favner av Trandumskogen, la restene seg til ro ca. 200 meter for enden av rullebanen. Bare iført sin cockpit kunne flygeren hoppe ut med noen få skrubbsår - helt utrolig, var alles kommentar.

Det ble en travel tid for skvadronen. Oppvisninger ble gitt allerede den 7. juni med to fly på "Soldatens dag" og med fire fly på Forsvarets dag under Ringeriksuka på Hønefoss den 25. juni. Senere skulle 332 forøvrig få æren av å fostre Luftforsvarets oppvisnings-team, "Flying Jokers".

Skytetrening på Sola ble også gjennomført etter programmet.

For å sette datidens forhold litt i perspektiv, kan det nevnes at en nyutdannet flyger som sersjant kom opp i over 9000 kroner i vanlig årslønn, og i tillegg fikk han "hele" 8 kroner for hver flytime.

I november 1953 fikk skvadronen, sammen med 330, tildelt de to første skvadronemblemer for det Kongelige Norske Flyvåpen under en høytidelighet på Gardermoen. En tradisjon fra krigstiden i RAF ble ført videre.

Nå fulgte et par år med stor aktivitet og en rekke "Step-Outs" fra skvadronens hjemmestasjon på Gardermoen.

Første tur var til nye Ørland flystasjon i juni 1954, hvor 332 fikk æren av å være første avdeling. Oppholdet i Trøndelag ble innledet med et simulert angrep på Ålesund den 12. juni, etterfulgt neste dag med bakkestøtte for Infanteriregiment nr. 11 under øvelse "Aura". Man fikk også med seg et simulert angrep mot 337 skvadron på Værnes med påfølgende "dog-fight" mellom F-84G og Vampire.

I juli ble det langtur til Volkel flyplass i Nederland med 16 F-84G. Herfra ble det fløyet i samarbeide med nederlandske skvadroner, og man fikk riktig "strukket" vingene over lavflygingsområdene på Kontinentet.

Vel tilbake på Gardermoen ble det tid til å være vertskap for den danske 725 eskadrille, en avdeling som også fløy F-84G, før turen gikk til Sola for de årlige øvelser på Flyvåpnets bombe- og skyteskole i august. Selv om oppholdet som alltid ble hyggelig, med vellykkede turer til Revtangen såvel som til baren på Hotell Atlantic, mistet skvadronen et fly. Det var den 5. august da AH-X (serienr. 52-2969) fikk motorstopp under et rakettangrep like nord for Revtangen. Det oppsto brann i flyet, men flygeren klarte å få høyde nok til å foreta et vellykket fallskjermutsprang.

Den 15. september 1954 flyttet Luftkommando Østlandet fra den gamle ombyggede bondegården på "Lille-Rygge" til LKØ's hovedflystasjon på den nye Rygge flyplass. Det skulle imidlertid ennå gå noen måneder før 332 fikk føling med Rygge.

I mars 1955 ble det ny langtur for 332. Med åtte fly hver fra 331 og 332 skvadron dro man på good-will tur til skvadronenes gamle flyplass i England, North Weald nordøst for London. Besøket varte i tre dager og selv om været ikke var det beste, ble mange kontakter knyttet, og det faglige utbytte var stort.

Familien i dette huset ved Gardermoen fikk seg en aldri så liten overraskelse den 27. januar 1955.
Problemer under avgang gjorde at F-84G AH-D fra 332 skvadron ikke kom seg i luften. Thunderjet-flyet fortsatte ut for enden av rullebanen, krysset hovedveien i en fart av 250 km/t, tok med seg en garasje og la seg deretter til rette utenfor familiens kjøkkenvindu.
Flyet måtte avskrives etter uhellet. Flygeren var vesentlig heldigere og slapp stort sett fra det med skrekken. Ja, og så påstås det at han fikk et klengenavn som det senere var svært vanskelig å bli kvitt!

Den første store våpenflygingskonkurransen i Flyvåpnets historie gikk av stabelen på Sola i tiden fra den 7. til 9. juli 1955. 332 klarte sine ting godt og stakk derfor av gårde med seierstroféet. Den viktigste hendelsen for skvadronen i 1955 var nok allikevel flyttingen til den nye Rygge hovedflystasjon på sommeren. Som første skvadron på en nybygget flyplass ble det nødvendigvis mye pionérarbeide som måtte utføres, og det tok sin tid før stasjon, skvadron og nærliggende omgivelser ble helt fortrolig med hverandre. Av andre hendinger i 1955 kan nevnes deltakelse i øvelse "Maigull" på Bardufoss og besøk av 720 eskadrille fra det danske flyvåpen.

Et uhell med tap av flyger inntraff den 25. mai 1955 da 332 drev avskjæringsøvelser med 330 skvadron over Telemark. F-84G, AH-F (serienr. 52-3037) stupte vertikalt rett i bakken på Vassiausfjellet i Solum.

Året 1956 forløp uten de helt store hendelser. Et avbrekk i rutinen ble det da rullebanen på Rygge skulle utbedres, og skvadronen måtte flytte til Torp ved Sandefjord i fem uker på sommeren. Den årlige våpenflygingen viste at 332 fremdeles var på topp, og nok et trofé ble tatt med hjem til Rygge.
Etter i over et år å ha fløyet uten tap av menneskeliv, ble 332 den 26. november 1956 rammet av tragedien. F-84G, AH-L (serienr. 52-8296) styrtet ved Lørenskog, og flygeren, som var en av skvadronens mest lovende, omkom på stedet.

I februar 1957 kunne 332 feire sitt 15-års jubileum på Rygge med selveste H.K.H. Kronprins Olav som æresgjest. Skvadronen gjennomførte en fin flyoppvisning, og samme dag hadde filmen "Slalom under himmelen" Norgespremiere på Moss kino. Dagen etter avsluttet skvadronteiring inntraff en hendelse som kunne fått store følger for 332. Fire fly fra Rygge drev øvelser i taktisk formasjonsflyging ved Eikeren da to fly kolliderte i 12000 ft. AH-N (serienr. 51-10318) totalhavarerte, men flygeren greide å skyte seg ut og landet i Øvre Eiker. Det andre flyet klarte å ta seg hjem til Rygge med store skader. Dette siste flyet er idag utstilt på Ørland flystasjon.

Vinterportrett av AH-C (serienr. 53-1219), en F-86F Sabre fra 332 skvadron. Flyet tjenestegjorde også ved 336, 338 og 331. Det ble avskrevet den 16. mai 1962 etter havari.

Den 10. april 1957 ble de første North American F-86F Sabre offisielt overlevert under en seremoni på Rygge. Allerede en uke i forveien hadde imidlertid flygere fra 332 fått sine første turer med flyene. Skvadronen var den første i Flyvåpnet som ble oppsatt med disse nye vidunderne, og passering av lydmuren ble snart for dagligdags å regne. I den første tiden ble det mange turer til den amerikanske flybasen Chateauroux i Syd-Frankrike for å hente hjem nye fly. 332 skvadron fikk tildelt oppgaven å være OTU for Sabre i Flyvåpnet, og etterhvert ble de øvrige skvadroner gitt opplæring på F-86F på Rygge.

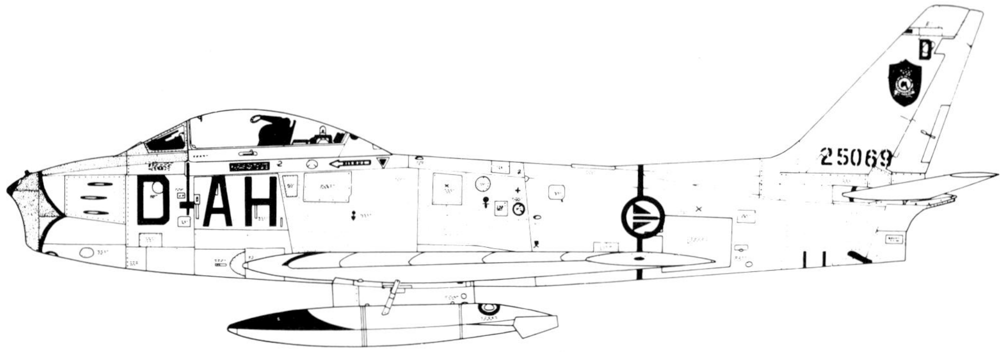

Allerede i mai 1957 mistet 332 sin første Sabre, da en flyger fløy vill i tett skydekke ved Haldenområdet. Han fikk til slutt skutt seg ut og landet ved Valsebo i Sverige. Flyet, AH-G, gikk i bakken ikke langt unna. En noe tungvint form for våpenhjelp til broderfolket.

332 skvadrons oppvisnings-team "Flying Jokers", som ble dannet vinteren 1956/57, overførte nå til F-86F. Under flystevnet på Rygge den 25. august 1957 hindret været full deltakelse, men på Sola i begynnelsen av mai året etter ble et flott show gitt av fem fly fra 332.

Skvadronen fløy F-86F Sabre i tilsammen seks år. Oppsettingen var til å begynne med 25 fly, men dette ble i 1959 redusert til 16. Tiden gikk med øvelser av alle slag, skvadronutvekslinger og ikke minst mange flotte oppvisninger av "Flying Jokers" i både inn- og utland.

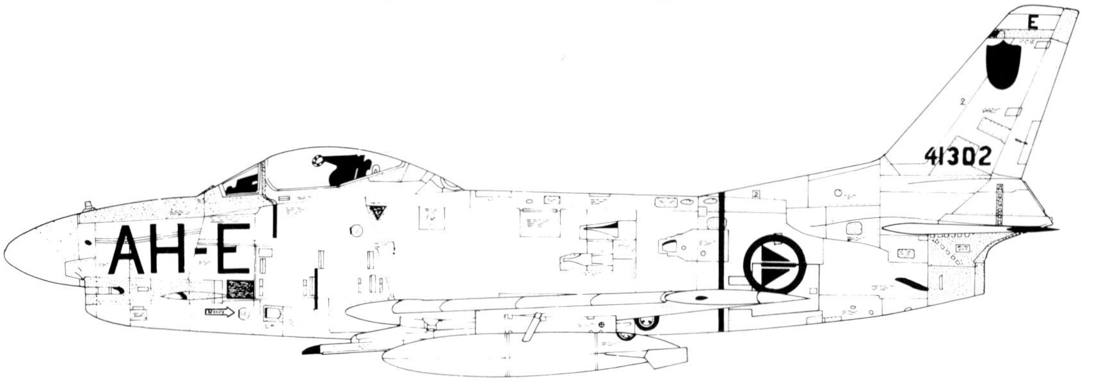

Skvadronen ble overført fra Rygge til Gardermoen, konverterte til F-86K Sabre og skiftet derved oppgave til allværs avskjæringsjagerskvadron. Selv om 332 fløy F-86K i bare vel et år, rakk man å delta i flere utenlandsbesøk samt å gjenopprette "Flying Jokers".

Den 31. august 1964 var det ugjenkallelig slutt på Sabre-perioden, og 332 ble ved en enkel høytidelighet på Gardermoen midlertidig nedlagt, eller de-aktivisert som det så pent heter.

Nesten to år skulle gå før fly med AH-merking igjen skulle få luft under vingene. Som et ledd i innfasingen av Northrop F-5 Freedom Fighter i Luftforsvaret, ble 332 gjenopprettet på sin gamle flystasjon Rygge den. 18. juni 1966. Oppsettingen lød på 15 en-seters F-5A og en to-seters F-5B. Disse tallene kunne i perioder variere noe, alt etter vedlikeholdssituasjonen.

I januar 1967 ble 25-års jubiléet feiret med brask og bram på Rygge og denne gang med H.K.H. Kronprins Harald blant mange prominente gjester. Fire F-5 ga oppvisning i "Tactical Weapons Delivery", og skvadronen ble samtidig formelt re-aktivisert på F-5. 1967 ble et år rikt på minner, om ikke

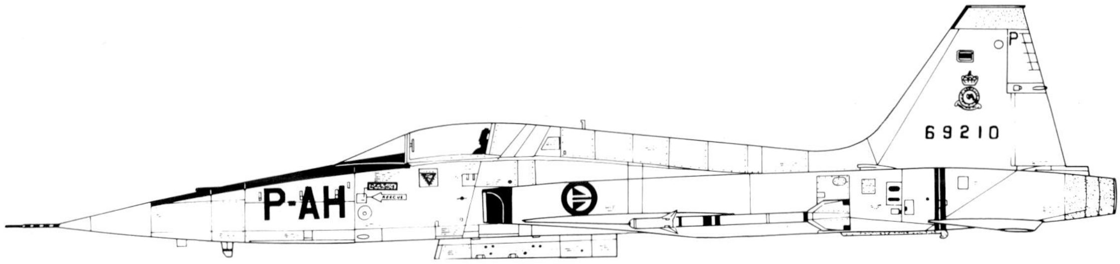

alle av det gode slaget. Blant de siste er den oppvisningen 332 og 331 ga med seks F-5 på North Weald den 29. mai, en oppvisning som ble kritikerslaktet etter stevnet.

Heldigvis er de hyggelige minnene i flertall, og i tillegg til de mange besøk hos NATO-skvadroner i utlandet med etterfølgende gjenvisitter på Rygge, bør det spesielt nevnes en hendelse som fant sted den 16. juni 1967. 332 skvadron fikk en ny Mads, nr. fem i rekken. Helt siden krigen har skvadronen i perioder hatt en maskot, alltid en geit og alltid med navnet Mads. Den første Mads ble skutt som "spion" under krigen mens den rotet i et kratt. Mads II begikk selvmord da den hengte seg i lenken den var tjoret med. Mads III ble mannevond og måtte bøte med livet, og Mads IV ble gitt bort da 332 ble midlertidig nedlagt i 1964.

Av hendelser som ga et avbrekk i rutinen, kan nevnes besøk hos No. 23 Squadron RAF på Leuchars i Skottland i april/mai 1968. Her ble det innlagte besøket hos en whiskyprodusent hilst med stor jubel.

Fra den 16. februar til 12. mars 1970 deltok 332 under øvelse "Arctic Express" fra Bardufoss. Under denne store NATO-øvelsen klarte et fly fra "Toer'n" å kutte kraftlinjen over Kjøpsviksundet i Tysfjord. Til alt hell klarte flygeren å få kontroll over flyet, så han slapp fra hendelsen med skrekken.

I juli samme år gikk det langtur til Piacenza i Italia, hjemmebasen til den italienske 155 C.B. "Pantere Nere", og i begynnelsen av august deltok fly fra 332 i et stevne i Schleswig i Vest-Tyskland.

Tidligere på året hadde skvadronen deltatt i en 12-flys formasjon med F-5 under Bergens 900-års jubileum.

Ved mange anledninger har 332 operert fra stasjoner i Nord-Norge, som fra Banak i 1970, samt under øvelse "Sønnavind" på Andøya og Banak i 1972.

I månedsskiftet oktober/november 1972 gjennomførte skvadronen skyteøvelser på Hjerkinn skytefelt.

Senhøstes 1973 gikk det ut melding om at 332 skvadron skulle nedlegges fra den 1. januar 1974. Flyene var etterhvert gitt til andre skvadroner for at disse skulle holde oppsettingen.

I begynnelsen av 1974 ble derfor skvadronens klenodier pakket ned og stuet vekk. Personellet gikk for størstedelen til 717 skvadron.

Hele seks år skulle gå før 332 igjen ble å se på Luftforsvarets styrkelister. Nok en gang var det innføringen av en ny flytype som var årsaken, og igjen skulle skvadronen få oppgaven som OTU for såvel flygere som teknisk personell, til General Dynamics F-16, jagerflyet som ble innkjøpt i det så omtalte "Århundrets våpenkjøp". Skvadronen ble reaktivisert fra den 1. januar 1980, som første F-16 skvadron og som en del av den nyetablerte Luftforsvarets flytaktiske skole/operasjonsgruppen.

Samme måned ankom den første F-16 til Rygge, og 332 fikk sitt første fly av typen. Nå fulgte en hektisk periode med øvelser, kurser og forskjellig opplæring for at skvadronen skulle være godt rustet for sin oppgave. Det var 331 skvadron som først fikk gjennomgå konvertering på Rygge, en oppgave som ble avsluttet ved utgangen av 1981, nesten etter planen.

F-16A "279" leder to-seterne "301" og "303", alle fra 332 skvadron. "301" har skvadronens fin-flash i svart og bronse på sideroret.
F-16B brukes til trening, men vil om nødvendig også kunne utføre kampoppdrag. Alle flyene her har drevet skarpskyting med kanonen, noe som tydelig kan sees under cockpiten. Kanonen er av type General Electric M61A-1 og har en kapasitet på 6.000 skudd i minuttet.

332 skvadron har idag fortsatt som hovedoppgave å overføre andre skvadroner på F-16, noe som vil fortsette en tid fremover. Men med sine egne F-16 avskjæringsjagere ivaretar skvadronen også en viktig rolle i forsvaret av Sør-Norge. Og så snart overføringen av de tre andre skvadronene er fullført, vil 332 skvadron igjen tre inn i en fullt operativ rolle.

333 skvadron

No. 333 (Norwegian) Squadron opererte som selvstendig norsk avdeling i Storbritannia lenge før avdelingen fikk skvadronstatus. Til å begynne med var det kun en håndfull norske marineflygere som for å trenes opp på Consolidated Catalina var attasjert No. 413 (Royal Canadian Air Force) Squadron i RAF Coastal Command. I dagligtale ble de da også referert til som Catalina-gruppen. Bakgrunnen for slik opplæring var å finne i en ide hos kaptein Finn Lambrechts. Han hadde før krigen fløyet langs norskekysten med DNLs Junkers Ju 52 passasjerfly, en rute som han også fløy i noen måneder etter at kamphandlingene i Norge var over i 1940. Under disse turene merket han seg hvor langt det var mellom tyske befestninger langs kysten, og tanken meldte seg om en egen norsk flyavdeling som kunne operere på norskekysten. Gjennom Riiser-Larsen lanserte Lambrechts denne ideen for Coastal Command da han kom til England våren 1941. På tross av motstand fra britisk side i første omgang, ble det ordnet slik at trening kunne settes igang mens planene ble bearbeidet i norske og britiske instanser.

Den 1. november 1941 kunne de første norske marineflygere melde seg hos den kanadiske Catalina-skvadronen i Sullom Voe på Shetland for å begynne treningen. Dårlig vær satte dessverre en stopper for det hele nesten før man kunne komme igang. I en nattlig storm mistet 413 skvadron halvparten av sine fly mens de lå i bøyer på havnen. Nordmennene måtte derfor flytte andre steder, og både i Skottland og Nord-Irland ble trening igangsatt ved forskjellige RAF stasjoner.

I mellomtiden lyktes det Lambrechts å finne et egnet sted for en liten flybåtavdeling i elvemunningen utenfor byen Dundee i Skottland - en internatskole for gutter nede ved elvebredden i landsbyen Woodhaven. Her ble så mannskapene samlet etterhvert, og den 8. februar 1942 ble flagget heist for første gang som tegn på at avdelingen var igang. Denne datoen regnes derfor som 333 skvadrons offisielle opprettelsesdag. Ti dager senere ankom den første Catalina Mk. I, serienr.W8424. Den ble døpt "Vingtor". Adminstrativt var avdelingen underlagt No. 210 Squadron RAF som Norwegian Detachment Woodhaven.

Etterhvert skulle antall fly øke til tre, og alle ble gitt navn med god norsk klang - "Jøssing", "Vingtor" og "Viking". Dette var rene flybåter, ikke amfibiefly som dem 330 skvadron kom til å operere fra Island.

Første operative tokt fant sted langs norskekysten den 17. april da "Vingtor" fløy patrulje fra Stadt til Vegn. Noen dager senere ble de to første hemmelige agenter satt iland, etter landing i norsk farvann nær Rørvik. På den måten beviste avdelingen sin eksistensberettigelse.

Avdelingen disponerte også denne sommeren tre amfibie-Catalinaer,som etter kort tid ble sendt videre til 330 skvadron på Island. Det var forøvrig karene i Woodhaven som hadde fått jobben med å trene opp 330 skvadron på Catalina.

Foruten oppdragene i Norge, som det kunne være langt imellom, ble de norske flyene satt inn i ubåtjakt og konvoieskorte. I tillegg ble det i anledning julen 1942 fløyet "nisseturer" til Norge, med julepakker og hilsner som ble droppet langs kysten.

I begynnelsen av 1943 hadde den norske Catalina-avdelingen en rolig tid. Imidlertid skjedde det en gledelig begivenhet på papirfronten. Avdelingen ble frigjort fra No. 210 Squadron og opprettet som en selvstendig flight i Coastal Command, med betegnelsen No. 1477 (Norwegian) Flight.

Hvis et av avdelingens fly sviktet av tekniske eller andre årsaker, ble dette returnert RAF og erstattet av et annet, slik at man stadig hadde tre fly til disposisjon.

Våren kom med stadige tokter på jakt etter tyske ubåter. Det ble også fløyet isrekognosering vest av Jan Mayen og noen eskorteturer. Men turene til Norge var det foreløbig nesten slutt på. Det begynte å bli lange, lyse dager, og dermed økte risikoen for å bli oppdaget i norske farvann.

Med sine dristige tokter til det okkuperte Norge hadde nordmennene satt oog i rocpokt hos Coastal Command. Da britiske planer om angrep på tysk skipsfart langs norskekysten skulle realiseres , falt det naturlig for britene å trekke norske myndigheter inn i bildet og benytte norske mannskaper med lokalkunnskap fra vår lange kyst. Det var derfor gledelig overraskende da avdelingen i Woodhaven ble tilbudt å overta en flight de Havilland Mosquito fly for stasjonering på Leuchars flyplass, som lå i nærheten.

De første flyene som kom, var riktignok rene jagerfly av typen Mosquito NF Mk. II, men de ble utover høsten 1943 erstattet av jagerbombere av utgaven FB Mk. VI. For innledende trening ble det utlånt to Bristol Beaufighter og en Airspeed Oxford til avdelingen.

Catalina IVA, KK-C, i Woodhaven i begynnelsen av 1945. Flyet ble levert 333 (N) Squadron den 31. mai 1944 og fikk navnet "Jøssing II".
I midten av desember 1945 ble KK-C levert tilbake til RAF. Flyets RAF serienummer var JV933.

Kontorbygningen for 333 skvadron på Leuchars fotografert i juni 1943.

Nå var den norske flighten blitt så stor både hva personell og materiell angikk, at den omsider ble tildelt skvadronstatus den 10. mai 1943. No. 333 (Norwegian) Squadron var et faktum. Catalina-gruppen ble benevnt A-flight, med base i Woodhaven. Mosquito-gruppen fikk benevnelsen B-flight og var stasjonert på Leuchars. Skvadronens hovedkvarter ble flyttet fra Woodhaven til Leuchars.

Sommeren og høsten 1943 fortsatte Catalinaene sine tokter til havs, i det vesentlige på ubåtpatruljer. I den lyse årstiden var det direkte hasardiøst å sende de relativt langsomme flybåtene på tokter mot Norge, men det ble allikevel gjort. Ved B-flight var virksomheten også hektisk. Det ble trenet intenst med det som for nordmennene var en helt ny flytype, med tanke på operasjoner mot mål i og ved de norske kystfarvann. Mosquitoen kunne være vanskelig å mestre, og allerede under trening hadde B-flight tap av fly. Toktene mot Norge kom allikevel relativt raskt igang, og B-flights fly var stadig i luftkamp med tyske fly utenfor Norge, og som følge av kamphandlingene led avdelingen ytterligere tap. Men fiendens tap var allikevel større.

Utover høsten og vinteren ble det hyppigere tokter til gamlelandet for Catalinaene også. Særlig juleturen med pakker var, som året før, populær blant mannskapene. I Mosquitoflighten ble antallet fly etterhvert øket, og på det meste hadde B-flight ti Mosquitoes på Leuchars. Også A-flight ble forsterket med ett fly, slik at man til enhver tid disponerte fire maskiner.

Etterhvert angrep de norske Catalinaene tyske ubåter helt inne ved norskekysten med stort hell. Og Mosquitoene fortsatte å gjøre skipsleia usikker for tyske fartøyer med sine stadige angrep.

En kuriositet som er verd å nevne, er at en av de norske Heinkel He 115 sjøflyene som kom til Storbritannia etter kampene i Norge og ble overtatt av RAF, endte sine dager i Woodhaven hvor personell fra 333 skvadron ble satt til å hugge opp flyet.

I løpet av sommeren 1944 hadde også Mosquitoene blitt kastet inn i jakten på tyske ubåter og var blitt utstyrt med synkeminer i stedet for bomber for dette formålet. Dette ble nå flightens hovedoppgave, med mange hektiske tokt. Først i september kom det til forandring. Da ble B-flight flyttet fra Leuchars til Banff lenger nord i Skottland og fikk igjen som oppgave å rekognosere på Vestlandskysten. I tillegg skulle de norske flyene samar-

Til treningsbruk fikk 333 skvadrons B-flight utlånt to Bristol Beaufighter Mk. IIF i april og mai 1943. Flyene hadde serienumrene R2443 og T3150, og de er her fotografert på Leuchars i juni måned.

Mosquito FB VI med kjennetegn E-3 (serienr. HP904) fra 333 skvadrons B-flight. 3-tallet var i 1944 påmalt alle Mosquito og Catalina ved 333 skvadron, i tillegg til flyenes individuelle kjenningsbokstaver. HP904 ble overtatt av B-flight den 15. mai 1944 og avgitt igjen etter et havari den 25. oktober samme året.

beide med Mosquitoes og Beaufighters fra andre skvadroner på Banff og fly som veivisere under tokter mot tysk skipsfart og tyske konvoier langs kysten. Våre fly ble endel av Banff Strike Wing.

Catalinaenes fremste oppgave senhøsten 1944 ble transportturer til Murmansk og senere Kirkenes i forbindelse med frigjøringen av Finnmark.

Mens Catalina-avdelingen dermed gikk inn i fredsåret 1945 med en forholdsvis rolig periode, hadde B-flight sin kanskje mest hektiske tid, noe som bl.a. fremgår av tapslistene fra denne tiden.

Catalinaene fløy våren 1945 for det meste med forsyninger til Norge - sekker som ble kastet ned til sivilbefolkningen langs kysten. Det var ikke få tonn skvadronen droppet på denne måten. I krigens sluttfase ble også A-flight benyttet til transport av alliert personell til Norge.

Etter at Mosquitoene var flyttet til Banff, hadde 333 skvadrons hovedkvarter flyttet tilbake til Woodhaven. Men vanskelighetene med så stor avstand mellom skvadronens flighter førte til tanken om å skille ut Mosquitoene som egen skvadron. Dette var også FFKs plan for Luftforsvarets oppsetting etter krigen. Saken ble forelagt Forsvarsdepartementet, men var ikke ferdigbehandlet da krigen sluttet.

333 skvadrons innsats under den annen verdenskrig kan summeres opp slik: Over 250 tokt utført, med tilsammen drøye 4.500 flytimer. Fire ubåter ble senket og åtte skadet. Dessuten 18 tyske fly nedskutt, tre sannsynlig nedskutt og tre skadet. A-flight mistet en mann og avskrev to fly. B-flight hadde større tap - 28 mann og 22 fly. Fire av skvadronens flypersonell satt i tysk fangenskap ved krigens slutt.

Den 10. juni 1945 kunne 333 skvadron sette kurs mot hjemlandet. Første stoppested ble Fornebu, hvor det var sjøflyhavn for Catalinaene, med teknisk base på Gressholmen. To dager i forveien var 334 skvadron, som var den nye betegnelsen på 333 skvadrons B-flight, ankommet Gardermoen hvor den ble underlagt No. 128 Wing, RAF. Mosquito-avdelingen forsvinner dermed ut av 333 skvadrons historie.

Catalinaene fikk det nå travelt med transportoppdrag over hele Norge. Landet skulle gjenoppbygges, og alle trengte hjelp luftveien. I tillegg var en

Northrop N3P-B"K" ved Sola-sjø midt i 1946.
De to Northropene som overlevde operasjonene på Island, flyttet med 330 skvadron til Storbritannia og ble i 1945 fløyet til Sola. Der ble de først tatt hånd om av 330 skvadron.
Fly "F" (konstr.nr. 322) ble i juni 1946 overført til Kjevik som undervisningsmateriell og senere lagret med tanke på et fremtidig flymuseum. I 1956 ble flyet hugget opp etter ordre fra LOK.
Flyet på bildet, "K" (konstr.nr. 306), ble stående på Sola. 330 skvadron ble nedlagt den 15. desember 1945, og 333 skvadron, som flyttet til Sola ved årsskiftet 45/46, overtok Northropen. I 1949 ble flyet hugget opp og solgt som skrap.

rekke mennesker på reisefot fra sør til nord i all slags oppdrag for sivile og militære myndigheter. 333 skvadron ble rene flyselskapet og hadde en fast rute langs kysten fra Oslo til Tromsø 2-3 ganger i uken. Hver søndag fløy man helt til Kirkenes hvis været tillot det.

På Fornebu overtok skvadronen tre tidligere Luftwaffefly. Det første var et sjøfly av typen Arado Ar. 196 A-3 som var anskaffet av den norsk-britiske etterretningstjenesten i Stockholm. Dette flyet er omtalt mer i detalj annensteds i boken. Aradoen ble hyppig benyttet og fulgte med da 333 skvadron flyttet til Sola. I mai 1946 ble dette flyet så levert tilbake til sin opprinnelige eier.

De andre flyene var de eneste gjenværende luftdyktige Dornier Do. 24 T-3 flybåter som under krigen hadde tjenestegjort i Luftwaffes sjøredningstjeneste i Norge. Etter fredsslutningen ble to slike fly stasjonert på Skattøra som en ambulanseberedskap i tilfelle ulykker ved fjerning av de tusenvis av sjøminer tyskerne hadde lagt ut. Fra oktober 1945 ble hovedoppgaven å fly eskorte for de ex-tyske fly som ble overført fra Eggemoen og Rygge til RAFs samlestasjon i Hamburg. Dornierene ble derfor av praktiske hensyn stasjonert i sjøflyhavna på Fornebu og kom derved under overoppsyn av 333 skvadron. Det var alltid folk fra skvadronen med de tyske mannskapene når Dornier-flyene var på oppdrag.

Ved årsskiftet 1945/46 flyttet skvadronen til Sola, hvor den skulle komme til å forbli i mange år. 333 skvadron ble nå utbygget til en styrke på ni fly og overtok derfor mannskaper fra 330 skvadron som ble midlertidig nedlagt på samme tid. De gamle krigsflyene ble tilbakelevert RAF og nye fly hentet i den store vedlikeholdsavdelingen for Catalina i Wig Bay i Skottland.

Da behovet for fly i Nord-Norge var stort, ble det allerede i 1946 detasjert maskiner fra 333 skvadron til Skattøra. Derfra gikk den første turen til Svalbard etter krigen den 10. mai 1946. Formålet var slipp av post og utstyr til de norske stasjoner på Svalbard, Bjørnøya og Hopen, samt transport av en pasient med komplisert benbrudd fra Longyearbyen til Tromsø.

Skvadronens hovedoppgaver i de første etterkrigsårene ble transportoppdrag og redningstjeneste, men også mineleting og sildeleting inngikk som deler av rutinen. Minene man fant ble beskutt og ødelagt.

I 1946 totalhavarerte en Catalina i Altafjorden. Flyet sank under landing etter kollisjon med en gjenstand i sjøen. Våren 1947 fikk skvadronen to nye fly fra Storbritannia. Det ene var imidlertid så nedslitt at det ble kassert allerede året etter. Istedet kjøpte Luftforsvaret en sivilregistrert Catalina fra Vingtor Luftveier A/S.

September 1948 ble en svart måned for 333 skvadron. Under svært dårlige værforhold kolliderte en Catalina med fjellet i Førdesviken ved Bergen, og 13 mennesker omkom.

Tidlig i 1950 begynte ryktene å gå om utfasing av Catalina og skvadronens nedleggelse. Flyene skulle selges til Indonesia, ble det sagt. De var da nokså nedslitte, og det ble mer tid ved Horten Flyfabrikk for reparasjoner og overhaling enn ved skvadronen for operativ tjeneste. Så kom Korea-krigen, og som en del av NATO-beredskapen skulle 333 skvadron overvåke de nordligste havområdene. Skvadronen ble derfor i all hast overført fra Sola til Skattøra. Resultatet var provisorisk innkvartering og et nærmest totalt fravær av det tekniske serviceapparat, selv om mekanikerne gjorde så godt de kunne under de rådende forhold. Da det endelig hadde lyktes å få organisert det meste, var Korea-krigen slutt, og på ettervinteren 1953 gikk turen tilbake til Sola.

Consolidated Catalina

PBY-5 var en naturlig utvikling av en rekke gode flybåtkonstruksjoner fra Consolidated-fabrikken. Den første prototypen, betegnet XP3Y-1, fløy så tidlig som mars 1935 og ble etterfulgt av mer enn tre tusen flybåter og amfibier som gjennom årenes løp har tjenestegjort i over 20 land.
I norsk tjeneste ble følgende versjoner benyttet:

Catalina I	*1 fly*	*1942—1944*
Catalina IB	*5 fly*	*1942—1945*
Catalina III	*7 fly*	*1942—1942*
Catalina IVA	*19 fly*	*1944—1954*
PBY-5A	*6 fly*	*1953—1961*

★

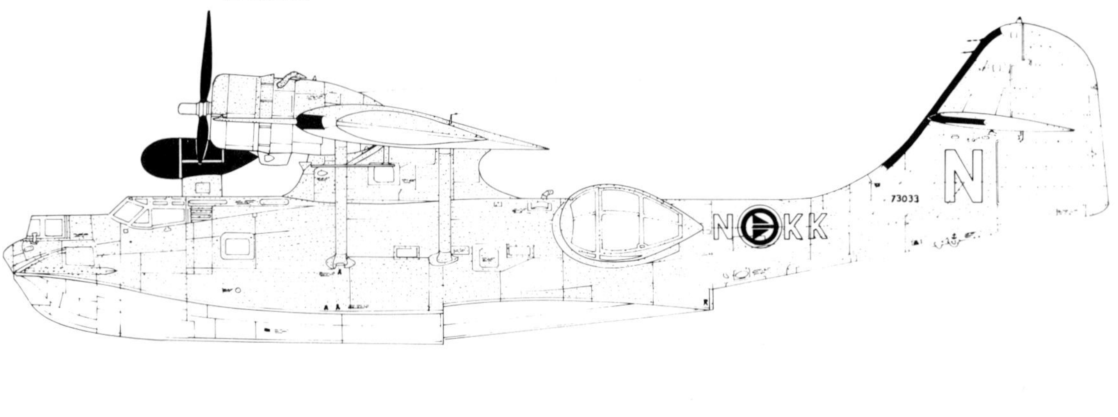

Den 10. mai 1958 landet Catalina KK-D (serienr. 48332) på 80° 15'' nord — Murcheson Bay på Svalbard. Her lastes forsyninger ut til de fastboende. Catalinaflyene var enormt populære blant folkene på slike utposter, da de i løpet av kort tid kunne bringe forsyninger — og ikke minst post og aviser — til dem som tidligere hadde vært avhengige av sjøforbindelse og hundesleder.

I mellomtiden var det bestemt at seks PBY-5A Catalina amfibiefly skulle lånes til Flyvåpnet via det amerikanske våpenhjelpprogrammet. Dette kunne tidligst skje i 1954, og da skvadronens operative styrke var nede i to til tre fly, fikk man tildelt fire Noorduyn Norseman lette transportfly som kunne overta enkelte av skvadronens oppgaver.

Våren og sommeren 1954 mottok 333 skvadron de nye Catalinaflyene, og beredskapen ble etterhvert bedret. Men flyene ble allikevel bare regnet som midlertidige inntil moderne utstyr kunne skaffes. Norseman-flyene fortsatte som en del av skvadronen inntil Kommunikasjonsving LKV ble opprettet den 1. november 1955.

I 1954 hadde forøvrig skvadronen sin andre tragiske ulykke med Catalina. Flyet som i 1948 var innkjøpt fra Vingtor Luftveier A/S, havarerte på Bjørnøya under postflyging den 28. mars da det kolliderte med fjellet i tett snødrev. Åtte mennesker omkom i dette havariet.

Amfibieflyene kom nyoverhalte fra fabrikken. De skulle komme til å gjøre tjeneste i flere år, med arbeidsoppdrag som tidligere for en maritim skvadron på fredsfot. Det ble redningstoktor, transportoppdrag, deltakelse i militærøvelser, post og utstyr til våre ishavsstasjoner samt kartleggingsflyginger. Sel- og isbjørntelling ble det også tid til.

I perioden 1956-57 hadde skvadronen et detasjement på ett fly i Bodø, og fra 1958 begynte man å lande med hjul på isen på Svalbard om vinteren.

Bare ett av amfibieflyene ble avskrevet i løpet av tjenestetiden i Norge. Det ble totalskadet ved en brann på Sola i juni 1960. De øvrige fem flyene ble returnert United States Air Force i Wiesbaden, Vest-Tyskland, i juni og juli 1961. En epoke var forbi - i nesten 20 år hadde 333 skvadron og Catalinaen vært uadskillelige. I både krig og fred hadde de gjort en innsats i vårt luftforsvar som det står respekt av.

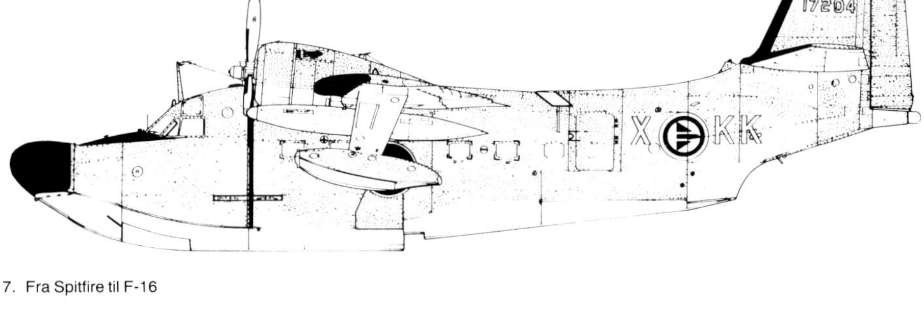

Grumman HU-16B Albatross

Da Luftforsvaret skulle velge en etterfølger til Catalina som militært rekognoseringsfly og ubåtjager, var flere typer til vurdering. Man festet seg først ved en spesielt langtrekkende versjon av Grumman S2F-1 Tracker, etter å ha forkastet Grumman SA-16A Albatross som uegnet for ubåtjakt på grunn av mangelfullt utstyr. Marinen hadde i Flåteplanen av 1959 ønsket Lockheed Neptune som den idéelle løsning.

Imidlertid hadde Grumman under prosjektering en forbedret versjon av Albatross spesielt utviklet for ubåtjakt, betegnet SA-16B ASW. Da flyene skulle leveres gjennom det amerikanske våpenhjelpprogrammet ble Luftforsvaret stilt overfor valget av S2F-1 eller SA-16B og valgte, etter samråd med Marinen, den sistnevnte typen.

Etter mindre forsinkelser ankom det første flyet den 28. september 1961. De første 16 ble levert med typebetegnelsen SA-16B ASW mens de siste to, som ankom et års tid etter det første, hadde den nye betegnelsen HU-16B ASW. Flyene var ombygde SA-16A og hadde ved levering til Norge mellom 2.200 og 4.000 flytimer. Enkelte hadde til og med tjenestegjort under Korea-krigen.

330 og 333 skvadron fikk ni fly hver, og HU-16B var i tjeneste frem til de første månedene av 1969 da de ble returnert USAF, som deretter sendte de fleste videre til Hellas og Spania. ★

Orion KK-M (serienr. 15660) passerer Jan Mayen under vulkanen Beerenburgs utbrudd i september 1970.
Da meldingene om utbruddet kom, ble Orion-fly sendt til området for å observere, og skvadronen holdt senere kontroll med vulkanaktiviteten etter at personellet på Jan Mayen var evakuert.
Det var litt av et syn som møtte flymannskapene. Opp fra krateret sto en sopplignende sky som vokste til en kritthvit dampsky tusenvis av meter til værs.

Flytypen som skulle erstatte de gamle maskinene var Grumman HU-16B/ASW Albatross. Også dette var amfibiefly og på mange måter lik den gamle "katta". Allikevel var det store forskjeller - ikke minst på det elektroniske området. Albatross var en velutrustet ubåtjager, og etter en relativt kort treningsperiode på den nye flytypen sto 333 skvadron igjen klar til tjeneste fra Sola og fra Andøya, hvor skvadronens detasjement i Nord-Norge hadde vært stasjonert fra desember 1961.

Andøya flystasjon ble bygget på 50-tallet som et ledd i NATOs infrastrukturprogram, og etter en tid ble 333 skvadron flyttet hit og fast stasjonert fra den 15. januar 1963. Skvadronens plass på Sola ble overtatt av 330 skvadron.

Selv om Albatrossen var et godt anti-ubåtvåpen, viste utviklingen at det trengtes ennå bedre materiell i denne rollen. Ikke minst utbyggingstakten i den sovjetiske marinen tilsa dette. Flyene var også særlig utsatt i det harde, arktiske klima som hersker i våre nordlige landsdeler. Det ble derfor etterhvert klart at Albatross neppe ville stå i tjenesten så lenge som Catalina hadde gjort. Og etter vel syv års bruk var det igjen klart for nytt materiell.

Det var med et visst vemod mannskapene så Albatrossen tas ut av tjeneste i første halvdel av 1969 for å erstattes med en helt ny flytype i norsk sammenheng - Lockheed P-3B Orion. Tross alt hadde 333 skvadron ikke hatt tap, hverken av fly eller menneskeliv, i Albatross-tiden. Flyet hadde hele tiden vært en trofast "traver", som avisene skrev da utfasingen var et faktum.

Orion "602" (serienr. 156602) tilbake fra Cape Town etter den store leteaksjonen i forbindelse med at tankskipet "Berge Vanga" forsvant. Bildet er tatt den 26. november 1979 og viser mannskapet som deltok i søket.
I flytrappen: Fenrik Smellror, fenrik Boge, fenrik Torgersen og fenrik Flåten.
Stående, fra venstre: Løytnant Bleie, løytnant Andresen, løytnant Jørgensen, fenrik Sletten, fenrik Hoff, løytnant Birkeland, løytnant Hansen, kaptein Renden, løytnant Løvik, løytnant Aasberg og fenrik Wergeland.
På kne, fra venstre: Fenrik Skomsøy, sersjant Brakind, kaptein Vinje, oberstløytnant Røder, løytnant Johansen, løytnant Berg, løytnant Schjølberg og løytnant Karlsen.

Det var et helt nytt våpensystem 333 skvadron fikk i 1969 ved mottakelsen av fem Orion-fly. Ikke bare var flybåten og amfibiet borte for godt fra denne "marine-skvadronen". Orionflyet er en fullblods jeger, spesialutrustet for krigføring til sjøs. Foruten all nødvendig elektronikk kan dette flyet medføre torpedoer, dypvannsbomber, miner og raketter.

I fredstid blir det heldigvis lite bruk for flyets våpenutrustning, men elektronikken kommer vel med også under andre typer oppdrag. Orion-flyene har derfor gjennom årene hatt mange forskjellige oppgaver. Både søks- og redningsaksjoner kommer i tillegg til overvåkingsoppgaven som 333 skvadron har, og ved flere anledninger har Orion vist sin nytte på dette feltet. Helt til Cape Town og Ascencion Island har en Orion vært for å lete etter det norske tankskipet "Berge Vanga" som forsvant i Sør-Atlanteren i 1979.

Massemedia har også nytt godt av Orions kapasitet. Bilder tatt fra disse flyene har gått verden over og vist skipsforlis såvel som vulkanutbrudd.

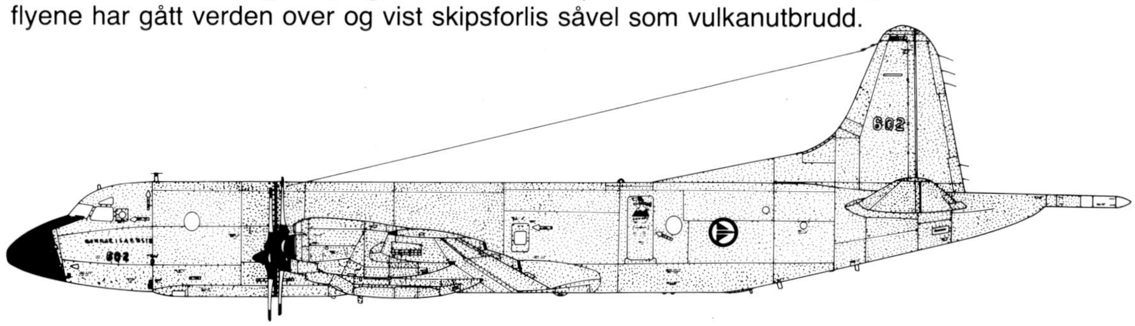

Lockheed P-3B Orion

Orion er blant verdens mest avanserte ubåtjagere og ble utviklet fra den sivile Lockheed L-188 Electra som erstatning for P2V-7 Neptune.

Prototypen foretok sin første tur den 25. november 1959 og over 600 fly er levert til mange land i tre hovedvarianter.

Luftforsvaret har tilsammen syv Orion. Fem nye fly ankom i 1969, og de siste ble kjøpt brukt og ankom 1980. ★

Orion-flyene ble ved ankomsten til Norge høytidelig døpt og fulgte dermed tradisjonen fra de første Catalinaene. Samtlige fly er oppkalt etter berømte norske polfarere som Roald Amundsen, Fridtjof Nansen osv. I tråd med dette var også et Orion-fly fra 333 skvadron over Nordpolen i 1975 og slapp blomster og et norsk flagg nær polpunktet, hvor Amundsens ekspedisjon nødlandet med sine Dornier Wal flybåter 50 år tidligere.

Oljeaktivitet og utvidet økonomisk sone langs kysten øket behovet for overvåking av norske farvann. Kystvakten ble effektivisert, og 333 skvadron mottok to nye Orion i 1980 som et ledd i denne virksomheten. Det er forøvrig hyggelig å merke seg at et av disse flyene er gitt navnet til mannen bak hele idéen om 333 skvadron og avdelingens første sjef, Finn Lambrechts.

Denne tradisjonsrike skvadronen, som fremdeles holder til på Andøya, utfører idag omtrent de samme oppgaver som ved etableringen i 1942. Den militære side omfatter patruljering av kysten, overvåking og antiubåttjeneste. Det siste er ikke minst viktig, ettersom det i de senere år har vist seg populært for fremmede ubåter å "gjeste" norske fjorder. Og den mer sivile side med søk- og redningstjeneste, fotografering og slipp av post og forsyninger til utposter.

Som den eneste av Luftforsvarets skvadroner har 333 skvadron vært i kontinuerlig aktivitet siden opprettelsen i Woohaven en vinterdag under krigen.

334 skvadron

Som nevnt i historien om 333 skvadron, begynner også 334 skvadrons historie i Skottland under krigen - som førstnevntes B-flight på Leuchars, oppsatt med de Havilland Mosquito. Krigstiden er beskrevet under 333 skvadron, og vi tar nå bare kort med at Mosquito-avdelingens siste oppdrag av betydning fra britisk jord var eskorte av marinestyrken som brakte H.K.H. Kronprins Olav til Norge i de jublende maidagene i 1945.

Både britiske og norske myndigheter arbeidet allerede før krigens slutt med å utskille 333 skvadrons B-flight og etablere den som egen skvadron. 334

De Havilland Mosquito

Mosquito må sies å være blant den annen verdenskrigs mest vellykkede konstruksjoner. Prototypen fløy første gang den 25. november 1940 og ble etterfulgt av en rekke bomber-, fotorekognoserings-, nattjager-, jagerbomber-, trenings- og målslepingsvarianter.
Hele 21 Mosquitoes gikk tapt under operasjoner og trening ved 333 skvadrons B-flight fra mai 1943 til krigens slutt. Etter krigen havarerte ytterligere fem fly før Mosquito ble utrangert i februar 1952. I disse ni årene ble følgende varianter benyttet:
Mosquito NF II: 8 fly
Fra april 1943 til april 1944.
Mosquito FB VI: 40 fly
Fra september 1943 til november 1945. Av disse ble åtte overtatt fra RAF den 21. november 1945.
Mosquito FB VI: 10 fly
Fra juli 1947 til februar 1952.
Mosquito T III: 3 fly
Fra august 1947 til februar 1952.
Dessuten overtok Luftforsvaret en Mosquito B. XXV som var blitt etterlatt uten motorer på Gardermoen av No. 162 Squadron RAF etter et uhell den 16. juni 1945. Dette flyet ble i flere år brukt til undervisningsformål ved LTS på Kjevik. ★

skvadron var således et begrep allerede i mai 1945, men saken ble ikke sluttbehandlet av norske myndigheter før noe senere.

Mosquito-avdelingen ble overført til Gardermoen den 8. juni 1945. Her ble så 334 skvadron offisielt opprettet den 22. juni med ni Mosquito FB Mk. VI.

Fremdeles operativt underlagt RAF frem til november kom 334 skvadron denne sommeren til å drive en utstrakt kurérvirksomhet mellom Norge og Storbritannia, og det ble fløyet nærmest fast mellom Gardermoen og East Fortune i Skottland. I juli skjedde en tragisk ulykke da en Mosquito styrtet i Larvikfjorden, og de to ombord omkom. Dette var det første alvorlige uhellet avdelingen hadde etter hjemkomsten til Norge og det første som selvstendig skvadron.

Utover høsten begynte personellmangel å gjøre seg gjeldende. Krigspersonell som ønsket å gå tilbake til det sivile liv, ble dimittert i stor grad i hele Forsvaret. De fleste hadde jo tjenestegjort på frivillig basis så lenge krigen varte. Slik forsvant erfarne flygere og bakkemannskaper, og Luftforsvaret måtte prioritere deretter.

Det gikk ut over flere av de operative avdelingene, ikke minst den nydannede 334 skvadron. Med bare et helt nødvendig antall flygere og teknikere tilbake, ble flygingen redusert til et minimum og stort sett stanset fra den 1. desember 1945. Noen treningsturer ble imidlertid foretatt, blant annet til Danmark for å gjøre seg kjent der.

Midtsommers 1946 var personellstyrken så redusert at det kun var igjen en flyger, skvadronsjefen, samt de bakkemannskaper som trengtes for vedlikehold av flyene. Maskinene var alle i relativt god stand, mottatt fra RAF like før hjemreisen til Norge i 1945. Nå ble de imidlertid bare stående, kun vedlikeholdsflyging ble utført - inntil skvadronsjefen takket for seg den 3. mai 1947. 334 skvadron ble da på det nærmeste nedlagt, bare et fåtall teknisk personell ble igjen.

På tross av dette mottok man i juli 1947 tre nye Mosquitoes fra Storbritannia som et ledd i oppbyggingen av Luftforsvaret til full operativ styrke. Måneden etter kom det enda flere fly, hele åtte stykker, hvorav en treningsmaskin, en Mosquito T.Mk.III.

To Mosquito FB VI, F-AB (serienr. RF764) og F-AG (serienr. RF873), ble vinteren 1949/50 bygget om slik at de fikk søkeradar av typen AN/AP 34 Airborne Radar Set i nesen.
Tegningen viser RF873, her som RI-G etter at 334 hadde tatt sin nye skvadronkode ibruk.

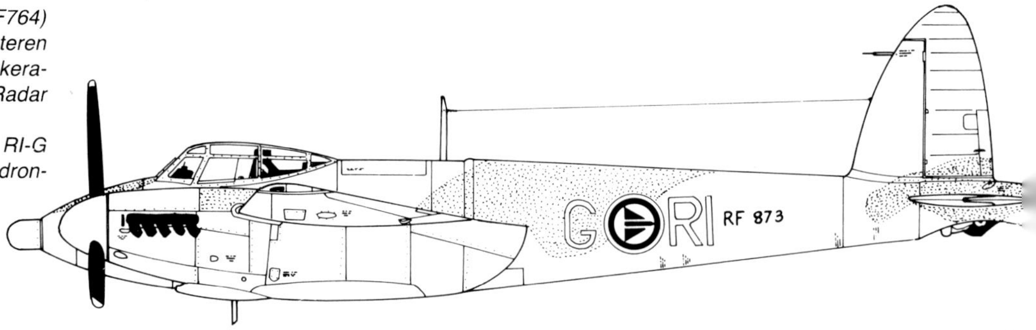

Først året etter, den 1. juni 1948, ble 334 skvadron reaktivisert med sikte på full virksomhet. Like før hadde nok en treningsmaskin ankommet, og den tredje og siste kom i august.

I november flyttet Mosquito-avdelingen fra Gardermoen til Sola.

Skvadronens hovedoppgave ble igjen den gamle - rekognosering av skipsfarten langs norskekysten. Et litt spesielt oppdrag man fikk, var forøvrig eskorte av feltmarskalk Montgomery of Alamein under hans Norgesbesøk.

I november 1949 inntraff skvadronens andre fatale uhell, da et av flyene falt i sjøen i Karmøysundet, og mannskapet omkom.

Imidlertid begynte materiellet å trekke på årene, og enda en ulykke i februar 1951 førte til at Mosquitoene ble satt på bakken for godt. Flyet mistet under skyting på Lista en vinge, falt i sjøen, og begge ombord omkom. Samtlige Mosquitoer ble derfor avskrevet i februar 1952 og sendt til opphugging eller som instruksjonsmateriell til våre tekniske skoler.

Sommeren 1951, mens Mosquitoene sto på bakken og nytt materiell ennå ikke var mottatt, ble flyaktiviteten holdt ved like med navigasjons- og skytetrening samt formasjonsøvelser med North American Harvard, som 334 skvadron midlertidig fikk tildelt.

De Havilland Mosquito FB VI F-AV (serienr. TA487) på Sola. Øvelsesraketter henges opp før et treningstokt. Luftforsvarets tekniske etat bestemte i november 1949 at alle Mosquito FB VI skulle utstyres med raketter.

Den 10. september det året mottok Norge de første jagerflyene fra USA over NATO's våpenhjelpprogram. Ved en høytidelighet på Sola ble disse flyene - seks Republic F-84E Thunderjet - overlevert Luftforsvaret.

Det ble 334 skvadron som skulle operere den nye flytypen, og overgangen til jetjagere gikk relativt greit. Men uten tidligere erfaring på jet ble aktiviteten ved skvadronen bare trappet opp i langsomt tempo, og først etter nesten et år med F-84E var man fullt operativ. Midtsommers 1952 avga 334 skvadron så den "gamle" E-versjon Thunderjet og mottok istedet 25 fly av typen F-84G Thunderjet.

Som en del av Flygruppe 2 på Sola fløy 334 skvadron som jagerbombeskvadron i årene fremover. Dessverre var det ikke til å unngå at økt aktivitet og forholdsvis lavt erfaringsnivå medførte avskrevne fly og tap av flere menneskeliv.

Bodø flystasjon var på denne tiden under utbygging, og 334 skvadron ble ofte beordret nordover for å gjøre seg kjent med landsdelen, idet planene om å forflytte denne avdelingen dit allerede var klare.

Et kort gjensyn med F-84E flyene kom i 1954. Nr.1. Fotorekognoseringsving konverterte da til jetfly. De gamle E-maskinene var bygget om til fotofly. Og med sikte på å gi fotorekognoseringsvingen status som egen skvadron ble vingen underlagt 334 en kort periode dette året, før 717 skvadron ble opprettet.

Flygruppe 2 flyttet til Bodø sommeren 1955, og 334 skvadron hadde offisiell flyttedato den 20. juli. I praksis tok det dog flere måneder før hele skvadronen var overført. Sammen med 331 skvadron skulle "Firer'n" ha Bodø som hjemmebase, og begge skvadronene er der fortsatt den dag idag. Dette har opp gjennom årene lagt grunnlaget for en vennskapelig rivalisering som har vært en spore for begge avdelingene.

Harvard IIB M-BF (konstr.nr. 14A-1099) var bygget på lisens av Noorduyn i Canada og ble levert Luftforsvaret i november 1946. Etter flere års tjeneste ved Flygeskolen ble M-BF avgitt til 334 skvadron i juli 1952. Som bildet viser var flyet utstyrt med et .303 Browning maskingevær i høyre vinge.
Oppholdet ved skvadronen ble kortvarig idet flyet havarerte på Lista den 12. september 1952. Bildet er tatt umiddelbart etter dette havariet. Selv om skadene ikke var så store, ble det besluttet å demontere maskinen, og den ble kassert den 11. februar året etter.

To av 334 skvadrons Republic F-84G på Sola tidlig i 50-årene. BP's "Aviation Service" er iferd med å tanke opp RI-L (serienr. 51-10010).

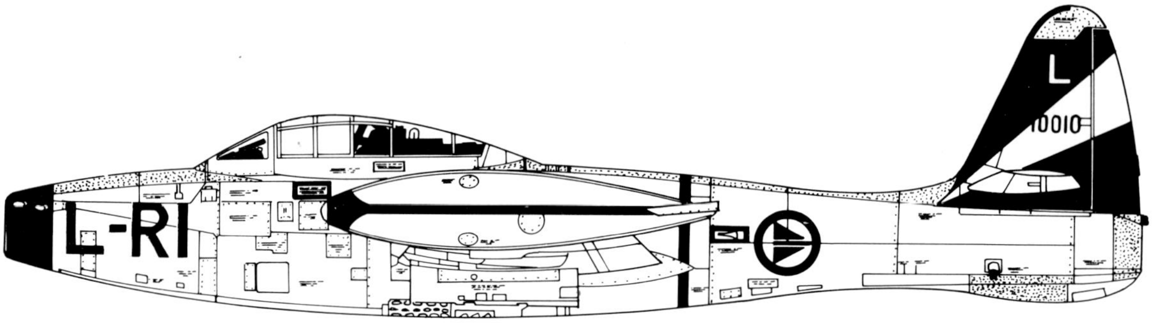

Thunderjet-perioden i Flyvåpnet var preget av havarier. Også 334 skvadron fikk sin del, noen med fatal utgang. Men prosenten operative fly og flygere var høy i skvadronen, og mannskapssituasjonen god og stabil i annen halvdel av 50-årene. Tidvis var 334 skvadron i korte perioder forlagt andre steder enn Bodø av forskjellige grunner. Det kunne være skyte- og bombeøvelser på Sola, eller opphold på Bardufoss i forbindelse med NATO-øvelser. Skvadronutvekslinger med utlandet forekom også, særlig franske baser ble hyppig besøkt i denne tiden.

Sommeren 1958 skulle rullebanen på Bodø utbedres, og i den forbindelse ble 331 skvadron forlagt til Andøya, mens 334 kom til Bardufoss hvor den ble værende hele sommeren og høsten.

På sensommeren ble det klart at skvadronen kom til å konvertere til North American F-86F Sabre, og flygerne ble i tur og orden sendt til Andøya for overføring. Her holdt, som nevnt, 331 skvadron til, og de hadde fly av tilsvarende type.

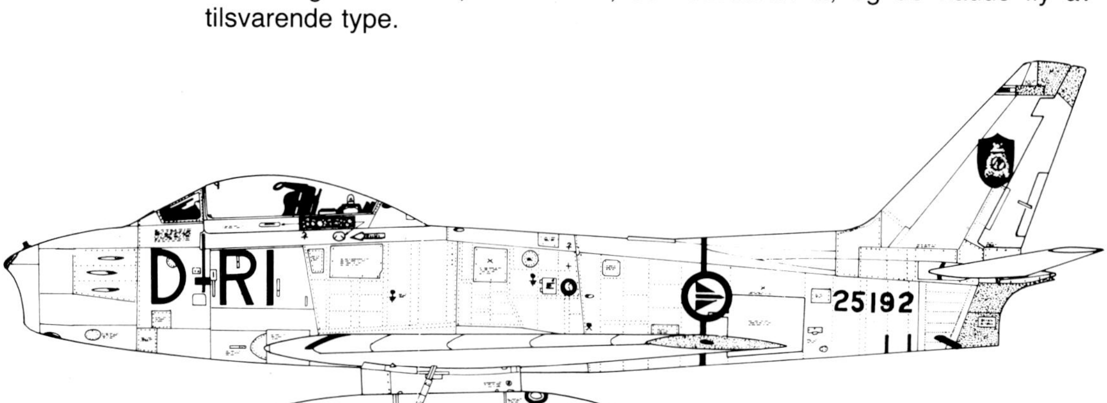

Ennå mens 334 skvadron lå stasjonert på Bardufoss, ble den oppsatt med Sabre. Første maskin landet den 6. august 1958, med skvadronsjefen ombord. Ettersom de nye flyene ankom, ble skvadronens gamle F-84G Thunderjet overlevert 338 skvadron, som nok ikke var bare lykkelig for "donasjonene".

Allerede under innkjøringsperioden på F-86F ble 334 skvadron satt inn i en større NATO-øvelse, og senere på året ble det skyte- og bombetrening med de nye flyene på Sola. Deretter gikk omsider turen tilbake til Bodø, etter lang og omfattende reisevirksomhet dette året, noe som selvsagt var en stor belastning for personellet.

En rekke NATO-øvelser sto på programmet i tiden som kom. Avskjæring av allierte bombefly, deltakelse i øvelse "Barfrost", simulerte luftkamper mot utenlandske skvadroner - det var nok å gjøre. Men F-86F hadde sine klare begrensninger. Allerede etter et par år sto en ny flytype for døren. Denne gangen var det den "store" Sabre-varianten, North American F-86K. 334 skvadron skulle nå opptre i en ny rolle, som allværsjagerskvadron.

F-86F Sabre RI-H (serienr. 52-5236) fra 334 skvadron fotografert på Sola i 1962. Skvadronen var der på skyte- og bombeøvelse, og RI-H har derfor en bombe opphengt under hver vinge. En halv time etter at bildet var tatt, totalhavarerte dette flyet.

I april 1960 reiste mannskapene til Kjevik for å begynne overføringen. Deretter gikk turen til Gardermoen, hvor skvadronene 337 og 339 skulle stå for opplæringen. Den 18. august kunne så skvadronsjefen lande på Gardermoen etter en prøvetur med skvadronens første F-86K. Den hadde kjennetegn RI-A, serienr. 54-4890, og var overtatt fra 339 skvadron.

F-86F perioden hadde vært bra hva uhell angår. Kun ett fly var avskrevet etter havari i denne tiden.

Da overføringsprogrammet til F-86K var gjort unna på Gardermoen, vendte 334 skvadron i august 1960 tilbake til Bodø. Omgående ble skvadronen satt på prøve i sin nye rolle, under en NATO-øvelse hvor F-86F Sabre samt britiske fly av typene Venom, Valiant og Gannet var motstandere.

I tiden fremover ble det vekslet mellom trening, øvelser, utebesøk og turer til bombe- og skyteskolen. 334 skvadron skulle komme til å operere F-86K i nesten syv år fra Bodø. Denne tiden ble på mange måter urolig, med hyppige forflyttinger til nordlige stasjoner på beredskap, fordi F-86K hadde relativt liten aksjonsradius.

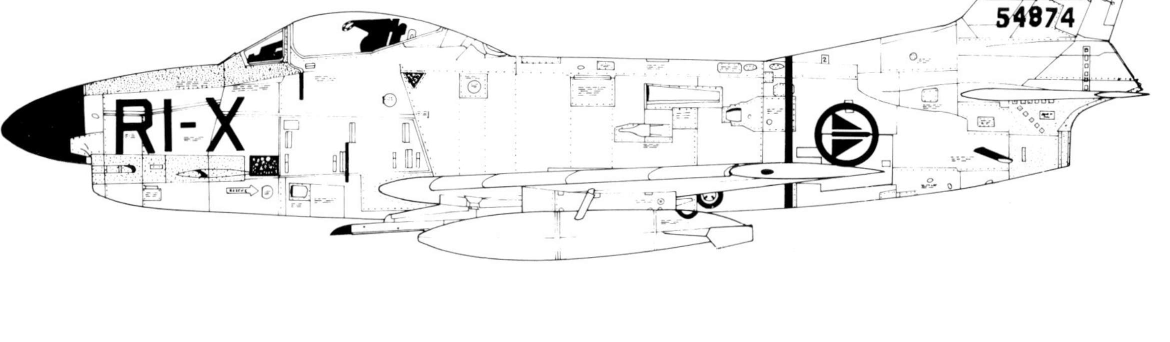

Før tokt foretar flygerne en visuell sjekk av flyet, en såkalt "walk-around inspection". Bildet er fra Banak flystasjon sent i 1971, og viser F-5A RI-L (serienr. 66-9224) som klargjøres før skarpskyting på Hallkavarre.

Andre uromomenter fantes også. I 1962 gikk 332 skvadron over på F-86K, og overføringen skjedde hos 334 og 339 i Bodø. Da programmet var gjennomført, tok 332 skvadron med seg endel av flyene sørover. Tilbake satt både 334 og 339 skvadron med redusert styrke. Kort tid etter forsvant endel personell over til 331 skvadron, hvor overføringen til Lockheed F-104G Starfighter var begynt. Dette førte til at 334 og 339 ble slått sammen i april 1963. 334 skvadron sto for den operative del av flygingen, mens 339 tok seg av den tekniske siden. Så ble 339 skvadron nedlagt den 1. september, og 334 overtok det hele. Perioden sammen med 339 skvadron hadde selvsagt i all vennskapelighet vært preget av konkurranse - i luften, på bakken og i baren! Ikke så hyggelig var det å se tilbake på endel ulykker som hadde inntruffet i denne tiden. Igjen hadde vernet om landets frihet krevet unge menneskers liv.

En ting som har preget 334 skvadron i alle år, er skvadronånden, spiriten som kom frem under krigen og har holdt seg nærmest uforandret siden, også i de vanskelige tidene for 334 skvadron tidlig i 60-årene. Et utslag av denne spiriten var oppvisningsteamet med F-86K som ble dannet i 1965 og som opptrådte på flere flystevner inntil flytypen skulle utfases et par år senere.

Luftforsvaret hadde i 1966 begynt å motta Northrop F-5 Freedom Fighter, og dette skulle også bli 334 skvadrons nye arbeidshest. Standardiseringen var gjennomført da 334 som den siste skvadron fikk nye fly i juli 1967. Den 15. juli passerte faktisk de siste F-86K på vei sørover og ut av Luftforsvaret, et sted over Sør-Norge, de første av 334 skvadrons Frihetsjagere på vei hjem til Bodø.

Nok en gang skiftet skvadronen rolle, fra luftforsvarsskvadron til angrep mot bakkemål. Dette stilte nye krav til mannskapene, og det ble trenet intenst for å bli operativ innen den frist høyere hold hadde satt. Dette greide man da også, takket være helhjertet innsats på alle hold og en utrolig god lagånd.

Northrop F-5 Freedom Fighter

Da erstatning for F-86F Sabre skulle velges i første halvdel av 60-årene var det klart at bare en del av anskaffelseskostnadene ville bli finansiert over våpenhjelpavtalen med USA. Luftforsvaret måtte derfor finne et prismessig gunstig fly, og etter langvarige utredninger falt valget tilslutt på Northrop F-5.

Flytypen ble opprinnelig utviklet som et privat prosjekt av fabrikken, og prototypen kom i luften den 30. juli 1959. Den 25. april 1962 kunngjorde det amerikanske forsvarsdepartementet at N-156F var utpekt som våpenhjelp til allierte land under betegnelsen F-5, og typen er senere levert til en rekke land i flere versjoner.

Fra februar 1966 til desember 1970 ble 78 F-5A, 14 F-5B og 16 RF-5A levert til Luftforsvaret, samtlige fløyet fra California til Norge. ★

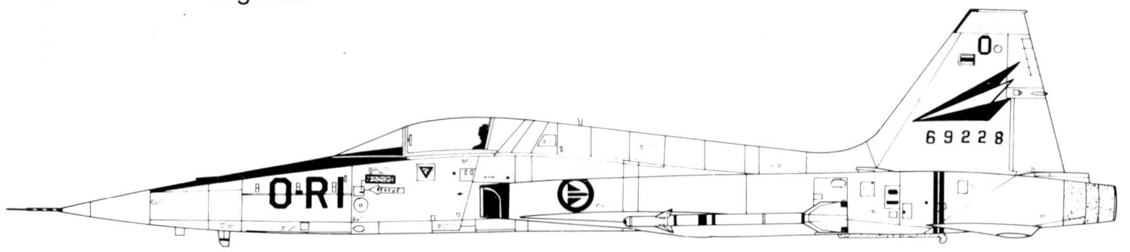

Årene som fulgte, var forholdsvis rolige og preget av rutineoppdrag. Northrop F-5 var en enkel og driftssikker maskin, og med stabil personellstyrke klarte 334 skvadron å løse sine pålagte oppdrag tilfredsstillende. Regelmessige deployeringer både i nord og sør i forbindelse med øvelser, utvekslinger o.l. gjorde sitt til å sette farge på en ellers rutinemessig hverdag. Men en jagerskvadrons tjeneste selv i fredstid bringer ofre. Igjen blir vi minnet om at friheten koster. Tre flygere og syv fly mistet 334 skvadron i perioden fra 1968 til 1972.

CF-104D Starfighter "637" (serienr. 12637) på Kjeller i 1982. Maskinen er blitt prøvefløyet før retur til 334 skvadron på Bodø.
Etter å ha blitt faset ut av tjeneste, er flyet nå lagret.

Da Canada i 1971 og 1972 tilbød noen av sine Canadair CF-104 Starfighter for salg, var både Norge og Danmark frempå, og Luftforsvaret sikret seg 19 en-seters og også 3 to-seters maskiner av denne typen. Den kanadiske Starfighter skiller seg i det vesentlige fra den amerikanske som 331 skvadron var oppsatt med, som jagerbomber istedenfor ren avskjæringsjager. De flyene Norge mottok fra Canadian Armed Forces, forøvrig sterkt forsinket, var da også ment for denne rollen. Det skulle bli 334 skvadron som kom til å bytte ut sine Northrop F-5 med Canadair CF-104, og etterhvert ble skvadronen bygget opp med spesiell trening i anti-shipping rollen.

De kanadiske Starfighter-flyene var i dårlig forfatning ved mottakelsen, etter å ha vært lagret i Skottland i flere år. Det ble mye arbeide på teknisk skvadron i Bodø før flyene var operasjonsklare. I den første tiden måtte derfor 334 skvadron fly både Northrop F-5 og Canadair CF-104 for å kunne utføre sine oppdrag.

Samarbeidet med Sjøforsvaret ble etterhvert forsterket på områder som taktikk og prosedyre. Det hadde i over ti år vært holdt felles taktikk-kurs for Luftforsvaret og Sjøforsvaret, og dette ble nå videreført gjennom 334 skvadron.

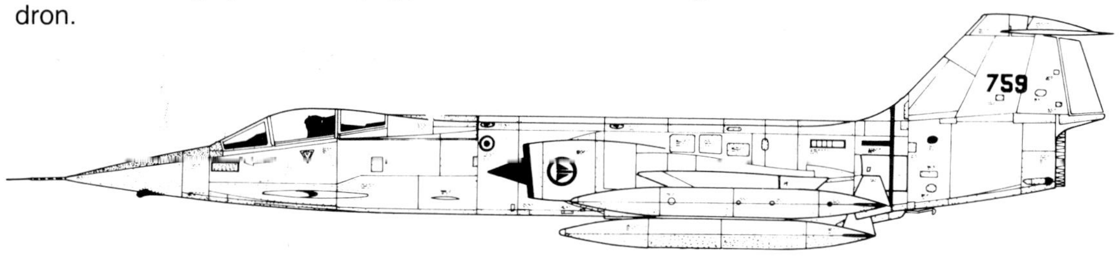

Etterhvert forsvant Northrop F-5 fra skvadronbildet, og avdelingen ble fullt operativ på Starfighter. Nivået var høyt, selv om erfaringsgrunnlaget hos flygerne nok var sunket endel på grunn av flygeravgangen fra Luftforsvaret, et relativt stort problem på denne tiden.

Utover i 70-årene deltok 334 skvadron i de store NATO-øvelsene som ble holdt i Norge, samt "Bull's Eye"-konkurransene. CF-104 fikk etterhvert utstyr for også å kunne gjøre en innsats mot luftmål og ble modifisert til en veritabel våpenplattform. I ti år satte disse grønnmalte Starfighter-flyene sitt preg både på Bodø hovedflystasjon og 334 skvadron.

Men også "Firer'n" skulle oppsettes med de nye enhetsflyene General Dynamics F-16 Fighting Falcon. Vinteren 1982/83 ble skvadronens CF-104 maskiner sendt til Sola for lagring. Flyene hadde da vært i virksomhet over hele vår nordlige landsdel i mange år. Fire Starfightere og to flygere var gått tapt i denne perioden.

Etter overføring på Rygge flystasjon til F-16 fortsetter idag 334 skvadron sin aktivitet fra Bodø med bedre materiell enn avdelingen noen gang har hatt, og skvadronånden er, selvsagt, fortsatt på topp.

Førstemann til å passere 1.000 timer på Canadair CF-104 i Norge var løytnant Helge Andreassen fra 334 skvadron. Begivenheten fant sted mandag den 23. april 1979 og ble behørig feiret. Fra venstre: Grenadér Tom Heistein, løytnant Helge Andreassen og fenrik Jan Dieset.

335 skvadron

Luftforsvarets transportavdeling, 335 skvadron, ble offisielt opprettet på Gardermoen den 15. august 1946. Men skvadronen har røtter lenger tilbake, da forskjellige enheter i tur og orden opererte som transportavdelinger for de norske styrker. Historisk sett er det derfor riktig først å se litt nærmere på disse enhetene som var 335 skvadrons forløpere.

Stockholmsruten

Bakgrunnen for å opprette en fast luftrute mellom Sverige og Storbritannia var strømmen av flyktninger som etterhvert kom til Sverige etter å ha tatt seg illegalt ut av Norge. Tidlig under krigen ble mange av disse sendt via Sovjet og Asia til England, men da Tyskland angrep Sovjet i juni 1941, ble denne reisemuligheten stengt. Da gjensto kun luftveien for flyktninger og andre som måtte reise fra Sverige til Storbritannia.

Gjennom den norske militærattasjé i Washington ble det gjort forsøk på å skaffe egnede fly til en norsk luftrute mellom Skottland og Sverige. Den 21. mai 1941 ble det på regjeringshold i London bestemt å opprette en egen transportavdeling for å drive en slik rute. Avdelingen ble fortrinnsvis bemannet med norske ruteflygere fra før krigen. For å unngå politiske vansker i Sverige ble det inngått et samarbeide med det britiske flyselskapet British

Et av de to første flyene til Stockholmsruten var Lodestar G-AGDE "Loch Lesja" (Konstr.nr. 2086). Det er her avbildet på Leuchars i begynnelsen av juni 1943 før flyet ble overført til Staverton for motorskifte. Den 17. desember 1943 ble "Loch Lesja" sannsynligvis skutt ned av et tysk jagerfly på vei fra Stockholm. Mannskapet på tre og fem passasjerer omkom.

Overseas Airways Corporation, BOAC. Det medførte at norske fly skulle ha sivil britisk registrering og BOAC-farger, og de norske flymannskapene skulle bruke selskapets uniformer.

Det skulle vise seg vanskelig å få kjøpt egnede fly i USA, men omsider fikk man anskaffet to Lockheed 18 Lodestar. Disse ankom til Prestwick i Skottland i juli 1941, men det var først i august at avdelingen etablerte seg på Leuchars flystasjon.

Første tur til Bromma ved Stockholm gikk den 18. august med Lodestar G-AGDE, som hadde fått navnet "Loch Lesja". Det andre flyet fikk forøvrig navnet "Loch Losna". Et par dager etter ble neste tur utført,og dermed var ruten igang. Flygingene foregikk om natten, for å unngå tyske jagerfly. De norske transportmaskinene hadde nemlig ikke noen bevæpning. I sommermånedene, da det ikke var mørkt nok, var derfor aktiviteten redusert ved avdelingen.

Vel et år etter at de to første flyene var mottatt, fikk man ytterligere to maskiner av samme type. I mellomtiden hadde norske besetninger også fløyet andre BOAC-maskiner på Stockholmsruten. Det ble etterhvert et betydelig antall passasjerer som ble fraktet til Skottland.

Uhell inntraff — det første allerede i juni 1942 da en av BOAC's Lockheed Hudson maskiner med norsk besetning nødlandet i sjøen ved Smögen på svenskekysten. I april året etter forsvant en av de norske Lodestarene over Skagerrak, antagelig skutt ned av tyske jagerfly.

I august 1943 ankom de to første av åtte Lodestar levert fra USA under Lend-Lease avtalen, til Leuchars. I oktober kom de to neste. Den 16. oktober ble også avtalen mellom BOAC og Luftforsvaret sagt opp, da britene ikke lenger så seg istand til å opprettholde Stockholmsruten med Hudson og Lodestar. De var i stedet gått over til å benytte de langt raskere Mosquito-flyene til kurérer og viktig last.

Da de norske myndighetene anså det viktig å få over flest mulig mannskaper til Storbritannia, ble det bestemt at man skulle fortsette Stockholmsruten med Lodestar for egen regning, men under BOAC's paraply.

I oktober var så avdelingen utsatt for enda et fatalt uhell. En Mosquito fra BOAC, med norsk mannskap, havarerte under innflygingen til Leuchars i mørke. Både mannskapet på to og en passasjer omkom. Neste uhell inntraff i desember 1943, da en Lodestar forsvant over Nordsjøen på vei fra Sverige. Nedising ble antatt å være havariårsaken. Kort etter, i januar 1944, havarerte en Lodestar på treningstokt i Skottland allerede før den var blitt registrert. Heldigvis ble ingen skadet denne gang.

På tross av uhellene fortsatte Stockholmsruten. Antallet turer steg etterhvert betraktelig og dermed også antallet på personer som ble befordret.

I august 1944 mistet nordmennene igjen en Lodestar som kolliderte med et høydedrag i Sverige under dårlige værforhold. Den ulykken krevde et stort antall menneskeliv.

Kort tid etter mottok avdelingen de fire siste Lodestarene fra USA på låne-leie basis, til erstatning for havarerte fly. Også ett av disse gikk tapt da det i mai 1945 nødlandet i sjøen ved Umeå og sank. Det var forøvrig det siste havariet i Luftforsvarets transportavdeling som har medført avskrivning av fly til *dags dato*!

Helt på slutten av krigen, i april 1945, mottok Luftforsvaret under låne-leie avtalen syv Douglas C-47 fra amerikanske overskuddslagre. De ble også satt inn på Stockholmsruten umiddelbart før frigjøringen. Da krigen var over, hadde mer enn 3.300 passasjerer blitt befordret på ruten.

No. 20 Transport Squadron

Avdelingen var en direkte etterfølger til Stockholmsruten som drev rutetrafikk mellom Leuchars i Skottland og Stockholm. Den 19. mai 1945 ble Stockholmsruten BOAC, Norwegian Detachment, som var avdelingens fulle navn, omdøpt til Luftforsvarets Transportavdeling og ble på alle måter en ren militær avdeling.

Den besto av to flighter, Lodestar-flighten med kaptein Finn Thorsager som sjef og Dakota-flighten med kaptein Erling Omtvedt som sjef.

Hurtiggående Mosquito-fly ble satt inn på Stockholmsruten, og bildet viser G-AGGE på Leuchars sommeren 1943. Flyet var opprinnelig en jagerbomber av versjonen FB Mk. VI, med serienummeret HJ718. Det ble overtatt av BOAC den 23. april 1943, og norske mannskaper gjorde mange turer til Stockholm med nettopp denne maskinen.

Lockheed Lodestar

Lodestar var en videreutvikling av Lockheed 14, en salgssuksess fra før krigen. De to første flyene ble innkjøpt direkte for norske midler i mai 1941, og ytterligere ti fly kom på låne- og leiebetingelser, hvorav de fire siste i desember 1943. Etter tjeneste på Stockholmsruten ble de syv gjenværende Lodestars overført til Norge i juni 1945. I 1950 ble flyene, som da var nærmest nedslitte, solgt til Sverige og Finland. Lodestar ble bygget i mange versjoner for både sivilt og militær bruk. Luftforsvaret benyttet følgende typer fra 1941 til utfasingen:

18-10 Lodestar (sivil versjon):
2 stk. levert juni og juli 1941
C-56B Lodestar (modell 18-40):
2 stk. levert mai 1942
C-60A Lodestar (modell 18-56):
4 stk. levert juni og okt. 1943
4 stk. levert desember 1943 ★

Lockheed 18-40 Lodestar "E" fra No. 20 Transport Squadron på Bromma ved Stockholm i august 1945. Fra september 1942 gjorde dette flyet tjeneste på Stockholmsruten som G-AGEI "Loch Loen".

I den første tiden etter frigjøringen lå avdelingen på sin gamle stasjon Leuchars, men ble i midten av juni overført til Fornebu flyplass. På denne plassen hadde tyskerne hatt sin transportavdeling stasjonert mesteparten av krigen. Den enhetens navn var Transportfliegergruppe 20, og man laget derfor en norsk-britisk versjon for vår egen transportavdeling — No. 20 Transport Squadron.

Skvadronen ble pålagt oppgaven å gjennomføre den operative delen av de halvmilitære ruteflyginger Norges Luftfartsstyre satte igang fra juni 1945. Norges Luftfartsstyre ble opprettet i Storbritannia ved Kgl.res. av 19. november 1943 med det formål å drive ruteflygingen i et fritt Norge frem til det tidspunkt da Stortinget hadde bestemt hvordan den sivile luftfart skulle ordnes.

No. 20 Transport Squadron hadde ved frigjøringen de gjenværende syv av ialt 12 leverte Lockheed Lodestar. Fra amerikanske overskuddslagere hadde Luftforsvaret fått tildelt syv Douglas C-47A Dakota på Lend-Lease betingelser, samtidig som Norges Luftfartsstyre fikk kjøpt tre Douglas C-53D Dakota transportfly.

Douglas-flyene ble etter overhaling i Montreal fløyet via Storbritannia til Fornebu i løpet av sommeren 1945 og satt inn i ruteflygingene.

I tillegg til de faste rutene ble No. 20 Transport Squadron pålagt en lang rekke spesielle transportoppdrag og VIP-turer.

I juni 1945 ble avdelingen forsterket ved noen ex-tyske Junkers Ju. 52/3 m som hovedsakelig ble satt inn i ruten til Trondheim. Det var imidlertid stadig problemer av teknisk art med disse flyene, slik at de mange ganger var til mer bryderi enn nytte.

No. 20 Transport Squadron fikk æren av å fly medlemmer av kongefamilien ved flere anledninger, og den 27. februar 1946 ble den nyutnevnte generalsekretær i FN, Trygve Lie, fløyet i C-47A "Y" fra Fornebu til London. En gang var et av avdelingens fly helt i Moskva, og av mer kuriøs last kan nevnes 25.000 egg som ble fløyet fra København til Oslo.

I november 1945 ble all innenlandsk ruteflyging stanset på grunn av meget dårlig flyvær, samtidig som sikringstjenesten var langt fra tilfredsstillende. Utenlandsrutene ble imidlertid opprettholdt frem til månedsskiftet januar/februar 1946.

Etableringen av et sterkt norsk flyselskap var bestemt av Stortinget, og Det Norske Luftfartsselskap skulle overta all ruteflyging. Med unntak av Lodestar-flyene og et par Ju.52/3m skulle alt flymateriell overføres til det nye flyselskapet.

Douglas C-47A/C-53D

Etter flere forsøk på å få tildelt C-47 i løpet av krigen, klarte Luftforsvaret endelig å få syv fly av typen på låne- og leiebetingelser tidlig i 1945. Etter overhaling hos Canadian Vickers i Montreal ble flyene fløyet via Prestwick i Skottland til Fornebu av norske mannskaper i mai og juni 1945. I mars året etter ble det bestemt at disse syv flyene, samt tre Douglas C-53D, som var en passasjerutgave av C-47 og egentlig eiet av Norges Luftfartsstyre, skulle leies ut til sivil luftfart.
Flytypen kom på nytt inn i Luftforsvaret sommeren 1950, med levering av ti C-47A som de første i det store amerikanske våpenhjelpprogrammet (MDAP). Seks fly ble avgitt til det danske flyvåpnet i 1956, og de fire siste fortsatte ved 335 skvadron frem til mai 1974. Ett av dem står idag i Flymuséet på Gardermoen.
Denne flytypen, bedre kjent som Dakota, er blant verdens mest berømte. Rundt 11.000 ble bygget i USA og anslagsvis 2.000 til i Sovjet. Prototypen fløy første gang i 1935, og ennå er hundrevis av slike fly i tjeneste over hele verden. ★

No. 20 Transport Squadron's Douglas C-47A "Z" etter en uheldig landing på Fornebu den 14. juni 1945, der flyet skar ut fra rullebanen. I mai året etter gikk denne maskinen til Det Norske Luftfartsselskap A/S som LN-IAO, med navnet "Norodd".

Som sjef for No. 20 Transport Squadron fungerte kaptein Gunnar Halle. Han var flysjef på Fornebu fra den 28. mai 1945 og sjef for skvadronen fra den 20. november til den 19. februar året etter.

Også to mindre transportavdelinger ble operert av Luftforsvaret i Norge rett etter krigen. Det skal kort nevnes litt om disse.

No. 21 Transport Flight

Behovet for transportfly i Nord-Norge var meget stort da tyskerne under sin tilbaketrekning fra Finnmark hadde sørget for systematisk å ødelegge alle kommunikasjoner i fylket.

Luftforsvaret hadde ingen fly selv for dette formålet, og det ble derfor bestemt å sette istand noen av de Junkers Ju.52/3m transportfly som Luftwaffe hadde etterlatt i Norge.

En del fly av denne typen var utstyrt med flottører og hadde tilhørt Seetransportfliegerstaffel 2 i Hommelvik. No. 21 Transport Flight ble opprettet den 22. juni 1945 på Skattøra ved Tromsø med kaptein T. Halvorsen som sjef. Flighten var kommandomessig underlagt Gruppe 6 på Bardufoss. En rekke leilighetsturer ble gjennomført - hovedsakelig til Finnmark, men også sydover til Trondheim. De ex-tyske flyene var i dårlig teknisk stand og ble derfor bare benyttet i kortere perioder. Et av flyene ble stilt til statsråd Gabrielsens disposisjon i forbindelse med gjenreisingsarbeidet i Finnmark. Følgende fly ble brukt av flighten frem til den ble nedlagt i midten av november 1945:

Flytype:	Konst.nr.:	Tildelt:	Div.anmerkninger:
Ju.52/3mg7e	7229	22.06.45	Avgitt til Horten Flyfabrikk for overhaling 25.07.45.
Ju.52/3mge	5489	15.08.45	Satt på land fra 12.09.45.
Ju.52/3mg	501198	04.08.45	Benyttet frem til flightens nedleggelse.

No. 22 Transport Flight

Den siste av Luftforsvarets transportavdelinger som ble opprettet i 1945, var No. 22 Transport Flight på Bardufoss den 10. august. Flighten skulle drive den viktige ruten Bardufoss-Kautokeino-Høybuktmoen (Kirkenes) som før var blitt trafikkert av amerikanske transportfly fra Luleå i Sverige.

Materiellet besto av tidligere tyske transportfly av typen Junkers Ju.52/3m som etter overhaling på Fornebu ble fløyet nordover. Ruten til Kirkenes ble igangsatt samme dag som flighten ble opprettet, og flyet var byggenr.

Luftwaffes arbeidshest gjennom hele krigen var Junkers Ju. 52/3m, samme flytype som dessuten ble brukt til ruteflyging av Det Norske Luftfartsselskap i 30-årene og igjen etter krigen. I 1945 etterlot Luftwaffe ikke mindre enn 46 slike fly i Norge. De fleste ble overtatt av RAF og fløyet til Hamburg. Andre var i så dårlig forfatning at de enten ble brent eller brukt til reservedeler.
Luftforsvaret overtok åtte Ju. 52/3m med hjulunderstell og 10 med flottører. Av disse ble seks hjulfly og tre sjøfly brukt fra juni 1945 til februar 1946.
Flyet på bildet (konstr.nr. 2982) var en ren fraktmaskin og ble overtatt på Fornebu den 12. juli. Det ble benyttet i både Sør- og Nord-Norge inntil februar 1946.

501358. Ved returen til Bardufoss dagen etter havarerte flyet under landing og ble avskrevet.

Andre fly som tjenestegjorde i denne avdelingen, var byggenr.2982, 6048, 5555 og 501219.

Den 13. november 1945 ble flighten beordret nedlagt.

335 skvadron

Etter nedleggelsen av No. 20 Transport Squadron i februar 1946, ble virksomheten sterkt nedtrappet. Selv om Luftforsvaret ønsket å beholde de syv Douglas C-47A som midlertidig var leiet ut til Det Norske Luftfartsselskap A/S, satte politikerne sivil lufttrafikk foran militære behov, så disse flyene ble solgt til DNL i 1947.

Med de gjenværende syv Lodestars skulle så Luftforsvarets nye transportavdeling bygges opp. Det var løytnant (fra 15. juli 1946 kaptein) Eirik Sandberg som ledet transportflygingen sommeren 1946, og allerede den 18. juli det året ble det bestemt at han skulle overta som sjef for den planlagte transportavdeling.

Overføringen av mannskaper til Lodestar begynte tidlig i august, og den 8. den måneden gikk følgende ordre ut fra Luftforsvarets overkommando: "Fra 15. august settes opp en transportskvadron med standkvarter på Gardermoen og med betegnelsen 335 skvadron (T). Skvadronen skal etterhvert overta Luftforsvarets syv Lodestar fly. Som sjef for skvadronen beordres inntil videre kaptein E. Sandberg".

I mangel av egne fly for slepemålsflyging ble blant annet Cornell, Norseman og Lodestar brukt til slike oppdrag. Bildet viser Lodestar T-AG (konstr.nr. 2615) med vinsjanordningen montert ved bokstaven T i kjennetegnet. Slepeanordningen var noe problematisk og førte til stadige vansker for operatørene ombord. T-AG var av den militære Lodestar-utgaven, betegnet C-60A, og hadde i Storbritannia fløyet med registreringen G-AGLG.

Med Lodestar-maskinene som materiell ble alle større militære transportoppdrag utført av den ferskeste av Luftforsvarets skvadroner. Første store oppgave var forsyningstjenesten til Tysklandsbrigaden fra 1947. Denne tjenesten ble opprettholdt av 335 skvadron så lenge det sto norske okkupasjonsstyrker i Tyskland, med ukentlige turer frem til 1953. Over 9.000 passasjerer og 200 tonn frakt ble transportert av skvadronen i disse årene. Da Norge kjøpte sine første jetfly av typen Vampire i 1948, fikk 335 skvadron også i oppdrag å opprette en fast rute på Storbritannia med reservedeler og motorer for Luftforsvaret.

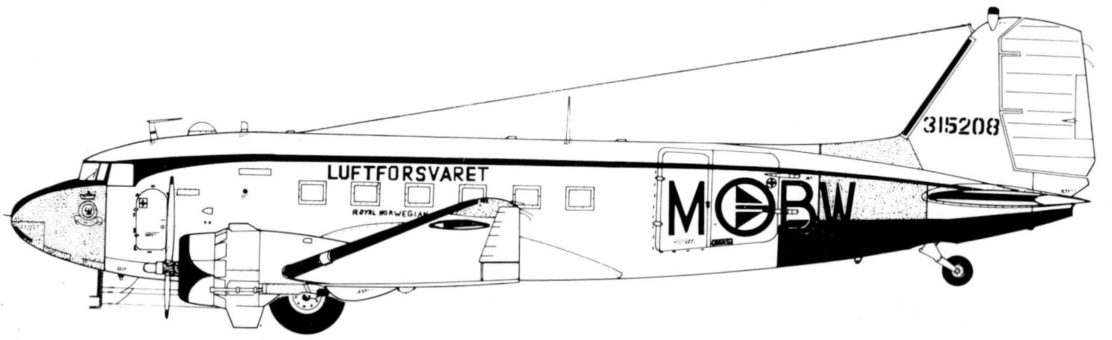

Den amerikanske betegnelsen "Gooney Bird" har blitt malt på Douglas C-47A BW-K (serienr. 43-15613), fotografert på North Weald i mars 1955. Flyet var innredet for transport av viktige personer og fikk høsten 1954 påmalt "Det Kongelige Norske Flyvåpen" som første fly. Den 11. september 1954 ble det bestemt at 335 skvadrons øvrige maskiner skulle merkes på samme måte.
BW-K ble sammen med de tre øvrige gjenværende C-47A offisielt utrangert i mai 1974. Flyet ble solgt via Sverige til USA hvor det ble sivilregistrert N62101.

I 1950 hadde Lodestar-flyene utspilt sin rolle, og Norge mottok som våpenhjelp fra USA 10 Douglas C-47 Dakota. På nytt skulle altså denne flytypen i norsk tjeneste. Noen av Dakotaene kom rett fra forsyningstjenesten til det blokkerte Berlin og var nokså medtatte. Men de ble snart satt istand etter vanlig god norsk standard.

I 1951 ble skvadronen pålagt å fly fast rute på Frankrike med utstyr og materiell som skulle til Norge som våpenhjelp gjennom NATO. Men både Tysklands-, Englands- og Frankriketurene ble nedtrappet etterhvert som innenlandsflygingene tiltok. Utbyggingen av Forsvaret i Nord-Norge var igang for fullt, og det ble nødvendig med faste transportruter til våre nordligste landsdeler.

Seks av Dakota-flyene ble i 1956 sendt til Danmark, som et ledd i NATO's våpenhjelpprogram. I stedet mottok 335 skvadron åtte Fairchild C-119G Flying Boxcar. Samme år ble det fløyet humanitære transportoppdrag i forbindelse med oppstanden i Ungarn.

Gjennom årene som fulgte, skulle 335 skvadron forøvrig bli riktig godt kjent i internasjonalt luftrom. Det ble mange humanitære spesialoppdrag til fjerne himmelstrøk. Med de store transportflyene fløy man hjelp til flomrammede distrikter i Po-dalen i Italia, og til jordskjelvherjede områder i Jugoslavia og Marokko. Senere kom hjelpeflyginger i Kongo og Biafra i forbindelse med hungerkatastrofer der. Alle disse turer gikk i FN's regi.

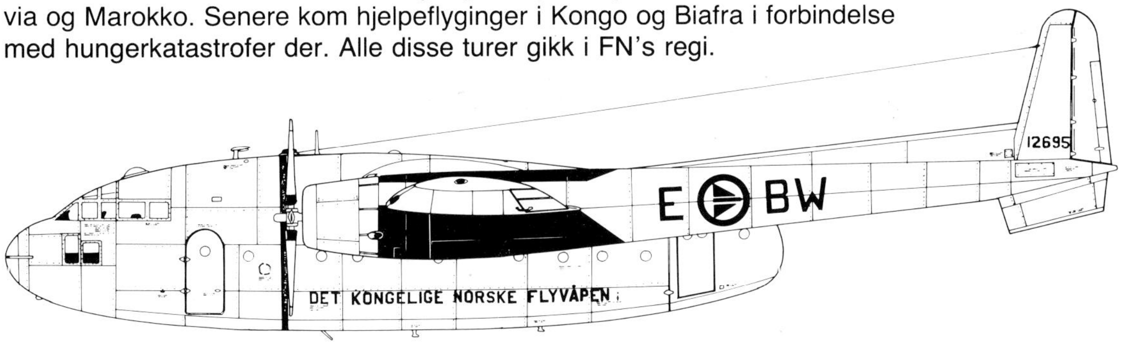

Andre langturer har det også blitt i FN-tjeneste. I årene 1956-57 ble det fløyet for Danor-bataljonen som var stasjonert i Gaza i Egypt. Flere ganger har slike turer vært dramatiske for de norske besetningene, og både fly og mannskaper har vært i fare.

C-119G flyene ble i 1969 returnert til USAF. Til erstatning hadde Luftforsvaret bestilt seks fabrikknye Lockheed C-130H Hercules. Disse ble høytidelig overtatt og døpt ved en seremoni på Gardermoen flystasjon den 16. september 1969. Alle flyene fikk norrøne gudenavn som "Odin", "Tor", "Balder" o.s.v.

Selv om C-119G ble skiftet ut, beholdt 335 skvadron sine fire gamle Dakotaer. De ble vesentlig brukt til viktige passasjertransporter, kontrollflyginger og kortere transportturer. H.M. Kong Olav V hadde sitt "eget" fly, spesialinnredet for VIP - Dakotaen BW-K med serienr. 43-15613.

Etterhvert ble allikevel C-47 for gammel, og de siste flyene ble tatt ut av bruk i 1973. Til kalibrering og viktige persontransporter hadde Luftforsvaret i 1972 kjøpt to Dassault DA-20 Jet Falcon, og ytterligere et ble anskaffet i 1978. Jetalderen var omsider kommet til 335 skvadron også.

Fairchild C-119 G Flying Boxcar

Prototypen foretok sin første tur i november 1947, og leveringene av C-119 til USAF tok til i mars 1952. Tilsammen åtte fly ble sendt til Norge og brukt av 335 skvadron. Flyene ankom landet fra juni til september 1956. De var opprinnelig levert fra USA til det belgiske flyvåpnet og etter tjeneste der ble de konvertert fra F- til G-versjon før levering til Norge. G-versjonen hadde Aeroproducts propellere i motsetning til F-versjonens Hamilton Standard.
Foruten i Norge har flytypen vært benyttet av USA, Canada, Belgia, Italia, India, Marokko, Sør-Vietnam og Taiwan. Totalt var 1.112 fly bygget av Fairchild da produksjonen opphørte i 1955.
I Norge var flyene i tjeneste frem til 1969. ★

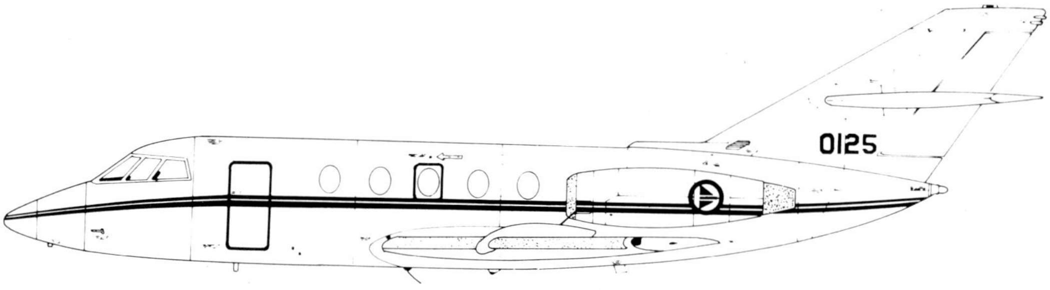

Dassault Jet Falcon

Falcon 20 ble opprinnelig utviklet som sivilt forretningsfly, og prototypen fløy første gang den 4. mai 1963. Typen har vært meget vellykket og over 500 fly er bygget. De er idag ibruk over store deler av verden, både sivilt og militært.

Luftforsvaret kjøpte sine to første Falcon på slutten av 1972 fra Fred Olsens Flyselskap A/S. Begge er senere ombygget for kalibrering og elektronisk krigføring. Seks år senere kjøpte Luftforsvaret en tredje maskin fra Fred Olsen. Denne benyttes nå hovedsaklig til transportoppdrag. ★

Med Hercules kom de virkelig lange turene på skvadronens program. En av de lengste gikk til Peru i 1970 med hjelpemateriell etter et jordskjelv. Nye katastrofer oppsto i Etiopia og Syd-Jemen - og 335 skvadron var på plass.

Men turene gikk ikke alltid til fjerne land. Her hjemme ble det fløyet nesten daglige ruter mellom Nord- og Sør-Norge med transport av militært personell, vesentlig for Hæren. Også under øvelser av forskjellig slag settes Hercules-flyene inn for å forflytte mannskaper og materiell.

Et nært samarbeide med Hærens jegerskole har gjort slipp av fallskjermjegere til en vanlig foreteelse. Skvadronens fly kan også relativt raskt gjøres om til ambulanseoppdrag, ved innstallering av bårer. De brukes også i søks- og redningsoppdrag, og fra 1977 er 335 skvadron trukket aktivt inn i kystvakttjenesten med oppdrag å overvåke den økonomiske sone utenfor våre sørlige farvann.

Spennende hendelser har det også vært i mer hjemlige himmelstrøk. 335 skvadron kom bokstavelig talt i ilden da man den 20. september 1970 fikk i oppdrag å evakuere personellet ved Forsvarets fellessambands stasjon på Jan Mayen. Øyas vulkan hadde plutselig satt igang å sprute røyk og ild, og ingen visste hvordan dette kunne utvikle seg. På en høyst primitiv grusstripe landet derfor en Hercules og hentet folkene på stasjonen. Senere er denne stripen utbedret og døpt Jan Mayens-field. Og idag flyr 335 skvadron inn alle forsyninger, utstyr og avløsninger regelmessig.

Også andre steder i Arktis har Hercules-fly fra 335 skvadron vært å finne. Både på Svalbard og på Grønland har man fløyet, tildels fra dårlige landingsstriper. Skvadronen besørget også slipp av utstyr over Nordpolen til Ragnar Thorseths ekspedisjon i begynnelsen av 80-årene.

Går vi tilbake til fjerne strøk, har 335 skvadron loggført hjelpeaksjoner for Norges Røde Kors i Afrika med base i Liberia i 1974. Samme år fløy skvadronen for Kirkens Nødhjelp i Bangladesh. En kirurgisk enhet bragte man for Røde Kors helt til Bangkok - en tur på 12.600 kilometer.

For FN blir det fløyet regelmessige ruter til Israel og Libanon.

Men også europeiske land og andre NATO-partnere står på 335 skvadrons "rutenett". USA og Canada har jevnlige besøk. Enten for ettersyn ved Lockheed-fabrikken, for å hente hjem reservedeler til Luftforsvarets mange flytyper, eller for simulatortrening i Canada. Personell-transport til andre land er også blant avdelingens mange gjøremål.

Den 6. mai 1970 tok "Odin" (serienr. 68-10952) av fra Gardermoen med kurs for Nigeria. Ombord var utstyr og helsepersonell til hjelpearbeidet i Syd-Øst-Staten i Nigeria, nær Kalabar.
Av praktiske grunner ble flyet sivilregistrert LN-SUW, et kjennetegn det var tildelt fra den 4. til 15. mai.
BW-B (serienr. 68-10953) var utsett som reservefly og tildelt registreringen LN-SUR, men ble ikke benyttet.

Lockheed C-130H er et taktisk transportfly, også beregnet på å kunne operere fra små, improviserte flystriper under feltforhold. For å komme raskt i luften fra slike striper benyttes noe som kalles JATO-flasker. JATO står for Jet Assisted Take-Off. Bildet er tatt under en slik avgang.

Flere ganger er norske Hercules-maskiner benyttet for å frakte historiske fly som er funnet og som skal til restaurering eller utstilling på museum. Dermed er 335 skvadron på en aktiv måte med på å ta vare på Luftforsvarets historie.

Men om det ikke bringer de store overskrifter eller spennende opplevelser, er det her hjemme i de vanlige rutineoppdrag Forsvaret har mest nytte av 335 skvadron. A-ving med sine Hercules-maskiner utfører transportoppdrag over hele vårt langstrakte land. B-vings små raske Jet Falcon er viktige for såvel kontrollflyginger for navigasjonshjelpemidler som oppdrag av mer militær art. Transport av viktige personer hører også med blant de oppgaver B-ving får.

335 skvadron har dessuten til enhver tid i beredskap for de Forente Nasjoner to fly og fire flymannskaper, som kan settes inn på kort varsel hvorsomhelst i verden.

Lockheed C-130H Hercules

Opprinnelig spesifisert som SS-400L Medium Cargo Support System av USAF, fikk Lockheed i juli 1951 kontrakt på bygging av to YC-130 prototyper. Den første fløy den 23. august 1954, men allerede to år tidligere forelå bestillingen fra det amerikanske flyvåpnet.

Siden har Hercules hatt enorm suksess og er idag i tjeneste i en lang rekke land. Som transportmaskin i sin klasse har den ingen like, tilsvarende fly utviklet på samme tid er forlengst tatt ut av tjeneste, mens Hercules stadig produseres i en rekke militære og sivile varianter. Produksjonen nærmer seg nå 2.000 fly.

Luftforsvaret mottok seks fly i 1969, og de er alle stadig i tjeneste. Noen år før bestillingen ble foretatt avviste man et tilbud fra Lockheed om demonstrasjon som "ikke interessant". Idag er det liten tvil om at valget av C-130H var særdeles vellykket. ★

336 skvadron

I henhold til ordre fra Luftforsvarets overkommando skulle Vampire-vingen ved 331 skvadron skilles ut og opprettes som egen skvadron på Gardermoen fra den 15. juli 1949. Skvadronens nummer ble 336. Oppsettingen skulle være på 12 fly av typen de Havilland Vampire F.Mk. III. I tillegg ble skvadronen pålagt inntil videre å huse nye fly av typen etterhvert som de ankom fra England.

336 var den første skvadron i Norge som fløy jetfly, og ble gjenstand for mye publisitet til å begynne med. Overalt hvor Vampire-flyene viste seg, førte det til omtale i pressen. 336 skvadron var da også litt av et paradis de første årene den eksisterte. Deltakelse i flystevner og andre arrangementer var nærmest obligatorisk for "blåselampene".

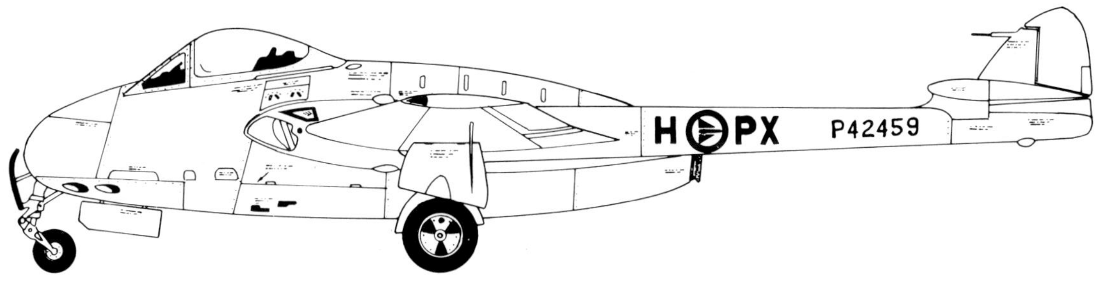

Den første øvelsen utenlands hvor norske jetjagere deltok var "Emperor", som ble avholdt i England høsten 1950. Bildet viser en Vampire F Mk.III fra 336 skvadron under denne øvelsen og er tatt på RAF-basen Manston i oktober måned. Manston ligger i Kent, nær Kanal-kysten, og var derfor midt i frontlinjen under Slaget om Storbritannia i 1940. Flyplassen ble utsatt for tyske angrep nesten hver dag og måtte til slutt evakueres. Under resten av slaget ble den bare benyttet som nødlandingsplass, men gjenopptok senere vanlig operativ rolle. Hele seks tyske fly landet på Manston under krigen, i den tro at de var i det tyskokkuperte Frankrike. Nåja — den misforståelsen ble jo raskt oppklart!

1950 ble et aktivt år, med deltakelse i flere større arrangementer som Forsvarsstevnet på Kjevik og SAS-dagen i København, begge i mai måned, samt Bardufossdagen i juli. Skvadronens flygere sto også for hjemføringen av stadig nye Vampires fra Storbritannia hele sommeren. Av mer operativ karakter var øvelse "Argus", der 336 skvadron blant annet fikk i oppdrag å avskjære amerikanske bombefly over Oslo-fjorden.

I oktober dro 336 skvadron for første gang utenlands. Turen gikk til de norske skvadronenes hjemmebase i England under krigen, flyplassen North Weald nordøst for London. Derfra deltok "Sekser'n" i den store øvelsen "Emperor", i England.

Hele turen gikk knirkefritt helt til hjemreisen da to fly måtte nødlande i Vest-Tyskland på grunn av drivstoffmangel.

Bare få dager før turen til England hadde skvadronen hatt det første alvorlige uhellet med Vampire. Et av flyene kolliderte med en maskin fra 337 skvadron i luften over Enebakk, og flygeren på den andre maskinen omkom.

Under general Eisenhowers besøk på Gardermoen i mai 1951, holdt 336 skvadron en scramble-demonstrasjon. Ny oppvisning for generalen ble det den 11. september da Eisenhower under en seremoni på Sola overleverte de første Thunderjet-flyene til Luftforsvaret. Senere samme måned dro 336 skvadron til Nederland for deltakelse i en stor NATO-øvelse i Ruhrområdet. Flere havarier inntraff dette året, hvorav ett på Gardermoen i juli medførte tap av menneskeliv.

Året 1952 ble mer rutinepreget enn tilværelsen hittil hadde vært. Skvadronen begynte å bli godt innkjørt på Vampire og kunne vise til fin operativ statistikk. Men Vampire-perioden skulle ikke bli lang. Slutten nærmet seg allerede, og den 5. mars 1953 ble de resterende flyene overført til Jettreningsvingen på Sola.

Tanking av Vampire FB Mk. 52 PX-S (serienr. V0062) som en periode var ved 336 skvadron før avlevering til 337 som ZK-W.

Republic F-84G-26-RE PX-G (serienr. 51-11044) fra 336 skvadron. Dette flyet totalhavarerte den 18. august 1954 ved Ulsberg.

Samtidig mottok 336 skvadron Republic F-84G Thunderjet, og overføringen på typen fant sted i månedene fremover.

I 1954 utførte 336 skvadron formasjonsflyging i forbindelse med åpningen av Rygge flystasjon. Samme sommeren kom også det første oppholdet på skyte- og bombeskolen på Sola. Stor flygeravgang var imidlertid et problem. Lønnsforskjellen i militær og sivil flyging var så stor at saken ble tatt opp i Stortinget, men uten at man kom frem til noen endelig løsning. Sommeren 1955 deltok 336 skvadron med et lag i Flyvåpnets første skytekonkurranse og kom på annenplass etter 332 skvadron. En samøvelse med britiske flystyrker på Gardermoen kom også til å sette sitt preg på denne sommeren.

Uhellsstatistikken viste dessverre at 336 skvadron, i likhet med andre F-84 avdelinger, hadde vanskeligheter med Thunderjet. I 1954 og 1955 totalhavarerte syv fly. Seks av flygerne omkom.

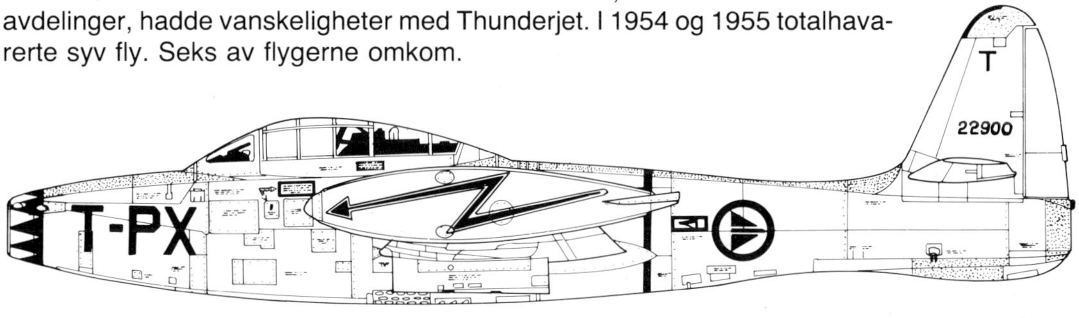

I oktober 1955 ble skvadronen overført til Rygge flystasjon, men i september avga Flyvåpnet endel fly som våpenhjelp. Dette, i tillegg til at havariene hadde redusert Thunderjetbestanden kraftig, førte snart til nedleggelse av 336 skvadron. Flyene ble overført til 330, 331 og 334 og mannskapene spredd over hele forsvarsgrenen. Da 336 skvadron endelig la inn årene på Rygge den 3. desember 1956, besto flyparken av fire utrangerte F-84E Thunderjet. Man kan med rette si at denne Flyvåpnets storhetstid var forbi. Aldri, hverken før eller senere, har forsvarsgrenen hatt så mange operative avdelinger.

Dvalen ble imidlertid kortvarig for 336 skvadron. Allerede den 9. august 1957 ble den reaktivisert — fortsatt med Rygge flystasjon som base, men med North American F-86F Sabre som nytt materiell. I rollen som avskjæringsjagerskvadron for Østlandet skulle 336 komme til å hevde seg i årene som fulgte.

F-86F Sabre fra 336 skvadron. Legg merke til bemalingen på nesepartiet. Dette ble gjort når flyene var på skyteøvelser. På den måten ble aluminiumen beskyttet mot kruttstøvet.

Den første tiden gikk med til trenings- og rutineoppdrag, uten store hendelser. I 1959 derimot deltok 336 skvadron i en kjempeformasjon under flystevnet på Rygge. Deretter fulgte deltakelse i NATO-øvelsen "Aim High" på Sola, og til slutt kom selve toppen på kransekaken - 336 skvadron fikk MAAG-troféet som årets beste norske skvadron!

Våren 1960 dro man sammen med 332 skvadron på utveksling til Nord-Tyskland. Nivået holdt seg, og også dette året havnet MAAG-troféet hos 336 skvadron.

Neste år gikk turen til Nederland under skvadronutvekslingen,igjen sammen med 332 skvadron. Men 1961 hadde blitt innledet med et fire ukers opphold på Sola for skytetrening. Om det var dette som førte til at 336 vant Nordkommandoens våpenflygingskonkurranse "Aim High III" samme år, skal være usagt - men seieren var iallfall kjærkommen. Ikke bare vant Norge og 336 skvadron lagkonkurransen, men den individuelle konkurransen ble vunnet av skvadronens sjef som også var lagleder.

Heller ikke med F-86F unngikk man ulykker, men antallet havarerte fly etter 1957 var ikke så stort.

Rutine skulle igjen prege 1962 - et år uten de store hendelser.Alderen begynte imidlertid å bli merkbar på F-86F, og svakheter dukket opp etterhvert. Verst ble det da det i 1963 kom sprekkdannelser i senterseksjonene på flyene. Utbedringer og ombygginger ble forsøkt, men resultatet ble aldri helt tilfredsstillende.

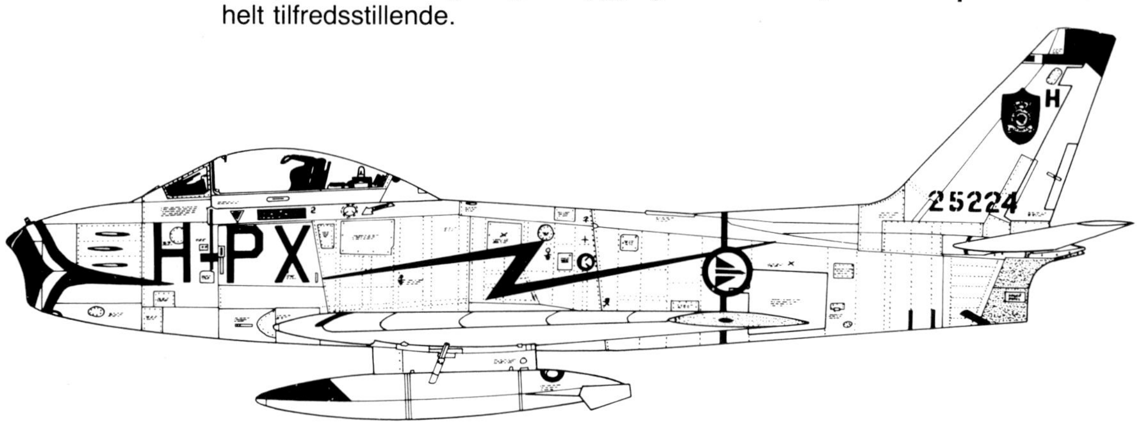

North American F-86F Sabre

Medregnet produksjon i fem land foruten USA ble Sabre bygget i et antall av over 5.000 i mange varianter fra oktober 1947 til produksjonen opphørte i 1961. F-86F er i bruk den dag i dag og må vel med dette ha slått de fleste rekorder med hensyn til levedyktighet blant jetjagere.

Jagerbomberen F-86F ble levert til Norge som erstatning for Thunderjet, og de første 30 maskinene ankom i løpet av 1957. Senere fulgte 61 fly i 1958, seks i 1960 og til sist 19 i 1961. Tilsammen ble det 116 fly, hvorav ett kun var til instruksjonsbruk på Kjevik.

Etter avsluttet tjeneste ble de siste F-86F utrangert i juli 1967 og sammen med tidligere utrangerte fly enten hugget opp eller tilbakelevert USAF for videredistribusjon til andre land som Saudi-Arabia, Pakistan og Portugal. ★

Dårlige fly til tross, i 1963 vant 336 skvadron igjen NATO's skytekonkurranse, denne gang avholdt på Skrydstrup i Danmark.

Men problemene med flyene ble bare større og større, og restriksjoner på flygingen gjorde at humøret sank betraktelig hos hele personellet. Andre ting kunne også ødelegge nøye planlagte opplegg. Da 336 skvadron i juni 1964 kunne feire sitt 15-års jubileum med sjefen for Luftforsvaret som æresgjest, måtte en 24-flys-formasjon avlyses på grunn av kraftig vind slik at de markeringer av jubiléet som skulle foretas, måtte finne sted på bakken.

En annen interessant hendelse dette året var besøk på Rygge av et team fra Northrop-fabrikken. De demonstrerte Luftforsvarets nye enhetsjager, F-5 Freedom Fighter. Sjefen for 336 skvadron fikk anledning til en prøvetur, og det er ingen overdrivelse å si at mannskapene etter det så frem til å gå over på denne typen med stor glede.

Den 8. mai 1965 deltok 336 skvadron i en paradeformasjon til minne om fredsdagen 1945. Formasjonen besto av 23 fly, som var tatt ut fra skvadronene 331, 338, 717 og 718, i tillegg til 336.

Denne sommeren ble så de første norske flygerne sendt til Williams Air Force Base i USA for innføring på Northrop F-5. Tiden for nye fly nærmet seg altså raskt. Da 336 skulle bli første skvadron med Frihetsjagerne, begynte man allerede tidlig i 1966 å avgi Sabre-maskinene - ikke helt uten vemodige følelser, alle problemene de siste årene til tross.

En helt ny epoke ble innledet i mars 1966, da Northrop F-5 begynte å komme til Norge. Den 11. mars landet de første 11 flyene etter å ha fløyet fra USA via Canada, Grønland og Island. Så, den 22. mars, ble flyene offisielt overlevert på Rygge under en seremoni hvor bl.a. H.K.H. Kronprins Harald var tilstede. Senere på året fikk 336 skvadron også presentert seg selv og de

Sola 1967. 336 skvadron har vunnet "Bull's Eye", både individuelt og lagmessig. En lykkelig skvadronsjef, major Alf Granviken, sammen med Flight Lieutenant Don Riches (utvekslingsoffiser fra RAF), fenrik Arild Fjell, løytnant Tore Hultgreen og løytnant Bjørn Nordvik.

nye flyene i utlandet, med formasjonsflyging og aerobaticoppvisning under et flystevne i Belgia.

I 1967 vant 336 skvadron på ny den årlige NATO-skytekonkurransen, nå kalt "Bull's Eye". Både lagmessig og individuelt gikk seiren til "Sekser'n" — et absolutt respektabelt resultat såpass kort tid etter overgang til ny flytype. Året etter ble "Bull's Eye" arrangert i Vest-Tyskland, og 336 skvadron sikret seg denne gang annenplassen.

Deltakelse i øvelser i Nord-Norge betinget opphold på Bardufoss både i 1967 og 1968.

Skvadronens første tap av F-5 kom i juni 1968, da en maskin havnet i sjøen etter skyteøvelser på Revtangen. Heldigvis kom flygeren seg helskinnet ut.

1969 bragte feiring av 20-års jubileum, forsvarsministerbesøk fra Jugoslavia, lydmursgjennomganger over Lista som førte til mange ødelagte vidusruter i distriktet og nytt opphold på Bardufoss. Skvadronens to-seters F-5B havarerte i Rakkestad uten at noen ble skadet.

Reparasjon av rullebanen på Rygge førte til nomadetilværelse sommeren 1970. Både Torp og Sola ble i tur og orden base for den "hjemløse" 336 skvadron.

Øvelsene på Bardufoss var blitt årvisse, og både i oktober 1970 og april året etter dro skvadronen nordover. Etter den siste av disse turene fulgte skvadronutveksling til Italia, et kjærkomment og populært innslag.

Året etter ble utvekslingen lagt til Frankrike, og den ble ved siden av en ny Bardufoss-tur høydepunktet i 1972. Rutineoppdrag og beredskap preget forøvrig skvadronene i Luftforsvaret også på den tiden.

I 1973 ble det oljekrise, og alle turer til utlandet ble kansellert, til mannskapenes skuffelse.

Da 334 skvadron i 1973/74 gikk over på Canadair CF-104 Starfighter, ble deres Northrop F-5 overført til Rygge og fordelt på 332 og 336. I mai det året ble så skvadronens 25-års jubileum gjennomført med brask og bram tre hele dager. Øvelsesperiodene i Nord-Norge ble nå vekselvis lagt til Banak og Bardufoss, og skvadronen var ikke før ferdig med jubiléet, før det ble pakking og avreise nordover til Banak, ikke akkurat til udelt glede for personellet. Nok en tur ble det senere på året, til Bardufoss i august.

Den største begivenheten i 1975 ble flystevnet i juni måned til minne om Hjalmar Riiser-Larsen. Stevnet ble holdt på Rygge og var det største noengang i Norge. Sjefen for 336 skvadron sto for et av høydepunktene, en solo-oppvisning med F-5. Den ble kanskje bare overskygget av demonstrasjonen av General Dynamics F-16, som var i Norge for første gang. En annen begivenhet dette året ble en ny lagseier i "Bull's Eye"konkurransen.

Andøya og Banak ble besøkt for øvelsesflyging i 1975 og 1976. Senere i 1976 fulgte en utvekslingstur til Storbritannia og NATO-øvelse nordpå med stasjon på Værnes. Nok en tur til Andøya ble foretatt i oktober/november, og i mars 1977 var 336 skvadron igjen på Banak.

"Bull's Eye"!
Fra den 24. august til 5. september 1975 ble NATO-øvelsen "Bull's Eye", en taktisk våpenkonkurranse, arrangert på Sola. Syv skvadroner deltok, Luftforsvarets 336 og 338 samt fem tyske.
"Bull's Eye" er delt opp i skyte- og bombeøvelser. En øvelse er slipp av bomber med klaffer som slås ut og dermed bremser bomben på vei ned. En annen øvelse er stupbombing, der to bomber skal slippes. Avfyring av raketter er den tredje øvelsen, den fjerde og siste skyting med kanoner mot skiver på bakken.
Teamet fra 336 skvadron lå egentlig tynt an, men fikk to meget bra turer til slutt som førte dem frem til ledelse og seier i lagkonkurransen, med tilsammen 3.355 poeng. På annenplass kom 338 skvadron med 3.205 poeng.
Tilsammen besto laget fra 336 av 39 teknikere og flygere, som alle selvsagt bidro til det gode resultatet. Bildet viser de fem flygerne den 4. september. Fra venstre: Løytnant Fred Bakkland, løytnant Finn Kristoffersen, skvadronsjefen major Ragnar Østby med troféet, løytnant Kjell Nordby og fenrik Martin Gran.

Deltakelse i flystevnet på Torp i mai 1977 og dannelsen av et nytt "Flying Jokers" oppvisningsteam i 336 skvadrons regi den 15. juni, er merkedager i kalenderen dette året. Men også den 5. august fortjener å bli omtalt. Den dagen hadde nemlig skvadronen totalt fløyet 50.000 timer med Nortrop F-5 uten fatale uhell. Riktignok var tre fly gått tapt, men alle flygerne hadde greid seg. Året 1977 ble avrundet med skvadronutveksling til Vest-Tyskland i oktober og en ny øvelsesperiode på Andøya i november.

Allerede i januar 1978 ble "Flying Jokers", som hadde høstet stor suksess, beordret nedlagt. Etter deltakelse i to forskjellige øvelser flyttet forøvrig 336 skvadron til Gardermoen for en periode våren 1978. Derfra bar det direkte til øvelse i Bodø , før skvadronen igjen var tilbake på Rygge i juni. Resten av 1978 gikk med til deltakelse i forskjellige øvelser, og det var et hektisk år for skvadronen.

Det fortsatte omtrent på samme måten i 1979. Innen Luftforsvaret ble det etterhvert merkbart at nye ting var i gjære — ankomsten av den første F-16 var fastlagt til januar året etter. En bestemmelse var tatt om at F-5 fly som etterhvert ble frigjort ved overtakelse av F-16 på andre skvadroner, skulle overføres til 336. "Sekser'n" skulle fortsatt operere denne flytypen som eneste skvadron, etter at 331, 332, 334 og 338 hadde fullført konvertering til F-16.

Som et ledd i dette ble forøvrig 717 skvadron nedlagt allerede den 13. august 1979. Fotovirksomheten og Northrop RF-5A maskinene ble innlemmet i 336 skvadron som en egen ving.

En skulle tro at skvadronen etter hvert kom til å sitte med en mengde fly, men både havarier og tekniske problemer har ført til naturlige begrensninger i antallet. En rekke F-5 fly står lagret på Sola, og andre er returnert NATO og videresendt som våpenhjelp til et annet land.

Sent i 1983 kom det beskjed om at 336 skvadron allikevel skal konvertere til en ny flytype, og da selvsagt General Dynamics F-16. Høsten 1984 var derfor skvadronen iferd med konverteringen fra F-5 til F-16.

Med "Samhold og Styrke" som motto, kunne 336 skvadron i 1984 feire sitt 35-års jubileum, etter å ha vært nesten uavbrutt i aktivitet siden 1949.

337 skvadron

Det begynte etterhvert å hope seg opp fly hos vår eneste Vampire-avdeling, 336 skvadron, i 1949/50. Stadig flere maskiner ble mottatt fra England, og da den forbedrede utgaven de Havilland Vampire FB Mk. 52 begynte å ankomme, besluttet Luftforsvarets overkommando å opprette en ny skvadron på Gardermoen med disse flyene.

I et par års tid før operasjonene med Vampire opphørte i desember 1954 opprettholdt 337 skvadron et detasjement på Bardufoss, oppsatt med åtte Vampire F Mk. III og FB Mk. 52.
Detasjementet var muligens påtenkt som egen skvadron og kjenningsbokstavene SI ble tatt i bruk. Imidlertid ble Vampire utfaset og detasjementet ved LKN overtatt av 334 skvadron, før både 334 og 331 i sin helhet ble overført til Bodø høsten 1955.
Hele fire Vampire-fly havarerte ved 337 skvadrons B-ving på Bardufoss. SI-N (serienr. P42240) var blant disse og gikk den 1. februar 1954 i bakken ikke langt fra Takvann. Flyet var i en seksjon Vampires som deltok i samøvelser med Hæren ved vannet. Under et simulert angrep tok maskinen ned i snøen på den islagte innsjøen slik at motoren stoppet. Flygeren klarte deretter med nød og neppe å få SI-N opp i tilstrekkelig høyde til å foreta et vellykket fallskjermutsprang.

Dermed så 337 skvadron dagens lys den 22. mai 1950, som en søsterskvadron til 336. Personellet kom fra alle kanter av Luftforsvaret, og overføringen til de nye flyene ble i første omgang utført i samarbeide nettopp med 336 skvadron. Men det varte ikke lenge før 337 klarte seg på egen hånd, og fra da av var det en stadig rivalisering mellom de to skvadronene.

Utover sommeren ble det drevet intens trening for å gjøre skvadronen operativ samtidig som det stadig ble hentet nye fly i England. Dessverre fikk 337 skvadron et fatalt havari tidlig i sin historie. Et av Vampire-flyene kolliderte med en maskin fra 336 over Enebakk under felles formasjonstrening, og flygeren fra 337 omkom.

Også 337 skvadron var involvert i general Eisenhowers Norgesvisitt i mai 1951. Generalen inspiserte skvadronen på Gardermoen under sitt besøk der. Et gjensyn ble det høsten samme år, da Eisenhower foretok en ny inspeksjon av 337 under en NATO-øvelse i Vest-Tyskland.

I mellomtiden hadde 337 deltatt i formasjonsflyging ved et flystevne på Fornebu og begynt treningen for sin egentlige oppgave med skyte- og bombeøvelser på Lista. Der var det også innlagt øvelsesskyting med raketter.

De Havilland Vampire

Luftforsvarets første jetjager ble utviklet under krigen og var i luften første gang i september 1943. Fra mai 1948 til april 1951 ble det levert tilsammen 20 F. Mk. III og 36 FB Mk. 52 til Norge. Sommeren og høsten 1952 ble seks fly av to-seters treningsversjonen av Vampire, T. Mk. 55, levert til 336 og 337 skvadron.

Etter forgjeves forsøk på å selge de gjenværende flyene i 1955 og 1956 ble samtlige avhendet som skrap. Unntaket var de seks T. Mk. 55 som ble solgt tilbake til fabrikken i 1955. ★

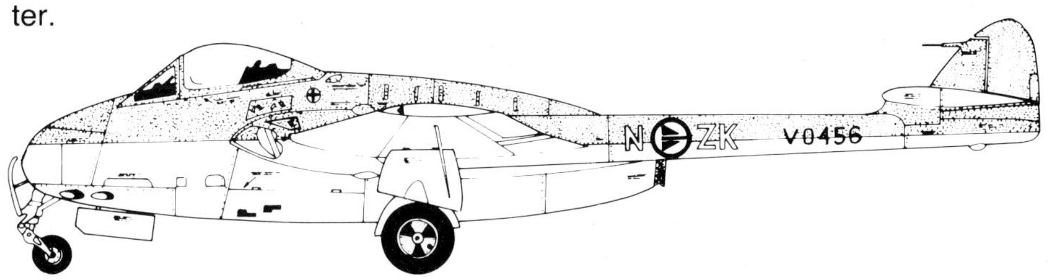

Onde tunger (som ble påstått å høre hjemme i 336 skvadron) kalte gjerne 337 for "Hollywood skvadron". Tilnavnet dukket opp etter Eisenhowers besøk og fikk ny gyldighet da 337 ble valgt til å være med i en NATO-film som delvis ble innspilt på Gardermoen.

I oktober 1951 mistet skvadronen nok en mann og et fly, da en Vampire havarerte i et forsøk på buklanding hjemme på Gardermoen. Ytterligere to fly gikk tapt litt senere, men begge disse flygerne berget livet.

Året 1952 åpnet dårlig med enda en ulykke, da to av skvadronens fly kolliderte over Nesodden. Det ene flyet styrtet, og flygeren ble drept. Det andre greide såvidt å komme seg tilbake til Gardermoen med store skader.

Sommeren det året gjorde 337 hverdagen utrygg for trauste Lista-bønder, under en ny skyteøvelse på Sørlandet. Sent på høsten ble det beredskapstur til Bardufoss for en ving. Dårlig vær hindret deretter nesten all flyging fra Gardermoen i over en måned. Bare avløsningen for beredskapsvingen kom seg i luften.

Det var nå bestemt at 337 skvadron skulle overføres til Værnes og underlegges Luftkommando Trøndelag (LKT). Flyttingen ble gjennomført i tiden 17. - 27. april 1953. Primitive forhold gjorde at alt personell ble satt til å utbedre og reparere skvadronens nye hovedkvarter, og det ble snart umulig å se forskjell på flygere og håndverkere.

I mai åpnet 337 treningen på sitt nye skytefelt Tautra i Trondheimsfjorden, etterfulgt av deltakelse i et flystevne på Fornebu. Senere på sommeren var skvadronen med i en fellesøvelse i Nordland, med stasjonering på Bodø.

Vampire T.Mk. 55 ZK-M (konstr.nr. 15028) fra 337 skvadron passerer over Rennesøy og Finnøy. Bildet er tatt vinteren 1953/54.
Flyet var i norsk tjeneste fra februar 1952 til november 1955 og ble deretter kjøpt av Hawker Siddeley Aviation i England.

337 skvadron mistet i juli sitt første fly etter flyttingen til Værnes da en Vampire havarerte i dårlig vær ved Selbu, og flygeren omkom. Heldigere var fenriken som en måned senere fikk motorkutt over Trondheimsfjorden. Etter å ha fått flyet ut av et spinn, gjorde han en perfekt nødlanding på vannet. Flyet fløt så lenge på slipp-tankene at han rakk å blåse opp gummibåten og gå tørrskodd fra vingen rett ombord.

Sommeren og høsten 1953 gikk ellers med til skytetrening og navigasjonsøvelser, samt deltakelse i luftkampmanøver på Østlandet. For sistnevnte var forøvrig skvadronen midlertidig stasjonert på Jarlsberg.

Denne høsten havarerte også to Cornell-fly nær Gardermoen, hver med to av 337 skvadrons flygere ombord. På en tur fra Værnes til Fornebu hadde de fløyet vill i tåke og dårlig vær og måtte nødlande, tomme for bensin. Flygerne kom fra det med lettere skader, men begge flyene ble avskrevet.

Beredskapsflygingene fra Bardufoss fortsatte mens 337 lå på Værnes, også utover i 1954. Foruten denne beredskapen ble det gjennomført skyteøvelser og annen trening frem til september, da hele skvadronen ble forlagt til Bardufoss for deltakelse i en større NATO-øvelse.

337 var nå den eneste av Flyvåpnets skvadroner som var oppsatt med de etterhvert foreldede Vampire-jagerne. Det ble derfor klart at skvadronen ville bli midlertidig nedlagt ved utfasing av disse flyene. Etter øvelsen på Bardufoss denne høsten begynte derfor "nedpakking" av skvadronen og utklarering av mannskaper. Full nedleggelse var fastsatt til den 31. desember 1954.

Imidlertid ble 337 på en måte opprettholdt, med status som lagringsskvadron. Det ble derfor etterhvert mange fly av forskjellige typer som skvadronen fikk tilført på Værnes og skulle lagre. Noe personell var igjen for å utføre disse oppgavene, men mesteparten hadde blitt beordret til andre avdelinger.

Endel av det tekniske personell reiste til Vest-Tyskland for opplæring på North American F-86K Sabre, ment å skulle bli 337 skvadrons neste flytype.

Etter åtte måneder i dvale ble så 337 reaktivisert den 1. september 1955. Det var nå stort sett bare nye mannskaper som utgjorde skvadronens personell. Noen fly var ennå ikke mottatt, men mannskapene var i full gang med å forberede seg ved sin hjemmebase Gardermoen, dit skvadronen nå var kommet tilbake. Med tanke på 337 skvadrons nye rolle som allværs avskjæringsavdeling, ble flygertrening utført med to Lockheed T-33A utlånt fra 718 JTS.

Den 12. september 1955 kom den første F-86K til Norge direkte fra Belfast i Nord-Irland, og dagen etter fant den høytidelige overrekkelsen sted under en seremoni på Gardermoen. Flyet ble overtatt av 337 skvadron etter at en amerikansk testpilot hadde gitt en oppvisning over plassen og blant annet gått gjennom lydmuren i lav høyde med et kraftig smell.

Inntil videre ble dette ene flyet brukt til instruksjon på bakken, men den 1. november var skvadronsjefen i luften med det, som første nordmann. Etterhvert fikk andre prøve seg, og da det også ankom flere Sabre-maskiner, begynte skvadronlivet å anta normale former. Ved utgangen av 1955 var ialt 12 F-86K mottatt.

Som en kuriositet kan nevnes at stasjonssjefen på Gardermoen foretok sin første flytur med F-86K i februar 1956, i en alder av 48 år.

Så kom katastrofen. Ved en brann i hangaren den 10. mars 1956 ble fire av 337 skvadrons fly totalskadet. Med et slag var skvadronen satt langt tilbake. I tillegg til flyene ble også utstyr og verktøy for titusenvis av kroner flammenes rov.

Heldigvis har pågangsmot aldri manglet hos 337. Allerede dagen etter brannen var oppryddingen i full gang, og flygingen fortsatte som før. Da april kom, ble skvadronen nærmest regnet som operativ, og Sjefen for Flyvåpnet foretok en inspeksjon. 337 benyttet anledningen til å gi en flott oppvisning i formasjonsflyging med sine F-86K.

I juni skulle det være deltakelse ved et flystevne på Flesland, og på grunn av dårlig vær ble det besluttet at kun ett fly skulle vise avgang med full ytelse under en "touch and go"- demonstrasjon. Det ble en uforglemmelig opplevelse for publikum, spesielt fordi flyet skled av banen og havarerte!

"Scramble!". Alarmen har gått, og flygere fra 337 skvadron er på vei ut til sine fly av typen F-86K Sabre.

Opplæring med amerikanske instruktører og intens øvelsesflyging etterhvert som skvadronen mottok flere fly, førte til fremgang og bedre resultater. Hele 40 F-86K ble levert fra Belfast til 337 skvadron i løpet av 1956, men halvparten av disse ble omgående overført 339 skvadron.

I juni fikk en F-86K motorstopp under avgang og måtte nødlande utenfor flyplassen. Flygeren ble noe skadet i ryggen.

Med bedring av standarden ved skvadronen begynte forberedelser til skyteøvelser. Flyene ble i tur og orden sendt til Sola for prøveskyting, og i mai 1957 kunne skvadronen dra samlet på skyteøvelse ved Revtangen. Det var ingen umiddelbar suksess, men mye ble lært under denne øvelsen.

De foreløpig siste fire F-86K mottok Flyvåpnet i juni 1957. De var montert på lisens av Fiat-fabrikken i Torino og ble fordelt med to fly til 337 skvadron og to til 339.

Motorstopp i luften førte til totalhavari for en F-86K i september 1957. Uhellet inntraff over Sigdal, og flygeren skjøt seg ut og berget seg i fallskjerm. Dette fant sted mens 337 lå på Torp i forbindelse med øvelser.

Høsten 1957 og den påfølgende vinter gikk stort sett etter programmet. Man begynte å bli relativt godt innkjørt på F-86K, og våren 1958 ble skyteøvelse nr. to gjennomført med langt bedre resultat enn forrige gang.

To uhell med tragisk utfall skjedde i juni og juli. Begge gangene havarerte et fly like ved Gardermoen etter vanskeligheter i lav høyde, og begge pilotene mistet livet. Disse ulykkene førte til midlertidig flyforbud og var sterkt medvirkende til at det ble bevilget penger til ombygging og installering av Martin Baker utskytingsseter i våre jagerfly. Arbeidet ble utført i England, og det tok lang tid før installering var foretatt i samtlige fly.

For året 1959 kan nevnes deltakelse i en større øvelse på Østlandet. Den medførte igjen at skvadronen hadde endel fly forlagt på Torp. Både 1959 og 1960 gikk uten større uhell av noe slag, og dette skulle vise seg å vare helt til skvadronen ble nedlagt i 1963.

North American F-86K Sabre

Dette var Flyvåpnets første allværs avskjæringsjager, og 56 fly ble levert fra september 1955 til juni året etter, alle bygget i USA. I juni 1957 ble fire Fiat-bygde maskiner levert, og til slutt kom ytterligere fire F-86K via Brindisi i Italia i januar 1960. F-86K var utviklet fra en lignende Sabremodell, F-86D, for levering til NATO-land som våpenhjelp. Prototypen fløy første gang den 15. juli 1954 og ble fulgt av 120 maskiner bygget av North American i USA og 221 ved Fiat-fabrikken. Foruten Norge mottok Frankrike, Italia, Vest-Tyskland, Nederland og Tyrkia F-86K Sabre.

I 1959 fikk alle norske F-86K montert Martin-Baker utskytningssete, og endel fly ble året etter utstyrt med to AIM-9B Sidewinder luft-til-luft raketter. De siste norske F-86B ble utrangert og kassert i januar 1968. Hele 31 fly var da allerede kassert etter havarier og uhell. ★

F-86K Sabre ZK-Q (serienr. 54-1270) fra 337 skvadron på vei til Sola for skytetrening. Legg merke til at nesepartiet har fått et lag beskyttende maling som skjuler den karakteristiske haikjeftmerkingen. Flyet tjenestegjorde senere ved 332 og 334 skvadron.

10-års jubiléet ble behørig feiret i 1960, som ellers bar preg av vanlig rutine. I 1961 ble de første av skvadronens F-86K avgitt til 334, som konverterte til denne typen fra F-86F. Med redusert styrke fløy så 337 frem til 1963. Da førte reduksjoner i Luftforsvaret til at 332 og 337 ble slått sammen for videre operasjoner, under betegnelsen 332 skvadron. Og den 1. september 1963 ble 337 deaktivisert.

Med utvidelsen av den norske økonomiske sone rundt kysten og den etterfølgende utbygging av Kystvakten, ble det aktuelt med et nært samarbeide mellom Luftforsvaret og Sjøforsvaret. To Lockheed P-3B Orion ble innkjøpt over Kystvaktens budsjett og levert til 333 skvadron på Andøya. Nye kystvaktfartøyer skulle bygges, og disse skulle kunne ha helikoptre ombord.

Resultatet ble, etter nøye vurdering av flere typer, innkjøp av seks Westland Lynx Mk. 86 helikoptre, også kalt Naval Lynx, over kystvaktbudsjettet. Samtidig ble det besluttet å gjenopprette 337 som kystvaktskvadron fra den 1. januar 1980, med hjemmebase på Bardufoss.

Den nyutnevnte skvadronsjefen ble sendt til Nederland en lengre periode i 1980/81 for overføring til Lynx. Senere fulgte utdanning og overføring for flere mannskaper.

Sommeren 1981 var de første helikopterne leveringsklare fra Westland Helicopters Ltd. i Yeovilton, England, og den 4. oktober ankom to til Bardufoss.

Til å begynne med måtte 337 skvadron ta til takke med midlertidige lokaliteter på flystasjonen, men etter et drøyt år kunne man flytte inn i nye, moderne lokaler.

I november 1981 hadde Kystvakten mottatt alle de tre nye fartøyene av "Nordkapp"-klassen. Disse var bygget og beregnet for bruk av helikoptre, og en helt ny situasjon oppsto for både Sjøforsvaret og Luftforsvaret.

Ombord på fartøyene var det oppstått en ny bransje. I utrustning og arbeide ble den nærmest å betrakte som betjening av en mini-lufthavn. For helikopter-mannskapene var også fartøyoperasjoner noe nytt og ukjent. Samarbeide var nøkkelordet, men utstrakt skepsis og gamle fordommer førte i startfasen til mye unødig rivalisering, spesielt på områdene myndighet og ansvar.

Westland Lynx

Prototypen fløy første gang den 21. mars 1971 og ble fulgt av 12 helikoptere for test og utvikling av typen. Fem år senere, den 10. februar 1976, foretok den første produksjonsmodellen sin prøvetur og ble senere levert til British Army. Lynx er dessuten levert til blant annet Royal Navy, Frankrike, Brazil, Danmark, Nederland og Norge. Helikopteret kan brukes til forskjellige transportoppdrag, overvåking og angrep mot sjømål.

Den norske versjonen har betegnelsen Lynx Mk. 86, og seks helikoptere er levert til Kystvakten fra 1981. Disse er ikke utstyrt for ubåtsøk eller angrep mot sjømål. ★

Lynx "207" (konstr.nr. WA/207) over fjellmassivene i Troms. Typen har en rekkevidde på over 250 nautiske mil, og to motorer gir sikkerhet under flyging over havstrekninger. Helikopteret er også blant annet utstyrt med en effektiv radar og taktisk navigasjonsutstyr.
Politisk er det imidlertid trukket et skille mellom Kystvakten og rent militære fly. Dette medfører at Lynx ikke i noen særlig grad kan brukes i militære roller uten modifiseringer. Det foreligger ingen planer om å utruste helikopterne med torpedoer, raketter eller sonar for ubåtsøk, selv om det har kommet forslag om slikt etter de senere års stadig økende aktivitet i norske farvann av hva man antar er fremmede ubåter. En helikopterlevert versjon av sjømålsraketten Penguin er forøvrig under utvikling. Den har fått betegnelsen Penguin Mk. 2 mod. 7 og er beregnet på blant annet Sea King og Lynx helikoptere.

En Lynx fra 337 skvadron under oppkjøring for hva som kalles "First of class trials" i Andfjorden november/desember 1981.
Bildet gir et inntrykk av "flyplassens" størrelse — og de problemer som kan møte mannskapene som skal operere Lynx under værharde forhold i farvannene utenfor Norge.
Landingen ombord på slike forholdsvis små skip kan være vanskelig, særlig i dårlig vær. I det øyeblikk helikopteret tar dekket, kan derfor flygeren skyte ut en harpun som griper fast i helikopterdekket og strammer til med stor kraft. Helikopterets rotor kan dessuten gi negativt løft og presse det ned mot dekket med 1,5 tonns skyvekraft.

Et intensivt treningsprogram ble i begynnelsen av 1982 gjennomført ombord på K/V "Nordkapp", med godt resultat. De fleste av problemene som oppsto under treningen, ble løst i løpet av kort tid, men noen arbeides det fremdeles med. Normalt regnes det med en innkjøringsperiode på inntil fem år med en ny flytype i Luftforsvaret, og det er ikke urealistisk å regne med dette også når det gjelder Lynx — kanskje lenger, siden to forsvarsgrener er involvert.

337 skvadrons oppgave er idag å fly kystvaktoppdrag fra de spesialbygde fartøyene. Det er selvsagt fristende å bruke disse helikopterne også til andre oppdrag, som ambulanse-, søks- og redningsflyging, i tillegg til lett transport. Men deres primære oppgave er å være Kystvaktens forlengede arm.

Bruken av Lynx koster penger. Det samme gjør driften av kystvaktfartøyene. Men med 200 mils økonomisk sone er begge deler nødvendig for håndhevelse av norsk rett innenfor de veldige havområder vi gjør krav på. Flere episoder har da også allerede vist at helikopterne er av uvurderlig viktighet i denne tjenesten.

337 skvadron fyller derfor idag en spesiell og viktig oppgave. Etter oppbygging i 1982 og sitt første operative år i 1983 begynner skvadronen å kjenne seg vel til rette i sin nye rolle.

338 skvadron

Det ble en heller trang fødsel for 338 skvadron, da den ble opprettet den 15. februar 1954 på Sola. Fem fly av typen Republic F-84G Thunderjet, avgitt fra 331 og 334 skvadron, utgjorde det første flymateriellet. Hangarplass ble et hjørne i hangaren til 333 skvadron, og skvadronhuset var møblert med trekasser.
Men skvadronen kom da igang på et vis, og etterhvert bedret forholdene seg noe. Stort sett ble det dog å gå tiggergang, eller "orge" alt fra skriveblokker til reservedeler. På denne måten gikk en sommer og en høst som i høy grad var preget av pionérånd, innsatsvilje og personlig initiativ.

Det var på den tiden rett og slett ikke plass for enda en skvadron på Sola, så flytteplaner eksisterte fra første dag. Fra høyeste hold kom klarsignal for flyttingen, og det utrolige skjedde at man ble gitt to alternativer for fritt valg - Gardermoen eller Ørland. På en utradisjonell og høyst umilitær måte ble avgjørelsen tatt. Med skvadronoppstilling og avstemning falt valget på Ørland flystasjon i Sør-Trøndelag.

Selve flyttingen foregikk den 26. oktober 1954, og siden har "Åtter'n" hatt sin faste stasjon på Fosenhalvøya.

Etter måneder preget av innflytting og nyetablering, med litt flyging innimellom, hadde man i slutten av 1954 nådd full skvadronstyrke og operativ

Republic F-84E/G Thunderjet

Ikke noe annet fly har Luftforsvaret operert i så stort antall som Thunderjet. Seks F-84E som kom den 10. september 1951 ble etterfulgt av hele 200 F-84G, levert fra juni 1952 til mai 1955. Tilsammen seks skvadroner var oppsatt med Thunderjet i glansperioden rundt midten av 50-årene — i tillegg til fotovingen som fløy F-84E. Antallet F-84G i Norge var faktisk så stort at åtte fly ble tatt ut og levert via USAF til Portugal den 19. september 1955.

F-84 fløy første gang den 28. februar 1946 og ble levert i et større antall til USAF hvor flytypen blant annet var i aksjon under Korea-krigen. Utover i 50-årene ble F-84E og F-84G også levert til en rekke land i og utenfor NATO. Da produksjonen opphørte i 1953 var totalt 4.457 fly bygget, hvorav 843 F-84E og 3.025 F-84G.

I Norge ble de seks F-84E kassert den 18. desember 1956, og den 6. juli 1960 var det ugjenkallelig slutt også for G-versjonen. Tilsammen 85 F-84G og en F-84E var da allerede avskrevet etter uhell og havarier i norsk tjeneste. ★

status med 25 F-84G Thunderjet. Samtlige fly ble i løpet av våren 1955 sendt til Sola for prøveskyting. Ellers gikk året med treningsflyging og deltakelse i forskjellige øvelser både her hjemme og i utlandet. Året 1954 hadde medført flere havarier, og to flygere hadde mistet livet. Det gikk mye bedre i 1955, inntil årets nest siste måned. Da skjedde et uhell på Værnes som medførte tap av både fly og flyger.

Året 1956 begynte like dårlig som det foregående sluttet. To av skvadronens fly kolliderte i januar måned i luften over Aure på Møre. En flyger berget seg i fallskjerm, mens den andre dessverre omkom. Heldigvis ble det med disse havariene det året — et ulykkesår som forøvrig til dags dato er det verste i Luftforsvarets etterkrigshistorie.

Med rutinepreget flyging, trening, skyteøvelser og deltakelse i fellesøvelser med Infanteriet, må 1956 ellers sies å være et vanlig år for 338 skvadron.

Noe av det som særpreger Ørland flystasjon, er været. Spesielt kan vinden være lei, og den kommer ikke nødvendigvis alltid fra den kanten flygerne ønsker seg under avgang eller landing. Så på Ørlandet er det ikke så rent få flygere som opp gjennom årene såvidt har greid seg unna uhell forårsaket av uberegnelig vind. Et annet meteorologisk fenomen på den forblåste Fosen-halvøya er vinterstormene. Med kraftig vind og store snømengder skulle det ikke mye til før en Thunderjet ble skikkelig "kamuflert" i løpet av en natt og måtte spas frem med håndkraft neste morgen. Noe særlig brøytemateriell fantes nemlig ikke.

Sommeren 1957 kuttet en F-84G høyspentkablene over Verrasundet og mørkla hele Fosendistriktet. Flyet hanglet seg hjem og landet på en stasjon der "mørklegging" hersket. I og for seg en realistisk øvelse for flygeren, men kanskje litt for sterkt på toppen av kollisjonen med kablene.

Den sommeren ble det også dannet et oppvisningsteam ved 338 skvadron. Teamet høstet etterhvert mange lovord og ble skvadronens stolthet.

Høsten 1957 flyttet man inn i ny hangar og nytt skvadronhus, og arbeidsforholdene for både teknikere og flygere ble straks mye bedre.

Signaler om at "Trønderjet'en", som skvadronens fly etterhvert ble kalt på folkemunne, skulle skiftes ut, kom på nyåret 1958. Endel flygere ble i mars sendt til Rygge for utsjekk på North American F-86F Sabre, og 4 - 5 slike fly ble overført fra 334 skvadron. Etterhvert ankom flere fly av den nye typen, og om sommeren opererte 338 skvadron bare F-86F. Skuffelsen var forståelig nok stor i hele skvadronen da det ble klart at "Åtter'n" allikevel skulle fortsette med F-84G og Sabre-flyene måtte returneres.

Hyggeligere begivenheter det året var at antallet flytimer ved skvadronen nådde rekordmessige høyder, og at 338 for annen gang fikk MAAG-troféet som beste norske skvadron.

Men det begynte nå å røyne på for flyene. De var etterhvert blitt så nedslitte at omfattende vedlikehold måtte til for å holde dem i luften . Det ble derfor en særdeles hektisk tid både for luft- og bakkepersonellet.

Både i 1957 og 1958 gikk fly og flygere tapt. Tre mann satte livet til.

Utbedringer av rullebanen på Ørland i 1959 gjorde at 338 skvadron flyttet til Flesland ved Bergen og ble der mesteparten av sommeren. Men før

Våren 1960 konverterte endelig 338 skvadron fra Thunderjet til F-86F Sabre. På bildet ses F-86F MU-L (serienr. 53-1146) som ble overtatt av skvadronen den 20. april 1960 og F-84G MU-H (serienr. 52-8475) som ble avgitt i slutten av samme måned.

På slutten av sin tjenestetid var alle F-84G samlet i 338 skvadron eller ved lagringsavdelingen på Værnes. Det var i denne perioden at flytypen fikk tilnavnet "Trønderjet".

man kom så langt, var tre fly blitt avskrevet etter uhell i løpet av våren. Problemene fortsatte på Flesland. Ytterligere to maskiner måtte avskrives etter å ha kuttet et kabelspenn, mørklagt hele Stord samt antent en skogbrann.

På Flesland ble 5-års jubiléet feiret, og før 338 vendte tilbake til Ørland, ble det gjennomført skyteøvelser på Sola. En skvadronutveksling til Nederland hører også med til hendelsene i 1959.

Våren 1960 ble det gjort et nytt forsøk på å gi 338 skvadron F-86F Sabre, og denne gangen gikk det bedre. Ingen var særlig lei seg for å bli kvitt de gamle Thunderjetene. Heller ikke i 1960 hadde skvadronen unngått uhell med de flyene. To maskiner og en flyger gikk med i en kollisjon i luften før F-84G endelig var ute av bildet.

Nå ble det andre takter. Også 338 skvadrons flygere kunne etterhvert bryte lydmuren, denne så fascinerende opplevelsen for en flyger. De flyene som ble overtatt, var imidlertid ikke helt nye og krevde snart mye vedlikeholdsarbeide. Etter at sprekkdannelser i senterseksjonene ble oppdaget, måtte samtlige fly settes på bakken for modifisering. Det ble det jo ikke så mange flytimer av, og i 1961 og 1962 var det relativt lav aktivitet ved skvadronen. Omsider kom alle flyene i brukbar stand igjen, og virksomheten tok seg opp.

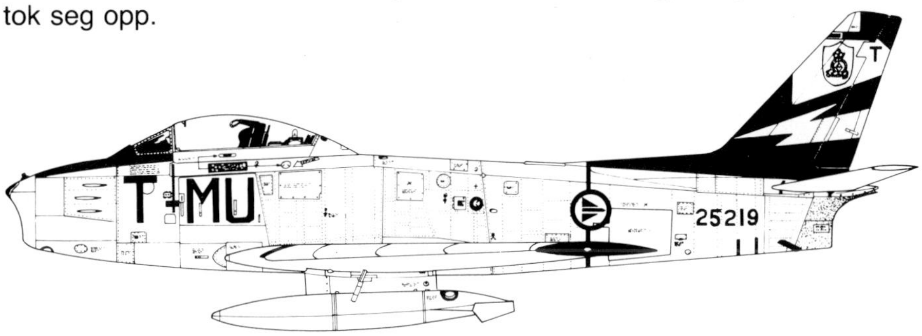

Da rullebanen på Ørland igjen måtte utbedres, ble 338 skvadron i 1963 flyttet til Værnes. Det var ellers stor aktivitet det året.

Beredskap i Nord-Norge, skvadronutveksling til Vest-Tyskland, NATO's årlige skytekonkurranse i Danmark og skytetrening på Sola kom i tur og orden.

Februar 1964 brakte 10-års jubileum. Det ble åpent hus på Ørland, flyoppvisning og skikkelig messefest.

I løpet av 1964 og 1965 mistet skvadronen to fly og en flyger, etter at man tidligere bare hadde hatt tap av et fly og en flyger siden F-86F ble tatt i bruk. Flytypen hadde nå også utspilt sin rolle, og i løpet av 1965 ble virksomheten trappet ned i påvente av nye fly.

Nye fly, det betydde Northrop F-5 Freedom Fighter også for 338 skvadron. Overgangen begynte tidlig i 1966 med overføring av mannskapene på Kjevik og Rygge. De første Frihetsjagerne kom til Ørland i september, og nye maskiner fortsatte å komme til full skvadronstyrke på 16 fly i løpet av kort tid var nådd.

Oppbyggingen til en effektiv jagerbombeskvadron startet omgående, og 336 hevdet seg snart ved flere ganger å vinne Northroptroféet for beste norske skytter med F-5 Freedom Fighter.

Av spesiell karakter er det samabeidet 338 skvadron har hatt med Sjøforsvaret. Regelmessige samøvelser med en TKB-flotilje i Norskehavet har påkalt oppmerksomhet også fra høyeste hold.

Fra 1969 ble det en årlig fast foreteelse med deployering til Nord-Norge for øvelser. Et lite populært innslag i skvadrontilværelsen , da været om vinteren nordpå om mulig er enda verre enn på Ørland. Men god trening i både mobilitet og vedlikehold under vanskelige forhold er det.

Skvadronutvekslingen til England i 1971 ble en hyggelig avveksling, før oljekrisen et par år senere skulle sette en stopper for slike aktiviteter en tid.

Nattskytingsøvelser ble innført ved skvadronen i 1974, men beklageligvis mistet 338 sitt skytefelt året etter, da kontrakten på Uttian gikk ut. Først et år senere fant man et nytt egnet skytefelt, på Tarva. Det året, 1976, ble forøvrig et av de mest begivenhetsrike for 338 skvadron, med en rekke forflyttinger.

Et sjeldent syn — 32 F-86F Sabre på linje. Bildet viser 338 skvadron og er tatt på Ørland hovedflystasjon.

Flygere fra 338 skvadron fotografert i operasjonsrommet sent i 1974. Fra venstre: Operasjonsoffiseren, løytnant Leif Skei, fenrik Trond Amundsveen, sersjant Per Strømmen, fenrik Geir Schjetne og løytnant Kjell Thompson.

Kort kan nevnes Bardufoss i april/mai, derfra direkte til Værnes frem til august, så deltakelse i NATO-øvelsen i Bodø hele september og endelig en avsluttende øvelsesrunde i Nord-Norge i november.

Først i 1978 var det nye skytefeltet klart til bruk, og det ble åpnet den 19. juni med øvelsesbombing.

338 skvadron har hatt relativt få uhell i løpet av tiden med Northrop F-5, men noen fly og flygere har dessverre gått tapt.

Ifølge de opprinnelige planer skulle skvadronens fly i 80-årene erstattes med General Dynamics F-16. Men det ser ut til at det er 338 skvadrons skjebne å "henge" med gamle fly lenge etter at andre skvadroner har konvertert til nyere materiell. I Luftforsvarets plan for perioden 1984 til 1988, er det nemlig bestemt at én skvadron fortsatt skal fly Northrop F-5. Det er 338 som skal få denne tvilsomme ære. Ikke minst økonomiske grunner medfører at F-16 flyene må konsentreres på to stasjoner, nemlig Bodø og Rygge. I stedet for en F-16 skvadron får Ørland derfor fortsatt en jagerstyrke med F-5, og overtok fra den 1. januar 1984 overføringen av flygere på F-5 innen Luftforsvaret fra 336 skvadron.

To Northrop F-5A ble malt mørke grønne for på den måten å høste erfaringer når det gjaldt kamuflasje. Prøvene falt ikke særlig heldig ut da flyene ble lettere å oppdage i luften, selv om kamuflasjen var god på bakken. Det ble derfor besluttet å beholde flyenes opprinnelige sølvgrå farge.
De to grønnmalte flyene blir hovedsakelig benyttet på Ørland og Rygge. Dette bildet viser dem ved 338 skvadron på Ørland i september 1981. "228" har serienr. 66-9228 og "373" 64-13373.

339 skvadron

Som den andre avskjæringsskvadron i Flyvåpnet ble 339 skvadron opprettet på Gardermoen den 1. juli 1956. Flyene som ble tildelt, var 25 fabrikknye North American F-86K Sabre.

Skvadronen ble i den første tiden "samkjørt" med 337 skvadron som også holdt til på Gardermoen med samme flytype. Mangel på flygere var det første problemet som måtte løses, men etterhvert dukket de opp - fra kurs i Vest-Tyskland eller treningsflyging med Lockheed T-33 i Norge. Samtlige flygere måtte gjennomføre skyte- og bombeøvelser på Sola før skvadronen kunne regnes som operativ. Og denne status fikk så 339 i oktober 1956.

I 1957 var flygere fra skvadronen i Torino i Italia og hentet hjem fire Fiat-bygde F-86K Sabre. Det var erstatninger for fire fly som ble ødelagt i en hangarbrann på Gardermoen året før. To av disse flyene ble tildelt 339. De andre to gikk til 337 skvadron.

1957 ble forøvrig et ulykkesår for "Nier'n". Hele tre fly ble avskrevet, og to flygere omkom. To av disse ulykkene skyldtes tap av motorkraft under avgang. Uten Martin Baker utskytingsseter, som først begynte å monteres året etter, var flygerne sjanseløse. Alle F-86K Sabre i Flyvåpnet ble satt på bakken etter disse ulykkene, inntil årsaken var klarlagt.

Heldigvis gikk de neste årene uten havarier og var mest preget av skyte- og bombeøvelser på Sola eller skvadronutvekslinger til Vest-Tyskland, i tillegg til vanlig øvelsesflyging.

Den 1. september 1960 ble 339 skvadron, etter mange forsinkelser, overført til Bodø flystasjon. Samme året hadde skvadronen forøvrig hentet hjem Luftforsvarets siste F-86K fra Brindisi i Italia.

Rutineoppdrag preger denne tiden i skvadronens dagbok. Deltakelse i forskjellige samøvelser med hær- og marineenheter sto på programmet, i tillegg til beredskapsoppgaven 339 skvadron hadde som allværsjageravdeling. Øvelsesflyginger for å gjøre seg kjent med sitt nye hjemsted Nord-Norge, var også daglig kost.

De to siste havariene med F-86K i 339 skvadrons tjeneste inntraff i 1962, heldigvis uten tap av menneskeliv. Flyene var forøvrig stadig gjenstand for modifikasjoner og forbedringer. Det begynte med utskytningssetene i 1958 og fortsatte med instrumenter og våpensystemer.

En episode som er verd omtale, er den med skvadronens maskot, en krake ved navn Ludvig. Ludvig ble tatt opp i 35.000 fots høyde og overlydshastighet med et av skvadronens fly, noe som førte til aviskommentarer langt utover landets grenser.

Avdelingsmerket i ny utførelse. Denne varianten ble innført ved de forskjellige skvadronene mellom 1978 og 1981.

F-86K SI-L (serienr 54-1318) fra 339 skvadron fotografert på Gardermoen flystasjon. Gardermoen var skvadronens base før den flyttet til Bodø.

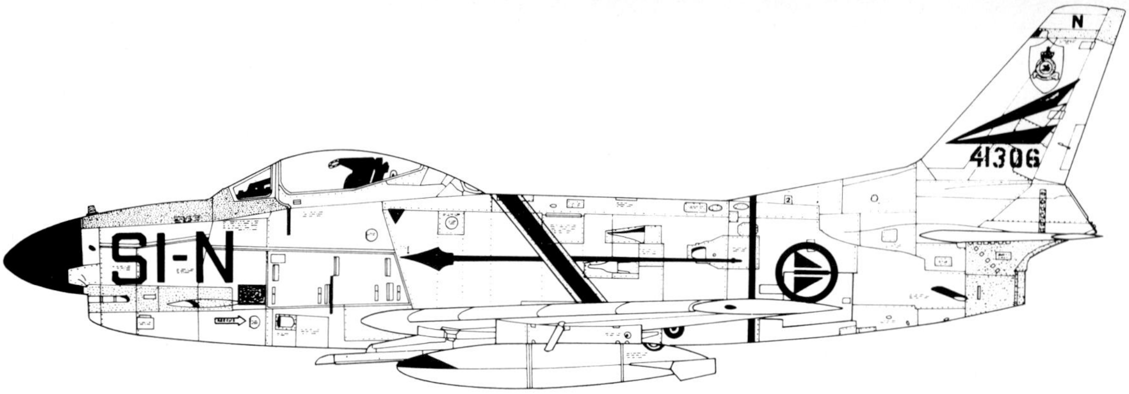

Da 334 og 339 skvadron i april 1963 delvis ble slått sammen med 334 som operativ avdeling og 339 som teknisk, så man skriften på veggen. Og riktig nok, den 1. september 1963 ble 339 skvadron nedlagt, og all virksomhet overført 334.

Som en del av NATO's våpenhjelpprogram mottok Luftforsvaret i juli 1963 fire helikoptere av typen Bell UH-1B Iroquois. De skulle vesentlig brukes til støtteoppdrag for Hæren. Dette medførte uoverensstemmelser mellom de to forsvarsgrenene. Saken ble løst ved at Luftforsvaret skulle organisere og fly helikopterne, mens de operasjonsmessig skulle administreres av Hæren. Meningen var at ytterligere fire maskiner skulle komme fra fabrikken for tilsammen å danne en helikopterskvadron, den første i Norge. Da 339 skvadron jo nettopp var nedlagt, ble det besluttet å bruke det navnet på den nye enheten. Skvadronen oppsto derfor på nytt på Bardufoss den 15. januar 1964, etter en overgangsperiode på Rygge.

Midtsommers 1964 ble 339 skvadron igjen erklært operativ. Men først i januar og februar 1965 fikk den sine fire siste helikoptere. Også disse var fabrikknye.

Skvadronens hovedoppgaver har i alle år siden vært: Deltakelse i alle større øvelser i Nord- Norge, forflytting av soldater i forskjellig øyemed, søks- og redningsoppdrag, ambulanse- og grenseflyginger, transport av viktige personer, forflytting av last og utstyr, samt helårlig beredskaptstjeneste. I tillegg kommer skvadronens eget treningsprogram.

Opp gjennom årene har oppdragene vært mangeartede. Det er således nok eksempler som taler sitt tydelige språk om 339 skvadrons allsidighet og helikopterets anvendelighet.

Allerede tre måneder etter opprettelsen påtok 339 skvadron seg å fly skolebarn fra den innesnødde bygda Storjord til skolen i Olsborg og tilbake igjen ved skoletidens slutt. Hver dag i halvannen uke pågikk denne skoleskyssen, og sjelden har vel norske barn vært så lykkelige over at de var i skolepliktig alder!

I desember 1966 utførte skvadronen en bragd av de sjeldne da en dødssyk mann ble hentet av en UH-1B på ishavsøya Hopen. Helikopteret var på forhånd fraktet på et oppsynsskip så nær øya som isbarrieren tillot på denne årstiden. Selve flygingen gikk over en strekning som tur/retur var på 140 nautiske mil og ble foretatt i tett tåke og stummende mørke. Det var, med andre ord, ren instrumentflyging hele tiden. Over tåkehavet sirklet et av Luftforsvarets Albatross-fly og ledet helikopteret inn. Alt gikk bra. Pasienten kom til sykehus i tide og berget livet

Det er vel også de mange ambulanseflyginger som har gjort 339 skvadron mest bemerket og populær blant sivilbefolkningen i nord.

En hendelse som fant sted den 21. januar 1980, kom til å få en helt spesiell betydning for 339 skvadron. Da ble det fløyet en ambulansetur fra Finnsnes til Tromsø med en kvinne som skulle føde. Med seg i helikopteret hadde hun jordmoren, men da man landet utenfor Tromsø sykehus, var det tre passasjerer ombord. En velskapt gutt var født underveis! Gutten ble senere døpt Knut-Aage etter fornavnene på de to besetningsmedlemmene på helikopteret, og skvadronen var ikke snauere enn at maskinen fikk samme navnet. At gutten ble 339 skvadrons nye "maskot", er vel unødvendig å tilføye. Helikopteret som utførte denne turen, var forøvrig nr. "087", med serienr. 63-13087.

Noe vanskeligere ble det etter neste fødsel ombord i et av skvadronens helikoptere. Den fant sted den 6. september 1982, og selve nedkomsten

Under øvelsen "Arctic Express" i mars 1970 ble noen helikoptere fra 339 skvadron påført midlertidig kamuflasje. Bildet viser Bell UH-1B SI-H (serienr. 63-13089).

gikk greit nok. Problemet oppsto da også denne moren ønsket å oppkalle barnet etter helikoptermannskapet Geir (Granviken) og Odd (Furu) — den nyfødte var nemlig ei jente!

I 1966 mottok 339 skvadron ytterligere fire helikoptere, men de ble allerede året etter avgitt til 719 skvadron i Bodø. Først i 1970 ble disse igjen erstattet, så flyparken kom opp i 12. Senere har det blitt ytterligere noen helikoptere da Luftforsvaret midt i 70-årene kjøpte noen brukte Bell UH-1B fra US Army. Noen maskiner er avgitt til skvadronene 719 og 720, så antallet ved 339 varierer litt fra tid til annen.

Skvadronen opprettet i 1974 et fast detasjement i Kirkenes, til disposisjon for Garnisonen i Sør-Varanger. Dette tjener til å understreke den nære kontakt som eksisterer mellom skvadronen og Hæren.

I 1978/79 stilte Forsvaret en helikopterving til disposisjon for UNIFIL, FN's fredsbevarende styrker i Libanon. Materiellet på fire Bell UH-1B ble levert fra 720 skvadron, men personellet kom fra både 339 og 720. Blant annet kom vingsjefen fra 339 skvadron.

Heldigvis har skvadronen vært spart for uhell med tap av liv. Noen helikoptere har riktignok havarert, men det har "bare" dreiet seg om større eller mindre materielle skader.

To av 339 skvadrons flygere er tildelt Kongens fortjenestemedalje i gull. Den ene for den omtalte Hopen-turen, den andre for allsidig innsats som helikopterflyger i Nord-Norge — en landsdel hvor været kan være den aller verste fiende, men hvor 339 skvadron gjør en innsats året rundt, både for Forsvaret og det sivile samfunn.

"699" (serienr. 61-699), et av 339 skvadrons Bell UH-1B helikoptere, fotografert under en felles øvelse med hærstyrker. Helikopteret er en militær utgave av Bell 204, og den sivile varianten har også vært mye benyttet i Norge. En militær videreutvikling, UH-1H, er blant de helikoptertyper som er under vurdering i forbindelse med den forestående utskifting av UH-1B.

717 skvadron

Krigshistorien viser klart at kjennskap til fiendens styrker og bevegelser er en forutsetning for egen planlegging. Rekognosering og etterretning har vært elementer i krigføring til alle tider både til sjøs og til lands. Men det var først i det forrige århundre at et tredje element kom inn i bildet - luften. Med ballongene åpnet det seg nye perspektiver for observasjons- og etterretningsvirksomhet. Allerede tidlig i fotografiets historie, under den amerikanske borgerkrigen først i 1860-årene, ble kameraet benyttet i dette øyemed.

Her hjemme ble luftfotografering praktisert helt fra flygingens spede begynnelse. Både Hærens og Marinens flyvåpen bragte med seg kameraer til værs for dette formålet. Best kjent er kanskje Hærens Fokker speiderfly med slikt fotoutstyr ombord.

Under den annen verdenskrig ble det startet en systematisk fotografering av viktige områder i Norge. Dette arbeidet ble fortsatt av Royal Air Force en stund etter frigjøringen, frem til september 1945. For å få avsluttet denne fotograferingen ble det bestemt at Luftforsvaret skulle få en fotorekognoseringsving, og i den store leveransen av flymateriell fra Storbritannia i 1947 var det også tre Vickers Supermarine Spitfire PRXI.

Spitfire PR XI A-ZB (serienr. PL979) med fenrik Amund Klepp bak spaken. Legg merke til kamerainstallasjonen mellom bokstaven A og nasjonalitetsmerket på kroppen.
Etter å ha blitt tatt vare på ved Rygge flystasjon gjennom mange år, befinner A-ZB seg idag i samlingen av historiske fly på Gardermoen. Kun tre Spitfire PR XI er bevart i hele verden, og A-ZB er altså et av dem.

Flyene ble imidlertid lite benyttet den første tiden, og sto stort sett lagret til sommeren 1949. Men den 9. august det året ble Nr. 1 Fotorekognoseringsving opprettet på Gardermoen. Det var ikke så store avdelingen til å begynne med, bare tre fly, det samme antall flygere og litt teknisk personell.

Vingen opererte over hele landet, fra Bardufoss i nord til Kjevik i sør. Av den grunn hadde vingen mange beordringer av kortere eller lengre varighet. Deltakelse i flere store øvelser tidlig på 50-tallet ble det også tid til.

For instrument- og treningsflyging ble vingen i februar 1952 utvidet med en North American Harvard.

North American SNJ-4 M-BG tilhørte opprinnelig US Navy og ble innkjøpt fra Thor Solberg den 4. november 1948. Ved anskaffelsen var flyet sivilregistrert LN-MAN og fikk tildelt kjennetegnet M-BG i Luftforsvaret. På bildet er kjenningsbokstavene plassert noe annerledes enn det som var normalt for denne flytypen.
Etter tjeneste ved 331 skvadron fra april 1951, kom M-BG til Nr. 1 Fotorekognoseringsving i november samme året. Der ble flyet inntil det buklandet på Kjevik i 1953. Ved utfasing av disse flyene ble de levert til Tyrkia i 1955 og 1956, og M-BG dro fra Norge i november 1955. Flyets fabrikasjonsnummer var 88-11545.

I august 1953 led fotovingen et smertelig tap, da vingsjefen ble drept i et havari ved Egersund. Dette var avdelingens andre uhell. Det første, to år tidligere, var en buklanding på Værnes med små materiellskader og uten personskade.

Til erstatning for Spitfiren som totalhavarerte ved Egersund, fikk fotovingen tildelt en Noorduyn Norseman. Dette flyet var ombygget provisorisk med kamera i buken og ble benyttet i et halvt års tid.

Etterhvert ble det klart at en så liten avdeling som Nr.1 Fotorekognoseringsving hadde meget begrenset taktisk verdi. En ønsket seg bedre og mer moderne materiell, spesielt etter at Norge var kommet med i NATO og de store våpenleveransene fra USA var begynt.

Delvis i påvente av nye fly, og delvis på grunn av nok et havari med en Spitfire, ble fotovingen den 26. mars 1954 beordret midlertidig nedlagt på Kjevik. Kjevik hadde da vært avdelingens hjemmebase den siste tiden.

Personellet ble overført til Sola-sjø, og den 5. mai 1954 ble fotovingen gjenopprettet, nå administrativt underlagt 338 skvadron. Vingen hadde fått tildelt 6 Republic F-84E Thunderjet. Det var de første Thunderjetene Norge hadde mottatt i 1951, og de var nå bygget om med kamera montert i venstre tip-tank.

I juni 1954 flyttet vingen fra 338 skvadron og Sola-sjø til 334 og Sola-land - med status som selvstending ving. Så, den 2. oktober ble Nr. 1 Fotorekognoseringsving endret til 717 Fotorekognoseringsving, etter at avdelingen hadde vært igjennom en større utbygging.

Deltakelse i en stor NATO-øvelse i Vest-Tyskland i mai 1955 ble en nyttig og lærerik opplevelse for mannskapene i fotovingen. Etter det kom både fotovingen, og senere 717 skvadron, til å delta i øvelser og skvadronutvekslinger over hele Vest-Europa i NATO-regi.

I januar 1956 fikk fotovingen anerkjennelse av Sjefen for Flyvåpenet for i løpet av 1955 å ha fløyet hele 1.260 timer uten uhell — forøvrig i likhet med foregående år.

Bare de seks første Republic Thunderjet, som kom til Norge den 10. september 1951, var av typen F-84E. Flyene ble tildelt 334 skvadron på Sola.
Etter en omflakkende tilværelse mellom skvadroner og skoler ble samtlige F-84E samlet i 717 Fotorekognoseringsving i 1954 og var de første fly med avdelingsmerkingen T3-.
Bildet viser T3-U over Ryfylke i 1955.

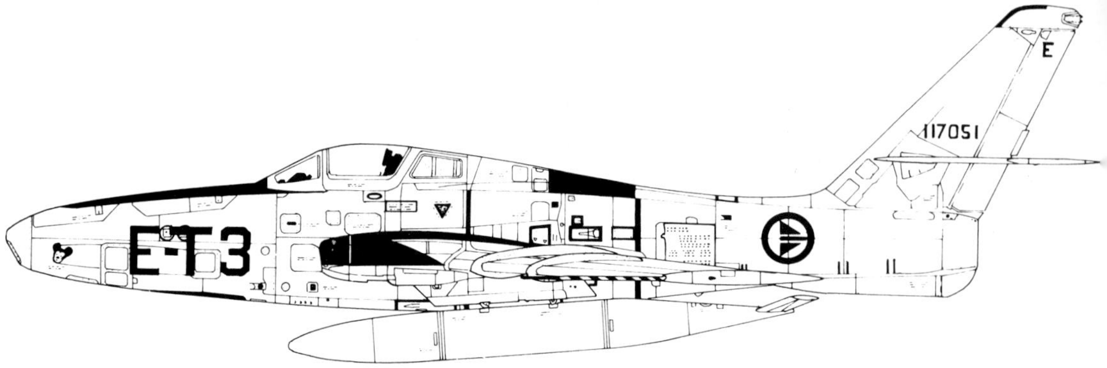

Republic RF-84F Thunderflash

Fotorekognoseringsflyet RF-84F ble utviklet i USA parallellt med jagerbomberen F-84F Thunderstreak, og prototypen foretok sin første prøvetur i februar 1952. Av produksjonen på 715 fly ble 386 levert til andre land under våpenhjelpprogrammet. Norge mottok 18 fly i 1956, to i 1957, fem i 1958 og seks i 1964. I tillegg kommer fire fly som ankom sjøveien til Stavanger i februar 1958. De var imidlertid av en type som ikke passet for Flyvåpnet og ble derfor senere samme år levert videre til Frankrike.
RF-84F inngikk i 717 skvadron på Rygge frem til juni 1970 da alle var utfaset og endel ble returnert USAF. ★

Rykter hadde lenge versert om mottak av Republic RF-84F Thunderflash, og i 1956 ble det virkelighet. Det første flyet kom i april, og utsjekk av flygere begynte straks. Fotovingen var da fullt oppsatt som skvadron, og i forbindelse med sjefsskifte den 30. juli 1956 fikk vingen status som 717 skvadron.

Med det nye materiellet fikk skvadronen større og nye oppgaver. En egen fototyderavdeling var blitt opprettet, og flyene kunne nå føre med seg opptil seks kameraer samtidig. Dette førte til en voldsom ekspansjon såvel når det gjaldt de tekniske muligheter som den taktiske rekognosering i Flyvåpnets regi. Republic RF-84F var på den tiden 717 skvadron fikk maskinene det desidert mest moderne taktiske rekognoseringsfly i den vestlige verden. Rent fotomessig kan man til og med si at RF-84F var bedre enn flyet som senere kom til å erstatte det.

I årene 1956-1960 deltok 717 skvadron i minst en NATO-øvelse utenlands hvert år samt alle større øvelser som ble holdt i Norge. 25 Republic RF-84F ble mottatt i løpet av denne tiden, dessuten fire fly som ble videresendt til Frankrike etter kort tid. Ytterligere seks fly kom i 1963, som erstatning for tap.

For tap hadde det nok blitt, i alt syv maskiner var avskrevet etter havarier.

Sommeren 1960 etablerte 717 skvadron et detasjement på Bodø flystasjon. I 1961, 1962 og 1963 deltok skvadronen i NATO-øvelsen "Royal Flush" i henholdsvis Belgia og Vest-Tyskland. I 1963 mottok forøvrig 717 skvadron MAAG-troféet for hele 1962, etter tidligere å ha fått dette troféet for første halvår 1960.

Den 26. juni 1961 hadde 717 skvadron flyttet til Rygge fra Sola, og Rygge skulle komme til å bli hjemmebasen så lenge skvadronen eksisterte. Og det var på Rygge at 717 skvadron i 1964 sto som vert for en gjenvisitt etter skvadronutveksling til Vest-Tyskland. Det var det første besøk av tyske militærfly som avdeling i Norge etter krigen, en noe "følsom" begivenhet

RF-84F T3-E (serienr. 51-17051) fikk ikke så lang operativ karriere i Flyvåpnet. Flyet ble levert den 26. mai 1956, men allerede den 18. desember samme året ble det så skadet i en nødlanding på Sola at det ikke kom i luften igjen.
Imidlertid fikk T3-E senere en ny og viktig rolle som instruksjonsfly ved LTS på Kjevik.
Mange hevder at RF-84F rent fotomessig var bedre enn sin etterfølger Northrop RF-5A. Bildet gir et inntrykk av kamerautstyret og hvordan det var installert.

som ble gjennomført på beste måte. På høsten bar det igjen til Vest-Tyskland, denne gangen til en britisk skvadron der.

I september 1964 feiret 717 at det var 15 år siden opprettelsen av Nr. 1 Fotorekognoseringsving. Skvadronen stilte for anledningen med eget oppvisningsteam på fire RF-84F. Det ble også en overflyging av Rygge med 16 fly i formasjon.

Mer formasjonsflyging ble det på "Forsvarets Dag", arrangert på Bislet i Oslo i mai 1965. Da deltok 717 skvadron sammen med fly fra 331, 336, 338 og 718. Skvadronens spesielle ferdigheter ble også holdt vedlike, og NATO's fotorekognoseringsøvelse "Big Click" ble vunnet i september samme år.

Under flystevnet på Gardermoen i mai 1966 deltok 717 skvadron med en 8-flys formasjon. Neste oppvisning kom året etter — denne gang på Torp med fire fly. På Rygge i 1968 var det en tilsvarende formasjon. Sommeren 1968 ble forøvrig 717 skvadron overført til Torp for en tid, på grunn av utbedringer på Rygge.

Republic RF-84F begynte å dra på årene nå. En rekke fly var avskrevet etter større havarier. De øvrige skulle returneres USAF når de ble skiftet ut i Luftforsvaret. Siden 1966 hadde Norge operert Northrop F-5 Freedom Fighter, og det var den spesielle fotorekognoseringsversjonen av Frihetsjageren, RF-5A (G), som skulle tildeles 717 skvadron.

Det første flyet ankom Rygge den 8. april 1969, et snaut halvår før skvadronen skulle feire sitt 20-års jubileum. Bedre jubileumsgave kunne man ikke ha fått. I forbindelse med jubiléet ble det holdt åpen stasjon på Rygge, og 717 hadde oppvisning med to RF-84F og to RF-5A.

I august 1970 ble det ny "Big Click" i Danmark, den første med de nye flyene. Deretter fulgte en skyteperiode på Sola og skvadronutveksling til Vest-Tyskland. 717 begynte å bli "varme i trøya" på Northrop RF-5A.

Det første havariet med Frihetsjager skjedde i mai 1971 da et fly styrtet ved Eidsvoll, og flygeren omkom.

De gamle skvadronbokstavene på flyene ble fjernet i 1972, i henhold til nye bestemmelser om merking av Luftforsvarets fly. Ny registrering ble de siste tre eller fire sifrene i serienummeret. Under øvelse "Big Click" på Sola det året kunne derfor 717 skvadrons fly ses med kun tresifret nummer som kjennetegn på hver maskin.

717 skvadron var stadig med i internasjonale fotorekognoseringskonkurranser. Her er noe av laboratoriepersonalet samlet i filmfordelingsvognen under en slik dyst. Fra venstre kaptein Roald Olaussen, fenrik Stein Olsen, løytnant Ingvar Stavlund, kaptein Jarle Solli samt fenrik og flyger Vidar Kjellsen.

Norsk fjellandskap danner alltid en glimrende bakgrunn for bilder av våre fly. Bildet viser RF-5A "106" (serienr. 68-9106) fra 717 skvadron.

Et nytt tragisk havari skjedde i mars 1974, da to av skvadronens fly kolliderte i luften over Nissedal. En av flygerne omkom. Hyggeligere ble det i oktober, for da feiret 717 skvadron sitt 25-års jubileum "tri heile dager til ende".

Deltakelse i NATO-øvelser, skvadronutvekslinger, skyteøvelser og rekognoseringsoppdrag utgjorde hverdagen for vår eneste fotorekognoseringsskvadron. Men i 1979 var det slutt. Mangel på personell og materiell reduserte etterhvert skvadronens effektivitet. Så det var en litt merkelig stemning da 30-års jubiléet ble feiret i juni måned. Skvadronens nedleggelse hadde nemlig vært et alminnelig samtaleemne i lang tid. Dommen falt snart, og den 15. august 1979 ble 717 skvadron offisielt regnet som nedlagt.

336 skvadron overtok materiell og arbeidsoppgaver samt endel personell. Og i Luftforsvarets eget jubileumsår er fotorekognoseringsavdelingen redusert til et fåtall enkeltfly under en annen skvadron.

718 skvadron

Da de Havilland Vampire ble tatt i bruk som første jetjager i Luftforsvaret, fremkom snart behovet for et jet-treningsfly til instrument- og operativ trenings-flyging.

De Havilland hadde et slikt fly, den to-seters Vampire T Mk.55, og Luftforsvaret bestilte seks maskiner i juni 1951. Leveringen foregikk i løpet av sommeren og høsten året etter. Flyene ble fordelt med tre hver til 336 og 337 skvadron på Gardermoen, som operative treningsvinger ved de to skvadronene.

I mellomtiden var detaljene i det amerikanske våpenhjelpprogrammet trukket opp, og Luftforsvaret skulle settes opp med et stort antall jagerbombefly av typen Republic F-84G Thunderjet. Til avsluttende trening i Norge for de flygerne som nå ble sendt til Canada, ble det derfor bestemt å opprette en egen treningsavdeling på Sola. Luftforsvaret skulle også få tildelt treningsfly av typen Lockheed T-33A, i første omgang 15 maskiner, men leveringen av disse ble noe forsinket.

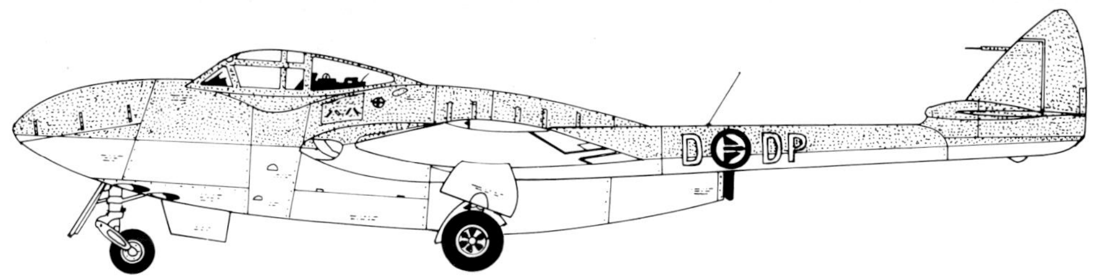

Den separate Jettrenings-Vingen ble midlertidig opprettet den 15. oktober 1952. Til å begynne med lånte vingen Fairchild Cornell og North American Harvard fra Kommunikasjonsvingen på Sola, men i månedsskiftet februar/mars 1953 fikk man de første jetflyene. Det var fire Vampire T Mk. 55 og seks Vampire F Mk.III, de siste enseters jagerfly. Senere ble ytterligere noen Vampire F Mk.III tildelt.

Vampire F Mk. III hadde svært dårlig havaristatistikk. Av 20 fly ble ikke mindre enn 11 avskrevet etter havarier i løpet av en seksårsperiode fra 1948 til 1954. Vampire DP-P (serienr. P42237) fra Jettrenings-Vingen ble senere levert til 337 skvadrons B-ving på Bardufoss med kjennetegnet SI-L. Flyet totalhavarerte den 18. mai 1954 på den flyplassen.

Vampire-flyene var kun ment som en midlertidig løsning inntil Lockheed T-33A kunne leveres, og ble derfor tilbakeført andre avdelinger, stort sett 337 skvadron, utover høsten og vinteren 1953. Den siste Vampire T Mk.55 forsvant i februar 1954.

De nye Lockheed T-33A ble montert i København og deretter fløyet til Sola. Den 27. april 1953 ankom de tre første flyene av denne typen, et av dem forøvrig med kringkastingens populære Rolf Kirkvaag som passasjer i baksetet.

Den 1. mars 1954 hadde vingen mottatt ialt åtte fly. Oppsettingsplanen var på 12, noe som ble nådd våren 1954. Og den 15. mai ble det første instrumentkurset startet med fire elever.

Navnet Jettreningsvingen var ikke lenger dekkende for en så stor avdeling. Vingen fikk derfor tildelt nummeret 718 den 1. juli 1954, forøvrig samtidig som Fotorekognoseringsvingen ble tildelt nr. 717. Men først i 1955 fikk 718 offisielt status som skvadron.

Den 30. juli 1954 opplevde Sør-Norge total solformørkelse, og 718 gikk på vingene for å fotografere i 40.000 fots høyde med tre fly.

Avdelingen hadde til nå disponert deler av Hangar 2 Sola-land, men ble etterhvert overflyttet til Hangar 1 Sola-sjø, som "samboer" med 333 skvadron. Dette forholdet ble av kort varighet da det ganske snart oppsto uenighet mellom de to skvadronene.

Onde tunger vil ha det til at det var den såkalte "kalde krig" som var årsak til uenigheten. Det var historien om duene på hangartaket. Inntil 718 dukket opp, hadde duene vært maskoter for 333 skvadron og blitt matet jevnlig. Nå gjorde disse duene sitt fornødne på 718's fly når disse sto parkert utenfor hangaren. Dette resulterte til slutt i at sjefen for 718 beordret fuglene skutt. Tonen ble aldri den samme mellom de to avdelingene etter dette.

De tre første Lockheed T-33A har nettopp landet på Sola den 27. april 1953. Flyene har fremdeles amerikanske kjennetegn, med såkalte Buzz-numbers på nesepartiet.

Lockheed T-33A DP-Q (serienr. 53-5794) i nærheten av Sola. Flyet ble levert til Luftforsvaret den 25. juni 1955. Etter vel 13 års tjeneste ble DP-Q levert til det italienske flyvåpnet i desember 1968 sammen med ytterligere fire fly av samme typen. Det har tidligere vært antatt at tre fly kom til Italia etter endt tjeneste i Norge, men det riktige antallet er altså fem.

Om det var due-affæren som var årsak til at 718 i 1955 flyttet nok en gang, skal være usagt. Men iallfall forlot man Sola-sjø og 333 for å etablere seg i Hangar 3 Sola-land.

Som tidligere nevnt var de siste Vampires nå ute av bildet, og 718 disponerte ialt 20 Lockheed T-33A. Skvadronens oppgave var som ren skoleavdeling å innføre ferske flygere fra USA og Canada i prosedyrer, instrumentflyging og taktisk operativ virksomhet ved skvadronene i Norge, som på denne tiden var utrustet med F-84G Thunderjet. Fra tredje kvartal 1955 til juni 1956 hadde 718 også detasjert ett til to fly fast på Gardermoen.

Selv om 718 skvadron skulle virke som skoleavdeling, hørte den neppe inn under opplæringsprogrammet den turen en teknisk sersjant foretok i september 1956. Under kjøring på bakken ble lysten til å fly for stor, og mannen tok av. Den uautoriserte turen varte i ca 50 minutter og foregikk nok ikke helt trygt. Verst ble landingen. Med assistanse av fire andre T-33A fra 718 kom flyet ned igjen på Sola først ved fjerde forsøk. Det ble noe ramponert under landingen, mens "flyentusiasten" slapp fra det uten en skramme. Mindre hyggelig ble det imidlertid for ham etterpå.

I 1957 forsøkte 718 JTS (Jettreningsskvadron) å starte Sola Militære flyklubb, med et medlemstall på 30. Men dette ble ikke akseptert av Norsk Aero Klubb.

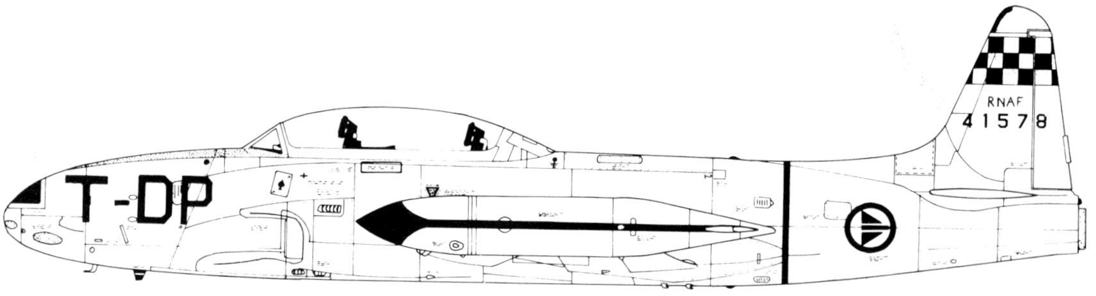

Lockheed T-33A

T-33A ble utviklet som en to-seters versjon av Lockheed F-80 Shooting Star, USA's første vellykkede jetjager. Siden prototypen fløy i mars 1948 har T-33A tjenestegjort i flyvåpen over hele verden, og fremdeles er mange av dem i aktiv tjeneste. Tilsammen ble ca. 6.800 fly bygget i USA, Canada og Japan, inkludert fotorekognoseringsversjonen RT-33A som det var planlagt å levere syv av til Flyvåpnet i første halvdel av 1955. Disse syv ble imidlertid erstattet av ombyggede F-84E inntil RF-84F Thunderflash kunne leveres.

20 T-33A ble levert til Norge fra april 1953 til september 1955 under våpenhjelpprogrammet, og ytterligere to fly kom i juni 1958, slik at Flyvåpnet totalt mottok 22 av typen. Syv ble avskrevet etter havarier ved 718 skvadron, og de gjenværende ble tilbakelevert USAF den 17. desember 1968 for videredistribusjon til andre NATO-land. ★

Samme år fant den første militære flyfemkamp sted på Værnes, og 718 vant en klar lagseier foran 334 skvadron. Dette satte en ekstra spiss på feiringen under skvadronens 5-års jubileum samme måneden.

Som en pen avslutning på året fikk 718 skvadron den 18. desember tildelt "Sjefen for Flyvåpnets plakett", for "... gjennom mange år å ha hevet Flyvåpnets standard i instrumentflyging".

I 1958 ble 718 skvadron beste avdeling i fri-idrett og fotball ved Sola flystasjon. Den 1. mai dette året deltok skvadronen i flystevnet på hjemmebasen, med formasjonsflyging og statisk utstilling.

En merkedag i bokstavelig forstand ble det på NATO's 10-års dag den 4. april 1959. Da ble 718 skvadron overrakt skvadronmerke, etter at den i lengre tid hadde vært eneste skvadron i Flyvåpnet uten slikt merke.

Foruten skoleflyging utførte 718 endel andre oppdrag, som kurérflyginger, tauing av slepemål, kontrollflyginger i samarbeide med Hæren og kontroller for GCA landingsradar.

Tidlig på 60-tallet utførte flymedisineren dr. C.W. Sem-Jacobsen et større studium ved 718 JTS. Finansiert av det amerikanske National Air & Space Administration (NASA) gjorde han forsøk for å påvise hvordan bevisstheten arbeider hos jagerflygere under ekstreme påkjenninger. Resultatene fra denne forskningen ble senere benyttet i NASA's romforskningsprogram.

På denne tiden ble også samarbeidet med Luftforsvarets bombe- og skyteskole (LBSS) innledet. Med sine T-33A fløy skvadronen slepemål for luftmålsskyting ute over havet vest for Lista, hvor LBSS hadde et skytefelt for dette formålet.

Opprinnelig var LBSS startet med de første flyginger på Lista i 1949. Det ble avholdt skytekurser for Spitfire, Mosquito og Vampire i regi av Våpeninspeksjonen på Fornebu. Ettersom kursene kom i fastere former, meldte behovet seg for en skole som kunne planlegge og drive våpenflygingstreningen i Luftforsvaret. Resultatet ble opprettelsen av LBSS den 1. mai 1951.

Skytefeltet på Lista hadde sine klare begrensninger. I tillegg hendte det ofte at flygerne fikk ubehagelige overraskelser i form av rikosjetter og steinsprut gjennom vinger og ror. Det ble derfor aktuelt å se seg om etter et nytt skytefelt. Valget falt på Jærens Rev, og skolen flyttet til Sola våren 1953.

Med det store antall jagerbombere av typen Republic F-84G som nå var på vei inn i Luftforsvaret, ble det en hektisk tid for LBSS. I tillegg til øvelser i skyting, bombing og bruk av raketter mot bakke- og sjømål, fikk man også et skytefelt for luftmålsskyting ved Utsira. Der ble slepemål trukket av Harvard, Airspeed Oxford og andre kommunikasjonsfly regelmessig perforert. Skikkelig fart i luftmålsskytingen ble det imidlertid ikke før i 1955, da de første North American F-86K Sabre dukket opp i Flyvåpnet.

Foruten våpentrening for skvadronene hadde LBSS også andre oppgaver, blant annet som vertskap under NATO's skytekonkurranse "Aim High" i 1959 og 1961. Nevnes kan også kurser for våpenflygingsinstruktører, som har vært holdt med jevne mellomrom. Dette var særlig aktuelt på slutten av 50-årene. Luftforsvaret hadde da tre forskjellige typer operative jagerfly, Republic F-84G, North American F-86F og North American F-86K. Det var umulig for skolen å holde instruktører på alle disse typene. Derfor ble det utdannet en kjerne instruktører i våpenflyging. De var nærmest reisende i dette faget og besøkte skvadronene etter tur.

Virksomheten ved skolen på Sola var i denne tiden sterkt redusert. Dette var en lite holdbar løsning, da skyteprogrammet på hjemmebasen dermed ble prioritert på linje med andre oppgaver i skvadronens gjøremål, og følgelig ble ukonsentrert og oppstykket.

Bakgrunnen for det samarbeidet som ble innledet mellom 718 skvadron og LBSS tidlig i 60-årene, er å finne i forholdene nevnt ovenfor. Samarbeidet ble ytterligere forsterket høsten 1965, da 718 JTS flyttet til Hangar 4 og 5 på Sola, hvor LBSS allerede holdt til. Det ble trangt om plassen, særlig når det gjaldt kontorene. Noe bedre ble situasjonen da de to enhetene etterhvert benyttet kontorer og undervisningsrom felles.

Sommeren 1967 ble 718 av plasshensyn forflyttet til Værnes under øvelsen "Bull's Eye". Samme høst feiret så skvadronen sitt 15-års jubileum.

I 1968 konverterte 718 skvadron til Northrop F-5A og F-5B Freedom Fighter. De første kom den 4. juli, og ved årets utgang hadde skvadronen mottatt 13 fly. 11 var av typen F-5A og de øvrige F-5B to-setere. Overføringsprogrammet var nå i full gang.

De gamle T-birdene hadde utspilt sin rolle. Ialt 22 fly var blitt levert til 718. Syv av dem var avskrevet etter havarier mellom 1958 og 1965. Av de gjenværende ble 10 levert videre til Frankrike, mens fem ble returnert US Air Force i Vest-Tyskland.

Ved innføringen av Northrop F-5 ble det aktuelt å slå sammen 718 skvadron og LBSS. Saken hadde vært gjenstand for diskusjon og overveielser i flere år, før man nå endelig tok en avgjørelse. Med virkning fra den 1. januar 1969 ble så de to ført sammen under navnet Luftforsvarets flytaktiske skole (LFTS) 718 skvadron. Avdelingen ble heretter å regne som operativ, selv om den skulle fortsette som skoleavdeling.

Et tredje ledd kom inn i undervisningen som tillegg til de tidligere oppgavene ved JTS og LBSS. Det var survival-overlevelse. Kursene gikk ut på å klare seg best mulig etter havarier eller utskyting i luften, samt nødlanding og selvberging i fiendeland. Disse kursene foregikk i Sirdalsheiene, og alle flygere som hadde utsjekk ved 718 skvadron, måtte gjennomføre dem, noe som kunne være en særdeles sur fornøyelse vinterstid.

Surt kunne det også være under de årlige to - tre deployeringer til Nord-Norge etter at skvadronen ble operativ. Etter tur ble de lagt til Andøya, Banak og Bardufoss og var dårlig likt av både flygere og bakkepersonell, spesielt om vinteren.

Under en slik deployering i 1970 utførte 718 skvadron en operasjon som ble gjenstand for oppmerksomhet i den internasjonale flypressen. I forbindelse med en øvelse foretok nemlig to av flygerne både landing og avgang på en ca. 1.000 meter lang grusstripe ved Kautokeino. Dette ble ansett for å være en overbevisende demonstrasjon av Frihetsjagerens evne til å operere under primitive forhold.

I 70-årene ble rutinen stort sett bare brutt av skvadronutvekslinger og de årlige NATO-konkurranser. 718 skvadron vant "Bull's Eye" i 1973 og har også flere ganger vunnet Northropfabrikkens vandretrofé "Glassbiten".

Da rullebanen på Sola ble utbedret i 1976, flyttet skvadronen i to måneder til Lista. 718 hadde forøvrig tidligere igjen byttet oppholdssted på Sola. Det skjedde ved juletider 1969, da man flyttet tilbake til Hangar 2. Der hadde Jettreningsvingen i sin tid oppstått, så ringen var sluttet.

Med innføringen av General Dynamics F-16 i Luftforsvaret, bestemte Stortinget at antallet Northrop F-5 i virksomhet gradvis skulle reduseres når leveringen av de nye flyene tok til. I 1980 ble LFTS - den flytaktiske skolen - flyttet til 332 skvadron på Rygge. 332 skulle være skoleavdeling for F-16. Som følge av dette ble 718 omgjort til en ren operativ skvadron.

Nedtrappingen av F-5 i Luftforsvaret gikk noe hurtigere enn antatt, da det etterhvert ble oppdaget sprekkdannelser i disse flyene. Mange av dem ble sendt til lagring på Sola, og 718 ble nærmest en vedlikeholdsskvadron. Imidlertid var både 718 skvadron og Sola hovedflystasjon foreslått nedlagt, og 718's 30-års jubileum i oktober 1982 ble samtidig dens "gravøl"

All virksomhet ved skvadronen skulle opphøre ved årsskiftet, og den 3. desember ble siste beredskapsoppdrag fløyet. Den siste flyging i skvadronens historie ble "Skvadronsjefens siste tur" den 3. januar 1983. Etter landingen taxet major Lutnes mellom to rekker på ialt 20 Northrop F-5. I hver cockpit sto det en flyger i giv akt - som en siste hyldest til Sjefen og 718 skvadron.

For dem som i årenes løp har vært innom 718, er nedleggelsen vemodig. Imidlertid kom det høsten 1984 signaler om at skvadronen skal re-etableres på Rygge i 1985, utstyrt med et begrenset antall F-5.

Denne F-5A fra 718 skvadron, DP-C (serienr. 67-14896), var den eneste som fikk påmalt sjakkmønster i gult og rødt på halefinnen. Maskinen ble fløyet av kaptein Ragnar Østby. Bildet er tatt under et besøk i Storbritannia i 1971.

719 skvadron

719 skvadron, som i hele sin eksistens har vært stasjonert i Bodø, er en ung avdeling, idet den ble opprettet den 1. januar 1966. Men dens egentlige historie går mye lenger bakover i tiden.

Etter Luftkommando Nord-Norges flytting fra Bardufoss til Bodø og Bodø hovedflystasjons etablering, fikk stasjonen i mai 1954 overført en helikopterseksjon fra Gardermoen. Seksjonen besto av et Bell 47D-1 helikopter, senere erstattet av en Bell 47G, og ble satt opp som en underavdeling til Ops skvadron/Flygruppen og benevnt som Helikopterseksjonen/LKN. Senere ble helikopterparken øket med en Agusta-Bell 47J, og i slutten av april 1958 kom to nye Sikorsky H-19D.

Den 4. juli 1954 fikk Bodø tildelt to av de nyinnkjøpte DHC-3 Otter flyene. I likhet med helikopterne ble disse satt opp som en underavdeling av Ops skvadron/Flygruppen og betegnet Kommunikasjonsvingen/LKN, i daglig tale Komm.vingen. Senere kom ytterligere to Otter-fly. Da Skattøra sjøflystasjon ble bestemt nedlagt, fikk Komm.vingen overført Otter-maskinene derfra. Disse var utstyrt som sjøfly, men ble senere modifisert til amfibier.

Luftforsvarets merker fjernes. Otter XJ-U (serienr. 53-31) er solgt til Widerøes Flyveselskap og skal over i sivile farger. Bildet er tatt sommeren 1967.

Dramatiske hendelser kunne inntreffe i Otter-perioden. Som for eksempel da en av maskinene vinteren 1963 måtte lande på sjøen med skiunderstell. Flyet kom ut for dårlig vær, og til slutt var det ikke annet å gjøre enn å gå ned på vannet. Ingen hadde landet en Otter på sjøen med slikt understell tidligere, så det fantes ikke noen prosedyre for det. Det viste seg imidlertid at flyet gikk bortover sjøen omtrent som på vannski, men da motoren ble kuttet i landingsøyeblikket, varte ikke ferden så lenge. Maskinen ség på farten til den stoppet og gikk deretter ned. Mannskapet klarte seg heldigvis bra.

Otter ble benyttet ved stasjonen helt til 1967, da flyene ble solgt og senere erstattet med DHC-6 Twin Otter.

Helikopterseksjonen og Komm.vingen ble fra den 1. november 1957 slått sammen, men var fortsatt under Ops skvadron og ble benevnt Nr. 7193 Støtteving/LKN. Med virkning fra den 1. januar 1966 ble så støttevingen gitt status som egen skvadron og betegnet 719 skvadron. Da avdelingen allerede var operativ og i full drift, medførte ikke dette noen endringer på personell- eller fly/materiell-siden, i realiteten var det kun en navneendring. På høsten 1967 mottok imidlertid skvadronen sine nåværende helikoptere av typen Bell UH-1B.

De Havilland of Canada DHC-3 Otter

Spesielt konstruert for operasjoner under vanskelige forhold både i luften og på bakken, var Otter et naturlig valg da Flyvåpnet skulle fornye parken av lette transportfly i midten av 50-årene. Seks fly ble levert i april 1954, to i desember 1960 som erstatning for de to Otter som var avgitt til FN-styrkene i Kongo, og til sist ble to fly anskaffet i desember 1961 og mars 1964.

Etter mange års tjeneste uten alvorlige uhell ble Otter-flyene solgt til sivile selskaper i Norge og Canada i løpet av 1967.

DHC-3 Otter ble konstruert i 1951, og prototypen foretok sin første tur allerede i desember det året. I tillegg til omfattende sivilt bruk, ikke minst i Norge, er Otter brukt av flyvåpnene i Canada, Chile, Colombia, India og USA. ★

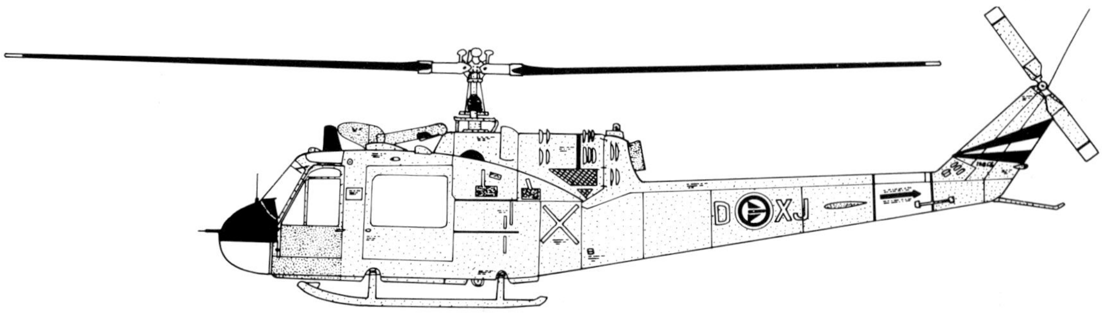

Bell UH-1B/C Iroquois

Ikke noe helikopter i den vestlige verden er bygget i så stort antall som Bell UH-1 — over 10.000 i en rekke varianter fra prototypen fløy i oktober 1956 med betegnelsen XH-40.

De fire første UH-1B kom til Norge den 14. juni 1963 og er senere etterfulgt av 33 i mange leveranser frem til april 1976. Noen av helikopterne i den siste leveringen er imidlertid brukt til reservedeler og har dermed aldri fløyet i Norge.

En videreutvikling av typen er blant de helikopterne som vurderes som UH-1B's etterfølger i norsk tjeneste. ★

Den tekniske vedlikeholdstjenesten for helikopterne og Otter-flyene var i den første tiden underlagt Forsyningsgruppen, med en teknisk seksjonssjef for hver flytype. Senere, etter at flyparken var slått sammen, ble flyteknisk sjef tilbeordret og vedlikeholdsansvaret overtatt av avdelingens tekniske personale.

Da de to første Twin Otter-maskinene ble fløyet fra Canada til Kjeller i slutten av juli 1967, var også personell fra 719 skvadron med. Etappene var Toronto — Baggotville — Knob Lake — Frobisher Bay — Søndre Strømfjord — Keflavik — Flesland — Kjeller. Man hadde for overflygingen installert fire drivstoff-fat i kabinen, og drivstoffet ble underveis overført til hovedtankene, noe som ga maksimal flygetid på vel åtte timer.

Twin Otternes oppgaver er definert som transport av personell og materiell, også kalt lett transport. Lett transport — det betyr lett i motsetning til de oppgaver som C-130H utfører. At oppdragene i seg selv ikke alltid er lette å utføre skal være sikkert. Twin Otter flyr på Luftforsvarets faste ruter, først og fremst i Nord-Norge, og har dessuten en rekke andre transportoppdrag. Overalt hvor flyene kommer, er de meget vel ansett. Det harde klimaet og ellers ofte dårlige forbindelser gjør dem til det. Twin Otter har stor betydning som katastrofeberedskap. Med sin lastekapasitet og beskjedne krav til landingsplass er flyene meget godt egnet til å frakte syke og skadede mennesker. De er ferdig innredet som ambulansefly. Det er bare å sette inn bårene og resten av utstyret.

Bell UH-1B har noe av de samme oppgaver, men i tillegg en rekke andre. Først og fremst redningstjeneste for den operative flyging, videre søk og ambulanseoppdrag generelt, sauesanking og matleveranser til avstengte bygder for å nevne noe. Ingen tvil om at 719 skvadrons maskiner er godt kjent og svært populære blant sivilbefolkningen.

719 er en usedvanlig fredelig skvadron. Ingen av flytypene er bevæpnet og vil vel heller ikke bli det i en krigssituasjon. Trivselen og ånden på 719 har alltid vært spesielt god, noe som sikkert i stor grad kommer av at det er en liten avdeling med nær kontakt mellom alt personellet. Også 719 har merket avgangen til de sivile flyselskapene, men det har alltid vært en stor, fast kjerne av mannskaper.

Den 11. juli 1972 inntraff en meget tragisk hendelse. Twin Otter XJ-K (serienr. 67-056) var på vei fra Bardufoss via Skagen i Vesterålen hjem til

Blant Luftforsvarets Bell-helikoptere finnes fire av versjonen UH-1C, deriblant XJ-D (serienr. 65-12856). UH-C er stort sett lik UH-1B, men har modifisert rotor og noe øket drivstoffkapasitet. Bildet er tatt i 1970.

Bodø. Været var dårlig, med lavt skydekke og sterke regnbyger. Maskinen kom ut av kurs, og i det vanskelige terrenget skal det under slike forhold lite til før ulykken er ute. Bare ca. 20 meter under toppen av Lille Tussen på Grytøy nord for Harstad gikk Twin Otteren rett i fjellet. Besetningen på tre, to flysøstre som deltok på turen som et ledd i sin utdannelse innen Luftforsvaret og de 12 passasjerene ble drept momentant. Vrakrestene ble kastet nedover den bratte fjellsiden og brant i lang tid etter havariet. Denne ulykken er den største i forsvarsgrenens etterkrigshistorie.

Skvadronens helikoptere er på ti minutters beredskap når jagerflyging pågår, og da sitter karene klar for å ta av på korteste varsel. Vanligvis tar det bare få minutter fra alarmen går til helikopteret er på vei.

Den 29. september 1970 kolliderte to F-5 jagerfly i luften over Fugløya i Gildeskål vest for Bodø, og begge flygerne skjøt seg ut i fallskjerm. En UH-1B ble varslet. Tre minutter senere var den i luften, og etter et kvarter var begge flygerne ombord i helikopteret. Bare 28 minutter etter kollisjonen var de to jagerflygerne på sykehuset til rutinekontroll.

Før 330 skvadron ble opprettet med Sea King i 1973, hadde 719 generell redningstjenesteberedskap 24 timer i døgnet. Redningsoppdrag har, forsåvidt naturlig nok, lett for å komme når været er som verst, med sterk vind, sne, dårlige lysforhold og ellers når de fleste andre må gi opp. Mannskapene fra 719 skvadron har imidlertid utført mange strålende oppdrag i allslags vær. De har hentet fødende kvinner, alvorlig syke mennesker, berget besetningen ombord på fiskebåter ute på havet og mye, mye annet.

Blant de mer minnerike turene er en som fant sted sent i 60-årene. En Albatross hadde gått ut for å hente en pasient fra forskningsfartøyet "Johan Hjort" langt til havs, men på grunn av kraftig sjøgang greide ikke amfibieflyet å komme seg på vingene igjen og måtte taxe på sjøen i fem-seks timer inntil det kom innenfor helikopterets rekkevidde. 719 var på plass, men det ble litt av et strev for mannskapet. Pasienten skulle opp fra en jolle som gikk flere meter opp og ned i den grove sjøen, og helikopteret måtte inn i samme rytmen som jolla før man greide å få mannen vel ombord.

Bruken av heisen trenger forresten et lite avsnitt for seg selv. Foruten flygeren består besetningen ombord i helikopterne av to mann. Disse er utdannet i overflatesvømming, og under redningsoppdrag snakker den ene flygeren i posisjon, mens den andre går ned med heisen. Flygeren kan ikke se mye av hva som foregår, men må følge anvisningene fra han som betjener heisen. Den som skal reddes, får en stropp rundt seg og blir plassert mellom bena på redningsmannen før de to blir heist opp.

Under andre oppdrag er det kun to mann ombord, flygeren og en maskinist. Det er forøvrig sistnevnte kategori som også yter så god tjeneste under redningsoppdragene.

Både Twin Otter og UH-1B har vist seg teknisk pålitelige og greie å ha med å gjøre i mange år. Men helikopterne nærmer seg nå slutten av sin tekniske levetid, og 719 skvadron er like spent på hvilken type som skal erstatte dem, som de øvrige helikopteravdelingene i Luftforsvaret.

De Havilland of Canada
DHC-6 Twin Otter

Utviklingen av DHC-6 tok til i 1964, og den 20. mai året etter foretok prototypen sin første tur.

Twin Otter er et STOL (Short Take-Off and Landing) transportfly, og rundt 800 er bygget i tre hovedvarianter. Flyet leveres også på flottører, med ekstra utvendig lastekapasitet og spesialutstyrt for brannslukking.

Luftforsvaret mottok fire DHC-6 Series 100 i 1967. Ett av dem havarerte i juli 1972, og til erstatning ble en DHC-6 Series 200 anskaffet året etter. Den har en noe større lastekapasitet enn de tre eldre flyene.

I norsk militær tjeneste har Twin Otter hele tiden tjenestegjort ved 719 skvadron og blir hovedsakelig benyttet til transportoppdrag i Nord-Norge. ★

Til erstatning for den Twin Otter som i juli 1972 havarerte ved Grytøy, ble det kjøpt inn en ny maskin, "184" (serienr. 68-184). Dette flyet er av typen DHC 6 Series 200, en noe annen versjon med større lastekapasitet enn de øvrige flyene.

720 skvadron

Som nevnt i kapittelet om Luftforsvarets småflyavdelinger, førte en omorganisering av støttevingene i Nord- og Sør-Norge til opprettelsen av 719 og 720 skvadron.

Bensintankene røper at dette er en Bell 47G. D-versjonen hadde en tank på tvers like bak rotorskaftet, mens G-versjonen var utstyrt med en tank på hver side, slik det fremgår av dette bildet.
I tillegg til JT-P (konstr.nr. 698) disponerte 720 skvadron en Bell 47D-1, JT-O (konstr.nr. 632). Begge ble etter utrangering i 1968 solgt sammen med andre helikoptere av samme type til A/S Flytransport, senere Helilift A/S, på Hamar.

Sistnevnte ble egentlig etablert på Rygge i januar 1967 med to fly av typen DHC 3 Otter samt to Bell 47 og fire Bell UH-1B helikoptere. Materiellet kom fra de oppløste støttevingene.

I mars flyttet avdelingen til Gardermoen, hvor den så ble offisielt opprettet den 1. april 1967. Kort tid etter ble de to Otter-flyene tatt ut av bruk, og 720 ble en ren helikopterskvadron. Ytterligere fire UH-1B ble mottatt i juli måned.

Primæroppgavene for 720 skvadron ble støtteflyginger for Hæren, redningstjeneste for Forsvarets flyvirksomhet på Østlandet og beredskap i forbindelse med den sivile redningstjenesten i Oslofjord-området. I tillegg kom trening av egne flybesetninger, opplæring av Luftforsvarets helikopterflygere og rene transportoppdrag.

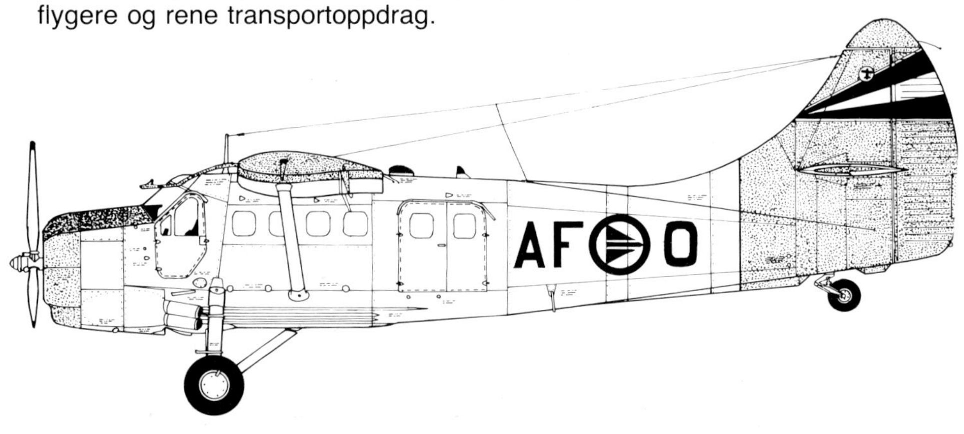

Som et ledd i beredskapen i Sør-Norge ble 720 organisert i fire vinger. De ble detasjert på henholdsvis Rygge, Sola og Ørland i tillegg til Gardermoen.

Allerede det første året fikk skvadronen vist sin berettigelse som katastrofehjelp. I juni ble 720 satt inn i redningsarbeidet i Lillestrøm etter en storflom i Øyern, og senere på året kom raskatastrofen i Trøgstad hvor skvadronens helikoptere gjorde en hederlig innsats. Flere dramatiske redningsoppdrag skulle følge. Et Fokker F-28 Fellowship passasjerfly havarerte i Asker lille julaften 1972, under innflyging til Fornebu. Nesten alle ombord omkom.

Men på tross av mørke og vanskelige forhold viste Bell-helikopterne fra 720 skvadron sin nytte i redningstjenesten. En stor togulykke ved Tretten krevde også omfattende innsats fra skvadronen.

Som de eneste helikopterne på Østlandet utstyrt med redningsheis, er disse maskinene til uvurderlig nytte. Søk og leting etter personer og fartøyer er arbeidsområder 720 har måttet hjelpe til med ved mange anledninger. Dette er også bakgrunnen for at tre sjøaspirantskoler i Sør-Norge ved hjelp fra skvadronen har kunnet gi praktisk undervisning i redning med helikopter fra livbåt eller flåte.

Etter to totalhavarier i 1968 og utfasing av de to gamle Bell 47 i 1970, fikk 720 tildelt fire "nye" Bell UH-1B i desember 1970. Dermed var skvadronen igjen oppe i en styrke på 10 maskiner. Samtidig skjedde en omorganisering, slik at det nå ble fem vinger istedet for fire.

Samarbeidet med Hæren ble i særlig grad knyttet til Hærens jegerskole på Trandum, som flittig benyttet helikopterne til fallskjermhopping og annen trening. Nær 500 flytimer ble årlig tatt ut på denne måten.

Forsvarets transporter av viktig personell i Sør-Norge ble også i stor grad 720 skvadrons oppgave, og både Kongehus og Regjering har stått på passasjerlistene. Både militære øvelser og sivile katastrofeøvelser medførte deltakelse av 720 skvadrons helikoptere og mannskaper. Hæren var en trofast "kunde", med transport av soldater og utstyr, blant annet ble det mange tunge løft for Ingeniørvåpnet.

I 1972 fikk skvadronen anledning til å delta i en stor ubåtjakt i Sognefjorden — forøvrig uten resultat. Det var også et helikopter fra 720 som ble det første til å lande på et av Sjøforsvarets fartøyer. Det skjedde i 1974 da "688" gjennomførte en vellykket landing på KNM "Stavanger".

Dette året var planlagt som overføringsår for 720 skvadron. Den skulle fra Gardermoen til Rygge. Boligmangel i Rygge og Råde medførte imidlertid utsettelser, og først i januar 1976 var skvadronen flytteklar. Seks helikoptere lettet fra Gardermoen på formiddagen den 8. januar og fløy i formasjon over alle Østfold-byene før de landet på Rygge, hvor skvadronen siden har holdt til.

Allerede i 1973, ved innføringen av Westland Sea King redningshelikoptere i Luftforsvaret, var vingene på Sola og Ørland trukket inn. Og ved overføringen til Rygge ble skvadronen for første gang samlet på ett sted. Vedlikeholdet hadde foregått på Rygge helt siden 1968, og denne oppdelingen hadde vært svært tungvint, så personellet var lettet over at man nå hadde en felles base.

Et fenomen på 70-tallet var installering av nødpeilesendere i alle småfly. Dårlig kontroll med disse førte særlig i begynnelsen til mange falske alarmer og unødvendige søk for 720 skvadron.

Et oppdrag av mer sjelden art kom i november 1977. Postkontoret i Skjeberg ble ranet, og 720 skvadron ble satt inn i letingen etter gjerningsmennene. De ble til slutt lokalisert i en båt av et helikopter og pågrepet noe senere. Siden har skvadronen ved flere anledninger bistått politiet i leteaksjoner i forbindelse med kriminelle handlinger.

Helikoptervingens base Naqoura i Syd-Libanon.
Vingen var stasjonert der fra den kom til området i april 1978, inntil helikopterne ble trukket hjem igjen i månedsskiftet juli/ august året etter.
Naqoura lå i nærheten av FN-kommandoens hovedkvarter og hadde det norske feltsykehus som nærmeste nabo. Med sin beliggenhet ved Middelhavskysten har stedet høy luftfuktighet, noe som vanskeliggjorde vedlikeholdsarbeidet. Basen ble også utsatt for beskytning, og alle helikopterne ble påført skader.

UH-1B "963" (serienr. 64-13963) tar av fra Naqoura på et FN-oppdrag. De norske helikopterne og deres mannskaper var godt ansett blant FN-styrkene i Syd-Libanon, og sjefen for FN-kommandoen, den ghanesiske general Erskine, uttalte at han fant helikoptervingens standard av aller høyeste klasse.
De fleste oppgavene var ambulanseflyging av sårede FN-soldater og libanesiske sivile. På grunn av forholdene måtte det flys i nøye fastlagte korridorer, og et spesielt rapporteringssystem sørget for at man til enhver tid visste hvor helikopterne befant seg.

En helt annen type oppdrag fikk skvadronen i 1978. Fire helikoptere med mannskap skulle stilles til disposisjon for FN-styrken i Libanon, UNIFIL. De to skvadronene 720 og 339 fikk oppgaven. 720 stilte helikoptere, mens mannskapene kom fra begge avdelingene.

FN-tjenesten kom til å bli kostbar. Et helikopter gikk tapt, og alle ombord omkom, mens de andre helikopterne ble skadet. Sør-Libanon var i realiteten et krigsområde, og den norske helikoptervingen hadde en hektisk tid under vanskelige forhold inntil den ble trukket hjem igjen og FN-oppgaven overtatt av en italiensk avdeling.

Teknisk sett begynner UH-1B å trekke på årene. De eldste har fløyet i over 20 år. Helikopterne har allikevel alltid gjort stor nytte for seg, både i sivil og militær sammenheng og er nærmest uunnværlige i Østlandsområdet. Nyere og bedre materiell er både ønsket og påkrevet, men allikevel kom det som en bombe på mange i Luftforsvaret da Forsvarsdepartementet i 1982 foreslo å nedlegge 720 skvadron. Personellet og materiellet skulle overføres til 339 skvadron på Bardufoss, men for å opprettholde beredskapen på Østlandet ble det foreslått å detasjere en ving av 339 til Rygge.

Tidligere var det fra Luftforsvaret selv foreslått å nedlegge skvadronen i forbindelse med utfasing av Bell UH-1B og innføring av nye helikoptere på midten av 80-tallet, men nå gikk departementet inn for nedleggelse allerede fra den 1. juni 1984. Begrunnelsen var reduksjon av driftsutgiftene og å oppnå en rasjonell utnyttelse under den gjenstående delen av UH-1B maskinenes levetid. Endel av de oppgavene 720 skvadron hittil hadde utført, ble foreslått ivaretatt ved innleie av sivile helikoptere.

Mange røster hevet seg mot slik nedleggelse av 720 skvadron, ikke minst blant personellet. Det ble også hevdet at innsparingene langt på vei ville bli spist opp ved utstrakt bruk av sivile helikoptere i de forskjellige roller 720 hadde fylt.

Gleden var av den grunn stor på mange hold da det ble klart at skvadronen skulle få leve, iallefall inntil videre. 720 er derfor idag fortsatt i virksomhet. Det flys oppdrag for Forsvaret og for det sivile samfunn. Og ikke minst når det gjelder redningstjenesten i Østlandsområdet er skvadronen stadig i aktivitet.

Feltartilleriets Fly-OP-tjeneste

Observasjon og ildledelse fra luften er uhyre viktig for å øke artilleriets effektivitet. Dette ble oppdaget allerede i det forrige århundre da ballonger ble tatt i bruk, og til fulle bevist under verdenskrigene.

Helt fra årene like etter siste krig ble det her hjemme arbeidet med planer om faste flyoppsettinger ved feltavdelingene i Hærens artilleri. I 1953 var planene kommet så langt at det ble utarbeidet en "Krigsoppsettingsplan for Flytropper". Ifølge denne skulle en flytropp bestå av to observasjonsfly, fire kjøretøyer og ca. 10 mann. Det var videre med i planen at en slik flytropp skulle inngå i hver artilleribataljon.

Opplæringsmessig var det forutsatt at flygere og mekanikere skulle utdannes av Flyvåpnet, mens Feltartilleriet skulle sørge for Fly-OP-utdannelsen. Flere flytyper var under vurdering. Den britiske Austerfabrikken hadde et observasjonsfly betegnet AOP Mk. 6, med en treningsversjon T.Mk. 7. I USA fantes Piper Cub og Cessna L-19 Bird Dog.

Ved to øvelser i 1953 ble ordningen med flytropper utprøvet med bruk av sivile småfly og flygere innkalt til repetisjonsøvelse. Resultatet var meget godt. Som følge av dette ble det i Stortingsproposisjon nr. 86/1954 gitt hjemmel til opprettelse av lette flytropper i Hæren for utføring av observasjonstjeneste og forbindelsesflyging. Videre het det at Flyvåpnet skulle være den administrative fagmyndighet for flymateriellet og som sådan ha ansvar for kontroll og vedlikehold av dette. Flyvåpnet skulle også i nødvendig utstrekning bistå Hæren med utdanning av flygere og vedlikeholdsteknikere.

Forsvarsdepartementet rykket imidlertid ut med protest mot opprettelse av en egen flyavdeling i Hæren, da dette falt utenfor rammen av Stortingets vedtak om kun ett flyvåpen i Norge.

Allikevel fant man å kunne godkjenne planene under forutsetning av at materiellet tilhørte Flyvåpnet. Forsvarsgrenen skulle, som nevnt, også være ansvarlig fagmyndighet for tjenesten. Likeledes skulle flygerutdannelsen foregå i Luftforsvarets regi, ved Flygeskolen.

De første flyene, 16 Piper L-18C Super Cub, ble mottatt i 1955 som en del av NATO's våpenhjelpprogram. Disse ble omgående tatt i bruk, til å begynne med vesentlig som skolefly.

Elementærutdanningen foregikk ved Flygeskolen på Værnes og LBSS på Sola. Selve OP-opplæringen ble tatt hånd om av Feltartilleriet.

Tjenesten forandret senere navn fra Hærens flytropper til Feltartilleriets Fly-OP tjeneste (FAFOPT).

Piper L-18C Super Cub

L-18C er den militære betegnelsen på Piper PA.18 Super Cub 95, og 838 fly av denne typen ble bygget for den amerikanske hær. 108 av disse ble levert under våpenhjelpprogrammer til allierte land, og Norge mottok 16 slike fly den 5. mai 1955.

Super Cub er en videreutvikling av Piper Cub som ble konstruert før krigen og levert i stort antall til sivilt og militært bruk, de sistnevnte med typebetegnelsen L-4. ★

Cessna L-19A/0-1A Bird Dog

Cessnas modell 305A ble i 1950 valgt til kommunikasjons- og observasjonsfly for US Army. Da produksjonen hos Cessna opphørte ni år senere var hele 3.259 fly levert. I tillegg kommer lisensproduksjon i Japan og Pakistan. Senere har videreutviklinger av flytypen blitt bygget i Italia og Sør-Afrika.

Tilsammen 27 fly er levert til Luftforsvaret, fordelt med to i september 1960, fem i november 1961, tre i desember 1965, syv i januar 1966 og ti i august 1968 som avslutning på det hele.

I 1962 forandret USA betegnelsen på hoveddelen av sine militære fly, og L-19A ble da endret til 0-1A. ★

OP-FLYGERVING
(gammel type)

OP-FLYGERVING

For å unngå å bli oppdaget av fiendtlige styrker gis Hærens OP-flygere trening i å fly lavt og utnytte de mulighetene terrenget gir. Men et visst måtehold bør allikevel utvises — noe føreren av denne Piper L-18C fikk erfare. Det er jo ikke akkurat nødvendig å gjemme seg i buskene!

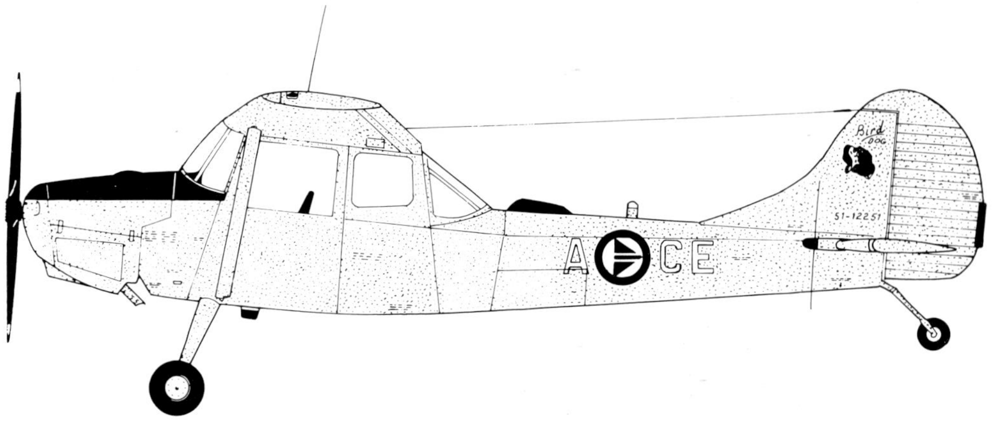

I 1960 ble de første flyene av typen Cessna L-19A Bird Dog levert. Senere fulgte ytterligere maskiner helt frem til 1968, da ialt 27 var levert. Endel av denne styrken var stasjonert på Gardermoen fra 1968 til 1974.

Flyene er fordelt til de forskjellige artilleriavdelingene, med hovedkvarter nordpå på Setermoen ved Bardufoss og i Sør-Norge på Haslemoen i Solør. OP-kurs kjøres blant annet fra Torp flystasjon, hvor endel Cessna 0-1A er stasjonert.

Under feltmessige forhold vil landeveien kunne bli flyplass for Feltartilleriets OP-fly. Her taxer Cessna O-IA CE-K (serienr. 51-7359) langs en bane som nok vanligvis benyttes av helt andre kjøretøyer. Denne flytypen er glimrende for observasjonstjeneste og har faktisk vært uavbrutt i tjeneste i en rekke land siden først i 50-årene.

Både Piper L-18C og Cessna 0-1A er robuste fly, lette å operere og rimelige både i anskaffelse og drift. De kan ta av fra små, improviserte flystriper såvel som vanlige landeveier og benyttes både med hjul- og skiunderstell. Flyene er ubevæpnet, uten pansring og relativt langsomme. Derfor vil de i en kampsituasjon være ganske sårbare, og det legges stor vekt på at flygerne skal kunne utnytte flyenes manøvreringsegenskaper maksimalt.

FAFOPT har som oppgave å drive observasjon fra luften, med ildledelse, rekognosering og overvåking. Dessuten utføres lettere transportoppdrag,

Piper L-18C "841" (serienr. 53-5841) Det er over 50 år siden den første Piper Cub foretok sin prøvetur, og siden dengang er tusenvis av Cub'er i mange varianter bygget. En av konstruktørene reiste senere til Storbritannia og utviklet der en svært lik flytype, først kjent som British Taylorcraft og senere som Auster. Under den annen verdenskrig var Cub i bruk som observasjonsfly på mange frontavsnitt, foruten treningsvirksomhet. Til og med en treseters glideflyvariant fantes. Etter krigen fulgte nye utgaver, både til militært bruk og ikke minst til sivil klubbflyging. Den militære varianten skiller seg tydelig ut, med store vindusflater i bakerste del av cockpiten for å gi observatøren gode muligheter til å utføre sin jobb. Hærens OP-tjeneste fikk Super Cub i 1955, og flyene brukes nå hovedsakelig til trening, noe de egner seg glimrende til. De er nydelige å fly, "ekte" flymaskiner av stålrør og duk og svært populære blant flygerne.

slepemålsflyging, slipp av meldinger, radio transitt- og relé-virksomhet og fotografering. I en gitt situasjon vil flyene også kunne benyttes til kontroll av radioaktive områder. OP-flyene har spesialutstyr som benyttes til endel av disse oppgavene.

Etterhvert har helikoptere overtatt endel av rollen for Hærens småfly, men flyene er fremdeles hyppig i bruk og gjør stor nytte for seg.

Luftforsvarets småflyavdelinger

Helt fra sommeren 1945 ble lette transportfly brukt av skvadroner og flystasjoner til en lang rekke formål — eller kommunikasjonsflyging som etterhvert ble fellesbetegnelsen for denne type tjeneste.

Tyskerne hadde etterlatt en mengde fly vel egnet for slik bruk. Spesielt var Fieseler Storch populær på grunn av flyets egenskaper til å ta av og lande på hvilkensomhelst "potetåker".

Andre typer som var i bruk på denne tiden, var en Focke Wulf Fw. 58 Weihe i Nord-Norge, en Focke Wulf Fw. 189 på Gardermoen og en Arado Ar. 196 hver ved de to maritime skvadroner 330 og 333.

Reservedelsproblemet satte imidlertid ganske snart en stopper for bruken av disse flyene — samtlige Storch ble satt på bakken etter ordre fra LOK i juni 1946.

Som erstatning og supplement fikk avdelingene tildelt fly fra Luftforsvarets egen flypark, så som Fairchild Cornell, Noorduyn Norseman og noe senere Harvard.

Med tanke på ambulansetjeneste bestemte Luftforsvaret å bygge opp 10 Storch ved Kjeller Flyfabrikk. Arbeidet ble påbegynt vinteren 1946/47 men bare åtte fly ble ferdige innen arbeidet ble stanset tidlig i 1950. De "norske" Storchene var hovedsakelig i tjeneste ved LKT og LKN.

De fly som skvadronene fikk tildelt hadde to oppgaver. Det var vanlig transportflyging samt at en skvadron i en konverteringsperiode fikk tildelt et større antall Cornell eller Harvard til treningsformål.

Kommunikasjonstjenesten hadde lenge ingen formell status i Luftforsvaret. Innen hver Luftkommando ble det organisert en kommunikasjonsving — vanligvis forkortet til Komm.ving. Normalt ble vingene lagt til LK'ens hovedflystasjon, dog med unntak for LKØ. Vingen ble administrativt og kommandomessig underlagt Operasjonsgruppen på de respektive stasjoner og fikk etterhvert utover i 50-årene en mer selvstendig stilling direkte under Luftkommandoene.

I 1954 fikk vingene tildelt egne nummer fra 7191 til 7195 Komm.ving, og fra den 1. november 1957 gjennomførte man en rasjonalisering ved å slå sammen Komm.-vingene med helikopterseksjonene til støttevinger. I løpet av 50-årene ble materiellet delvis modernisert ved anskaffelse av de Havilland DHC-3 Otter og Saab 91B-2 Safir. I siste halvdel av 60-årene ble så støttevingene omorganisert i to skvadroner, 719 i Nord-Norge og 720 i Sør-Norge.

Focke Wulf Fw 189A-2

Dette to-motors rekognoseringsflyet fløy første gang i juli 1938 og ble under krigen benyttet av de fleste av Luftwaffes rekognoseringsavdelinger i samarbeide med hæren.
Da Luftforsvaret i 1945 trengte lette transportfly forsøkte man å overta fire Fw 189 som RAF hadde overført fra Bodø til Gardermoen i september. Det lyktes å få ett av flyene i luftdyktig stand, og det ble benyttet fra november 1945 til utpå våren året etter. Flyet bar navnet "The Green Man", etter en pub nær North Weald som ble hyppig frekventert av norske mannskaper under krigen. ★

Storch N-AF (byggenr. KF-5) var basert på den tidligere Luftwaffemaskinen Fieseler Fi. 156 F-2 med konstruksjonsnummer 5742 som med tyske kjennetegn 9Q + NL ble overtatt av RAF på Fornebu den 1. juli 1945. Etter bruk av No. 129 Wing på Gardermoen ble Storch'en lagret før den kom til Kjeller for oppbygging, et arbeide som ble avsluttet den 19. oktober 1948.
Flyets videre karriere i Luftforsvaret ble ikke lang, men det rakk innom 334 skvadron fra oktober 1948 til februar 1950, da det ble overtatt av 336 skvadron. Så kom det til Bardufoss i oktober 1950, havarerte på flyplassen i Alta den 16. mars året etter og havnet igjen på Kjeller.
Etter reparasjon ble det Værnes som fikk huse N-AF fra den 13. august 1951 inntil flyet ble kassert den 26. juni påfølgende år.
Flyene i bakgrunnen på bildet er svenske SAAB J-21A på Norges-besøk.

Bell 47

I mange år ble anskaffelsen av helikoptere finansiert over forsvarsgrenens eget budsjett og ikke via NATO's våpenhjelpprogram. Da de første ble vurdert for redningstjenesten i begynnelsen av 50-årene, var de britiske Bristol 171 Sycamore og Westland S. 51 Dragonfly i bildet sammen med det amerikanske Bell 47. På grunn av Korea-krigen fikk amerikanske helikopterfabrikker eksportforbud, men dette ble hevet i juni 1952. Luftforsvarets forslag om kjøp av åtte Bell 47D og fire Westland S.55 Whirlwind ble redusert til seks Bell 47D-1 da Forsvarsdepartementet godkjente forslaget i august 1952.

Den første utgaven av Bell 47 kom i slutten av 1945, som en videreutvikling av Bell XR-12. D-versjonen var den første som hadde den karakteristiske plexiglasskuppelen rundt kabinen. Bell 47 ble brukt militært og sivilt over nesten hele den vestlige verden og ble også bygget på lisens i Storbritannia, Italia og Japan.

Luftforsvaret hadde seks Bell 47D-1 (ett totalhavarert i 1958), tre Bell 47G (alle tapt i totalhavarier), tre italienskbygde Agusta-Bell 47J-1 (alle tapt i totalhavarier) og to Agusta-Bell 47J-2 (ett totalhavarerte den 13. juni 1963). ★

Luftforsvarets helikoptertjeneste var et faktum den 9. april 1953 da norske mannskaper returnerte fra Sverige med nyinnkjøpte Bell 47D-1 helikoptere. Fra midten av februar hadde treningen foregått på den lille flyplassen Ska-Edeby like ved Bromma, i regi av Ostermans Aero AB. Da helikopterne ble bestemt anskaffet, var det meningen at disse skulle inngå som en B-ving i 333 skvadron, og de fikk derfor påmalt skvadronens kjenningsbokstaver KK. Noen slik ving ble det imidlertid aldri noe av. Helikoptertjenesten ble drevet som en selvstendig avdeling innen Luftforsvaret.

Etter et kort treningsprogram på Sola var Helikoptervingen operativ fra den 1. mai 1953. Hovedoppgaven var redningstjeneste, og vingen ble fordelt med vingsjef og en seksjon (2 + 1 fly) på Gardermoen og en tilsvarende seksjon på Sola.

De første seks Bell 47D-1 ble i februar 1954 supplert med to Bell 47G slik at man kunne bygge ut redningstjenesten over størstedelen av landet. Nye seksjoner ble opprettet på Ørland og i Bodø fra den 1. mai 1954 med to Bell 47 på hver.

Seksjonene fikk tildelt nummer med 7201 på Gardermoen, 7202 på Sola, 7203 på Ørland og 7204 i Bodø.

Helikopterne måtte ofte operere under vanskelige værforhold og i problematisk terreng. Havarier var derfor ikke til å unngå. For å erstatte havarerte fly samt forsterke beredskapen, ble ytterligere en Bell 47G innkjøpt fra USA og tilsammen fem Agusta-Bell 47J fra Italia. Som nevnt foran, ble Helikopterseksjonene slått sammen med Komm.vingene i 1957.

De nye avdelingene fikk betegnelsen Støttevinger og ble nummerert med 7190 Støtteving på Rygge, 7191 på Sola, 7192 på Ørland og 7193 i Bodø. Støttevingen på Skattøra fikk ikke tildelt eget nummer. Under våpenhjelpen fikk Luftforsvaret tildelt fire tyngre helikoptere av typen Sikorsky H-19D-4 i april 1958, og selv om typen var noe gammel, var de en kjærkommen tilvekst.

Organiseringen av småflyvirksomheten innen hver Luftkommando forløp omtrent slik:

LKØ

Fra 1945 ble småflyvirksomheten konsentrert på Gardermoen helt til begynnelsen av 1951 da Komm.ving LKØ ble opprettet på Fornebu med tre flygere, Norseman R-AB og Cornellene L-CC og L-CN. Vingens hovedoppgave var transportflyging, men etter behov skulle målflyging utføres for LKØ.

I 1953 bestemte Flyvåpnet at virksomheten på Fornebu skulle nedtrappes. Komm.vingen ble derfor overført til Jarlsberg flyplass ved Tønsberg. Noe langt opphold her ble det imidlertid ikke. Allerede den 15. november 1954 ble den igjen flyttet, nå tilbake til sin opprinnelige stasjon, Gardermoen. Vingens styrke var øket til 18 mann, et Norseman landfly, en Cornell, fire Harvard og to DHC-3 Otter. Vingen fikk tildelt nummer 7191 Komm.ving.

Transportflighten på Gardermoen sommeren 1946, med Fairchild PT-26 og PT-26B Cornell samt Fieseler Fi. 156 Storch. Fairchild "199" totalhavarerte den 31. juli 1946 ved Mosvold Gård i Åsnes, etter kollisjon med et ledningsspenn. Kjennetegnet L-CH var reservert for dette flyet. Legg merke til blandingen av ny nasjonalitetsmerking og merking fra krigsårene.

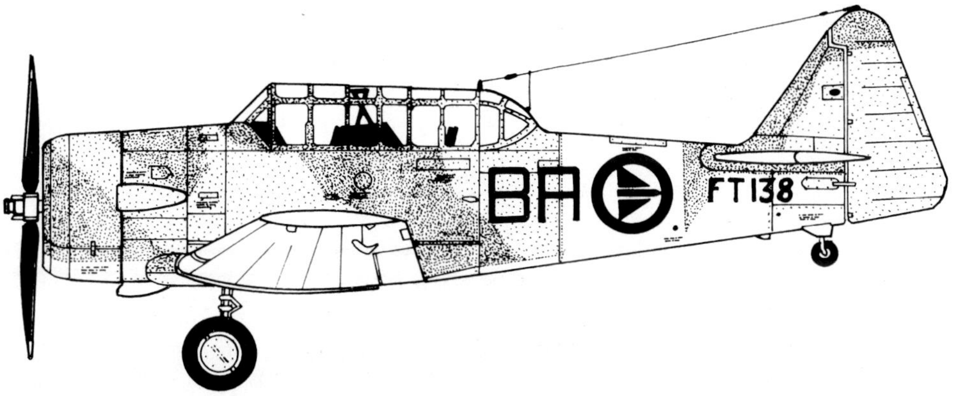

Med Rygge som den nye hovedflystasjon innen LKØ ble en ny Komm.-ving, nr. 7195, opprettet i november 1956 med fire Norseman Mk.IV. Denne vingen var egentlig øremerket for FN-tjeneste ved den norske bataljonen i Gaza, men oppdraget ble først utsatt og senere helt skrinlagt.

I 1957 ble vingen på Gardermoen overført til Rygge og der slått sammen med Helikopterseksjonen til 7190 Støtteving.

Det var imidlertid behov for å holde en viss beredskap av småfly på Gardermoen, og en B-ving under 335 skvadron ble derfor opprettet fra den 1. juli 1957 med to Safir og en Norseman.

Etter noen år på Værnes ble Norseman R-AD (konstr.nr. 778) tildelt Komm.vingen på Gardermoen.
I desember 1959 ble de gjenværende Norseman-flyene i Luftforsvaret solgt til et konsortium bestående av Solbergfly og Widerøe. Blant disse var R-AD som etter en drøy måned som LN-TSS havnet i Tunis med den franske registreringen F-OBTC, eiet av flyselskapet Aero Sahara. Idag befinner det seg i flydyktig stand i en fransk veteranflysamling, totalt ombygget til en kopi av Latecoere 17(R).

Mangel på hangarplass på Gardermoen førte til at denne vingen ble overført til Rygge den 13. april 1960 og nedlagt allerede den 30. samme måned. Avdelingens gjenværende fly, to Safir, ble fordelt med et fly til Støttevingen på Rygge og et til Flyskolen på Værnes. LKØ fortsatte med 7190 Støtteving på Rygge frem til opprettelsen av 720 skvadron den 1. april 1967.

Til erstatning for den Bell 47D-1 som havarerte i Trondheimsfjorden i mai 1958, ble det bestilt en italienskbygget Agusta-Bell 47J (konstr.nr. 1039) som ankom Norge den 19. november 1958.
Også dette helikopteret fikk kjennetegn KK-U. Det ble tildelt Støttevingen på Rygge. Kjennetegnet ble senere endret til BE-G. Den 20. oktober 1966 gikk BE-G tapt ved et totalhavari.

LKV

Småflyvirksomheten på Sola ble ikke organisert som egen avdeling før i mars 1949 da Komm.ving Sola var et faktum. I slutten av 1953 ble vingens oppgaver overtatt av 333 skvadron som fikk tildelt fire Norseman.

Sikorsky H-19D HA-B "Bukken Bruse" under redningsøvelser ved Lutsivann i Rogaland. HA-B (serienr. 56-4279) tilhørte på denne tiden 7191 Støtteving på Sola.
Helikopteret var endel år ved LTS på Kjevik og er nå øremerket for bevaring og utstilling i Flymuseet på Gardermoen.

Først den 1. november 1955 ble den nye Komm.ving LKV opprettet med nummer 7192, og den førte en ganske anonym tilværelse med en oppsetting på bare ett til to Norseman-fly. Som for de øvrige Komm.vingene ble 7192 i 1957 slått sammen med 7202 Helikopterseksjon på Sola til 7191 Støtteving.

LKT

Helt fra 1945 var det relativt mange småfly på Værnes, Luftkommando Trøndelags hovedstasjon inntil Ørland flystasjon ble tatt i bruk i 1954. Norseman, Cornell, Harvard og ikke minst Storch, var i daglig bruk inntil Komm. ving Værnes ble nedlagt som egen avdeling i 1952.

Forsyningsgruppen på Værnes fikk i mars 1954 tildelt fire Norseman og gjenopptok oppgavene til Komm.vingen. I juli samme år ble gruppen oppsatt med to Norseman og to DHC-3 Otter. Fra november 1954 ble de to Otterne tildelt den nyopprettede 7193 Komm.ving på Ørland. Norseman-flyene ble lagret på Værnes.

Da Komm.vingen og Helikopterseksjonen på Ørland ble slått sammen til 7192 Støtteving i 1957, hadde avdelingen en oppsetting på en DHC-3 Otter, en Bell 47D-1 og to Safir.

Bell 47D-1 KK-U (konstr.nr. 645) var tildelt Støttevingen på Ørland.
Den 1. mai 1958 ble helikopteret sendt avgårde på et ambulanseoppdrag til Stugudal i Tydal, men styrtet underveis i Trondheimsfjorden, ca. 2,5 kilometer nordvest av Trolla. En Safir fra Flyvåpnet var tilfeldigvis i området og observerte havariet. Flygeren fikk dirigert Fosenferja til stedet, men dessverre var både flygeren og maskinisten på KK-U omkommet. Havariårsaken ble antatt å være feil ved hovedrotoren.

I januar 1967 kom meldingen om at Støttevingen skulle nedlegges og erstattes med D-ving av 720 skvadron. Avdelingens flypark bestående av to Ottere og to Bell 47, ble nå erstattet med en eneste Bell UH-1B (JT-G) som ankom til Ørland den 9. august 1967.

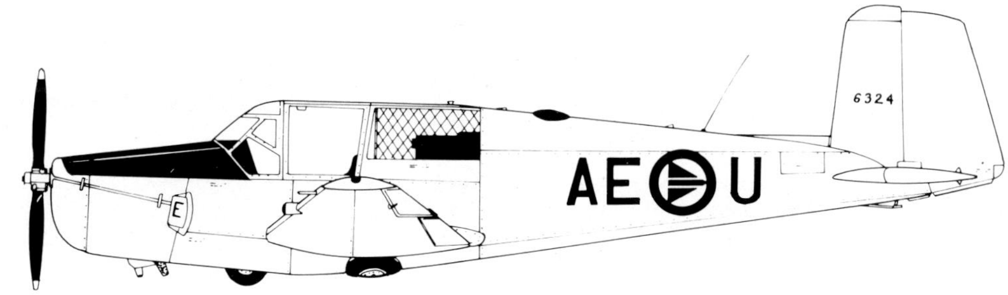

LKN

Til å dekke den nordlige landsdel fikk LKN to vinger med transportfly fra 1946. Norseman-vingen med sjøfly på Skattøra ved Tromsø og Bardufoss flystasjons transportavdeling med Norseman, Junkers Ju. 52/3m, Cornell, Harvard og Storch. Et av Storch-flyene ble i 1946 utlånt til Store Norske Spitsbergen Kulkompani på Svalbard og ble derved det første norske fly som kom til øygruppen etter krigen.

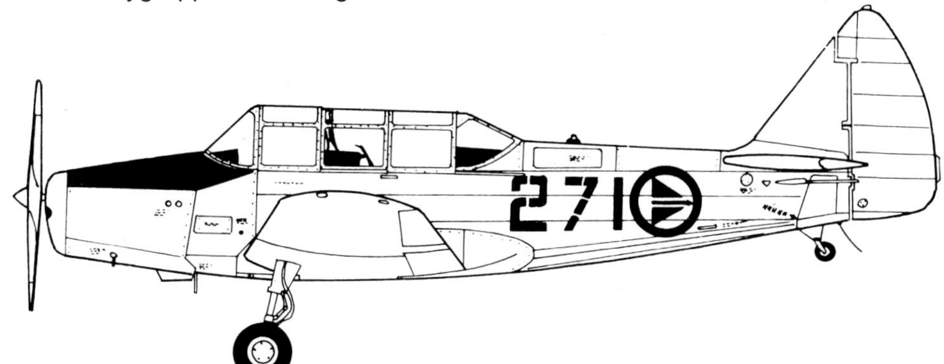

De to Junkers-flyene, Y-AB og Y-AC med navnene "Lajla" og "Jåmpa", var i tjeneste frem til 1949. Deretter ble de for det meste stående inntil det lyktes å selge flyene til Portugal.

Fra mars 1949 ble småflyene på Bardufoss overtatt av stasjonens tekniske avdeling inntil Komm.vingen ble opprettet i august 1951.

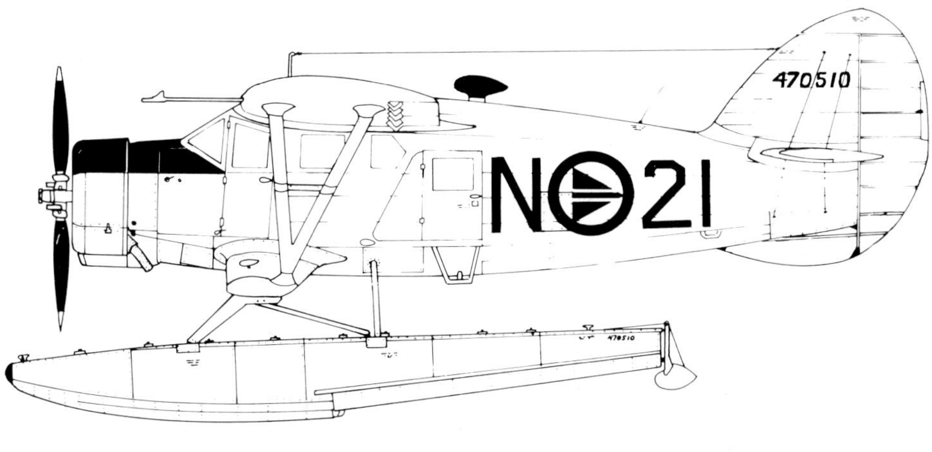

Norseman-vingen på Skattøra var hele denne tiden en selvstendig avdeling med en styrke på fra to til fire Norseman sjøfly.

I august 1954 ble LKN's tredje småflyavdeling opprettet på den nye hovedflystasjonen i Bodø med en Norseman og to DHC-3 Otter.

Noorduyn Norseman

Prototypen til dette lette transportflyet fløy første gang sent i 1935, og 920 maskiner ble bygget, hvorav hele 763 for USAF, før produksjonen opphørte i 1950.

I Luftforsvarets tjeneste ble Norseman brukt både med hjul og flottører, men ski-understell ble også prøvet. Fra midten av 50-årene hadde Flyvåpnet flere Norseman enn behovet tilsa. Noen fly ble derfor leiet ut til sivile selskaper og andre solgt. Alle de gjenværende flyene ble solgt i 1959.

Tilsammen 24 Norseman ble tildelt Luftforsvaret etter krigen:

UC-64A (Mk. VI) 8 fly 1945
Levert på låne- og leiebetingelser.

UC-64A (Mk. VI) 1 fly 1952
Kjøpt fra Widerøe, tidligere LN-PAD.

Mk. IV 15 fly 1953
Levert under Canadian MDAP. Ett fly ble ødelagt under transporten og kassert. ★

Virksomheten på Bardufoss ble etterhvert nedtrappet. I januar 1955 hadde vingen igjen bare en eneste Harvard, og like etter ble vingen helt nedlagt.

7194 Komm.ving i Bodø fortsatte med en oppsetning på to Ottere inntil sammenslutningen med 7204 Helikopterseksjon til 7193 Støtteving i 1957. Norseman-vingen fikk samtidig status som egen støtteving, men uten eget nummer. I 1959 ble virksomheten på Skattøra overført til Bodø og absorbert av støttevingen der.

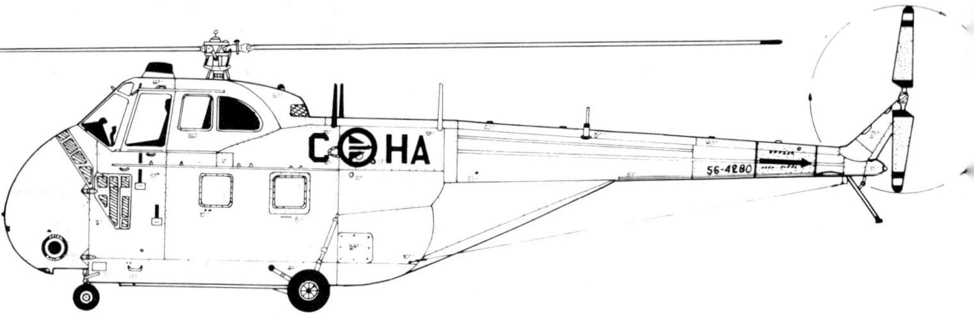

Sikorsky H-19D Chickasaw

Som en forsterkning av Flyvåpnets helikopterpark ble fire H-19D-4 tildelt over våpenhjelpprogrammet. De ankom Horten i kasser den 23. april 1958 og ble etter montering tildelt støttevingene.

H-19D var dyr i drift, og ved leveringen til Norge var det allerede en "gammel" konstruksjon — prototypen fløy i november 1949.

Ett helikopter ble avskrevet etter havari i 1962, to ble solgt i 1967 og det siste skal bevares i Flymuséet på Gardermoen. ★

Den 30. juni 1962 var avdelingen oppsatt med to Bell 47, to Sikorsky H-19D-4, tre DHC-3 Otter amfibier og to DHC-3 Otter landfly. Ved reorganiseringen av støttevingene i skvadroner var man først ute i nord, og 7193 Støtteving ble til 719 skvadron i 1966.

Disse avdelingene, som stort sett måtte leve i skyggen av de operative skvadroner, utførte i løpet av vel 20 år en uvurderlig tjeneste for såvel Luftforsvaret som det sivile. Utallige er de ambulanseflyginger og redningsoppdrag som ble gjennomført i tillegg til de mer militære oppgaver som slepemålsflyging og transport. Som vist foran har Luftforsvarets to yngste skvadroner, 719 og 720, sine aner helt tilbake til 1945, noe begge avdelinger har vist å ta vare på.

Norseman-flighten

I februar 1945 ble åtte Noorduyn C-64A Norseman tildelt fra USAAF til Luftforsvaret på Lend-Lease betingelser. Etter montering i England ble flyene overført til den norske treningsleiren på Winkleigh i Devon.

Her ble Norseman-flighten opprettet den 4. mai 1945 med major Gunnar Halle som sjef. Etter en kort treningsperiode ble samtlige åtte fly fløyet via Hamburg og Kastrup til Fornebu hvor de ankom 28. mai. Allerede påfølgende dag ble flyene satt inn i ruteflyging, og frem til flightens nedleggelse den 4. august 1945 hadde den fraktet 203 passasjerer i ruten Oslo - Trondheim - Oslo og 291 passasjerer i ruten Oslo-Kjevik-Stavanger- Bergen og retur. Begge ruter ble trafikkert alle hverdager. I tillegg til ruteflygingen ble det gjennomført flere VIP-flyginger, bl.a. en tur til Frankfurt, to til Stockholm og to til Århus. Tilsammen ble det fraktet 26 passasjerer på disse VIP-turene.

Flightens flymateriell var:

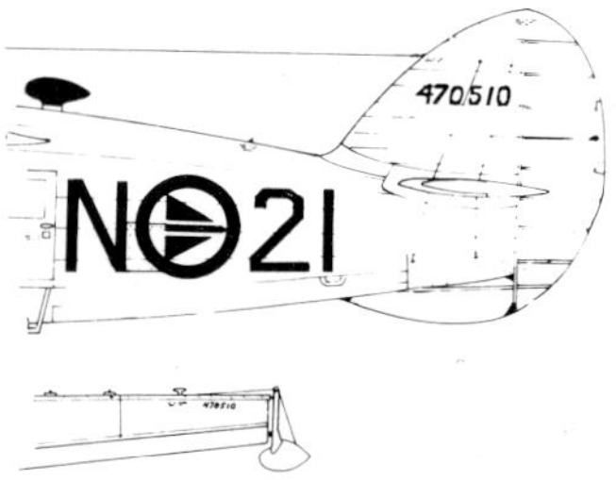

Konstr.nr.	USAAF serienr.	Flytid pr. 4.8.45	Senere kjennetegn
775	44-70510	146:50	N-21 (ved LKN) og R-AC
776	44-70511	46:45	R-AB
778	44-70513	102:45	R-AD
779	44-70514	96:55	R-AE
780	44-70515	66:35	R-AF
781	44-70516	140:00	R-AG
782	44-70517	126:40	R-AH
783	44-70518	119:45	R-AI

Ved ankomsten til Fornebu ble avdelingens sjef major Halle beordret som flysjef for all flyging ved Fornebu, og det ble derfor Norseman-flighten's nestkommanderende, kaptein Arndt Hvinden, som overtok.

Feltfly-vingen

Feltfly-vingen, eller Feltflyskolen som var avdelingens egentlige navn, ble opprettet på Gardermoen den 22. november 1945 med major Ragnar Isachsen som sjef. Isachsen hadde overtatt som sjef for 331 skvadron den 4. august 1945, og da skvadronen ble nedlagt den 22. november for å inngå som en del av Feltflyskolen, var det naturlig at han fortsatte som sjef også for denne avdelingen. I tillegg til Spitfire Mk.IX fra 331 skvadron fikk man tildelt en del Harvard IIB og Cornell fra Flyskolen. Allerede i september 1945 hadde Luftforsvaret bestemt at på grunn av overkapasitet på flyelever skulle all elementærtrening stanses ved overføringen av Flyskolen på Winkleigh til Norge i månedsskiftet oktober/november samme år.

Bare 45 utvalgte elever som hadde fullført videregående trening på Winkleigh, skulle gjennomgå OTU (Operational Training Unit) i Norge.

I tillegg til ren skoleflyging ble Feltflyskolen brukt til oppfriskning for andre flygere i Luftforsvaret.

Den 7. mars 1946 overtok Jon Ryg som sjef for skolen, en stilling han hadde frem til avdelingens nedleggelse den 27. mars 1947. 331 skvadron ble da gjenopprettet som selvstendig avdeling, og Ryg fortsatte som sjef for skvadronen. Feltflyskolen hadde hele tiden sitt standkvarter på Gardermoen.

Luftforsvarets ACRO-team

Noen år etter den annen verdenskrigs slutt ble Luftforsvaret satt opp med moderne flymateriell. Flystevner ble arrangert rundt om i landet, og materiellet fikk vise hva det dugde til samtidig som man ønsket å øke ungdommens interesse for Forsvaret. Noen av disse stevnene ble besøkt av andre lands flyvåpen som ga oppvisning med sine acro-team.

Våren 1953 begynte tanken om å danne et norsk oppvisningsteam å ta form. 337 skvadron startet trening med fire av sine Vampire-jagere og holdt oppvisning blant annet under stevnet på Fornebu i mai måned. Noe offisielt acro-team ble det imidlertid aldri ut av dette.

331 skvadron på Sola drev også trening under ledelse av major Emil Erla med sikte på et team, og sommeren 1955 var "The Air Vikings" en realitet. Fire til seks av skvadronens F-84G Thunderjet utgjorde "The Air Vikings", og leder var major Birger M. Strand. Kaptein T.B. Jørgensen overtok som leder i 1957, men teamet ble nedlagt samme høst.

Det året var imidlertid 332 skvadronens acro-team "Flying Jokers" opprettet. Leder og ildsjel bak det hele var løytnant Kjell Zetterstrøm. Teamet besto av fire fly og var først oppsatt med F-84G Thunderjet. Skvadronen konverterte samme år til F-86F Sabre og fikk dermed et fly som var adskillig bedre egnet til oppvisningsformål. Høsten 1957 tok kaptein Eyvind Schibbye over som leder for en periode på tre år. I denne tiden varierte antallet fly fra fire til seks, og Sabre-maskinene fikk sommeren 1959 et spesielt rødt, hvitt og blått fargeskjema, samt et røyk-system for oppvisningsformål.

Vinteren 1960/61 tok kaptein Per Ekholdt over ledelsen av "Flying Jokers". Flyene fikk et nytt malingsskjema, og på halefinnen dukket det opp et kort med en narr — en joker. Mellom fem og ni fly besto teamet av, inntil det på høstparten 1962 ble nedlagt i forbindelse med 332 skvadronens konvertering til F-86K Sabre.

Ikke før var konverteringen gjennomført, så dukket "Flying Jokers" opp igjen. Tidspunktet var våren 1963, ny leder kaptein Per Brath og antallet fly fire. På høsten ble teamet utvidet til fem fly, og major Peter L. Nissen overtok som sjef. F-86K flyene hadde imidlertid ingen spesiell merking som viste at de tilhørte et oppvisningsteam.

Et helt nytt team dukket opp sommeren 1965. Denne gang var det 334 skvadron som sto bak. Teamet fløy F-86K Sabre og ble ledet av kaptein Olav Aamoth. Flyenes halefinne og sideror var helt rødmalte, med rødt, hvitt og blått fin-flash — og navnet var da også "Cola Red". "Cola Red" opererte slik frem til høsten 1966 da teamet ble nedlagt.

"The Air Vikings". Fra venstre flygerne T.B. Jørgensen, J. Skjedsvold (halvt skjult), O. Askvik og Hovdvik.

"Flying Jokers" høsten 1958. Foran fra venstre: Løytnant K. Jørgensen, kaptein E. Schibbye og løytnant K. Fjell. Bak: Løytnant H. Andersen, løytnant N. Tamburplass og kaptein K. Høgberg.

JOKER EMBLEM
1957

JOKER EMBLEM
1960

JOKER EMBLEM
1977

Dermed var det slutt på offisielle acro-team for en lang stund fremover. Selvsagt fortsatte Luftforsvaret å gi oppvisninger på flystevner og ved andre anledninger, men det var helst enkle fly som gjennomførte et program spesielt innøvet for anledningen.

I 1977 dukket så "Flying Jokers" opp igjen — i helt ny utgave hos 336 skvadron og med Northrop F-5A. Entusiasten bak det hele, og teamets selvsagte leder, var major Ragnar Østby. Tre fly utgjorde de nye "Flying Jokers" som tok opp tradisjonen med jokeren på halen. Levetiden ble dessverre kort. Allerede på høsten ble major Østby overført til en annen skvadron, og Luftforsvaret var igjen uten acro-team.

336 skvadrons "Flying Jokers" på Northrop F-5A "369" (serienr. 64-13369) sommeren 1977. Fra venstre: Løytnant Hans Ekeberg, kaptein Kjell Nordby og major Ragnar Østby. Bildet viser også hvordan det berømte joker-merket ser ut. Teamets reservefly ble fløyet av løytnant Kjell Steinum, som også tok seg av endel av virksomheten på bakken. Tre erfarne teknikere utgjorde det øvrige bakkemannskapet, løytnant Kristian Tangen, løytnant Nils Svan og sersjant Arne Moldal.

334 skvadron hadde også sitt oppvisningsteam. Det ble kalt "Cola Red", og leder var kaptein Olav Aamoth. "Cola Red" fløy F-86K Sabre, her representert ved RI-A (serienr. 54-1313) fotografert på Banak den 4. september 1965.

Dermed var det tilbake til solo-oppvisningene. Etter innføringen av F-16 ble denne flytypen et naturlig midtpunkt på flystevner, og major Trond Moltzau høstet mange lovord for sitt program ved stevner hjemme og i utlandet. Det var vel derfor helt naturlig at nettopp han satt ved spaken da "Flying Jokers" ble gjenopprettet den 26. juni 1982. For det var i anledning 332 skvadronens 40-års jubileum og "Flying Jokers" 25-års jubileum at jokersymbolet dukket opp igjen — denne gang bare på ett fly og for én dag, men major Moltzaus gnistrende oppvisning var iallfall en verdig markering av de to jubiléene — og kanskje en liten antydning om at vi ennå ikke har sett jokeren for siste gang?

Foreløbig siste luftetur for joker'n. Major Trond Moltzau er nede på bakken igjen med sin F-16A etter å ha markert "Flying Jokers" 25-års jubileum på Rygge den 26. juni 1982.

Kjennetegn og merker på fly 1940—84

Merking av Luftforsvarets fly kan deles inn i fire tidsepoker: 1940—46, 1946—51, 1951—72 og 1972 til idag. I tillegg kommer fire typer eller grupper av kjennetegn, nemlig nasjonalitetsmerking, avdelings-/flytypemerking, serienummer og spesielle merker/kjennetegn. Da dette er det første forsøk på en total gjennomgang av disse merkesystemene, er det nok naturlig å gå mer i detalj enn det som er tilfelle for Luftforsvarets historikk forøvrig.

Nasjonalitetsmerking

Da Hærens og Marinens flyvåpen ble etablert utenfor landets grenser i 1940, var det et naturlig ønske at materiellet man brukte, klart skulle bære preg av sin norske tilhørighet. Ved treningsleiren i Canada ble fly fra begge flyvåpen påmalt flaggstriper på sideror samt vingenes over- og underside, slik man hadde gjort før krigen. Et unntak var de seks Northrop N-3PB som ble benyttet til videregående trening i Vancouver og senere fra Island Airport i Toronto. Disse hadde bare flaggstriper på halen, under sideroret samt på vingenes underside og forkant. Fly med flaggstripe-merking som i 1945 kom til Norge eller Storbritannia, beholdt forøvrig denne merkingen til langt ut i 1946.

Avdelingene som inngikk i RAF's oppsettinger, fikk ikke samme mulighet til å markere sin nasjonale identitet. Det britiske luftfartsministerium utarbeidet strenge regler for merking av fly, men skvadroner bemannet med personell fra allierte land fikk anledning til å male et lite flagg eller annet nasjonalitetsmerke på flyskroget, like under eller i forkant av cockpiten.

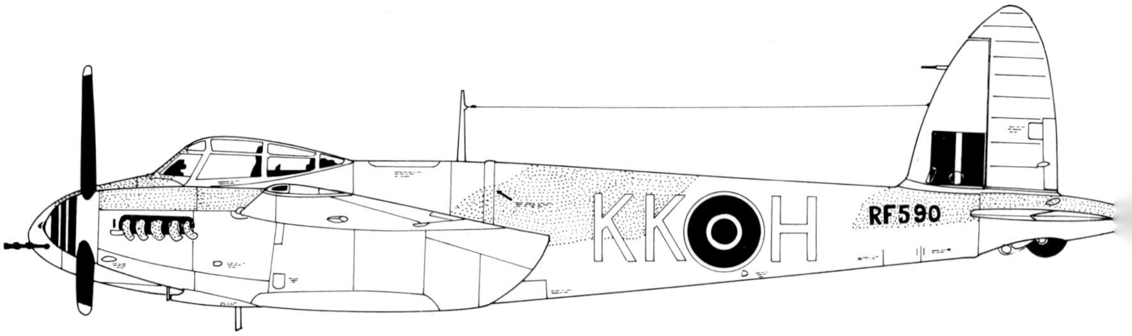

Etter invasjonen i juni 1944 fikk man lempet noe på disse bestemmelsene. De to norske jagerskvadronene, 331 og 332, fikk da propellerspinnerne på sine Spitfire-fly malt i flaggstriper.

Da Luftforsvarets skvadroner vendte hjem til Norge i mai og juni 1945, måtte man fortsatt bruke RAF-merking, men varianter av flaggstriper ble i mange tilfeller påmalt akterskroget, halefinnen, sideroret eller propellerspinneren. De fly som ble overtatt etter tyskerne, fikk RAF-roundeller samt flaggstriper i en eller annen fasong.

Ved etableringen av Luftforsvaret som egen forsvarsgren i november 1944 var det klart at man ønsket et eget nasjonalitetsmerke når det tidspunkt kom at man ble helt selvstendige fra RAF, noe som i henhold til de utarbeidede avtalene skulle skje seks måneder etter en frigjøring av Norge. Tidspunktet ble derfor, etter at krigen sluttet, satt til den 21. november 1945.

På forsommeren samme år hadde Luftforsvaret utlyst en intern konkurranse om utarbeidelsen av et slikt nasjonalitetsmerke, og i august festet man seg ved to forslag, begge basert på roundel-typen. Dermed brøt man helt med tradisjonene fra før krigen, noe som sikkert var tilsiktet for å gi Luftforsvaret en egen, ny identitet. Det merket som til slutt ble antatt, er det samme som vi idag ser på alle norske militærfly.

Spitfire Mk. IX AH-S fra 332 skvadron i 1946 viser et eksempel på nasjonalitetsmerking med flaggstriper på denne tiden. Som bildet antyder kunne det være kaldt å holde halen nede når motoren ble kjørt for fullt.

På høsten 1945 gikk det ut ordre fra LOK at det nye nasjonalitetsmerket skulle innføres med virkning fra den 1. desember og at all tidligere merking samtidig skulle fjernes.

I den første tiden forelå ingen retningslinjer for størrelsen på nasjonalitetsmerkene, og resultatet var at man for enkelhets skyld bare malte over de gamle RAF-roundellene. Først i 1947 utarbeidet Luftforsvarets tekniske etat bestemmelser for merking av hver flytype. På tross av dette dukket det imidlertid stadig opp "hjemmelaget" merking, utført lokalt på de enkelte flystasjoner.

Avdelings- og flytypemerking 1940—1946

Ved treningsleiren i Canada fikk alle fly tildelt like eller ulike nummer etter førkrigssystemet for henholdsvis Marinens og Hærens flyvåpen. Unntaket var igjen Northrop N-3PB som fikk påmalt nummere fortløpende fra 1 til 24. Nummeret var de siste sifferne i flyets byggenummer.

Flytype	*Nummer*	*Anmerkinger*
Fairchild PT-19	101—127	
Fairchild PT-19A	129—171	
Fairchild PT-26	173—191	
	233—253	Fly 245—253 ble ikke montert i Canada
Fairchild PT-26A	269—271	Ingen av flyene ble montert i Canada
Fairchild PT-26B	193—231	
	255—267	Fly 255—267 ble ikke montert i Canada
Douglas 8A-5	301—355	Ved leveringen fra fabrikken var flyene merket D-1, D-2 osv. fortløpende, men de ble etterhvert merket om i Toronto. Bare 18 fly ble brukt i Canada, de øvrige ble solgt i 1941
Curtiss H75A-8	401—471	Bare 401—405 og 443—471 ble brukt i Canada, de øvrige ble ikke montert
Waco SRE	501	
Interstate Cadet	503—505	
Stinson Reliant	100—108	
Northrop N-3PB	2— 7	

Selv om man fulgte visse hovedretningslinjer, var det mange variasjoner i merkingen. Fra 1942 fikk Fairchild-, Douglas- og Curtiss-maskinene påmalt flyets nummer på motordekslet. For Fairchild-flyenes vedkommende ble det også malt på halefinnen.

Tilsammen 30 Fairchild Cornell treningsfly ble i årene 1941-44 gitt navn som gavefly. Ikke bare nordmenn, men også svensker og dansker i USA foretok pengeinnsamlinger til flykjøp, her representert ved Fairchild PT-26 nr. 179 (konstr.nr. T42-4063) med navnet "Denmark I". Flyet er fotografert etter dåpen på Island Airport, Toronto, den 25. september 1942.
Nr. "179" ble etter krigen benyttet av Flygeskolen som L-BI til det ble avskrevet for bruk som reservedeler den 21. mai 1949.

Tilsammen 30 Fairchild Cornell treningsfly ble gitt navn fra de organisasjoner som samlet inn penger for kjøp av fly. Bare ett fly ble virkelig innkjøpt fra fabrikken for innsamlede midler, nemlig Fairchild PT-19A "141" som ble gitt i gave fra nordmenn i Syd-Amerika og fikk navnet "El Gaucho". Alle øvrige dåpsseremonier var av rent symbolsk karakter. Fra februar 1942 ble alle flykjøp dessuten finansiert over den britiske/amerikanske låne- og leieavtalen.

På Island og i Storbritannia fikk de operative skvadroner under RAF-kontroll, som nevnt innledningsvis, ingen mulighet for egen merking, med enkelte unntak for skvadronmerker. Avdelingene benyttet følgende bokstavkoder i perioden 1941 til 1946:

330 skvadron

Northrop N-3PB	Fra juli 1941 ble skvadronkode GS malt i mørk grå farge på begge sider av skroget. Hvert fly fikk en individuell bokstav som ved eventuelt havari kunne gis til en ny maskin. Coastal Command sløyfet alle skvadronkoder i 1942, og hvert fly hadde deretter bare den individuelle bokstaven i rød farge.
Catalina III	Flyene fikk bare påmalt en individuell bokstav i den tiden de var 330 skvadron, fra juni til desember 1942.
Sunderland	I perioden 1943—44 ble bare en individuell bokstav malt på hvert fly. For størstedelen av 1944 ble tallet 2 føyd til før skvadronen ved årsskiftet 1944/45 fikk tildelt egne kodebokstaver igjen, denne gang WH.

331 skvadron

Hurricane og Spitfire	Fra opprettelsen i juli 1941 brukte man skvadronkoden FN, og denne fulgte avdelingen helt til 1946.

332 skvadron

Spitfire	Da skvadronen ble opprettet den 17. januar 1942, fikk den ved en feiltakelse tildelt koden HG, og dette ble malt på en rekke av de flyene avdelingen mottok de første dagene. Den 1. februar ble saken oppklart, og den riktige koden AH ble deretter benyttet.

Norwegian Detachment Woodhaven og No. 1477 (Norwegian) Flight

Catalina	Avdelingens første fly benyttet lenge kjennetegnet QL-R som egentlig tilhørte en annen RAF-skvadron. Da det etterhvert kom flere fly, tok man i bruk bokstavene A til D. Avdelingen hadde aldri egen skvadronkode.

333 skvadron

Catalina og Mosquito

Skvadronen benyttet bare individuelle bokstaver frem til slutten av 1944, da koden KK ble tildelt. Catalina-flyene i A-flight hadde bokstavene A til D og Mosquitoene i B-flight E til S. En periode i 1944 benyttet skvadronen tallet 3 sammen med den individuelle bokstaven.

334 skvadron

Mosquito

Avdelingen brukte sitt gamle kjennetegn KK frem til høsten 1946. 334 ble deaktivisert fra den 1. desember 1945, og det var sannsynligvis årsaken til at man tillot samme skvadronkoden for 333 skvadronens Catalina og 334 skvadronens Mosquito fra januar 1946 til august samme år, da Luftforsvaret innførte sitt nye merkesystem.

Stockholmsruten

Lodestar

Flyene på denne ruten ble pro-forma registrert på BOAC med sivile, britiske kjennetegn. Etter frigjøringen bortfalt behovet for slik merking, og flyene fikk militære kjennetegn med en individuell bokstav påmalt hver side av nesepartiet samt på skroget ved døren.

No. 20 Transport Squadron

Lodestar, Douglas C-47A og C-53D

Samtlige fly ved denne skvadronen fikk individuelle bokstaver påmalt hver side av nesen.
Lodestar: A, B, C, D, E, F og G
Douglas C-53D: O, P og R
Douglas C-47A: S, T, U, V, X, Y og Z
Systemet ble benyttet fra månedsskiftet mai/juni 1945 og frem til høsten året etter for Lodestar. Douglas-flyene ble avgitt til sivilt bruk fra våren 1946.

Forhenværende tyske fly

Tidligere Luftwaffe-fly som ble overtatt av Luftforsvaret fra juni 1945, fikk påmalt RAF-roundeller og norske flaggstriper på akterskrog eller hale. Noe eget bokstav- eller nummersystem for alle slike fly ble ikke brukt. De fikk som oftest konstruksjonsnummeret malt på halefinnen eller sidene av skroget. Imidlertid forekom også endel spesielle varianter, påført av skvadroner og andre avdelinger.

Luftkommando Nord-Norge

Våren 1946 innførte LKN et eget nummersystem for sine fly. Det bestod av bokstaven N etterfulgt av et to-sifret nummer, i henhold til følgende system:
Junkers Ju. 52/3m: N-10 til N-19
Noordyun Norseman: N-20 til N-29
Fieseler Storch: N-30 til N-49
Antallet fly ved LKN i den korte perioden systemet ble benyttet, var ganske lite, og bare få nummere ble derfor brukt. Systemet opphørte høsten 1946.

1946—1951

I august 1946 sendte Luftforsvarets tekniske etat ut et nytt direktiv om kjenningsbokstaver for samtlige av forsvarsgrenens fly. Systemet var basert på en enkelt bokstav for å identifisere flytypen, fulgt av to bokstaver som det enkelte flys individuelle kjennetegn.

Flytype	*Kjennetegn*	*Anmerkinger*
Spitfire LF IXe	A-AB til A-AZ	
	A-BA til A-BZ	
	A-CA til A-CW	
Spitfire PR XI	A-ZA til A-ZC	
Mosquito FB Mk. VI	F-AB til F-AV	(F-AU ble ikke benyttet)
Mosquito T Mk. III	F-ZA til F-ZC	
Vampire F Mk. III	B-AB til B-AW	
Vampire FB Mk. 52	B-BA til B-BV	
	B-CA til B-CR	Flyene fra B-CE ble levert fra januar 1951 og fløy trolig ikke med denne merkingen i Norge.
Lodestar	T-AB til T-AH	
Douglas C-47A	T-AI til T-AT	
Norseman	R-AB til R-AY	
Junkers Ju. 52/3m	Y-AB til Y-AC	
Catalina	K-AB til K-AM	
Cornell	L-AB til L-AZ	
	L-BA til L-BK	
	L-CA til L-CZ	
	L-DA til L-DR	
Harvard	M-AB til M-AZ	
	M-BA til M-BR	
Oxford	V-AB til V-AY	
Anson	W-AB til W-AK	
Storch	N-AB til N-AL	Benyttet av de flyene Kjeller flyfabrikk bygget. De to siste i denne serien ble aldri fullført.
Northrop N-3PB	S-AB til S-AC	Ble aldri påmalt.

Listen omfatter alle tildelte kjennetegn. Flere fly som hadde havarert før systemet trådte i kraft, fikk også tildelt kjennetegn. Hvert kjennetegn ble kun tildelt ett fly og aldri brukt på nytt etter eventuelt totalhavari.

I to-bokstavs koden for det individuelle flyet ble aldri bokstavene J, Q, Æ, Ø og Å benyttet. Man startet heller ikke en serie med bokstavene AA, men i de tilfeller hvor serien AB til AZ var oppbrukt, fortsatte neste serie med BA, BB, BC osv.

1951—1972

Ved aktiviseringen av skvadronene mot slutten av 40-årene kom ønsket om egne skvadronkoder til erstatning for det eksisterende system. Dette førte til at LOK med virkning fra den 1. januar 1951 gjeninnførte RAF-systemet fra krigens dager, med en to-bokstavs kode for identifisering av skvadronen og en enkelt bokstav for hvert fly innen skvadronen.

For fly som tilhørte 2. linjes oppsettinger, for eksempel lette transportfly og treningsfly, beholdt man systemet fra 1946. I 1958 forsvant imidlertid 1946-systemet helt, og man gikk over til to-bokstavs koder, enten for skvadroner eller for flytyper.

I perioden fikk følgende skvadroner tildelt eget kjennetegn: 330 WH, 331 FN, 332 AH, 333 KK, 334 RI, 335 BW, 336 PX, 337 ZK, 338 MU, 339 SI, 717 T3 (fra 1962 AZ), 718 DP, 719 XJ og 720 JT.

Det gikk ikke alltid helt smertefritt. Da 337 skvadron ble oppsatt med F-86K Sabre, ga LOK feilaktig beskjed om at kjennetegnet skulle være ZX istedenfor ZK. I en telexmelding ble dette ytterligere feiltolket til 2X. En lang rekke F-86K ankom derfor til Norge merket 2X, og det tok lang tid før feilen ble rettet.

718 skvadron skulle egentlig ha kjennetegn D3 og ikke DP. Da feilen ble oppdaget, fant LOK det ikke bryet verd å rette dette.

717 skvadron var den eneste avdeling med både bokstaver og tall i koden. Da flyene skulle til Nederland for kamuflasjemaling i 1961/62, ble det samtidig bestemt å endre koden til to bokstaver. Valget falt på AZ.

Koden SI ble benyttet av 337 skvadrons Bardufoss-detasjement med Vampire før 339 skvadron ble opprettet.

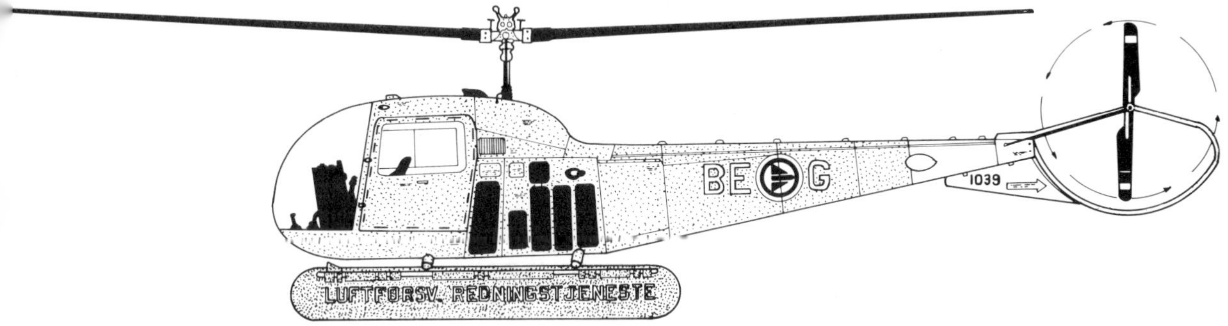

Som nevnt tidligere beholdt trenings- og kommunikasjonsfly sine kjennetegn, og nye fly som ble anskaffet frem til 1958, gikk inn i samme systemet:

Otter:	O-AB til O-AL
Safir:	U-AB til U-AZ
Super Cub:	F-AB til F-AS

Bell 47 helikopterne som ble anskaffet i 1953, fikk alle tildelt koden KK for 333 skvadron. Det kom av at de var tenkt å inngå som en B-ving i denne skvadronen, noe som aldri ble gjennomført i praksis. KK ble imidlertid brukt for alle Bell 47 frem til slutten av 1961 da man tok i bruk flytypekjennetegnet BE for Bell 47D, 47G og 47J.

Utover i 50-årene ble bokstavkodene brukt med en sann forvirring. En Safir kunne bli betegnet som U-AB og UA-B, en Otter O-AC eller OA-C. Dette førte til at det i 1958 ble innført en to-bokstavs kode også for 2. linjes fly. De fly som deretter ble anskaffet, ble derfor merket slik:

Sikorsky H-19D:	HA-A til HA-D
Cessna L-19A/0-1A	CE-A til CE-Z

Safir, Otter og Super Cub fortsatte med det gamle systemet på selve flyet, men i alle rapporter brukte man to-bokstavs koder, som for eksempel UA-C, FA-H og liknende.

1972—

I 1972 ble det av LFK utarbeidet nok et merkesystem, eller rettere sagt mangel på sådant, for Luftforsvarets fly. Nå skulle alt som het bokstavkoder og andre kjennetegn med tilknytning til flyets avdeling fjernes. Serienummeret på halen forsvant også delvis, kun de tre siste siffere skulle beholdes for å identifisere flyet. Der hvor tre-sifrede nummere dupliseres, uansett flytype, får et av flyene påmalt de fire siste tallene i serienummeret, eller 0 foran de tre siste.

I 1972 besluttet Luftforsvaret at skvadronkoder og fullt serienummer ikke lenger skulle males på flyene. Dette bildet er tatt på Torp flystasjon og viser to av flyene i overgangsperioden. Flyet til venstre, "568" (serienr. 65-10568), er merket i henhold til den nye instruksen — selv om øksen på halefinnen ikke etterlater særlig tvil om at det tilhører 332 skvadron. Til høyre er F-5A AH-M (serienr. 66-9220) fremdeles i gammel merking.

Det skulle nå bli helt umulig å knytte fly og avdeling sammen. Noe populært tiltak var dette imidlertid ikke. Flyparken fremsto ensartet og kjedelig, og det tok ikke så lange tiden før visse avdelingsmerker forsiktig dukket opp her og der, spesielt på jagerflyene.

Men slik avdelingsmerking var ikke noe nytt og hadde tradisjoner helt tilbake til begynnelsen av 50-årene, som de neste avsnitt viser.

Spesiell merking etter 1951

I de første årene etter 1945 hadde Luftforsvarets fly standard bemaling og merking. Det vil si at flyene opererte med den bemalingen de var levert i, pluss skvadron- eller flytypekjennetegn. De eneste former for spesiell merking var at noen fly fikk påmalt et navn, for eksempel "Unni" Spitfire LX IXe A-AH (serienr. PT882).

Senere dukket små figurer opp, gjerne maskotter som illustrerte flyets individuelle kjenningsbokstav. Eksempler er "Hiawatha" Vampire F Mk. III PX-H (serienr. P42459) og PT-26B Cornell L-CV (serienr. 43-36294) med pingvinen "Calle Viking". Ble flyene overført til andre skvadroner, forsvant som oftest disse figurene, da de ikke lenger harmonerte med flyets bokstav.

Etter at Luftforsvaret begynte å motta fly fra USA som våpenhjelp, dukket det snart opp merking og farger ute ved skvadronene. Denne bemalingen hadde et nærmest offisielt preg og var å finne på stort sett alle fly som tilhørte avdelingen. Men fortsatt ble enkelte fly også dekorert med helt individuelle symboler.

Da Luftforsvaret i 1972 la om sitt system for merking av fly, fulgte en periode hvor nærmest total anonymitet ble etterstrebet. Men etter en stund begynte det, som nevnt, å komme symboler som røper skvadrontilhørighet — her i Norge som det har skjedd i andre land hvor man har prøvet liknende forandringer.

Den påfølgende oversikten tar for seg den generelle merkingen og bemalingen ved skvadronene og omfatter stort sett ikke helt individuelle varianter og spesialiteter. Mange fly har et vifteformet merke på halen. Dette er kjent som fin-flash, og det uttrykket blir derfor benyttet i oversikten.

330 skvadron

F-84G	Flyene hadde først grønn nese med rød ring rundt. Tip-tanken grønn stripe med rød kant. Senere ble nesen malt i blått og hvitt sjakkmønster, og stripen på tip-tanken fikk samme mønsteret. Noen fly hadde skvadronskjoldet på halefinnen.
HU-16B	Skvadronskjold under cockpiten.

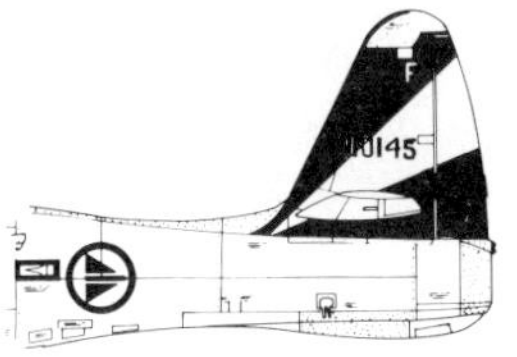

331 skvadron

F-84G	Blå ring rundt fremre del av nesen. Blått lyn på siden av skroget. Rødt, hvitt og blått fin-flash, noen med skvadronskjoldet. Blå stripe på tip-tanken.
F-86F	Blå ring rundt nesen og blått lyn på siden av skroget. På halen et lite rødt, hvitt og blått fin-flash og skvadronskjoldet over med blå bakgrunn.
F-104G	Blått lyn på tip-tanken, lite rødt, hvitt og blått fin-flash og skvadronskjoldet på skroget under fremre del av cockpiten. Da skvadronkoden ble fjernet i 1972, forsvant også lynet på tip-tanken og fin-flashet etterhvert. På slutten av typens tjeneste, dukket imidlertid sistnevnte opp igjen i ny utgave, malt nederst på halefinnen kun i blått.
F-16	Blått lyn på siden av skroget samt et lite rødt, hvitt og blått fin-flash.

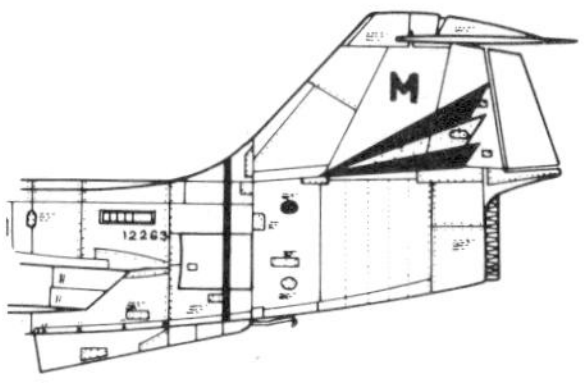

332 skvadron

F-84G	Bronsefarget ring rundt nesen med svart kant, samt skvadronskjoldet på halefinnen. Svart spyd langs tip-tanken, med stridsøks innfelt i spydhodet. Senere kom rødt, hvitt og blått fin-flash og skvadronskjold på blå bakgrunn. Tip-tanken fikk blå stridsøks, med blå pilformet strek på hver side.
F-86F	Bronsefarget ring rundt nesen med svart kant og skvadronskjold med blå bakgrunn på halefinnen.
F-86K	Skvadronskjold på halefinnen, med rød bakgrunn.
F-5	Skvadronskjold på halefinnen. Senere erstattet med stridsøks.
F-16	Lite fin-flash i svart og bronse.

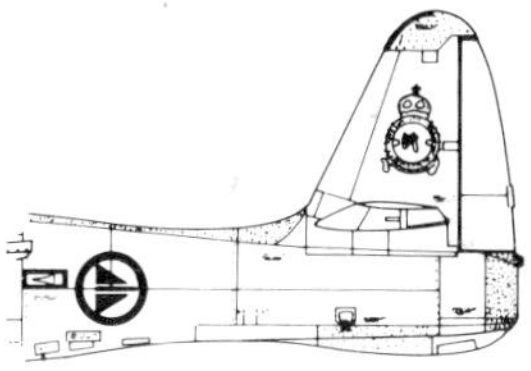

333 skvadron

PBY-5A	Skvadronskjold under cockpiten.
HU-16B	Skvadronskjold under fremre del av cockpiten.

334 skvadron

F-84G	Rød ring rundt nesen og fin-flash i rødt, hvitt og blått. Rød stripe på tip-tanken.
F-86F	Skvadronskjold med rød bakgrunn på halefinnen. Senere rødt, hvitt og blått fin-flash. Ett fly fikk også rødt neseparti.
F-86K	Rødt, hvitt og blått fin-flash, og skvadronskjold med rød bakgrunn.
F-5	Rødt, hvitt og blått fin-flash.

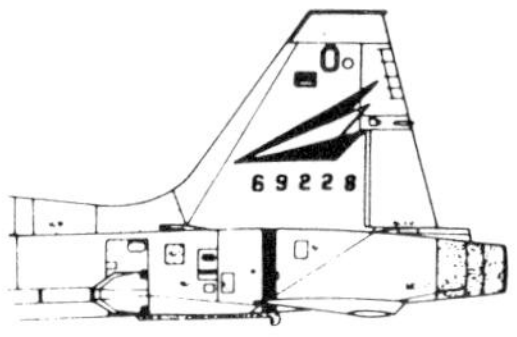

CF-104 — På slutten av tjenesteperioden dukket det opp et lite rødt og hvitt fin-flash.

F-16 — Rødt og hvitt fin-flash.

335 skvadron

C-47 — Noen fly hadde skvadronskjoldet helt fremme på skroget.

C-119G — Alle fly hadde en tegneseriefigur som illustrerte den individuelle bokstaven, for eksempel "Cappy" på BW-C (serienr. 51-2692).

Jet Falcon — Opprinnelig hadde alle flyene gul, hvit og blå stripe langs skrog og motornacelle, rødt, hvitt og blått sideror og blått punkt på halefinnen. Kun "0125" har nå spesiell merking — den gule, hvite og blå stripen langs skrog og motornacelle.

336 skvadron

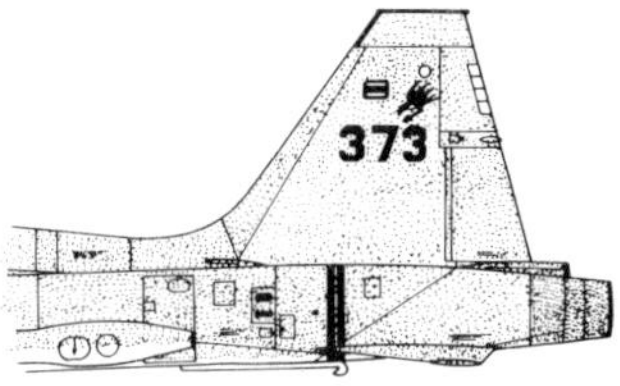

F-84G — Rødt og hvitt taggete mønster på nesen. Rødt lyn med hvit kant på tip-tanken.

F-86F — Blå nese med gull kant (kun seks fly) og rødt lyn langs siden av skroget. Senere fikk alle fly blå, hvit og rød nese og rødt lyn langs skroget. Skvadronskjold med rød bakgrunn på halefinnen.

F-5 — Liten svale på rødt lyn påmalt halefinnen.

337 skvadron

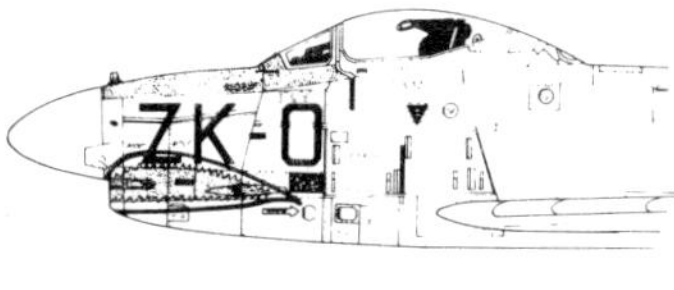

F-86K — Haikjeft på nesepartiet med røde lepper, hvit tenner og svart munn med rød tunge. ZK-O (serienr. 54-1290) hadde kjeft med små tenner og helt rød munn. Skvadronskjoldet med rød bakgrunn på halefinnen.

338 skvadron

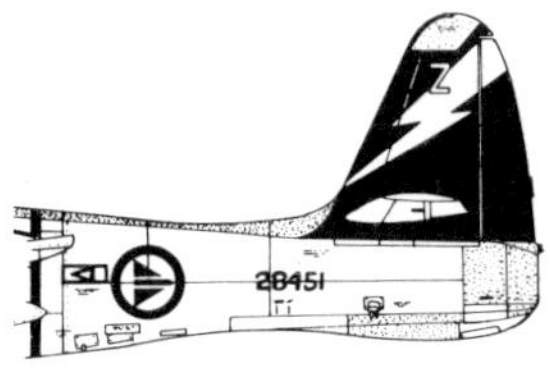

F-84G — Første bemaling, i 1954, var hvit nese med svart ring rundt, rødt, hvitt og blått fin-flash og hvit stripe med svart kant på tip-tanken.

Ved flyttingen til Ørland ble flyene delvis malt om. Nesen og tip-tanken beholdt samme merkingen, men halen ble svart med gult lyn.

I 1956 ble nesen overmalt med svart og fikk et gult lyn på. Den øvrige merkingen ble ikke endret.

To år senere ble halen malt med en ny type lyn i gult. Fargen på nesen ble fjernet, og tip-tanken fikk en svart stripe.

F-86F — Svart hale med gult lyn og skvadronskjoldet med gul bakgrunn. Svarte vingetipper.

F-5 — Gult lyn med svart kant på halen, senere i mindre utførelse.

F-5 fly er også observert med pil og bue merking på halen, symboler hentet fra skvadronens våpenskjold.

339 skvadron

F-86K — Rødt bånd rundt skroget med gul kant og rødt spyd med svart spiss langs flykroppen. Rød stripe på halen med skvadronskjold på gul bakgrunn.

Senere ble den røde stripen på halen erstattet av et rødt, hvitt og blått fin-flash, og skvadronskjoldet fikk hvit bakgrunn.

UH-1B — Skvadronskjoldet under fremre del av cockpiten på noen helikoptere.

717 skvadron

F-84E RF-84F	Hvit nese med svart kant, hale med rødt, hvitt og blått fin-flash. Tip-tanken med hvit stripe og svart kant. Skvadronskjold på halefinnen.

718 skvadron

T-33A	Rødt og gult sjakkbrettmønster på halen og rød stripe på tip-tanken. Senere forsvant merkingen på tip-tanken, og skvadronskjoldet ble føyet til på halefinnen.
F-5	F-5A DP-C (serienr. 67-14896) fikk stort gult og rødt sjakkbrettmønster på halen. Senere fikk alle flyene tilsvarende merking, men i mindre format.

719 skvadron

DHC-3	Rødt, hvitt og blått fin-flash.
UH-1B og DHC-6	Rødt, hvitt og blått fin-flash inntil de nye merkingsbestemmelsene kom.

720 skvadron

Bell 47	Skvadronskjold på bakre del av skroget, over serienummeret.
UH-1B	Noen helikoptere hadde skvadronskjold på bakre del av skroget.

OP-tjenesten

O-1A	Bird Dog flyene hadde en stund et fuglehundhode malt på halefinnen.

Denne avmonterte halefinnen fra Cessna O-1A (serienr. 51-12251) viser fuglehundsymbolet og plasseringen av serienummeret.

Spesielle kjennetegn

I RAF benyttet offiserer med grad av wing commander (oberstløytnant) eller høyere gjerne fly merket med sine egne initialer. Denne skikken ble også tatt opp ved No. 132 (N) Wing.

Fra omkring 1950 og frem til 1968 fikk flere av Luftforsvarets fly denne spesielle formen for merking påmalt for kortere eller lengre tid. Det var for meste gruppesjefer, men også noen skvadronsjefer, som fikk initialene sine påmalt.

Listen som følger viser hvilke fly som har benyttet slike kjennetegn.

Den første flyger i Luftforsvaret som offisielt fikk anledning til å merke sitt fly med egne initialer var dansken Kaj Birksted. I den tiden han var Wing Commander Flying for No. 132 (N) Wing, benyttet han Spitfire Mk. IX MH830 med bokstavene KB.
Da nordmannen Rolf Arne Berg overtok etter Birksted, skiftet merkingen til RAB. Oberstløytnant Berg brukte to forskjellige Spitfires med slik merking. Først Mk. IXB MJ462 fra den 23. mars 1944 og så fra årsskiftet 1944/45 PV181. Det var denne siste Berg fløy da han den 3. februar 1945 ble skutt ned av tysk luftvern under et angrep på Eelde flyplass i Nederland.
Den personlige merkingen var noe man tok etter RAF hvor offiser fra Wing Commander og oppover i gradene kunne male på sine egne initialer. Den norske flygeren Ola Aanjesen var imidlertid ikke snauere enn at han malte OAA på sin Spitfire i en periode han var instruktør ved en engelsk avdeling, selv om han bare hadde grad av fenrik.

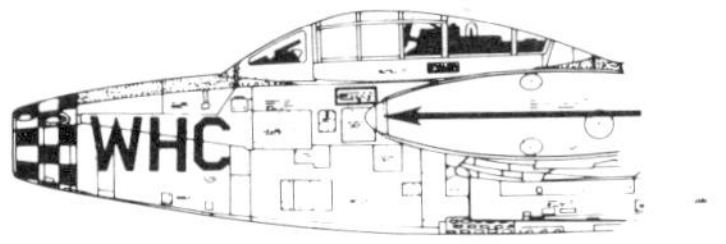

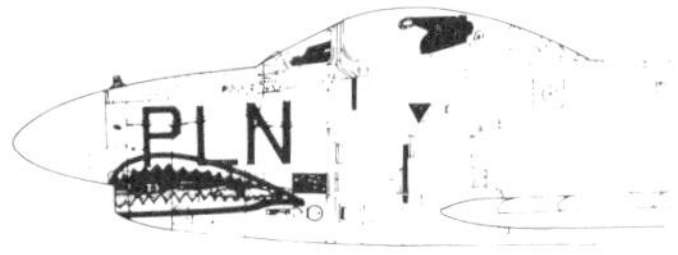

Flytype:	*Serienr.:*	*Kjenne-tegn:*	*Flyger:*
Spitfire Mk. IX	MH830	KB	Kaj Birksted
	MJ462	RAB	Rolf Arne Berg
	PV181	RAB	Rolf Arne Berg
	PT536	JR	Jon Ryg
Messerschmitt Bf. 108	1111*)	HM	Helge Mehre
Vampire FB Mk. 52	VO445	NKJ	Nils K. Jørstad
	VO445	WHC	Werner H. Christie
F-84G Thunderjet	51-9945	TA	Torbjørn Andersen
	51-11113	WHC	Werner H. Christie
	51-11113	EOS	Eigil O. Stigset
	52-2900	HW	Hans Wergeland
	52-2912	HMH-J	Haakon M.H. Jørgensen
	52-8302	MG	Martin Gran
	52-8302	JCBE	Just Chr. Bing Ebbesen
	52-8394	OTMA	Ole T. Mehn-Andersen
	51-10142	JM	Jørgen Mørtvedt
	51-10219	EE	Emil Erla
F-86F Sabre	52-4734	AR	Arne Riegels
	52-5124	AR	Arne Riegels
	52-5124	BM	Bjørn Meyer
	52-5191	HW	Hans Wergeland
	52-5203	OTM-A	Ole T. Mehn-Andersen
	52-5218	J-M	Jørgen Mørtvedt
	52-5245	BH	Bjørn E.F. Hermansen
	52-5256	BEFH	Bjørn E.F. Hermansen
	52-5256	JCBE	Just Chr. Bing Ebbesen
	52-5256	GB	Gunnar Berge
	52-5256	BH	Bjørn E.F. Hermansen
	53-1117	TA	Torbjørn Andersen
	53-1226	J-M/M-J	Jørgen Mørtvedt
	53-1227	BM	Bjørn Meyer
F-86K Sabre	54-1268	PLN	Peter L. Nissen
	54-1284	SH	Sven Aa. Hauge
	55-4874	SH	Sven Aa. Hauge

*) Egentlig flyets konstruksjonsnummer.

En skikk Luftforsvaret tok med seg fra RAF-tiden var personlig merking av høyere offiserers fly. Bildet viser en F-86F Sabre fra 338 skvadron, tilhørende skvadronsjef Ole Tobias Mehn-Andersen.

Luftvernartilleriet

Flymaskinenes utvikling under den 1. verdenskrig viste raskt at det var behov for et forsvarsmiddel mot dem. Også i Norge var man klar over dette, og i 1916 ble endel luftvernkanoner kjøpt inn. Kanonene var dels beregnet på forsvar av hovedstaden og dels for montering på eksisterende festningsanlegg. Så tidlig som den 14. februar 1917 ble det opprettet en stilling som våpeninspektør for Hærens flyvevæsen og Luftforsvar. Allerede da var altså enkelte klar over betydningen av en enhetlig ledelse av luftforsvaret.

Men det varte ikke lenge. Ved Kgl. resolusjon av 6. september 1918 ble det mobile luftvernartilleriet lagt inn under Generalinspektøren for Feltartilleriet. Det faste luftvernartilleriet kom inn under Generalinspektøren og Sjefen for Festningsartilleriet. Dermed var luftvernartilleriet overført Hæren. Luftforsvarsutredningen av 1937 anbefalte opprettelsen av en ny forsvarsgren, Luftforsvaret. Den skulle omfatte Hærens og Marinens flyvåpen samt Luftvernartilleriet. Men saken strandet dengang på Marinens motstand.

Under den 2. verdenskrig var endel luftvernpersonell utdannet i Storbritannia uten at noen egentlig organisasjon var opprettet. Ved krigens slutt var de to flyvåpnene slått sammen, og det ble aktuelt å etablere en organisasjon også for luftvernartilleriet. Som eget våpen ble derfor Luftvernartilleriet etablert i oktober 1945.

Etter endel planlegging forelå Stortingsmelding nr. 32 (1945-46) om "Plan for en førstereisning av Norges forsvar" og Innstilling til Stortinget nr. 190 (1946). Den ble vedtatt 6. desember 1946 og fastslo at Flyvåpnet og Luftvernartilleriet skulle samles i en forsvarsgren. Luftvernartilleriet ble innen forsvarsgrenen organisert som eget våpen, under Generalinspektøren og Sjefen for Luftvernartilleriet.

VÅBN VÆRNES
LUFTFORSVARET
SIKT MOT MÅLET

LVA-bataljon Rygge
VARNAS VOKTERE
LVA-bataljon Gardermoen
VI VIL VERGE
LVA-bataljon Sola
BEREDT TIL FORSVAR
LVA-bataljon Ørland
VERJUM VER YRJAR
(Vi verger Ørlandet)
LVA-bataljon Bodø
FILII DILECTI SANCTAE BARBARAE
(St. Barbara's ekte sønner)
LVA-bataljon Andøya
VERN I NORD
LVA-bataljon Bardufoss
BEREDSKAP FOR FRED
LVA-bataljon Lista
FORSVAR FOR FRED

88 mm tysk halvautomatisk luftvernkanon. Dette var et av tyskernes mest fryktede våpen under den 2. verdenskrig og ble produsert i stort antall. Kanonen fikk anvendelse blant annet mot alliert panser, men var opprinnelig utviklet som luftvern. Ammunisjonen var spreng- eller panserbrytende granater.
Den første versjonen, M/18, kom i 1933 og hadde en skuddhastighet på 15 skudd i minuttet. M/36 var identisk med M/18, men hadde forbedret lavett. M/37 hadde en ildlederkontroll betegnet Überträgungsgerät 37. En siste versjon, M/41, ble tatt i tjeneste i 1943. Den kunne nå helt opp til 35.000 fot og hadde en skuddhastighet på 20 granater pr. minutt.
FLAK-avdelingene i Norge hadde både M/18, M/36 og M/37, og disse ble overtatt av Luftvernartilleriet etter krigen. Kanonene utgjorde det tunge luftvernet her i landet inntil 90 mm M1A2 kanoner begynte å ankomme som amerikansk våpenhjelp i 1950. I 1957 ble så 88 mm kanonene faset ut.

Luftvernartilleriets virkeområde var stort og omfattende. Mye materiell ble overtatt etter tyskerne. Det var spredd over hele landet og besto vesentlig av de berømte, eller beryktede, 88 mm luftvernkanonene. I tillegg kom også 20 mm, 37 mm, 105 mm og 128 mm kanoner — alt med siktemidler og mye ammunisjon. Alle kanonene kunne om påkrevet også benyttes til andre stridsoppdrag.

Det fantes radar og ildledningsinstrumenter som etter datidens krav var helt moderne. Videre lyskastere som hadde kalibre fra i størrelsesorden 60 til 200 cm. De var beregnet til belysning av målene i mørke og kunne delvis samordnes med radar. Luftvernartilleriet var dessuten utstyrt med sperreballonger, til lokal beskyttelse av viktige objekter eller av styrker som ble angrepet fra lav høyde.

Avdelingene måtte kunne forflyttes raskt, og de var derfor i stor utstrekning motoriserte. Mannskapenes automat- og andre våpen gjorde at de også kunne opptre som infanteri om situasjonen tilsa det.

Utdanningen av befal til Luftvernartilleriet kom forholdsvis raskt igang. I en brosjyre fra 1947 heter det: " For rekruttering av sitt befalskorps trenger Luftvernartilleriet kjekke, våkne og raske gutter som ikke er redde for å arbeide, som ønsker å utdannes til befalingsmenn, og som etter fullført utdannelse vil innordne seg i befalskorpset som arbeidssomme, plikttro og loyale medlemmer". Sannelig ikke småtterier! Og som nyutdannede sersjanter fikk de kjekke og raske guttene en årlig grunnlønn på kr 2.875,20. Ved senere avansement helt til kaptein, ble det forespeilet dem et svimlende beløp på hele kr 4.500,- i grunnlønn.

Endelig organisering trakk imidlertid ut, og den opprinnelige Treårsplan ble forlenget frem til den 1. juli 1953.

Ved årsskiftet 1949/50 fantes det tunge og lette batterier til forsvar av større byer og flyplasser. Dessuten hadde Heimevernet luftvernoppsettinger. Senere fikk flere byer og våre øvrige flyplasser også luftvern.

Den kraftige oppbyggingen i Luftvernartilleriet medførte at det i 1953 var oppsatt hele 45 tunge og 40 lette batterier. HV hadde i tillegg 21 luftvernbatterier. Utstyret var godt tilpasset tidens behov og mobiliseringsstyrken større enn noensinne, over 20.000 mann.

På denne tiden var det ønske om å samle alt artilleri, og den 1. juli 1953 ble Luftvernartilleriet derfor igjen overført til Hæren, som en del av det foreslåtte Artillerikorpset. Organisasjonsformen fra Luftforsvaret ble allikevel beholdt, og de nye strategiske vurderinger i NATO førte til at man fant å måtte revurdere Forsvarets struktur. Forslaget om opprettelse av Artillerikorpset ble derfor trukket tilbake i 1957, og den 3. mai det året vedtok Stortinget at Luftvernartilleriet skulle tilbakeføres Flyvåpnet. Denne tilbakeføringen skjedde så trinnvis over flere år, inntil full integrering var oppnådd.

Kommandomessig ble Generalinspektøren for Luftvernartilleriet (GILA) underlagt Sjefen for Flyvåpnet og skulle være dennes rådgiver i alle luftvernspørsmål. En full integrering og organisasjonsmessig likhet ble bestrebet, men der det var hensiktsmessig skulle Luftvernartilleriet beholde sitt separate ansvarsområde.

I den første tiden var det forøvrig endel uenighet om navnet på forsvarsgrenen. Etter utskillelsen av Luftvernartilleriet i 1953 var betegnelsen Flyvåpnet tatt i bruk, og den ønsket mange nå å beholde. Men til sist vedtok Stortinget i 1959 at navnet skulle være Luftforsvaret, bestående av både Flyvåpnet og Luftvernartilleriet som likestilte våpenarter.

Det tyske materiellet ble etterhvert foreldet og tungdrevet. Leverandøren av reservedeler var jo ikke lenger i virksomhet! Som våpenhjelp fra USA mottok Luftvernartilleriet 90 mm kanoner. De var fjernstyrt fra et elektronisk sentralsikte og ble det første system som kunne operere i all slags vær. Et stort antall 40 mm L/60 Bofors luftvernkanoner ble også mottatt. Dette våpnet var utviklet på midten av 30-tallet, hadde enkelt ringsikte og ble håndrettet av to mann.

De tunge kanonenes begrensninger generelt gjorde imidlertid at de ikke lenger kunne betraktes som særlig effektivt luftforsvarsmiddel. Tilbudet om NIKE-raketter til forsvar mot høytgående fly ble derfor akseptert i 1957, og denne bataljonens historie er skrevet separat.

40 mm Bofors luftvernkanon L/60 fotografert på Gardermoen den 26. juli 1968 under LVA-øvelsen GAMMA III.
Kanontypen er fra 1936 og har med sin manuelle betjening kun begrenset effektivitet. Den er en helautomatisk, rekyldrevet kanon hovedsakelig beregnet på nærforsvar mot fly, men kan også benyttes mot mål på bakken og til sjøs. Teoretisk skuddtakt er 120 skudd i minuttet med veltrenet betjening.
L/60 kanonene står foran utfasing, men finnes fremdeles i en rekke batterier både i LVA og LVHV.

Det var i 1959 at tilbudet om Hawk luftvernraketter dukket opp for første gang. De amerikanske myndighetene trakk tilbake et opprinnelig forslag om NIKE-bataljon nr. to. Istedet kom det tilbud på en bataljon Hawk. Allerede dengang anbefalte Forsvarets overkommando for Forsvarsstaben å akseptere tilbudet, men det skulle så langtfra bli siste runde i den saken.

I og med at Hawk-rakettene lot vente på seg, var det imidlertid stadig behov for lette kanoner både til forsvar mot lavangrep og til nærforsvarsoppgaver generelt. Både stående batterier og mobiliseringsenheter var utstyrt med slikt materiell.

Få dager etter at Kongo i 1960 hadde blitt fritt fra Belgia, ble en av landets seks provinser, Katanga, erklært selvstendig av Moise Tshombe. FN måtte sende tropper til landet, men Tshombe nektet dem adgang til Katanga, og kamper brøt ut.

En anmodning fra FN's generalsekretær om blant annet luftvernartilleri til FN-styrkene ble besvart positivt av Norge, og i midten av januar 1963 ankom en luftvernartilleribataljon til Kamina-basen i Katanga. Situasjonen var da imidlertid forandret. De store kampene var over, Tshombes flyvåpen var satt ut av spill, og det fantes ikke lenger noen lufttrussel innen provinsen. En annen trussel skapte allikevel utrivelige forhold de første dagene. Bygningene bataljonen flyttet inn i, var nemlig fulle av giftslanger. Bare i løpet av de første par dagene ble 60-70 slanger funnet og avlivet.

Kanon-, radar- og observasjonsstillinger ble bygget ut, men på grunn av den endrede situasjonen ble artillerimateriellet ikke brukt. Bataljonens operative gjøremål ble hovedsakelig vakthold og intern sikringstjeneste på Kamina-basen, samt vakthold ved kraftstasjonen Kilubi. Det ble også detasjementer av forholdsvis kort varighet til Kapanga, Sandoa og Luena.

Den 18. mai kom ordre fra FN's hovedkvarter om å forberede hjemreise, og under en seremoni seks dager senere ble alt personell tildelt Kongomedaljen av United Nations Air Commander, nordmannen generalmajor Chr. Roy Kaldager.

De første 130 mann fløy direkte fra Kamina til Gardermoen den 27. mai. Dagen etter fulgte en ny kontingent på 130. Det øvrige norske personell i Kongo ble deretter sendt hjem i puljer.

Av de tilsammen 1.173 nordmenn som gjorde tjeneste i FN's militære styrker i Kongo, var 325 luftvernartillerister.

Luftvernartilleriet ble etter 1960 prioritert lavere hos de bevilgende myndigheter. Dette medførte blant annet at tilbudet om levering av Hawk-raketter som våpenhjelp ble avslått i 1964, etter flere års drøftelser. Da tilbudet ble fremsatt, var det i forbindelse med utplassering av slike raketter i Sentral-Europa. Hovedsakelig var det ressursmessige grunner som lå bak avslaget.

NIKE-bataljonen var allerede etablert, og planer om større anskaffelser til kanonluftvernet forelå.

Men utviklingen viste at kanoner ikke var nok. Også til lavforsvar av flyplasser og andre viktige mål kom det etterhvert en rekke rakettsystemer. Disse ble også vurdert her i Norge.

Opprinnelige planer om slikt luftvern til åtte flyplasser ble halvert i 1972, mens Forsvarskommisjonen av 1974 gikk inn for seks batterier, fire til flyplasser og ett hver til disposisjon for Forsvarskommando Nord-Norge og Forsvarskommando Sør-Norge. Samme år gikk man av politiske grunner vekk fra det franske Crotale-systemet, som en tid hadde vært meget aktuelt.

Gjennom årene hadde man selvsagt modernisert kanonmateriellet så godt som mulig. En mer effektiv 40 mm Bofors-kanon kom, betegnet L/70. Den ble tilknyttet radarsystem og elektronisk sikte, og dette medførte at de stående bataljonene som var utstyrt med disse kanonene, etterhvert oppnådde allværskapasitet. Og like viktig som selve kanonene ble de øvrige deler av batteriet.

Dette er 40 mm luftvernkanon Bofors L/70. L/70-systemet kom til Norge i 1958 og var en betydelig forbedring i forhold til L/60-kanonene. Kanonen er effektiv opp til ca. 9.000 fots høyde og har en rekkevidde på rundt 4.000 meter.

Lette luftvernartilleribataljoner med L/70 er oppsatt på de viktigste flyplassene Bardufoss, Andøya, Bodø, Ørland, Værnes, Sola, Lista, Gardermoen og Rygge.

En teknisk oppdatering er nå nødvendig for å opprettholde L/70-systemets effektivitet.

L/70 fikk et radar-sentralsikte med betegnelsen RSS-40. Det har en søke- og ildledningsradar som via en regnemaskin mater skytedata til kanonene. For å samordne ilden fra de forskjellige troppene i batteriet finnes det også en taktisk radar. Den ikke bare søker målene, men fordeler dem også på de enkelte troppene. Dermed kan flest mulig av angriperne beskytes. Prøver foretatt i siste halvdel av 1983 har også vist at RSS-40 kan følge små hurtiggående mål, som for eksempel bomber.

Lavforsvarsrakettene var fortsatt under vurdering, og i 1981 ble et annet alternativ, den amerikanske Roland, kansellert. Tilbake sto den europeiske Roland II og britenes Rapier, i tillegg til Hawk. Sistnevnte var gjenstand for modernisering og ble til Improved Hawk, eller I Hawk som den kalles.

I forbindelse med avtalen om forhåndslagring av materiell for en amerikansk marinebrigade i Trøndelag, ble det avtalt at to batterier Improved Hawk skulle settes opp, ett på Ørland og ett på Værnes. De skulle være bemannet og drives av norske mannskaper.

Luftforsvarets forsyningskommando ble i november 1982 pålagt å utrede rakett-saken, samtidig som Forsvarets forskningsinstitutt fikk i oppdrag å foreta en analyse av hvilket alternativ som kunne gi best beskyttelse av norske flyplasser. Begge kom til den konklusjon at Improved Hawk var å foretrekke, ut fra både operative og økonomiske forutsetninger. Forsvarssjefen og Generalinspektøren for Luftforsvaret sluttet seg til dette.

Den 15. april 1983 ble det derfor fremlagt en stortingsproposisjon om inngåelse av en avtale med USA. Avtalen gjaldt leie av seks batterier

Rundt 40.000 norske og allierte soldater deltok i øvelsen "Avalanche Express" som ble gjennomført i Troms fra den 16. til 22. mars 1984. Både luft-, land- og sjøstridskrefter var med, og øvelsen var den største i sitt slag etter krigen. Norwegian Adapted Hawk var ikke kommet i tjeneste ennå, men US Marine Corps deltok med Improved Hawk. Bildet viser en slik luftvernrakett på sin utskytningsrampe.

Improved Hawk, inkludert de to batteriene i Trøndelag. Selv om hensynet til norsk industri spilte en rolle, ble det understreket i proposisjonen at Forsvarets behov måtte styre anskaffelsene.

Improved Hawk har en rekkevidde på ca. 42 km. Med en høydedekning opp til over 50.000 fot vil den kunne brukes både til lav- og områdeforsvar. Hvert batteri består av tre utskytningsramper, hver med tre raketter. I tillegg kommer ildlednings- og radarutstyret. Tilsammen er det derfor snakk om 162 raketter, plassert på 54 mobile utskytningsramper.

Etter at avtalen om forhåndslagring var kommet istand, ble en liten gruppe befal høsten 1982 sendt til US Army Air Defense Center, Fort Bliss i Texas. Der ble de utdannet til taktiske kontrolloffiserer for Hawk. Året etter fikk ni andre den samme utdannelsen. Disse vil danne grunnstammen i de fremtidige norske Hawk-oppsettingene.

Siste ledd i Hawk-anskaffelsene var 18 stk. søkeradar- og kontrollutstyr. Et svensk og et amerikansk system var under vurdering, men i slutten av januar 1984 ble det det amerikanske Hughes Aircraft Company som vant avtalen. Dermed var det spesielle norske systemet Norwegian Adapted Hawk (NOAH) klart.

Et noe spesielt jubileum var da feiret, 25 år *uten* nærforsvarsraketter. Imidlertid ser nå saken endelig ut til å være løst, og Luftforsvaret vil få et moderne system som bedrer forsvarsevnen betraktelig.

I 1984 finnes Bofors L/70 kanonsystemer i de lette luftvernbataljonene ved større flyplasser. Ildenhetene består av to slike 40 mm kanoner, et RSS-40 sentralsikte og to 12.7 mm firling mitraljøser. Hvort batteri har fire slike ildenheter og en taktisk radar.

Belysningsradar for Improved Hawk under "Avalanche Express". Denne radar følger målet som ønskes engasjert, og Norwegian Adapted Hawk (NOAH) vil få en utgave med modifisert og forbedret teknologi. Radarens rekkevidde er ca. 80 kilometer.
I tillegg vil NOAH ha en ildlederenhet bestående av en søkeradar (Hughes Low Altitude Surveillance Radar) og en kontrollenhet (Fire Distribution Central).

En 12.7 mm firling mitraljøse fra Batteri 31 under øvelsen GAMMA III på Gardermoen flystasjon den 26. juli 1968. Luftvernbatteriene er utstyrt med slike firling mitraljøser til selvforsvar.

Vel 30 batterier er også fortsatt oppsatt med Bofors L/60 kanoner, men disse er nå foreldet og savner både moderne siktemidler og allværskapasitet.

Luftvernkanonenes hovedoppgave er å engasjere og ødelegge fly som angriper i høyder under 10.000 fot. Dette må kunne skje under alle forhold - i lys, mørke, dårlig vær og under påvirkning av elektroniske stridsmidler. En prioritert oppgave innen Luftvernartilleriet er nå derfor å foreta en omfattende oppdatering av dette utstyret. Foreliggende planer går inn for en trinnvis utfasing av L/60-kanonene i løpet av en tiårs-periode og modernisering av L/70-systemet. Dermed vil de sistnevnte få bedre operative egenskaper, samtidig som systemet blir driftssikkert og mer vedlikeholdsvennlig.

Luftvernartilleriet disponerer også søkeradar, beregnet på situasjoner der Kontroll- og varslingssystemet ikke kan dekke lavtgående lokale mål. Denne radaren ble utviklet i 1940-årene og kom til Norge som våpenhjelp i 1952. I 1981 ble den karakterisert som "bedre enn ingenting", hvilket igrunnen sier endel.

Når norsk luftvern beskrives, må også innsatsen til Luftvern-Heimevernet, LVHV, nevnes. Gjennom årene etter krigen har dette HV-personellet, mange av dem frivillige, med innsatsvilje og entusiasme gått inn for sin oppgave. Idag er faktisk luftvernet av endel flyplasser oppsatt på slik HV-basis.

Ikke minst med tanke på alliert hjelp i en krisesituasjon må Norge ha et luftvern som kan sikre flyplassene. Mye gjenstår ennå før NOAH er operativt, og en oppdatering av kanonmateriellet er også påkrevet. Som et ledd i dette inngikk Forsvaret høsten 1984 kontrakt med et svensk firma om kjøp av siktemidler til kanonene samt en del radarutstyr. Personellet i Luftvernartilleriet står derfor overfor store oppgaver, men også interessante utfordringer. Korpsånd har Luftvernartilleriets folk aldri manglet. Nå får de også det utstyret de trenger. Med en kombinasjon av NIKE, Improved Hawk, moderniserte kanoner og forhåpentligvis innføring av enkle, bærbare nærforsvarsraketter, skulle Norge kunne opprettholde et sterkt luftvern langt inn i neste århundre.

LV HV

NIKE-bataljonen

NIKE LUFTFORSVARET SEMPER VIGILANS

Utviklingen av rakettvåpen skjøt fart under den 2. verdenskrig. Sammen med de fremskritt som ble gjort når det gjaldt radar og ildledningsinstrumenter, lå forholdene derfor etter krigen til rette for styrte luftvernraketter.

Det hadde nemlig vist seg at tunge luftvernkanoner hadde begrenset virkning mot fly høyt oppe. Effekten avtok raskt med høyden og avstanden til målet. Dessuten foretok flyene ofte avledende manøvre, noe som ytterligere svekket kanonens treffsikkerhet. Styrte luftvernraketter derimot, kunne følge målene også etter at avfyring var skjedd.

Da NIKE-prosjektet i 1945 ble påbegynt i USA, ble det satt frem en rekke operative krav. Blant annet måtte raketten gå med overlydshastighet, kunne motta og utføre styringsordre etter avfyring, og stridshodet måtte være tilstrekkelig til å ødelegge målet. En viktig faktor var også at rakettsystemet måtte gi muligheter for videreutvikling, i pakt med tidens endrede krav.

Ved et memorandum fra sjefen for den amerikanske våpenhjelpkommisjon i Norge tilbød USA den 12. februar 1957 materiell og utdannelse av personell til en rakettbataljon. Opprinnelig gjaldt tilbudet NIKE Ajax systemet. Det var allerede i produksjon og oppsatt ved amerikanske enheter. Senere ble tilbudet endret til å omfatte et mer avansert system kalt NIKE Universal, som kunne brukes til utskyting av både Ajax og en ny og mer langtrekkende rakett - NIKE Hercules.

Sjefen for Flyvåpnet forutsatte at NIKE-systemet skulle erstatte det tunge luftvernartilleriet i Oslo-området. Ved å velge Universal-systemet kunne det plasseres lenger ut fra selve hovedstaden uten å svekke forsvarseffekten. På den måten unngikk man å legge beslag på verdifull grunn, og i en viss utstrekning kunne allerede eksisterende forlegninger og militære anlegg benyttes.

Allerede i april 1957 ble det første norske personellet sendt til USA for utdannelse. Utdannelsen og treningen av tekniske og operative mannskaper, individuelt og avdelingsvis, for den norske NIKE-bataljonen foregikk frem til mai 1959 ved US Army Air Defense School, Fort Bliss, Texas og ved US Army Ordnance Missile Command, Redstone Arsenal, Alabama. Skarpskyting i siste halvdel av april 1959 ved McGregor Guided Missile Range i New Mexico avsluttet utdannelsen.

Den 1. september 1959 begynte oppsettingen av NIKE-bataljonen i Norge. Den fikk sitt hovedkvarter i Linderud leir, et moderne anlegg i Oslo bygget for Luftvernartilleriet like før integreringen med Flyvåpnet. De fire batteriene ble plassert i Asker, Nes på Romerike, Trøgstad og Våler i Østfold.

Formelt ble NIKE-bataljonen overlevert fra USA til Norge den 9. september 1959 under en høytidelighet ved Asker batteri. USA var representert ved

Overlevering av NIKE-bataljonen den 9. september 1959. Fra venstre: Sjefen for Forsvarstaben generalløytnant B. Øen, ukjent amerikansk offiser, Generalinspektøren for Luftvernartilleriet oberst L. Husjord, Sjefen for Flyvåpnet generalløytnant B. F. Motzfeldt, sjefen for NIKE-bataljonen oberstløytnant Ø. Asbjørnsen, USA's ambassadør Mrs Frances E. Willis og forsvarsminister Nils Handal.

Fylling av drivstoff på NIKE Ajax. Hovedraketten hadde tre typer flytende drivstoff som var både giftig og etsende. Mannskapene måtte derfor utvise den største forsiktighet under arbeidet, og verneutstyr var obligatorisk.
Ajax var den første NIKE-raketten. Utviklingen ble igangsatt i 1945, men først åtte år senere ble systemet satt i serieproduksjon. Det hadde da gjennomgått utvikling og skyteforsøk under både tropiske og polarmessige forhold.
NIKE Ajax kom i norsk tjeneste ved opprettelsen av NIKE-bataljonen i 1957 og var operativ frem til utfasingen i 1969.

sin ambassadør og Norge ved blant annet Forsvarsministeren og folk fra Forsvarets ledelse. Etter at materiellet var mottatt ved alle batteriene og operative og tekniske kontroller foretatt, ble NIKE-bataljonen som enhet erklært operativ den 28. april 1960.

Rakettene var en blanding av Ajax og Hercules. Ajax var en to-trinns rakett med en rekkevidde på omlag 50 kilometer. Den kunne nå opp til en høyde på rundt 60.000 fot. Startraketten hadde fast drivstoff, mens selve hovedraketten brukte tre forskjellige typer flytende drivstoff av både giftig og etsende karakter. Dette gjorde klargjøringen både omstendelig og risikobetont.

NIKE Hercules var også en to-trinns rakett, men med fast drivstoff i begge trinn. Den hadde en langt kraftigere sprengvirkning enn Ajax-raketten, dessuten en rekkevidde på ca. 150 kilometer og maksimumshøyde på over 100.000 fot.

Etterhvert som flere Hercules-raketter ble tilgjengelige, blant annet ved at Frankrike trakk seg ut av NATO's NIKE-kjede og la ned sine batterier, kunne bataljonens oppsettinger av Ajax reduseres og erstattes med NIKE Hercules. De siste operative NIKE Ajax ble utfaset i løpet av 1969.

Ildledningsmateriellet besto opprinnelig, i store trekk, av en analogcomputer, en søkeradar, en målfølgeradar, en rakettfølgeradar og kontrollvogner. Opp gjennom årene har ildledningssystemet vært gjenstand for forbedringer. I 1971 ble systemet modifisert til NIKE Improved konfigurasjon. Dette innebar blant annet tilføring av en ekstra avstandsradar som ga systemet større effektivitet, spesielt under forhold med sterke innslag av elektroniske stridsmidler.

Den såkalte SAMCAP-modifikasjonen ble innført i 1975. Den forbedret systemets lavdekning og øket effektiviteten mot hurtiggående mål.

I årenes løp har det ved NIKE-batteriene foregått omfattende byggearbeider som beskytter materiellet mot vær og vind. Ved eventuelt angrep vil

Tekniske data for NIKE Hercules:

Hastighet:	*Mach 3.5 (4.050 km/t)*
Rekkevidde:	*Ca. 150 kilometer*
Operativ høyde:	*Opp til 150.000 fot og ned til 1—2.000 fot, sistnevnte avhengig av terrenget*
Vekt hovedrakett:	*Ca. 2.300 kg*
Vekt hjelperakett:	*Ca. 2.400 kg*
Lengde hovedrakett:	*Ca. 8.20 meter*
Total lengde:	*Ca. 11.90 meter*

NIKE Hercules. Norge har fire batterier utstyrt med slike raketter, beregnet på forsvar mot høytgående fly. Det fiendtlige flys posisjon beregnes ved hjelp av radar, og data mates inn i en regnemaskin som fortløpende beregner treffpunkt. En følgeradar gir kontinuerlig styreordre til raketten. Umiddelbart før raketten treffer det angripende fly, gis automatisk sprengningsordre. Rakettene i den norske NIKE-bataljonen er kun utstyrt med konvensjonelle sprenghoder.
Moderniseringen av NIKE-systemet ble avsluttet i 1983. Materiellets levealder er dermed forlenget frem til midten av 1990-årene. Tidlig i perioden 1984-88 skal, etter planene, to av batteriene settes på mobiliseringsstatus. De to andre vil være på øvings-/treningsstatus.

dette også innebære langt bedre overlevelsesevne for personell og materiell.

NIKE-systemet ble konstruert etter en teknologi som var moderne på slutten av 40-årene og begynnelsen av 50-årene. Teknologien utviklet seg hurtig, og til tross for alle forbedringer og modifikasjoner kunne man etterhvert forutse den tiden da det ville bli umulig å vedlikeholde systemet på grunn av manglende tilgang på "gammeldagse" reservedeler.

Allerede i midten av 70-årene begynte NATO å vurdere løsninger på dette problemet. En brukbar etterfølger til NIKE lot vente på seg, slik at det var vanskelig å nedlegge NIKE uten at det medførte en vesentlig svekking av luftforsvaret. Bare en omfattende oppdatering, basert på ny mikroprosessorteknikk, kunne sikre fortsatt drift av NIKE-systemene. NATO utarbeidet en plan for slik oppdatering, kalt NIKE Support Plan. Med unntak av Danmark gikk NIKE-landene i Europa inn for denne planen. Danmark fant å ville gå andre veier og nedla sin NIKE-bataljon.

Det så lenge ut til at Norge ville følge Danmarks eksempel, men den 19. desember 1980 besluttet Regjeringen at Norge skulle slutte seg til oppdateringsprogrammet. Dette programmet ble så gjennomført som et fellesprosjekt med de øvrige NIKE-landene og var fullført høsten 1983.

For å kontrollere effektiviteten av personell, materiell og prosedyrer har NIKE-bataljonen gjennomført årlige skarpskytinger med raketter. Batterienes beliggenhet forhindrer slik skyting i Norge, så i årene 1960 til 1966 foregikk øvelsene ved McGregor Missile Range i New Mexico. I 1967 og 68

Bildet viser kontrollområdet ved NIKE-batteriet i Trøgstad. Den taktiske radaren ses til venstre. Hvert NIKE-batteri er delt inn i tre hovedområder, for administrasjon, kontroll og avfyring.
NIKE-systemets taktiske radar, eller søkeradar, gir en fortløpende oversikt over situasjonen i luften og har en betydelig rekkevidde. Det er bildet fra denne radaren som danner grunnlaget for utvelgelsen av det mål som skal angripes. Kontrolloperatører overfører opplysningene til målfølge- og avstandsradar som sammen med rakettfølgeradaren utfører selve engasjementet av det angripende fly.
Målfølgeradarens oppgave er å gi presise opplysninger til regnemaskinen om det angripende flys posisjon. Det modifiserte NIKE-systemet har også en avstandsradar som sterkt øker den operative effekt.

skulle skarpskytingene være gjennomført på Kreta, men ble avlyst på grunn av utviklingen i den politiske situasjonen i Hellas.

En mer økonomisk ordning ble mulig da man fra 1969 til 1980 fikk benytte det italienske skytefeltet Salto di Quirra på Sardinia. Men i 1981, 82 og 83 måtte treningen igjen legges til USA på grunn av ulikhetene i de norske og italienske systemene. Fra og med 1984 er konfigurasjonen igjen den samme for begge land, og bataljonen har gjenopptatt sine årlige skarpskytinger på Sardinia. Det er verd å merke seg at resultatene under disse øvelsene alltid har vært meget gode for de norske mannskapene.

NIKE-bataljonens oppdrag har fra begynnelsen vært definert slik: "Å utgjøre det mest mulig effektive luftforsvar mot fiendtlige angrep som føres frem gjennom luftterritoriet innenfor NIKE-systemets virkningsområde". Med sitt naturlige midtpunkt rundt landets hovedstad utgjør NIKE-bataljonen etter oppdateringen et moderne og effektivt luftforsvarssystem. Det forsvarer et område med nær halvparten av Norges befolkning, en vesentlig del av landets industri, samt flere viktige havner og flyplasser mot eventuelle luftangrep.

Stasjoner og skoler

Luftforsvarets kontroll- og varslingssystem

Tidligvarsling og kontroll i eget luftrom ble et viktig element i de krigførende nasjoners luftforsvar allerede i begynnelsen av 1940. Dette ble ettertrykkelig bevist under Slaget om Storbritannia da radarstasjoner plassert langs kanalkysten kunne varsle om de angripende tyske flystyrker så tidlig at RAF's jagerfly rakk å komme på vingene.

Under okkupasjonen av Norge bygget det tyske flyvåpnet en omfattende kjede av radarstasjoner spredt over hele landet. Ved tilbaketrekkingen fra Finnmark høsten og vinteren 1944, ble installasjonene der ødelagt og radarene utplassert lenger sør.

Ved kapitulasjonen var det ialt ti større og 14 mindre stasjoner i drift, hovedsakelig fordelt langs kysten mellom Oslo og Trondheim. I løpet av 1945 sørget britiske spesialstyrker for at disse radarsettene ble demontert og enten ødelagt på stedet eller overført til Storbritannia. Norge høstet derfor i første omgang ingen fordeler av de enorme investeringer disse anleggene representerte.

Allerede i de tidligste planer som ble utarbeidet for Luftforsvaret etter krigen, er det nevnt behovet for oppbygging av kjernen i et radar- og luftvaktsystem. Nødvendig fagutdannet personell fantes så å si ikke, og den viktigste oppgaven ble derfor å utdanne nøkkelpersonell.

I 1946 ble det første materiellet anskaffet i form av fem mobile stasjoner av typen AMES 21. Dette var relativt gamle stasjoner produsert i Storbritannia i 1942/43 for bruk av allierte styrker under fremrykking på Kontinentet etter en invasjon der. Hver stasjon besto av ti kjøretøyer hvor hovedelementene var søkeradarvogn, høydemålervogn, kontrollvogn og aggregater.

Mot slutten av 40-årene ble dette utstyret fordelt til de nyopprettede varslingsstasjonene på Måkerøy, Trøgstad, Risør, Møvik og Randaberg. Stasjonene ble inndelt i tre kategorier med Måkerøy og Møvik som Control and Reporting Centers, Trøgstad og Randaberg som Control and Reporting Posts og Risør som Reporting Post.

Parallellt med utplassering av radarstasjonene skjedde en betydelig utbygging av Luftvakten som var basert på visuell observasjon. Luftvaktsamlestasjoner ble opprettet på Elverum, i Førde, på Gråkallen og i Alta. Under disse samlestasjonene sorterte ca. 20 luftvaktstasjoner som igjen rådet over et stort antall luftvaktposter spredt over hele landet. I 1960 ble Luftvakten noe reorganisert. Hver Luftkommando ble inndelt i Luftvaktavsnitt som for LKØ ble Skien, Sarpsborg og Kongsvinger, for LKV i Kristiansand S og Stavanger, for LKT i Trondheim og for LKN i Narvik, Bodø og Alta. Etterhvert som moderne radarutstyr ble levert kunne Luftvakten nedbygges, noe som ble gjennomført i siste halvdel av 60-årene inntil Luftvakten ble helt nedlagt omkring 1972.

På radarsiden ble de såkalte fjernvarslingsstasjonene innført i 1953 ved levering av britiske, langtrekkende radarer av typen NT-960. Settene ble montert på Randaberg, Måkerøy og på den nyopprettede stasjonen på Flekkerøy. Nord-Norge kom nå for første gang med i K & V-systemet ved montering av en NT-960 i Vardø. Denne radaren var et stort skritt fremover,

Høyderadaren AMES 13 var en av hovedelementene i AMES type 21 radarstasjon.

og for eksempel hadde man fra Måkerøy radarbilde helt ned til den dansk-tyske grensen. Rekkevidden gikk imidlertid ut over nøyaktigheten, og det var derfor ønskelig å få skiftet ut NT-960 så snart som mulig med mer moderne utstyr.

I 1953 mottok Luftforsvaret over det amerikanske våpenhjelpprogrammet mobile radarsett av typen TPS-1D. Også disse radarsettene hadde sine røtter tilbake til slutten av krigen og ble blant annet benyttet av amerikanske styrker i Stillehavet. Det var først Risør og Trøgstad som fikk dette utstyret, fulgt av en nyopprettet stasjon på Røros. De fikk nå betegnelsen lette varslingsstasjoner. TPS-1D ble også montert på de nye stasjonene Gråkallen i Sør-Trøndelag og Hernes i Nordland. Noen få høyderadarer av typen TPS-10D ble levert til Norge og fordelt først til Hernes og senere også til

Radarinstallasjon av typen TPS-1D ved Merket på Andøya.

Randaberg og Vardø. Da TPS-1D ble utfaset av K & V-systemet ble stasjonene overlatt til Luftvernartilleriet.

Innen hver av de fire luftkommandoene ble det opprettet et sektoroperasjonssenter som var K & V-systemets "hjerte" og sørget for innsamling og ko-ordinering av opplysninger fra radar- og luftvaktstasjoner. Disse sentra ble lagt til Holmenkollen for LKØ, Jåttanuten ved Forus for LKV, Gråkallen for LKT og Bodø for LKN. Senere ble Holmenkollen SOC (Sector Operation Center) flyttet til Kongsvinger og Jåttanuten SOC til Møvik.

Et annet element som oppsto innen K & V-systemet i løpet av 1953 var Fikserstasjonene. Disse små stasjonene var bare bemannet med et fåtall mannskaper og hadde til oppgave å peile kursen på egne jagerfly. Via flyets vanlige VHF-radio ble det gitt et signal til tre forskjellige fikserstasjoner som så foretok kurspeiling og sendte resultatet til sektor-operasjonssenteret. Flyets posisjon kunne så bestemmes etter krysspeiling. Fikserstasjonene ble nummerert fra nr. 1 til nr. 18 og var i rekkefølge forlagt på følgende steder:

LKØ — Halden, Ringkollen, Kongsvinger, Stavern og Høytorp.
LKV — Gimra, Lista, Knaben (flyttet i 1954 til Kjevik) og Flekkerøy som bare fungerte en kort tid i 1954/55.
LKT — Steinkjer, Agdenes (nedlagt i 1956) og Vennafjell som i 1956 flyttet til Røros.
LKN — Lysheia, Andenes, Harstad, Røst (fra 1954), Hernes og Kabelvåg.

I tillegg var to mobile peilestasjoner, nr.5 og 6, i drift ved henholdsvis LKT og LKN i 1955.

Fiksersystemet ble nedlagt i løpet av 1958-59.

Fra slutten av 1953 ble radaranleggene innen et visst geografisk område samlet i kontroll- og varslingsskvadroner som ble nummerert fra 10 til 17. Den siste skvadronen, K & V-skvadron nr. 17 i Bergen, ble imidlertid aldri mer enn et stort hull i fjellet Rundemannen før prosjektet ble helt skrinlagt i 1957. De øvrige skvadronene var nr. 10 Måkerøy, nr. 11 Kongsvinger, nr 12 Møvik, nr. 13 Randaberg, nr. 14 Gråkallen, nr. 15 Hernes og nr. 16 Bardufoss. Skvadronbetegnelsen ble sløyfet i begynnelsen av 60-årene da de fikk betegnelsen Luftforsvarets stasjon etterfulgt av stedsnavnet.

På midten av 50-tallet ble nye radarsett innført i form av amerikanske FPS-8 som var et stasjonært sett, og også disse stasjonene ble finansiert over våpenhjelpen. Flyvåpnet fikk ved dette en helt moderne radar med både fjernvarsling og kontroll. Konvertering ble gjennomført ved Måkerøy, Møvik, Randaberg, Gråkallen, Hernes og Vardø. Også K & V-skvadron nr. 11 i Kongsvinger ble nå satt i drift og utstyrt med en FPS-8.

En del av de gamle mobile TPS-1D stasjonene ble nå frigjort og tildelt de nyopprettede lette K & V-stasjonene merket på Andøya fra 1954 og Kautokeino fra året etter. En slik stasjon ble dessuten midlertidig utplassert på Lysheia i Troms.

Fjernvarslingsstasjonen på Flekkerøy i Vest-Agder ble nedlagt i 1956 og dekningen delt mellom Møvik og Randaberg. Den lette varslingsstasjonen i Risør konverterte til kystradar året etter, og luftdekningen ble overtatt av Måkerøy. I forbindelse med etableringen av NIKE-bataljonen ble anlegget i Trøgstad avgitt til Luftvernartilleriet i 1958 og dekningen overtatt av Kongsvinger.

På slutten av 50-årene ble det igangsatt et storstilt byggeprogram i Norge i forbindelse med NATO's fjernvarslingskjede. Utbyggingen ble i størstedelen finansiert ved infrastrukturmidler, en utbygging som ble utført i tildels meget utilgjengelig terreng og under vanskelige værforhold. Det var de nye tunge "Early Warning"-stasjonene Os i Østerdalen, Skjerstad ved Bodø, Sørreisa i Troms og Honningsvåg i Finnmark som begynte å ta form. Anleggene ble tatt i bruk i løpet av 1961, og som femte og siste stasjon av denne typen konverterte Måkerøy tidlig i 60-årene. Etterhvert som disse stasjonene ble erklært operative, kunne en del gamle stasjoner nedlegges. Møvik ble redusert til vedlikeholdsbasis fra den 1. januar 1963, mens Røros, Hernes, Merket og den midlertidige stasjonen på Lysheia ble helt nedlagt.

De siste større anlegg i K & V-systemet var radarstasjonene på fjellene Maissavarre i Indre Troms, helt ned mot svenskegrensen og Iskuras i Finnmark like syd for Kautokeino. Begge stasjoner overfører radarbildet over videolink til henholdsvis Sørreisa og Kautokeino.

I løpet av ti-års perioden 1960-1970 ble flere av de nå eldre FPS-8 radarene modernisert og typebetegnelsen endret til FPS-88. Det var Kongsvinger, Gråkallen, Kautokeino og Vardø som tok disse modifiserte settene i bruk. I siste del av 70-årene ble også dette utstyret byttet ut mot topp moderne FPS-110 radarer. I tillegg til fjernvarsling utfører stasjonene også ledelse av luftbårne våpensystemer.

I boken omtales de norske stasjonene som idag er aktive innen K & V-systemet.

NADGE

Mot slutten av 60-årene var det smertelig klart at det eksisterende K & V-systemet ikke hadde muligheter til å utøve effektiv varsling av et eventuelt angrep. Flyenes hastighet hadde økt vesentlig, og tidkrevende manuelle rutiner førte til lange varslingstider fra radarstasjon til kommandosentral. I tillegg var det utviklet avanserte systemer for elektronisk forstyrrelse av radar, eller "jamming" på fagsproget.

Det ble derfor vedtatt innen NATO å bygge ut et fullintegrert varslingssystem som ville strekke seg fra Nordkapp til Tyrkias østgrense. Systemet fikk betegnelsen NADGE som er en forkortelse for NATO Air Defence Ground Environment.

Ved hjelp av avansert datateknikk kan informasjon fra den enkelte stasjon bli automatisk overført til sentrale kommandoenheter for videre behandling. Totalt ble det investert over 2,2 milliarder kroner, og moderniseringsprogrammet var stort sett fullført ved utgangen av 1972.

Selve utstyret ble levert fra ledende amerikanske og europeiske fabrikker.

For personellet består forandringen hovedsakelig i at det gamle radarkonsollet ble skiftet ut med en dataskjerm hvor man kommuniserer direkte med datamaskinen. Det var ikke lenger nødvendig stadig å sammenholde bildet på skjermen med luftsituasjonsbildet på store felleskart.

Innføringen av slike komplekse systemer går sjelden knirkefritt. Det var også tilfellet for NADGE. Mange programmer virket unødig tungvinte, noe som etter en tid ble overvunnet, slik at Norge og NATO idag har et moderne høyteknologisk stasjonært varslingssystem.

Kontrollrommet er K&V-systemets hjerte. Bildet viser operatørene i arbeide ved de nye dataterminalene i NADGE-systemet.

AWACS

Parallelt med utviklingen av de stasjonære radaranleggene har det skjedd en rivende utvikling av kampflyene nettopp for å unngå å bli oppdaget av radar. Idag kan fly med terrengfølgende radar, på grunn av effektive motorer og moderne vingekonstruksjoner, fly inn over fiendtlig område i meget lav høyde og godt under rekkevidden av de stasjonære radaranlegg i NATO's varslingskjede.

Ved å flytte radaren fra bakken og ombord i et fly økes radarens effektivitet enormt. Slike fly har i mange år utgjort et viktig ledd i USA's egen varslingskjede.

Da NATO i begynnelsen av 70-årene lot en ekspertgruppe vurdere det fremtidige kontroll- og varslingssystemet, ble konklusjonen at man anbefalte en luftbåren kontroll- og varslingsstyrke i tillegg til bakkestasjonene. Nok en ekspertgruppe vurderte deretter de tilgjengelige systemer, og valget falt på det amerikanske AWACS, en forkortelse for Airborne Warning and Control System. Som bærer for radaren tok man i bruk fly av typen Boeing 707-320B, nå med den militære betegnelsen E-3A.

I 1977 meddelte britene at de ikke ønsket å delta i AWACS-programmet, idet de selv ville utvikle et liknende system basert på egne fly av typen Hawker Siddeley Nimrod AEW 3. Det britiske systemet som fullt utbygget vil bestå av 11 fly, vil imidlertid inngå som en del av NATO's totale varslingssystem.

Programmet fikk nå navnet NATO Airborne Early Warning and Control Force, eller NAEW & C i daglig tale, og er delt i to operative komponenter, Nimrod-delen og E-3A-delen. Den siste, hvor Norge deltar, består av 18 fly. Det første flyet ble levert i februar 1982, og det siste er beregnet levert i juni 1985.

Av NATO's 16 medlemsnasjoner skal, foruten Storbritannia, 11 land bidra med mannskaper til styrken, og 13 land skal delta i det fellesfinansierte programmet.

Norges deltakelse ble bestemt av Regjeringen den 1. desember 1978, og av den totale kostnadsramme på 10 milliarder kroner i anskaffelse og 500 millioner kroner i årlig drift skal Norge bidra med 140 millioner i anskaffelseskostnader og åtte millioner kroner til den årlige driften.

Hovedstasjonen for E-3A flyene er NATO Air Base Geilenkirchen i Vest-Tyskland. Som fremskutte stasjoner er Ørland hovedflystasjon og Konja i Tyrkia bygget ut til å håndtere de avanserte flyene. I tillegg utbygges Trapani i Italia og Preveza i Hellas. Den britiske Nimrod-delen er stasjonert på RAF-flystasjonen Waddington i Storbritannia.

Normalt vil 12 fly være stasjonert i Geilenkirchen. De øvrige seks vil alternere på de fremskutte stasjonene.

E-3A styrken er organisert i tre skvadroner med en total personellstyrke på 2300 militære og sivile mannskaper. Hvert fly har 17 ombord, hvorav fire utgjør selve flymannskapet og de resterende 13 betjener de avanserte radar- og datasystemene.

For å illustrere flyets radardekning kan et fly i 9000 meters høyde dekke et område på 312.000 kvadratkilometer. Med bare tre fly på vingene kan NATO derved overvåke det sentrale Europa langt inn i Warsawa-pakt området.

Med E-3A flyenes evne til å "se nedover" kan lavtflygende objekter oppdages på en avstand av 400 kilometer, noe som gir en varslingsmulighet på inntil 20 minutter.

Data fra de tilsammen 29 fly i NAEW & C vil, sammen med data fra de mange bakkestasjonene, gi NATO-landene en varslings- og kontrollmulighet langt utover det som hittil har vært mulig. Samtidig er faren for feilvarsling sterkt redusert.

Foruten primæroppgaven forvarsling vil flyene i NAEW & C utføre maritim overvåking samt lede egne forsvarsstyrker. Moderne datateknologi har gjort det mulig å overføre informasjon direkte fra fly til mottakerenheter i små hæravdelinger.

NAEW & C ble offisielt aktivisert den 28. juni 1982 av NATO's generalsekretær, Dr. Joseph Luns, og den 29. september samme år fikk Gardermoen

Flyene i NATO's luftbårne kontroll- og varslingsstyrke, NAEW&C, er alle registrert i Luxembourg. Bildet viser LX-N90442. Opprinnelig ønsket NATO at de bare skulle ha forsvarsalliansens eget merke og registrering, for å markere at flyene ikke tilhører noe spesiellt land. Både forsikringsselskaper og den internasjonale luftfartsorganisasjonen motsatte seg imidlertid dette, og løsningen ble at Luxembourg, som ikke har noe eget flyvåpen, tok flyene inn i sitt register.
I tillegg er flyene merket med NATO-symbolet og alliansens forkortelse på engelsk og fransk.

Når E-3A flyet ligger i 30.000 fots høyde kan operatørene overvåke alle fly som beveger seg innen en avstand på 400 kilometer, helt ned til bakkehøyde. I NATO-landene finnes bakkestasjoner som foretar direkte dataoverføringer til og fra flyene, og NAEW&C's viktigste oppgave vil alltid være å overvåke og varsle.

flystasjon besøk av det første NATO E-3A flyet. Idag er NAEW & C fullt operativt, og etterhvert vil synet av E-3A flyene bli daglig kost for Ørland flystasjon. Avdelingen der som skal støtte operasjonene har fått navnet E-3A/Avdeling Ørland hovedflystasjon.

En ny og viktig fase er innledet i Luftforsvarets K & V-System.

Luftforsvarets stasjon Gråkallen

Gråkallen i Trøndelag var blant de radiostasjoner som ble overtatt av Luftforsvaret etter krigens slutt i 1945. Frem til den 30. november 1955 ble den også drevet som radiostasjon.

Planene om å etablere en radarstasjon på stedet tok form tidlig i 50-årene, og arbeidet begynte i 1952. Helt nye anlegg var påkrevet, og først den 18. mars 1955 ble stasjonen erklært operativ.

Gråkallen var blant de syv radarstasjoner som ble utbygget med radarer av typen FPS-8, levert under det amerikanske våpenhjelpprogrammet tidlig i 50-årene.

Ekstreme vindforhold på opptil 100 knops styrke er ikke uvanlige på Gråkallen. Dette kunne medføre at radarantennen blåste ned. Man bygget derfor en selvbærende glassfiberkuppel (radome) for å beskytte utstyret. Konstruksjonen sto ferdig den 8. mars 1956 og var den første i sitt slag i Europa. Senere har alle radaranleggene i K & V-systemet blitt utstyrt med slike radomer.

Selve stasjonen er delt i to områder, Store Gråkallen med antenner samt tekniske og operative funksjoner på selve Gråkalltoppen 552 meter over havet, og Lille Gråkallen med forlegning, messe og administrative funksjoner på et platå noe lenger nede.

Fra den 16. juli 1956 ble Gråkallen, sammen med de øvrige hovedradarstasjonene, tilknyttet NATO's varslingskjede med 24 timers driftstid i døgnet.

Gråkallen fungerte en kort tid som skole, idet radarkontrollørskolen ble overført dit våren 1956. I juni 1960 ble imidlertid skolevirksomheten flyttet til Kuhaugen i Trondheim.

Innføring av ny radar av typen FPS-88 førte til utvidelser av bunkersanlegget. Arbeidet tok til ved årsskiftet 1960/61 og ble avsluttet i mars 1963. I oktober samme år kunne så den nye radaren tas i bruk.

Bunkeren ble igjen utvidet i 1976 da NADGE-utstyret skulle innføres. Med nytt datasystem og ny FPS-110 radar var stasjonen operativ fra våren 1980.

Gjennom årene har flere mindre stasjoner vært underlagt Gråkallen. En av dem var Luftforsvarets stasjon Einarvola på Røros, frem til den 1. juli 1957 da stasjonen ble nedlagt. Den nye stasjonen på Vågsøy, hvor utbyggingen startet sommeren 1983, er også lagt under Gråkallen. Stasjonsavdelingen på Os er omtalt separat.

Da den såkalte Luftvakten var på sitt sterkeste, var hele 92 luftvaktstasjoner og fire luftvaktsamlestasjoner, med tilsammen over 800 menn og kvinner, underlagt Gråkallen. Luftvakten er nå forlengst en saga blott i Luftforsvaret. Det samme gjelder de fire fixerstasjonene i Steinkjer, Selbu, Agdenes og Røros. Fixersystemet ble i sin helhet nedlagt våren 1958.

Også Gråkallen bidrar i den sivile lufttrafikktjenesten med overføring av radarbilde til Værnes. Sammen med sine stasjonsavdelinger på Os og Vågsøy er Gråkallen i dag en av Europas mest moderne radarstasjoner.

Luftforsvarets stasjon Honningsvåg

Da det ble bestemt å bygge fem radarstasjoner i Norge finansiert over NATO's infrastrukturprogram, ble det i 1956 vedtatt at en av disse stasjonene skulle legges til Honningsvågfjell på Magerøya, lengst mulig mot nord. Anleggsarbeidene tok til i 1957, og stasjonen ble formelt overtatt av Luftforsvaret i januar 1962.

Etter en del improvisasjon i etableringsfasen kunne mannskapene flytte inn i det nye kaserneetablissementet i desember samme år.

All transport til og fra fjellanlegget foregikk i mange år med taubane, noe som til tider skapte store problemer. Under ekstreme værforhold i vinterhalvåret kunne det skje at personellet ble sittende "inneblåst" på vakt i opptil 78 timer! Ved en tragisk ulykke i september 1974 falt taubanen ned og to mann mistet livet, men høsten året etter kunne veien til anlegget tas i bruk og taubanen nedlegges.

I 1960- og 70-årene var fem luftvaktposter med omkring 25 mann tilknyttet stasjonen. De hadde til oppgave å varsle flybevegelser som ikke var dekket av radarkjeden. Denne ordningen opphørte i 1977.

Honningsvåg inngår idag som en del av NADGE-kjeden og er dennes nordligste stasjon. Som et eksempel på virksomheten kan nevnes at i 1983 ble 84 sovjetiske fly avskåret i internasjonalt luftterritorium under kontroll av stasjonen.

Luftforsvarets stasjon Kautokeino

Med sine ca. 100 mann er stasjonen i Kautokeino en av Luftforsvarets minste, men kanskje også den mest sammensveisede. Stasjonens historie går tilbake til krigen, da Luftwaffe hadde en nødlandingsplass på stedet. Ved tyskernes tilbaketrekning fra Finnmark ble imidlertid Kautokeino fullstendig nedbrent.

Luftforsvaret anla i 1945 en radiostasjon på østsiden av Kautokeinoelva, og bemanningen besto av et par karer fra Bardufoss flystasjon og en fra Hæren. Inntil flystripen ble ferdig benyttet besøkende sjøfly elva, og maskiner med hjulunderstell gikk ned på elvebredden.

Da det ble bestemt å legge en "Reporting Post" til Kautokeino, ble først Ginalvarre tatt ut som egnet sted, men senere ble dette endret til selve tettstedet. De forberedende arbeider ble utført i løpet av 1953 og -54, og den 9. mars 1955, som betraktes som stasjonens "fødselsdag", ankom de første mannskapene for montering av utstyret. Ved en feil manglet mye av elektronikken, og istedet fikk stasjonen komplett utstyr til et klasserom. Selve klasserommet mangler man imidlertid til dags dato!

Radaren av type TPS-1D ble montert på taket av operasjonsbygningen, og den 29. april kunne settet slås på for første gang. Stasjonen var underlagt K&V-skvadron nr. 16 på Bardufoss, og en radiolinje med syv reléstasjoner ble opprettet mellom de to stedene. Det ble dessuten på et tidlig tidspunkt innledet et godt forhold til lokalmiljøet, og på vinterstid ble både distriktslege og distriktsjordmor gitt skyss med stasjonens beltevogn.

Femtiårenes Kautokeino kan neppe sies å ha vært sentrum i verdens forlystelsesliv, men ingen kunne slå Valdemar Olsen som spilte til underholdning og dans på to-raders knappetrekkspill med to par votter!

Søkeradaren ble i 1958 skiftet ut med en FPS-8, og samme året ble arbeider med utbedring av flyplassen igangsatt. Ved dette fikk plassen den standard den har idag.

Stasjonen hadde med jevne mellomrom besøk av fly fra Komm.vingen på Bodø, og det fortelles fremdeles historier om friske landinger på elva og flystripa. Det hendte også at sendinger ble sluppet ut i fallskjerm.

En ny høydemålerradar, av type TPS-6, ble montert i 1962, og den store antennen som sto og svaiet, ble raskt omdøpt til "nikkeradaren" på folkemunne.

I midten av 60-årene begynte NATO utbyggingen av NADGE-kjeden hvor også Kautokeino hørte med. Rassegalvarre ble tatt ut som stasjonens nye radarområde. For lavdekning skulle en liten søkeradar "Gapfiller" monteres på Iskuras-fjellet syd for Karasjok for tilknytning til Kautokeino med videolink.

Etter en del problemer med radaranskaffelsen, ble det levert en FPS-88 søkeradar som sammen med høydemålerradaren ble montert på Rassegalvarre. Radaren på Iskuras ble operativ fra februar 1972, og Rassegalvarre kom med på forsommeren samme året. Som foreløpig siste radarutbygging ble radarhuset på Rassegalvarre modifisert til type FPS-110 i 1977.

Forlegningsmessig var det meget primitive forhold de første årene, men etterhvert har dette blitt utbedret, selv om Kautokeino i likhet med de fleste andre av Luftforsvarets stasjoner har en "ønskeliste" over ting man gjerne skulle ha gjennomført.

Luftforsvarets stasjon Kongsvinger/ Luftforsvarets kontroll- og varslingsskole

Allerede i 1946 startet Luftforsvaret sin virksomhet i Kongsvinger med en radiopeilestasjon på Vardåstoppen, en del av gamle Kongsvinger festning.

Utbyggingen av et større K & V-anlegg på Gullbekkåsen kom imidlertid i forbindelse med stasjoneringen av Flygruppe 1 på Gardermoen i 1952. Med betegnelsen Nr. 11 K & V skvadron var stasjonen driftsklar den 15. november 1954. Den 1. juni året etter ble den erklært fullt operativ. Radarutstyret besto da av søkeradar FPS-8 og høydemålerradar TPS-10.

På denne tiden lå sektor-operasjonssenteret på Holmenkollen, men de var uten egen radar. Denne funksjonen ble derfor overført til Kongsvinger i august 1957, og stasjonen fikk da betegnelsen Sektor-operasjonssenter Østlandet (SOC/Ø). I juli 1962 ble oppgaven som sektor-operasjonssenter overført til den nye stasjonen på Måkerøy, og Kongsvinger overtok som utdanningssenter for operativt personell til K & V-tjenesten. Operativt ble stasjonen redusert til en kontroll- og rapporteringspost.

Luftforsvarets radarkontrollørskole var opprinnelig på Trøgstad, men ved nedleggelsen der flyttet skolen i mai 1956 til Trøndelag. Deretter kom skolen til Kongsvinger, hvor den siden har holdt til. Den 1. januar 1974 ble navnet endret til Luftforsvarets Kontroll- og varslingsskole, et navn som delvis avspeiler en ny tid og et mer omfattende arbeidsområde.

Radarkontrollørskolen utdanner radaroperatører, operasjonsbefal og avskjæringskontrollører for kontroll- og varslingssystemet. Radaroperatørkursene er av 4 ukers varighet, mens operasjonsbefals- og kontrollørutdannelse går over en 3 måneders periode.

Radarutstyret ved Luftforsvarets stasjon Kongsvinger er selvsagt fornyet opp gjennom årene, ved modernisering og utskiftinger. Allerede i 1958 ble høydemålerradaren skiftet ut med en FPS-6. Søkerradaren ble i 1964 modifisert til type FPS-88, og en ny søkeradar av type FPS-110 ble montert i 1978.

Det foreligger planer om å overføre Kontroll- og varslingsskolen til Måkerøy fra 1987. Derfor er det noe usikkert hvilken fremtidig rolle Kongsvinger vil få i Luftforsvaret.

Radar av typen FPS-8 ved Nr. 11 K&V-skvadron på Kongsvinger i 1955.

Luftforsvarets stasjon Måkerøy

Uten overdrivelse må stasjonen på Måkerøy kunne kalles nestoren i kontroll- og varslingstjenesten. Allerede i slutten av mai 1946 ble en AMES type 14 radar med mobil operasjonsvogn og tilhørende dieselaggregater flyttet til Kystartilleriets fort på Måkerøy på Tjøme, ferieparadiset like syd for Tønsberg.

Materiellet var opprinnelig etterlatt av RAF på Randaberg, hvor Luftforsvaret overtok det i november 1945. Noe senere ble utstyret flyttet til Lutvatn i Oslo og benyttet der til undervisning et par måneder våren 1946.

På Måkerøy, som ble den offisielle skrivemåten, ble radaren plassert på toppen av Varåsen, og Luftforsvarets personell innkvartert hos Kystartilleriet. I denne første provisoriske tiden var stasjonen direkte underlagt Radarinspektøren i LOK, men den 1. juli 1947 ble Luftforsvarets stasjon Måkerøy offisielt opprettet som egen stasjon i LKØ.

Hvor provisoriske forholdene var dengang, vises muligens best ved det faktum at jageroperasjonsrommet for LKØ holdt til på loftet i Myntgaten 2 i Oslo! Nå må det også sies at Luftforsvaret på denne tiden vel heller ikke hadde så mange jagerfly å sende på vingene.

For å gå litt lenger tilbake i tiden så fungerte Måkerøy ved krigsutbruddet i april 1940 som kommandoplass for kystbefestningene i Oslo-fjorden. Anlegget ble deretter overtatt av tyskerne og brukt til samme tjenesten. Etter krigen ble stasjonen delt mellom Luftforsvaret og Kystartilleriet helt frem til 1959, da Luftforsvaret overtok det hele.

I forbindelse med den første virkelige utbygging av et K&V-system fikk Måkerøy levert sin AMES 21 høsten 1947. Noe senere ble utstyret forsterket ved montering av datidens langtrekkende varslingsradar NT (Navy Type) 960.

Fjellanlegget ble vesentlig utvidet i 1952, og noe senere kom nytt amerikansk utstyr i form av FPS-8. Denne radartypen ga for første gang muligheten for bruk av IFF Mk. I (Identification Friend or Foe), noe som vesentlig forenklet problemet med å skille egne og fiendefly på de registrerte radarekkoene. En videreutviklet utgave av dette systemet ble montert i 1960.

Anlegget ble igjen utvidet i midten av 50-årene og et midlertidig radaranlegg montert inne i "Arctic Tower" på toppen av Måkerøy. Om vinteren satt personellet i soveposer for å holde varmen, og om sommeren var varmen til tider uutholdelig. Omsider ble et kjøleanlegg montert, men man hadde glemt tilførsel av frisk luft slik at operatørene besvimte av surstoffmangel. Det påstås imidlertid at "spiriten" ved stasjonen var høy på denne tiden, så man var ikke så kravstor i de "gode" gamle dager.

Den foreløbig siste utskiftingen av radarutstyret kom i 1961/62 ved montering av Marconi søkeradarer av typen S-200 og høydemåleren S-244. Samme type utstyr ble også montert på Os, Skjerstad, Sørreisa og Honningsvåg. I anleggsfasen ble Måkerøy holdt operativ med FPS-8 i en liten krok av fjellanlegget som raskt fikk navnet "Ops. Intime".

I 1971 ble Måkerøy i likhet med de øvrige stasjonene i K&V-systemet koplet til NADGE og har fra året etter vært operativ i denne tjenesten.

Luftforsvarets stasjon Os

I Os kommune i Østerdalen ligger det værharde 1.500 meter høye Hummelfjellet. Om det var på grunn av forholdene at stedet ble utpekt til å huse et nytt ledd i K & V-systemet skal være usagt, men i årene 1958-59 ble en stor taubane bygget fra Saravollen til toppen av fjellet. Banen har en lengde på seks kilometer og er en av de største i Europa.

Bygninger og installasjoner ble oppført fra 1960, og i 1962 ble prøvedrift ved stasjonen igangsatt. Stasjonen kjennes best ved de tre dominerende radarkuplene.

Foruten selve K & V-stasjonen omfatter anlegget Sundmoen leir i Os samt noen militære boliger på Røros.

Fra høsten 1964 var stasjonen operativ som en av fem tunge fjernvarslingsanlegg, med direkte video-overføring til Gråkallen via en relé-stasjon på

Bringen. Modifisering av utstyret gjennom årene sørget for at stasjonen var istand til å utføre oppgavene den hadde innen varslingssystemet.

I 1984 ble det imidlertid besluttet at Luftforsvarets stasjon Os skal legges ned fra den 1. januar 1986.

Luftforsvarets stasjon Randaberg

Arbeidene med en stasjon på Randabergfjellet tok til i slutten av 40-årene. Området hadde da lange militære tradisjoner, blant annet som nøytralitetsvaktpost under 1. verdenskrig og kommandoplass for den tyske Kriegsmarine under siste krig.

Frem til 1952 var Randaberg utstyrt med en mobil stasjon av typen AMES 21. Aktiviteten var heller liten, og ombygginger av det gamle tyske anlegget preget virksomheten.

Den første avskjæringen stasjonen foretok, fant sted våren 1952. Sommeren samme året ble en ny fjernvarslingsradar av type 960 montert. Den var i drift sammen med den gamle AMES type 21 frem til 1956. På denne tiden gikk stasjonen under betegnelsen Nr. 13 K & V skvadron.

I 1955 begynte installeringen av nytt radarsett til erstatning for det gamle utstyret, og siden har moderniseringer og utskiftninger med jevne mellomrom funnet sted.

I tillegg til de militære hovedoppgaver yter Luftforsvarets stasjon Randaberg assistanse for lufttrafikktjenesten på Sola og kan dessuten være til hjelp ved visse typer redningsoppdrag.

Luftforsvaret stasjon Sørreisa.

Stasjonen ble operativ fra den 2. januar 1962.

Frem til 1971 hadde Sørreisa konvensjonelt radar- og varslingsutstyr, men det året ble nytt utstyr montert som en følge av NADGE-utbyggingen. Idag har stasjonen fått fullt tilleggsutstyr for samarbeide med AWACS-flyene.

I fredstid er stasjonens rolle det som populært kalles "Air Policing", det vil si tidligvarsling og å hevde suverenitet over norsk territorium.

Før stasjonen i Sørreisa ble opprettet, var et Command and Reporting Center etablert på Bardufoss som en del av Nr. 16 K & V-skvadron. Denne skvadronen ble nedlagt i 1962 og størstedelen av personellet overført til Sørreisa.

Stasjonen på Sørreisa har varslingsplikt overfor NATO's hovedkvarter i Belgia ved enhver uregelmessighet i luften. Beskyttet av store kupler er de kraftige radarene på toppen av Høggompen, et av de høyeste punktene i Nord-Norge, i virksomhet døgnet rundt.

Luftforsvarets stasjon Vardø

Vardø utpekte seg som et naturlig sted da radarutbyggingen i nord skulle ta til. Den 20. mars 1952 ankom de første mannskapene, og utstyret de hadde besto av en engelsk luftvarslingsradar som ble montert på Vårberget — øyas sydøstligste punkt.

I 1957 ble mer moderne utstyr mottatt, og stasjonen flyttet noen hundre meter lenger nord. Personellet var frem til 1955 innkvartert under relativt kummerlige forhold i gamle Vardøhus festning, men fikk da bedre forhold i en ny forlegning i Russevika. Ytterligere utbygginger ble foretatt i 1970.

Stasjonen i Vardø er gjennom årene blitt modernisert i likhet med de øvrige anlegg i K & V-systemet.

Av mer kuriøs karakter kan neves at det er personell fra Luftforsvarets stasjon Vardø som den 20. januar hvert år, eller eventuelt ved første anledning etter denne dato, avgir kanonsalutt fra Vardøhus festning når sola titter frem etter mørkeperioden!

Luftforsvarets forsyningskommando — Kjeller

Luftforsvarets tekniske tjenesten og Kjeller flyplass er uløselig knyttet til hverandre. Skal man beskrive LFK, er det derfor nødvendig å gå langt tilbake i tiden, til norsk flygings tidligste år, for å kunne få et helhetsbilde.
sykkeltur i områdene rundt Oslo for å finne et passende sted til en flyplass. De festet seg ved et flatt jorde ved gården Kjeller i Skedsmo, området ble leiet og ikke lenge etter var den første flyplass med en lengde på rundt 100 meter et faktum.

Våren 1916 ble Hærens Flyvemaskinfabrik etablert på Kjeller, og det første flyet som helt var konstruert ved fabrikken sto ferdig i 1918. I 1927 gikk man over fra egne konstruksjoner til lisensproduksjon, og i 1933 ble navnet endret til Kjeller Flyfabrikk.

Gjennom alle disse årene var Kjeller også en aktiv stasjon for avdelinger og skoler i Hærens flyvåpen, i tillegg til fabrikkens produksjons- og vedlikeholdsarbeide.

En av verkstedhallene på Kjeller den 20. juni 1949. En rekke av Luftforsvarets flytyper er representert. Midt i hallen en Airspeed Oxford (i forgrunnen) og Junkers Ju. 52/3m Y-AB. På venstre side to Harvards og på høyre en Avro Anson (nærmest) fulgt av en Spitfire PR XI og en Spitfire LF IXe.
Helt forrest tre av de fire North American SNJ-3 og SNJ-4 som ble innkjøpt fra US Navy det året. De er under montering før de settes inn i norsk tjeneste.

John Løkkan og hans kolleger overhaler Spitfire LF IXe AH-H (serienr. MK671) i Hall 3 på Kjeller i 1951. Kjennetegnet hadde nettopp erstattet det gamle A-AK. Dette flyet ble avgitt til 332 skvadron i april 1951 og hadde tidligere tjenestegjort ved 331.

Da angrepet på Norge kom den 9. april 1940, var Kjeller blant de første mål tyskerne bombet, og de norske styrkene der ble hastig evakuert. Allerede påfølgende dag overtok okkupantene flyfabrikken, og under krigsårene ble den brukt til vedlikehold av tyske fly. Store allierte bombeangrep den 18. november 1943 og den 28. mars året etter påførte både flyplassen og områdene omkring betydelige skader.

Gjenoppbyggingen av Kjeller flyfabrikk startet umiddelbart etter at krigen var slutt. Vedlikehold og større reparasjoner av Spitfire, Mosquito, Harvard, Anson, Oxford, Storch, Dakota og Ju. 52/3m preget de første årene, og i 1948 kom overgangen til jetfly med de første Vampire F. Mk. III.

Fra august 1945 ble Horten flyfabrikk innordnet som en avdeling under Luftforsvarets Tekniske Etat på linje med fabrikken på Kjeller. Hovedoppgaven den første tiden ble å overhale tidligere tyske Ju. 52/3m sjøfly for fremtidig bruk i sivil lufttrafikk. Horten fikk også naturlig nok ansvaret for Catalina flybåter og senere amfibier.

Med Jarlsberg som nærmeste flyplass ble også flytyper som Cornell, Harvard, Norseman, Otter, F-84E Thunderjet, Bell 47 og Sikorsky H-19D gitt

Heloverhaling av F-86F Sabre på Kjeller. De militære og sivile teknikere ved LFK har i alle år gjort førsteklasses arbeide på Luftforsvarets fly. Både hovedettersyn, modifikasjoner og større reparasjoner på en rekke flytyper utføres på Kjeller.

Helikopteret P.K. X-1 ble konstruert av major Paul Kjølseth ved Flyvåpnets forsyningskommando i årene 1955-56. Her tas det opp på en prøvetur av kaptein Brage-Andersen, Kjeller's prøveflyger gjennom mange år.
Selv om helikopteret i og for seg var vellykket, ble det aldri satt i serieproduksjon. Prototypen er bevart i Flymuséet på Gardermoen.

nødvendig vedlikehold i Horten. Virksomheten der opphørte i 1965 etter en langvarig debatt om fabrikkens fortsatte eksistens.

Kjeller flyfabrikk ble nedlagt den 1. oktober 1952, samtidig som Flyvåpnets Materiellkommando ble opprettet. Ny forandring kom den 1. juli året etter da man nedla Luftforsvarets Tekniske Etat i Oslo, etablerte Flyvåpnets forsyningskommando på Kjeller og lot flyfabrikken gå inn som en del av denne. I 1960 ble navnet endret til Luftforsvarets forsyningskommando etter at Flyvåpnet og Luftvernartilleriet igjen var gått sammen, og forsvarsgrenen hadde fått tilbake sitt opprinnelige navn.

Fra 1952 arbeidet senere oberst Paul Kjølseth med egne helikopterkonstruksjoner ved LFK. Den første var et forholdsvis enkelt helikopter, mens hans P.K. X-2 ble bygget helt i aluminium med en antatt løftekapasitet på rundt 800 kilo. Det siste prosjektet opphørte etter et havari i februar 1966, men på det tidspunktet var allerede Bell UH-1B på vei inn i Luftforsvaret.

LFK har utviklet seg til en moderne teknisk etat og har et høyt faglig nivå på en rekke forsvarsmessige felter. Nye og hensiktsmessige bygninger for både administrasjon og tekniske oppgaver er satt opp. De fleste flytypene Luftforsvaret har hatt etter krigen, har fått sitt vedlikehold utført ved LFK. Med innføringen av F-16 har denne delen av forsvarsgrenen fått tilført nye ressurser og arbeidsoppgaver, men møtte samtidig økte krav og utfordringer, ikke minst på det teknologiske området.

Elementer med høyt teknisk nivå for våpen, elektronikk og bakkeutstyr inngår også i forsyningskommandoen, og de avanserte datasystemene forsyningsapparatet arbeider med, har forgreninger til alle stasjonene i Luftforsvaret.

Idag har sjefen for LFK generalmajors grad, og kommandoen har syv seksjoner i tillegg til en stasjonsavdeling. LFK skal forestå den sentrale og regionale materialforvaltningen i forsvarsgrenen og gi faglige bestemmelser for denne tjenesten. Forsyningskommandoens oppgaver er videre:

— Gi forsyningsmessig støtte til utdanning og operativ virksomhet i Luftforsvaret,
— Være faglig rådgiver for overordnet myndighet i spørsmål vedrørende forsyningstjenesten,
— Budsjettere og disponere midler til forsyningstjenestens drift,
— Delta i evaluering, valg og innføring av nye våpensystemer og nytt materiell,
— Forestå anskaffelser av materiell på investeringsbudsjettet,
— Være fagmyndighet for hele Forsvaret for nærmere angitte fagområder.

Det var på Kjeller at pionérene innen Hærens flyvåpen hadde sitt virke, og om pionérånden idag kanskje har druknet noe i elektronikk og moderne utstyr, må man iallfall konstatere at utfordringene og oppgavene er tilstede, nå som i 1912.

Luftforsvarets stasjoner

Andøya flystasjon

Andøya flystasjon betraktes av mange som en utpost og ikke uten grunn. Men siden den har fått klengenavnet "Øya", er det tydelig at folk finner seg til rette der. Stedet har natur som skifter fra solvarme sommerdager med kritthvite strender til stummende mørke med frådende hav, is og sne. Man må kunne karakterisere Andøya som et utfordrende tjenestested, med et godt miljø hvor det militære og sivile samarbeide blant annet har gitt seg uttrykk i Rådhuset med den meget imponerende svømmehallen.

Flyplassen ble påbegynt i 1952 som et kombinert SACEUR/SACLANT-prosjekt, idet det ble lagt opp til en base for såvel maritime som taktiske luftoperasjoner. Andøya ble bygget etter et spesielt spredningskonsept. Det forutsatte at alle støttefunksjoner som ikke nødvendigvis måtte være i selve flyplassområdet, ble plassert minimum syv kilometer fra banesystemet, i dette tilfelle 12 kilometer fra flyplassen, i Skarsteindalen. Så selv om Andøya har moderne, permanente installasjoner, resulterer konseptet i tungvinte driftsforhold, særlig når den eneste forbindelsesveien blir sperret under vanskelige værforhold.

Til å begynne med var stasjonens administrasjon forlagt i brakker på flyplassen, men i 1959 var mesteparten av bygningene i "Dalen" ferdige. I 1962 ble et nytt hovedkvarter tatt i bruk, og en rekke nye bygninger kom til i årene som fulgte.

333 skvadron ble fast stasjonert på Andøya fra januar 1963, dengang utstyrt med HU-16B Albatross. Fra den tid har vedlikeholdstjenesten stadig blitt utbygget. I 1969 konverterte skvadronen til sitt nåværende materiell, P-3B Orion.

Flystasjonen fikk i 1970 en ny vedlikeholdshangar, Hangar G, med avanserte systemer, spesielt innen elektronikk. De klimatiske forholdene flyene opererer under medfører nemlig store belastninger, og det er nødvendig med hyppige og nøyaktige inspeksjoner. På grunn av økte oppdrag for Kystvakten fikk 333 skvadron i 1980 tilført to nye fly, og en ny vedlikeholdshangar, Hangar H, ble tatt i bruk i 1983.

Luftvernartilleribataljonen ble etablert på Andøya i slutten av 1959 ved overføring fra Åsegarden leir ved Harstad. Utstyret har endret seg fra L/60-oppsetting til dagens som består av L/60 og L/70 kanoner og 12.7 mm firling mitraljøser, med soneradar, taktisk radar og RSS-40 Superfledermaus. Oppgaven er primært lavforsvar av flyplassen, men også nærforsvar, som for de øvrige LVA bataljoner. Bataljonen på Andøya venter innføring av et I Hawk batteri i løpet av 1986/87.

Til tross for at presset på personellet på en slik utpost som Andøya til tider kan være meget stort, har man alltid kunnet møte en entusiastisk holdning hos de fleste, kanskje fordi personellet føler at de gjennomfører en meget viktig funksjon under realistiske forhold. Det finnes vel få maritime skvadroner og flystasjoner i verden som har slike muligheter for trening under operative forhold.

Banak flystasjon

Banak ligger på en liten halvøy i bunnen av Porsangerfjorden i Vest-Finnmark på ca. 70° nordlig bredde. Den er Luftforsvarets nordligste flystasjon og må vel også være en av verdens nordligste, permanente flyplasser. Navnet har stasjonen fått fra halvøya, for på kartet minner formen litt om en hjørnetann, og Banak er en fornorsking av det samiske ordet "bænnike" som betyr tann.

Flyvirksomheten på Banak går historisk sett tilbake til 1939, da det ble anlagt en liten grusstripe av Vegvesenet. Denne stripen ble benyttet av norske beredskapsstyrker i forbindelse med den finsk-sovjetiske Vinterkrigen.

I 1941 startet tyskerne en storstilt utbygging av Porsangerområdet, og Banak ble da en av hovedflyplassene for angrep på Ishavskonvoiene. Til

Banak flystasjon i 1945

tider var det stasjonert store mengder fly på Banak, spesielt i forbindelse med angrepene på forsyningsskipene til Murmansk i 1942. Da tyskerne trakk seg ut av Porsanger høsten 1944, ble alle installasjoner og all bebyggelse ødelagt. Den eneste bygningen som sto igjen var kirken i Kistrand.

Norske styrker overtok plassen i 1945, og etter endel reparasjoner kunne den tas i bruk igjen. I 1951 var imidlertid plankedekket forfalt så mye at virksomheten på Banak måtte stanses. Aktiviteten lå nede inntil 1963, da en ny rullebane var klar til bruk. Siden har utbyggingen fortsatt, og idag er Banak er liten, men moderne flyplass med variert virksomhet.

Rett over den går korteste veien mellom Sovjet og USA — over Nordkalotten. Med jagerfly er det snaue ti minutter til, eller fra, grensen mot Sovjet. Helikoptere bruker drøyt halvtimen. På grunn av beliggenheten er det kun norske jagerfly som i perioder bruker Banak som base. Landets NATO-allierte kommer ikke lenger nord enn til Andøya og Bardufoss med sine jagerfly, på grunn av de begrensninger Norge frivillig har lagt på egen og alliert militær virksomhet i dette følsomme området. Luftforsvarets jager- og maritime fly benytter også Banak i forbindelse med overvåkingen av luft- og sjøområdene, i tillegg til treningen.

Banak er hjemmebase for 330 skvadrons B-ving, også kalt Banak avdeling, med to Sea King redningshelikoptere. Disse holder kontinuerlig beredskap for sjøredningstjenesten og har utført flere større redningsaksjoner. Blant annet i samarbeide med Luftforsvarets stasjon Honningsvåg utfører helikopterne oppdrag langs hele Finnmarkskysten, i Barentshavet og mot Nordishavet, Svalbard og Norskehavet.

I tillegg er det på stasjonen organisert en frivillig redningspatrulje som med snescootere og beltevogner kan tråle ganske store områder når værforholdene blir så elendige at selv Sea King ikke kan operere.

Banak er hovedterminal for lufttransporttjenesten i Finnmark. De fleste av Forsvarets faste flyruter termineres på Banak, og store mengder personell og gods passerer hvert år flystasjonen.

Stasjonen ligger forøvrig sentralt i kommunen, og det er et godt samarbeide mellom militære og sivile myndigheter, noe som blant annet gir seg uttrykk i at flystasjonens brannvern også fungerer sivilt.

Bardufoss flystasjon

Bardufoss flystasjon ligger i Målselv kommune i Indre Troms, i naturskjønne omgivelser omgitt av høye fjell.

Flystasjonens historie tar til vinteren 1934/35 da Bardufoss ble valgt som nødlandingsplass for Hærens flyvåpen. Anleggsarbeidene kom igang ved påsketider 1935, og sommeren året etter var det ryddet et flyplassområde på ca. 200 × 200 meter som ble prøvet med Hærens Tiger Moth maskiner.

BARDUFOSS FLYSTASJON
LUFTFORSVARET
FOR FRED OG FRIHET

Våren 1946 besøkte Kong Haakon VII Bardufoss flystasjon og inspiserte blant annet mannskapene. På bildet ses Kongen sammen med stasjonssjefen kaptein Arne Plyhn (til venstre) og sjefen for Luftkommando Nord-Norge, oberst Ole Reistad.
Både Kong Haakon og oberst Reistad var legendariske under krigsårenes kamp for friheten. Sammen med daværende Kronprins Olav og den øvrige Kongefamilien var Kong Haakon et symbol på motstandskampen og hadde med sin rake holdning helt fra begynnelsen vist veien både for politikerne og folket.
Oberst Reistad var kjent flyger og idrettsmann fra mellomkrigsårene og gikk sterkt ut mot politikernes motvilje mot Forsvaret dengang. "Vårt flyve-våpen er en illusjon", skrev han, "... ta en gammel Fokker og dø med anstand...". Under felttoget i 1940 var han blant dem som kjempet mot tyskerne i en "gammel Fokker" og ble i mai utnevnt til Generalinspektør for Hærens flyvåpen. Daværende kaptein Reistad dro ut av landet etter kamphandlingenes slutt og ble den 4. april 1941 sjef for Flyvåpnenes Treningsleir i Canada. Der virket han helt til treningen i landet ble avviklet like før krigens slutt og kom i kontakt med dem som senere skulle komme til å utgjøre grunnstammen i Luftforsvaret. Ole Reistad var en meget populær sjef og sparte aldri seg selv. Derfor kunne han også stille de høyeste krav til sine "gutter".
Etter krigen ble Reistad sjef for LKN, men døde i desember 1949, bare 51 år gammel.

Det ble bestemt gjennomført en flyøvelse på Bardufoss sommeren 1938. Da var plassen utbygget til et triangel på 500 × 400 × 300 meter med grusdekke, og fra denne sommeren ble den regnet for å være operativ.

Stortinget besluttet samme året at det fra den 1. juli 1939 skulle etablieres en flyavdeling på Bardufoss. Den fikk navnet Hålogaland flygeavdeling (HFA) og ble organisert som en speiderving med seks Fokker CVD og fire Tiger Moth. Fokkerflyene sto imidlertid lagret på Værnes inntil de ble fløyet nordover i begynnelsen av 1940.

Flyplassen ble ytterligere utvidet i 1939, og flere forbedringer ble gjort i mai 1940, mens man ventet på britiske forsterkninger. De kom i form av to RAF skvadroner, No. 263 med Gladiator og No. 46 med Hurricane.

Under den annen verdenskrig bygget tyskerne plassen ut betraktelig. Hovedbanen øst-vest ble forlenget til 1.600 meter med fast dekke, det ble bygget hangarer, fjellanlegg, bunkere og mye annet.

Ved kapitulasjonen i 1945 var det ca. 4.500 tyskere på Bardufoss, og da det ikke fantes regulære norske eller allierte styrker i området, ble det Hjemmestyrkene som fikk den vanskelige oppgaven å holde situasjonen under kontroll den første tiden.

På selveste 17. mai 1945 ankom oberstløytnant Ole Reistad og overtok kommandoen. Han var beordret som sjef for Luftforsvarets 6. Gruppe, senere Luftkommando Nord-Norge, og hadde en kjempeoppgave med å holde styr på tyskerne i området, organisere oppbyggingen i nord og ikke minst forsøke å holde tilbake mest mulig tysk materiell til eget bruk. Reistad var en populær mann både i og utenfor Forsvaret, og hans spesielle interesser for idrett og undervisning kom også det sivile samfunn til gode. Det er senere reist en bauta over ham på Rustadhøgda, tett ved E6.

Helt fra 1945 ble det operert en transportving fra Bardufoss, samt en sjøflyving på Skattøra ved Tromsø. Sistnevnte benyttet blant annet også sjøflyhavna på Andsvann like vest for Bardufoss. Transportvingen representerte en tid det eneste flytilbudet mellom Nord- og Sør-Norge og fortsatte virksomheten frem til 1949/50.

Som den første operative skvadron fløy 332 Spitfire fra Bardufoss fra høsten 1949 inntil avdelingen ble nedlagt i 1952.

I 1952/53 ble Bardufoss utbygget til NATO-standard, og øst-vest banen forlenget til ca. 2.500 meter med sikkerhetslengde i vest. Tilsvarende sikkerhetsområde i øst ble ferdig rundt 1960.

SAS begynte å trafikkere Bardufoss på helårsbasis fra 1956, og det ble bygget både terminal og kontrolltårn.

339 skvadron var blitt gjenopprettet som helikopteravdeling den 15. januar 1964 og ble kort tid etter stasjonert på Bardufoss. Skvadronens hovedoppgave er støtte for Hæren, men det er vel ambulanseflyging og redningsaksjoner som har gjort den mest kjent og populær blant folk flest.

Helt fra 1945 hadde Luftvernartilleriet tilhold på Bardufoss, ganske godt utstyrt med tysk materiell. Men i 1946 ble storparten av virksomheten flyttet til Heggelia leir, noen kilometer syd for plassen, og senere flyttet de videre til Sundlia leir, som også var bygget av tyskerne. I 1961 ble navnet endret til Luftvernartilleribataljon Bardufoss og avdelingen underlagt flystasjonen. LVA ble på nytt en beredskapsfaktor i 1966, idet beredskapsbatteriet på Rygge ble overført til Bardufoss.

Fra midten av 60-årene startet de store NATO-øvelsene, hvor flystasjonen for sin del fikk testet blant annet planene for mottak av alliert støtte. Under øvelsene fremkom endel svakheter, og i 1967/68 ble det derfor foretatt utbedringer på stasjonen. Blant annet ble rullebanen forsterket med et ekstra betongdekke slik at det kan tåle de tyngste transportfly, og det ble også anlagt flere oppstillingsplasser for fly. Asfalt ble lagt over banens betongdekke i 1978, og i 1983 ble det også foretatt endel forbedringer av selve rullebanen.

Som et ledd i Kystvakten ble 337 skvadron gjenopprettet i 1980 med Lynx helikoptere og fikk Bardufoss som fast base.

Skvadronen måtte den første tiden greie seg med midlertidige kvarterer, men kunne vinteren 1982/83 ta ibruk nye, moderne etablissementer.

Mange av de anlegg tyskerne bygget på Bardufoss er fremdeles i bruk. I 1958 fikk stasjonen ny befalsmesse og brannstasjon, og etter den tid har det gått slag i slag — nye forlegninger, mannskapsmesse, gymnastikksal, depoter, lagre og verksteder. Utenfor stasjonen er det etablert flere boligområder for befal, og den militære boligkapasiteten på Bardufoss må nå sies å være god.

Stasjonens hovedoppgave idag, foruten å operere og administrere egne avdelinger, er å kunne motta og understøtte alliert hjelp samt være reserveflyplass for fly fra andre stasjoner og eventuelt fra hangarskip.

Bodø hovedflystasjon

Under felttoget i Norge 1940 fikk de allierte styrker behov for en flyplass i Salten-området. Valget falt på Bodø-halvøya, nærmere bestemt Hernesmyrene like nordøst av den nåværende rullebanen. På dugnad ble det i løpet av et par hektiske uker anlagt en flystripe, 540 meter lang og 35 meter bred. Stripen var ferdig den 26. mai og ble tatt i bruk av tre britiske Gladiatorjagere som i løpet av et døgn ødela seks tyske fly. Dagen etter ble imidlertid flyplassen og byen bombet, og den 1. juni var hele Bodø-halvøya okkupert av tyskerne.

Tyskerne bygget en rullebane og et basekompleks på samme sted som den første. Allerede i april 1941 var en rullebane på ca. 1.200 × 80 meter samt endel bygninger ferdig. Luftwaffes aktivitet i Bodø varierte ganske sterkt, men det kunne være opptil 30-40 jagere der i tillegg til andre flytyper.

Stasjonen ble overtatt av en løytnant fra Luftforsvaret den 8. mai 1945, men helt frem til begynnelsen av 50-årene var bare en ganske liten styrke stasjonert der. Det tok tid før det ble fattet en endelig beslutning om stasjonens skjebne, og i mellomtiden skulle den vedlikeholdes så godt som mulig. Under krisen i Tsjekkoslovakia 1948 ble plassen igjen brukt av jagerfly, selv om rullebanen var meget dårlig. Første besøk av jetfly kom i juni 1951 da to Vampires fra 336 skvadron måtte foreta en nødlanding der.

I 1950 ble det bestemt å bygge en moderne flyplass i Bodø, både for sivil og militær bruk. To år senere ble prosjektet inkludert i NATO's infrastrukturprogram som taktisk og maritim flystasjon, og plassen var klar til bruk for jagerfly i 1953.

Sommeren før var en bane på 2.000 meter ferdig, og den offisielle åpningen ble utført av en Dakota fra SAS den 25. april 1952. Samme høst ble stasjonen for første gang tatt i bruk i større målestokk under øvelse "Main Brace" da en av Vampire-skvadronene var stasjonert der sammen med fire danske Gloster Meteor jagerfly.

Utbyggingen fortsatte i årene som fulgte. Stasjonen hadde ofte detasjementer av jagerfly, og fra høsten 1955 kom de første permanente skvadro-

Skattøra sjøflyhavn i august 1945 med en interessant samling av hovedsakelig forhenværende tyske fly. Fra venstre sees to Arado Ar. 196A-4, en Heinkel He. 115, nok en Arado Ar. 196A-4, Junkers W.34hi (See) som en kort periode i juli 1945 ble brukt av de allierte og Sunderland Mk.V WH-T fra 330 skvadron som sto på Skattøra i over to måneder fra den 1. juli på grunn av et motorhavari. Helt til høyre er Dornier Do. 24T-3 (konstr.nr. 3335) som fløy i redningstjenesten i forbindelse med minesveiping av farvannene rundt Nord-Norge.

nene da 331 og 334 ble overført fra Sola. Begge var oppsatt med Republic F-84G. Både 331 og 334 har vært der siden, og deres historie faller sammen med flystasjonens.

Det tok rundt ti år å bygge ut plassen til full NATO-standard, med en rullebane på ca. 3.000 meter utstyrt med oppfangingsnett i begge ender. Parallellbanen er på 2.650 meter, det er beredskapsplattformer, mange spredningsplasser for fly og etterhvert også flybunkere. Bodø er godt utstyrt med innflygings- og navigasjonshjelpemidler.

I 1958 gikk 331 skvadron over til F-86F, som ble beholdt inntil F-104G kom. Skvadronen opererte deretter Starfighter i 18 år under krevende arktiske forhold med så glimrende resultater at de ble lagt merke til også av større nasjoner. 331 ble så den første operative skvadron med F-16 fra sommeren 1981.

Høsten 1958 gikk også 334 over til F-86F, som imidlertid allerede et par år etter ble skiftet ut med F-86K, som skvadronen beholdt i hele syv år. 339 skvadron ankom i september 1960, også den utstyrt med F-86K. I april 1963 ble 334 og 339 delvis slått sammen, og den 1. september ble 339 helt nedlagt.

Sommeren 1967 gikk 334 skvadron over til F-5 som ble beholdt inntil kanadiskbygde CF-104 ble levert i 1973. Skvadronen sendte sine CF-104 til lagring på Sola vinteren 1982-83 og gikk over til splitter nye F-16.

Bodø's støtteving ble senere til 719 skvadron, og utstyrt med både fly og helikoptere har den transport og redning som hovedoppgaver.

Den siste skvadronen som kom til Bodø er 330, med skvadronledelse og A-ving stasjonert der siden gjenopprettelsen med Sea King i 1973.

Luftvernartilleriet ankom Bodø i slutten av 40-årene og har sammen med et infanterikompani og en stridsvogntropp vært stasjonens vern mot angrep. Bataljonen flyttet fra en kummerlig tilværelse i den gamle leiren ved Bodø Stasjon til den moderne Bodin Leir i Tjønndalen midt i 50-årene. Oppsettingen har lenge vært Bofors 40 mm L/70 og L/60 kanoner samt 12.7 mm firling mitraljøser med RSS-40 sentralsikte, taktisk radar og soneradar, men bataljonen ser nå frem til å få et I Hawk rakettbatteri.

Luftkommando Nord-Norge flyttet ned fra Bardufoss sommeren 1953 og holdt først til i det gamle tyske Fliegerhorst-Kommandantur ved Stadion. Senere var LKN i Bodin, inntil man i begynnelsen av 1960 kunne flytte til Reitan.

Som på de andre stasjonene i nordlige landsdeler er det mye natur og mye vær på Bodø, men mange er de "søringer" som har funnet seg til rette der — stedet har en egen spirit.

Evenes flystasjon

Lufthavnen på Evenes ble åpnet for sivil trafikk i 1973. Noen år senere ble rullebanen utvidet fra 1.600 til nesten 3.000 meter, og plassen ble også tatt i bruk av militære fly.

I 1978/79 kom det som betegnes Evenes flystasjon og nå består av et kombinert stasjonsbygg for Luftforsvaret samt en terminal. Luftforsvaret har ingen fly fast stasjonert der, men flyplassen brukes for deployering av egne og allierte fly. Etter å ha vært bemannet med kun en liten stab de første årene, ble denne øket i 1983, og Evenes fikk da operativ status.

Stasjonen og flyplassen er inne i en oppbyggingsfase, blant annet blir en parallell- og en taxebane anlagt for Forsvarets midler. De menige mannskapene, som hittil har vært forlagt hos Sjøforsvaret i Ramsund, vil også få en egen forlegning. Antallet soldater og befal på Evenes skal i fremtiden økes, ikke minst som en følge av at plassen er blant dem som i løpet av 80-årene vil få Hawk rakettluftvern.

Flesland flystasjon

Allerede tidlig i 1930-årene var det en ganske opphetet diskusjon om lufthavn for Bergen. Diskusjonen gikk ikke bare på hvor lufthavnen skulle ligge, men også på om det skulle være landflyplass eller sjøflyhavn. Man konsentrerte seg snart om to mulige steder for landflyplass. Det ene var Herdla, som trengte en lang båtforbindelse, og det andre Flesland, som man regnet ville bli meget dyr å utbygge fordi det var mye fjell i området.

Da krigen kom, hadde Bergen to sjøflyhavner, den sivile i Sandviken og den militære ved Flatøy nord for byen, men fremdeles ingen landflyplass.

Selv om tyskerne også vurderte Flesland, bestemte de seg ganske raskt for å anlegge flyplass på Herdla. Der var det forøvrig satt igang visse planeringsarbeider, idet man var kommet til at det for en rimelig penge kunne bli en rullebane på 1.400 meter nord-syd og en øst-vest bane på 1.200 meter. Tyskerne satte igang i juli 1940, og allerede i oktober var en Staffel Messerschmitt Bf. 109 jagerfly på plass.

Etter krigen hadde Bergen kommune konkrete planer om å satse på Herdla, man gikk til og med så langt som å anskaffe en hurtiggående skyssbåt. Prosjektet ble imidlertid skrinlagt, og Herdla gikk snart over i glemselen, ikke minst da DNL satte igang kystruten med Short Sandringham flybåter og base i en ny sjøflyhavn på Hjellestad syd for Flesland.

Utviklingen bort fra sjøfly kom allikevel til å gå raskt, og man konsentrerte seg nå om Flesland-prosjektet.

Flymedisinsk Institutt holder til på Blindern i Oslo og er direkte underlagt Generalinspektøren for Luftforsvaret. Instituttet er GIL's rådgiver i flymedisinske saker og har også følgende andre hovedoppgaver:

Kurs i flymedisin for flygende personell, tjenestegjørende leger, flysykepleiere og enkelte andre grupper.

Legekontroll ved opptaksprøve til Flygeskolen, overordnet kontroll over årlig legesjekk av alt flygende personell samt å gjennomføre større legesjekk av disse med visse mellomrom.

Drive flymedisinsk forskning.

Med midler fra NATO's infrastrukturprogram ble flyplassen så bygget. Det viste seg at bekymringen før krigen for store sprengningsarbeider ikke var uten grunn. Hele 1.7 millioner kubikkmeter fjell måtte vekk før man var ferdig! Men da lå også plassen der med en rullebane 2.450 meter lang og 45 meter bred, samt et ekstra stykke i hver ende. Flesland ble åpnet den 20. august 1955 og tatt i bruk av sivil trafikk den 2. oktober samme året.

Ingen av Luftforsvarets skvadroner er fast stasjonert på stasjonen, men Flesland blir jevnlig brukt til trening av både norske og allierte fly. Noen avdelinger har også hatt lengre opphold der, for eksempel 338 skvadron som holdt til på Flesland mens rullebanen på Ørland ble utbedret sommeren 1959.

På 25-års dagen for stasjonens åpning, den 20. august 1980, landet en F-16 på Flesland for første gang, og den 24. februar 1981 kom en amerikansk F-16 skvadron til stasjonen etter en direkte flytur på ti timer fra Hills Air Force Base i Utah. Dette var forøvrig første gang en av USAF's operative F-16 avdelinger var utenfor USA.

Den sivile trafikken på Flesland har vært sterkt økende, og i 1983 ble mer enn halvannen million passasjerer ekspedert over lufthavnen. En ny innflygingsradar ble operativ sommeren 1984, og et stort ekspedisjonsbygg er under planlegging, beregnet ferdig sent i 1987. Det er også planer om en ny helikopterterminal vest av rullebanen, noe som er meget aktuelt i forbindelse med økingen i Nordsjø-trafikken.

Fornebu flystasjon

Selv om Fornebu først og fremst ble bygget som sivil flyplass for Oslo like før den annen verdenskrig, var som kjent Jagervingen stasjonert der den 9. april 1940 med sine Gladiatorjagere som bet godt fra seg i noen hektiske timer.

Tyskerne brukte først og fremst Fornebu til transportfly, men hadde også jagerfly der, blant annet i en lang periode to fly som blant nordmenn fikk navnene Knoll og Tott.

Etter krigen, og helt frem til 1961, var Luftforsvarets stasjon på Fornebu forlagt i de etablissementer tyskerne hadde bygget og som nå etterhvert har blitt borte i forbindelse med de store utvidelser av lufthavnen. Det har ikke vært stasjonert operative skvadroner på Fornebu, bortsett fra de Sunderland og Catalina flybåtene som holdt til i sjøflyhavna i 1945. Isteden har aktiviteten vært konsentrert om skolevirksomhet av forskjellig slag og transportflyging.

Det siste var også bakgrunnen for at Fornebu flystasjon igjen ble oppbygget fra 1973, med tilhold i bygning 40 på Gamle Fornebu. Under stasjonens sjef sorterer operasjonsavdelingen, som tar seg av de flyoperative virksomheter, Forsvarets terminal samt Kjørbo magasinleir ved Sandvika. Dessuten påligger det stasjonssjefen planlegging og samordning av nær- og lavforsvarsøvelser for de avdelinger som er satt til å forsvare Fornebu, samt å legge planer for virksomheten ved flystasjonen under en eventuell krig.

Flyvåpnets administrasjonsbygning på Fornebu i oktober 1954.

Gardermoen flystasjon

Gardermoen har tradisjoner som militær ekserserplass helt tilbake til mars 1740. Stedet ble kalt "Lilleplassen", til tider også "Friedrichsfäldt", før navnet Gardermoen kom i 1788.

Som flyplass ble Gardermoen innviet av H.F. Dons da han holdt flere oppvisninger der med "Start" i 1912. I årene frem til den annen verdenskrig ble imidlertid plassen bare brukt leilighetsvis og da nærmest som nødlandingsplass

Luftwaffe ankom der i 1940 og satte ganske snart igang en voldsom utbygging. De anla begge rullebanene, den veldige ringbanen og oppførte mange hangarer.

I de første etterkrigsårene foregikk en stor opprydding og oppsetting av nytt gjerde. Den sivile Atlanterhavstrafikken gikk også i disse årene fra Gardermoen. Kontrolltårnet og den vesle ekspedisjonsbygningen lå omtrent der hvor 335 skvadron nå holder til. I 1952 fikk Luftfartsdirektoratet oppført et nytt administrasjonsbygg i plassens nordvestre hjørne, slik at den sivile trafikken kunne adskilles fra den militære. I de senere år er også Hangar A bygget om til sivilt ekspedisjonsbygg for å kunne ta seg av den store chartertrafikken.

Årene 1951 til 1960 var en intens byggeperiode på flyplassområdet. Nord-syd banen ble forlenget, innflygingslysene flyttet og taxebanene utvidet. I denne forbindelse ble Lille Garderfjell fjernet, noe som medførte bortsprenging av totalt ca. 50.000 kubikkmeter fast fjell.

Perioden brakte også stadige reparasjoner av rulle- og taxebaner. Et tomrom hadde oppstått mellom banedekket og grunnen, og for å fylle dette ble det i 1957 sprøytet inn varm, flytende asfalt. Hele 1.373 tonn ren asfalt gikk med, og det ble boret over 43.000 hull. Selve forsterkingen og utrettingen av nord-syd banen krevde ca. 50.000 tonn asfalt, og kontrakten for arbeidene var til da den største i sitt slag her i landet.

Fra krigens slutt var Gardermoen en aktiv base for Luftforsvarets avdelinger. 331 skvadron ble stasjonert der etter hjemkomsten, fra november 1945 til mars 1947 som skoleavdeling sammen med Flygeskolen. Denne fortsatte på Gardermoen til 1949, mens 331 opererte som jagerskvadron igjen frem til oktober 1949 da den flyttet til Værnes.

Skvadronens Vampire-ving var den 15. juli 1949 blitt utskilt og opprettet som 336 skvadron. Vampireflyene ble skiftet ut med F-84G i mars 1953, og skvadronen beholdt Thunderjet inntil den ble nedlagt i desember 1956 etter å ha flyttet til Rygge i oktober året før.

334 skvadron ble opprettet som selvstendig avdeling på Gardermoen den 22. juni 1945, men fra høsten lå virksomheten på et meget lavt nivå, inntil den ble trappet opp igjen sommeren 1948. Skvadronen flyttet til Sola høsten 1949.

Den 9. august 1949 ble Nr. 1 Fotorekognoseringsving opprettet på Gardermoen med tre Spitfire PR XI. Vingen var forlagt der frem til den 11. september 1949, og igjen fra den 4. november til den 15. juni 1950.

Fra 1945 var mye av Luftforsvarets småflyvirksomhet konsentrert på Gardermoen inntil Komm.ving LKØ ble opprettet på Fornebu i 1951. Den 15. november 1954 ble den flyttet tilbake til Gardermoen under betegnelsen 7191 Komm.ving og var der inntil overføringen til Rygge i 1957. Det var imidlertid fortsatt behov for småfly på Gardermoen, og i perioden fra juli 1957 til april 1960 opererte to Safir og en Norseman som B-ving ved 335 Skvadron.

Den neste avdelingen som ble opprettet på Gardermoen, var 337 skvadron, den 22. mai 1950. Skvadronen var utstyrt med Vampire FB Mk. 52 og ble overført til Værnes i april 1953. Etter delvis nedleggelse ble 337 igjen re-aktivisert på Gardermoen den 1. september 1955 og oppsatt med F-86K Sabre som den opererte i nøyaktig åtte år inntil skvadronen ble nedlagt igjen i 1963.

332 skvadron har også hatt sine perioder på Gardermoen. Første gang med Spitfire Mk. IX fra den 22. mai til 16. juli 1945. Deretter fra den ble gjenopprettet med F-84G i februar 1953 til den sommeren to år senere flyttet til Rygge. I 1961 kom 332 tilbake til Gardermoen med F-86F og konverterte til F-86K som den beholdt inntil ny nedleggelse den 31. august 1964.

330 var stasjonert på Gardermoen som jagerskvadron fra den ble gjenoppsatt i juli 1953 med F-84G til august 1956 da skvadronen flyttet til Rygge. I denne perioden hadde 330 som hovedoppgave å gi nye flygere overføring og operativ utdannelse på flytypen.

Ytterligere en jagerskvadron har operert fra Gardermoen. 339 ble opprettet der den 1. juli 1956 med F-86K og var forlagt i området ved Hangar D til den i september 1960 ble overført til Bodø.

Den 1. april 1967 ble 720 skvadron offisielt opprettet på Gardermoen med UH-1B helikoptere. Skvadronen ble overført til Rygge i januar 1976.

Endel av Hærens OP-fly har også holdt til på plassen, i perioden fra 1968 til 1974.

Men den skvadronen som har lengst sammenhengende stasjonering på Gardermoen og som sterkt preger virksomheten idag, er Luftforsvarets transportavdeling. Helt siden opprettelsen i august 1946 har 335 skvadron holdt til på plassen, med skiftende materiell. Foruten transport har skvadronen også oppgaven med kontroll av Luftforsvarets radarstasjoner og navigasjonshjelpemidler.

Andre hovedvirksomheter på Gardermoen er Luftforsvarets rekruttskole og Hærens Intendanturs skole- og øvingsavdeling, HISØ. Stasjonen har også stadige besøk av utenlandske militærfly. Glemmes må heller ikke at Gardermoen huser Luftforsvarets og Forsvarsmuséets samling av historiske fly, en samling som er blant de fremste i sitt slag med mange sjeldne og interessante flytyper.

I de senere år har den sivile flytrafikken kommet stadig sterkere inn i bildet, slik at mesterparten av chartertrafikken og de faste rutene på USA idag går ut fra Gardermoen. Rullebanen er slik at den kan ta de største passasjer- og transportfly som finnes, og alt tyder på at Gardermoen også i fremtiden vil ha stor betydning for både sivil og militær lufttrafikk.

Lista flystasjon

Lista-halvøya hadde ikke vært gjenstand for militær interesse før tyskerne under den annen verdenskrig fant stedet særdeles velegnet, noe som resulterte i en ganske formidabel utbygging fra deres side.

Det var et basekompleks av anseelige dimensjoner, med en flyplass som kjerne, det norske forsvaret overtok i 1945. Flyplassen hadde da to rullebaner. Den ene var i betong, 1.570 meter lang og 80 meter bred, den andre av trelemmer 1.700 meter lang og 120 meter bred. Plassen hadde seks store flyhangarer. Dessuten var det kystartilleri-, luftvern-, radar- og sambandsinstallasjoner. Det er grunn til å tro at tyskerne hadde opptil 14.000 mann stasjonert i leire spredt over hele Lista-halvøya.

Et norsk forsvar på fredsfot hadde selvsagt ingen mulighet til å nyttiggjøre seg og vedlikeholde alt dette, og det meste ble da også nedlagt og ført tilbake til det sivile samfunn. Forsvaret beholdt imidlertid selve flyplassen med installasjoner knyttet til denne, samt skytefeltet Marka, et morenera i strandlinjen.

De første allierte styrker på plassen var britiske, men en liten norsk stasjonsavdeling fra Luftforsvaret overtok snart. Da de siste tyske krigsfangene var hjemsendt, ble imidlertid stasjonen i desember 1946 besluttet nedlagt og overført til oppsynsmannsbasis.

Men snart oppsto det et behov for videretrening og oppbygging av landets unge flyvåpen, og våpenskolene, skyte- og bombeskolen og våpenteknisk seksjon ble i 1948 besluttet lagt til Lista. Skvadronene alternerte også dit for å få sin våpentrening. Det viste seg ganske snart at skytefeltet i Marka ikke var ideelt, og skyte- og bombeskolen ble i 1952/53 overført til Sola, mens den våpentekniske skolen kom til å forbli på Lista til 1963, da skolevirksomheten ble konsentrert på Kjevik.

I årene 1955 til 1959 ble flyplassen utbygget for infrastrukturmidler til full NATO-standard som reservebase. Dette innebar en ny hovedbane på 2.440 × 45 meter med parallellbane og tilføring av en rekke flyoperative hjelpemidler. For å forsvare plassen mot luftangrep ble en luftvernartilleriba-

Stasjonsoppstilling ved Flyvåpnets våpentekniske skole på Lista den 4. april 1959 i anledning NATO's 10-års jubileum.

taljon opprettet på mobiliseringsbasis i 1958, med en stadig tjenestegjørende kadre og utrustet med 40 mm L/60 skyts. Denne status blir fortsatt opprettholdt.

Fra 1963 til 1983 var det rekruttskole på Lista, og tilsammen fikk ca. 10.000 mann sin grunnutdanning innen Luftforsvaret der.

Stasjonen har aldri hatt fast baserte flyavdelinger, men øver jevnlig sin rolle som reservebase. Ved siden av de flyoperative anleggene er Marka skytefelt fortsatt viktig for stasjonens virksomhet i fred. Der foregår både luft- og sjømålsskyting samt sprengingsøvelser av forskjellig slag for alle tre forsvarsgrenene. Feltet benyttes også til rakettoppskytinger for naturvitenskapelige formål.

Utover den militære virksomheten har Lista helt siden slutten av 50-årene også vært lufthavn for sivile rutefly, fra de første årenes Heron til dagens store Boeing 737 passasjermaskiner.

Rygge hovedflystasjon

Den første flyplassen på Rygge, vanligvis omtalt som "Gamle Rygge" eller "Lille Rygge", ble anlagt av tyskerne under krigen og lå på søndre side av jernbanestasjonen. Etter frigjøringen i 1945 ble plassen brukt til oppsamling av tyske fly. Flygeskolen kom dit sommeren 1949 og ble på stedet i drøyt to år.

På NATO-møtet i Lisboa i februar 1952 ble det besluttet å utbygge en jetflyplass på Rygge, og anleggsvirksomheten startet allerede den 5. april samme året. Rygge hovedflystasjon er derfor et produkt av NATO-samarbeidet. Flyplassen ble åpnet den 15. september 1954, og den første landingen må iallfall kunne sies å ha vært spesiell. En F-84G gikk ned på våt og glatt bane — og havnet i åkeren ved enden av rullebanen!

Noen utstrakt operativ bruk fikk ikke Rygge før i juli 1955 da 332 skvadron ble overført med sine F-84G. Fra den tid har lyden av jetfly vært endel av det daglige liv i det ellers så fredelige Vannsjø-området.

Rygge har stadig vært tidlig ute ved innføringen av nye jagerflytyper. Ved en seremoni den 10. april 1957 fikk 332 skvadron tildelt det nye jagerflyet F-86F Sabre, og i august samme året ble 336 skvadron re-aktivisert, også med slike fly.

Sommeren 1961 kom 717 skvadron fra Sola med sine RF-84F og ble dermed den tredje skvadronen på Rygge.

Som første base i Europa ble Rygge sommeren 1964 besøkt av en F-5B fra USAF, og sjefen for 336 skvadron, major A. Thorvaldsen, fikk en tur i baksetet, forøvrig den første med typen i vår verdensdel. Snaue to år senere ankom 11 F-5 til Luftforsvaret og ble tildelt 336 skvadron.

332 var av budsjettmessige årsaker blitt nedlagt den 9. august 1964, men ble re-aktivisert i januar 1967 og oppsatt med F-5. 717 skvadron skiftet sine RF-84F mot RF-5A fra april 1969, og dermed var alle skvadronene på Rygge utstyrt med samme flytypen.

Rygge hadde nå en operativ glansperiode med to moderne jagerbomberskvadroner og en fotorekognoseringsskvadron. I tillegg var den tidligere Støtteving 7190 blitt til 720 skvadron og utstyrt med moderne Bell UH-1B helikoptere.

Ved årskiftet 1972/73 ble 332 skvadron nedlagt, og fra august 1979 gikk 717 skvadron inn i 336 som en egen ving.

Gjennom sitt engasjement i F-16 programmet har Rygge sett store forandringer. I løpet av 1979/80 foregikk det strukturelle endringer på grunn av at flyet er teknisk meget avansert og krevde en rekke nye spesialverksteder. Et nybyggings- og moderniseringsprogram ble derfor gjennomført. Stasjonen ble den første i landet til å motta F-16, og fly nr. "301" ble ved en større høytidelighet overlevert den igjen re-aktiviserte 332 skvadron i januar 1980.

I de senere årene har Rygge også vært en nøkkelstasjon for videreutdannelse av flygere. Den flytaktiske skolen ble flyttet dit fra Sola i 1980 og ga trening på F-5 til nyutdannede flygere fra USA før de ble sendt videre til skvadrontjeneste eller overføring på F-16 ved 332, som fikk den store og viktige oppgaven å forestå konvertering av Luftforsvarets jagerskvadroner til

F-16. Fra januar 1984 er overføringsrollen på F-5 overtatt av 338 skvadron på Ørland.

Stasjonens forsyningstjeneste var i 1980 sterkt involvert i arbeidet med den internasjonale F-16 testskvadronen som da besøkte Rygge. Det betydde starten på utdannelse av teknisk personell på flytypen ved stasjonen, og hele opplæringsbehovet for Luftforsvarets personell på F-16 er forutsatt dekket ved stasjonen.

F-16 prosjektet er basert på et utstrakt samarbeide mellom brukerlandene. Ikke minst gjelder dette utveksling av erfaringer og tekniske forbedringer. Dette ivaretas av et datasystem hvor kjernen befinner seg i Nederland mens Rygge har terminaler med direkte forbindelse dit.

Rygge hovedflystasjons organisasjon er i store trekk lik tilsvarende stasjoners og består av:

- — Operasjonsgruppen som forestår stasjonens flygetjenste og inneholder de elementer for trening, administrasjon og teknisk tjeneste som er nødvendige for at operativ flyging kan utføres effektivt og sikkert. Flyskvadronene er selvstendige enheter som ivaretar sin egen administrasjon og tekniske tjeneste.
- — Forsyningsgruppen som er ansvarlig for teknisk forsyning og vedlikehold på stasjonen.
- — Administrasjonsgruppen som forestår personell- og pengeforvaltning, vedlikehold av kvartermateriell, bygge- og anleggsvirksomhet, leirtjeneste, branntjeneste, sivilundervisning, velferd og idrettstjeneste.
- — LV Kadrebataljon som forestår stasjonens lav- og nærforsvarstjeneste og koordinerer alt væpnet vakthold på stasjonen.
- — Sanitetsgruppen som forestår den medisinske pleie, hygienisk kontroll samt havari- og sanitetstjeneste.

Stasjonsområdet omfatter også et stort areale med dyrket mark.

Rygge er idag en moderne og velutstyrt flystasjon som fullt ut fyller den viktige rolle den er tildelt i forsvaret av Sør-Norge.

Sola hovedflystasjon

Sola flyplass ble primært etablert for å tjene sivil luftfart, og den offisielle åpningen fant sted den 29. mai 1937. I forbindelse med åpningen ble det arrangert et flystevne med deltakelse av 30-40 fly, blant annet fra Hærens flyvåpen. Stevnet endte med en tragedie, da en Scimitar-jager ikke fikk trukket opp etter et stup og gikk rett i betongen.

Flyplassen hadde fra starten to betongbaner, betegnet 22/04 og 32/14, og var landets mest moderne.

Den 2. september 1939 ble Sola tatt i bruk i nøytralitetsvakten, og to MF-11 fra Marinen ankom til sjøflyhavnen, etterfulgt to dager senere av fly fra Bombevingen i Hærens flyvåpen.

Ved krigsutbruddet satte tyskerne inn et konsentrert angrep på Sola. Blant annet benyttet de for første gang fallskjermtropper og fikk ganske snart kontroll over plassen.

Sola-sjø våren 1946. 333 skvadron hadde kort tid i forveien flyttet dit fra Fornebu. Flyet foran hangaren er en Catalina.

Okkupantene hadde ferdige planer for utbygging av Sola som hadde meget gunstig beliggenhet for angrep mot Storbritannia og dessuten gode værforhold. Tusener av lass fin matjord ble kjørt bort; 70 gårdsbruk, Sola kirke og de gamle kirkeruinene ble rasert. Ved krigens slutt var flyplassarealet på 3.600 dekar med tre rullebaner, den lengste på 2.200 meter og en annen med hele 120 meters bredde!

På Forus anla tyskerne nok en flyplass, også den med tre rullebaner, den lengste på 2.000 meter med 80 meters bredde. Begge flyplassene ble knyttet sammen med en betongvei, kalt "Löwenstrasse".

Sola Sjøflyhavn i Hafrsfjord ble også utbygget med en stor hangar og andre nødvendige installasjoner.

Tyskerne opererte en rekke flytyper fra Sola under krigen, og blant de mer sjeldne finner man langdistansepatruljeflyet FW. 200 Condor i 1941, og jetflyet Arado Ar. 234 i 1945.

I 1947 ble det vedtatt at Sola skulle utbygges til såkalt storflyplass, blant annet for å kunne ta flyrutene over Atlanteren. Bane 11/29, anlagt under krigen, ble utvidet til 2.440 meters lengde i mars 1949, og den nye banen 18/36 lå ferdig i november samme året. Luftforsvaret skulle bare bruke Sola inntil Forus var satt i brukbar stand, noe som aldri ble gjennomført.

Hangarene er alle bygget under krigen, med unntak av den ved kontrolltårnet, og i 1974/75 ble det anlagt åtte flybunkere.

En rekke skvadroner har vært stasjonert på Sola i etterkrigstiden. I juni 1945 kom 330 skvadron med sine store Sunderland flybåter til Sola sjø, men skvadronen ble nedlagt på slutten av året. Skvadronen kom tilbake til Sola den 1. mars 1962, utstyrt med HU-16B Albatross. Den 1. oktober 1968 ble 330 igjen de-aktivisert. Våren 1973 var skvadronen nok en gang på plass, riktignok bare med en ving på to Sea King redningshelikoptere.

Luftforsvarets andre maritime skvadron, 333, ankom med sine Catalina ved årskiftet 1945/46 og ble på Sola i mange år. Riktignok ble den i forbindelse med Korea-krigen i all hast flyttet til Skattøra i 1950 og kom først tilbake i 1953. Neste vår begynte overgangen til Catalina amfibiefly, som ble beholdt inntil også 333 fikk HU-16B Albatross i 1961. Fra den 15. januar 1963 ble imidlertid 333 skvadron fast stasjonert på Andøya.

Den neste operative skvadronen som fikk Sola til base var 334, overført fra Gardermoen i 1949. I 1951 ble Mosquito faset ut, og skvadronen holdt treningen vedlike på Harvard inntil den ble oppsatt med de første F-84E fra september 1951. Neste sommer ble disse skiftet ut med F-84G, som skvadronen fortsatt hadde da den flyttet til Bodø i 1955.

Også 331 skvadron har hatt en periode på Sola, fra den ble gjenopprettet i juli 1952 med F-84G, samt noen Harvard for trening, til skvadronen flyttet til Bodø sammen med "Firer'n" i 1955.

Det skjedde imidlertid mer på Sola i 1952. Jettrenings-vingen ble opprettet i oktober. Allerede neste år begynte avdelingen å motta T-33A som den

Sola flystasjon i juni 1960. Flyene er F-86K, T-33A og en linje på 14 F-86F.

beholdt helt til F-5 kom i 1968. Frihetsjagerne ble så benyttet til 718 skvadrons nedleggelse i 1983.

Endel mindre fly og helikoptre har også hatt tilhold på Sola, organisert først i Komm.ving 7192 og 7202 H/K-seksjon, deretter 7191 Støtteving og til slutt som detasjement av 720 skvadron.

Den 15. februar 1954 ble den helt nye 338 skvadron opprettet på Sola med noen få F-84G. På den tid var det imidlertid svært trangt om plassen, så allerede den 26. oktober samme året flyttet 338 til Ørland.

Nr. 1 Fotorekognoseringsving ble gjenopprettet på Sola den 5. mai 1954 og holdt til der med skiftende materiell inntil avdelingen sommeren 1961 ble overført til Rygge. Betegnelsen skiftet også, og avdelingen er bedre kjent som 717 skvadron.

Flystasjonens oppsettinger er idag meget redusert. Den eneste operative flyavdeling er 330 skvadrons D-ving med sine to Sea King. Forøvrig er stasjonens operative rolle å kunne motta og forsyne både egne og allierte flyavdelinger på en slik måte at disse skal kunne operere med Sola som utgangspunkt når det måtte være nødvendig.

Luftvernartillerigruppe 2 og 3 ble opprettet på Soma/Sola i 1946/47. Senere har det vært flere omorganiseringer, og nå er betegnelsen Luftvernartilleribataljon Sola. Den er oppsatt med Bofors 40 mm luftvernkanoner, 12.7 mm firling luftvernmitraljøser og utstyrt med soneradar AN/TPS og L/TR 1A.

Torp flystasjon

Tre steder i Vestfold ble vurdert som fremtidige flyplasser, nemlig Langåker vest for Sandefjord, Ramnes vest for Tønsberg og Torp, som ligger mellom Tønsberg og Sandefjord. Ut fra en helhetsvurdering falt valget til slutt på Torp.

Stasjonen ble bygget etter NATO-standard for *en* jagerskvadron og har en hovedrullebane på 2.440 meter samt ekstra sikkerhetslengde, eller "overrun" som det heter.

Den første flyvirksomheten på Torp kom sommeren 1956 da 332 skvadron og deler av 336 skvadron var forlagt der.

Administrasjonsbygning med tårnkontroll og værtjeneste ble åpnet tre år senere, den 3. oktober 1959, og deretter var plassen også åpen for sivil trafikk. Videre utbygging fortsatte frem til 1962. Da var rullebanen forlenget, hangar og tårnbygning oppført, og det var kommet ammunisjonsområde og fjellanlegg.

Av økonomiske grunner ble flystasjonen våren 1964 omorganisert og alt menig personell frabeordret. Siden har stasjonen fungert som alternativ til Rygge, og flere ganger har hele skvadroner vært overført til Torp og forlagt der i lengre tid. Stasjonen har også vært hyppig benyttet i forbindelse med øvelsesaktivitet, både av nasjonal karakter og i NATO-sammenheng. Forøvrig er plassen i jevnlig bruk av fallskjermhoppere, sivile motor- og seilflygere samt Politiet, som blant annet trener sine tjeneste- og narkotikahunder der. Befalsskolen i Stavern har årlige øvelser på Torp, likeledes lottene og HV-område Torp/Sandefjord.

Fra 1975 ble seks av Hærens Cessna 0-1A OP-fly deployert til stasjonen for lagring og vedlikehold.

I 1980-årene har Torp flystasjon sett en oppsving både i flyoperasjoner og generell aktivitet. 720 skvadron var stasjonert der i oktober og november 1980. Stasjonen hadde sin første mobiliseringsøvelse der ca. 350 mann fra Luftvernartilleribataljon Torp var inne til repetisjon i september 1982. Ett år senere var 336 skvadron stasjonert på Torp med ca. 100 mann. Fly-OP kurs kom igang den 1. februar 1984 og vil pågå mesteparten av året. I den anledning er forøvrig stasjonens messe igjen satt i drift.

Den sivile flytrafikken er også øket, og det er opprettet rute mellom Torp og Sola tre ganger daglig. Dette øker belastningen blant annet på stasjonens brann- og havaritjeneste og har medført at man igjen har fått flysoldater inn i oppsettingen.

Det ser derfor ut til at Torp flystasjon er iferd med å få stigende betydning, både i sin militære rolle og som lufthavn for sivil trafikk.

Værnes flystasjon

Allerede på 16—1700 tallet var Værnes knyttet til det militære, og som flyplass har stedet sine røtter tilbake til 1914. Det var da, bare et par år etter at Hærens flyvåpen hadde etablert sin første flyplass på Kjeller, at Farman Longhorn "Olav Tryggvesøn" ble stasjonert i det "Nordenfjeldske". Værnes ble dermed landets andre militære landflyplass, og den 26. mars 1914 steg "Olav Tryggvesøn" for første gang opp fra plassen, fløyet av kaptein Einar Sem-Jacobsen. Interessant nok er flyskuret fra dengang fremdeles i bruk som verksted, og "Olav Tryggvesøn" finnes på Norsk Teknisk Museum.

Senere ble gruppen til Nordenfjeldske flyveavdeling, som i 1930 igjen skiftet navn til Trøndelag flygeavdeling.

I april 1940 ble Værnes straks besatt av tyskerne, og etter en hektisk anleggsperiode tok Luftwaffes bombefly plassen i bruk som hovedstøttepunkt for angrep mot mål i Narvik-området. Senere under krigen ble Værnes kraftig utbygget, og fra våren 1942 til august 1944 var et større antall Focke-Wulf FW. 200 Condor fire-motors langtrekkende rekognoseringsfly stasjonert der. Mange av disse flyene fra Værnes møtte norske Northrop N-3PB fra 330 skvadron utenfor kysten av Island, noe som flere ganger førte til heftige luftkamper.

Den 12. mai 1945 ble flyplassen offisielt overtatt av allierte styrker, og like etter kom de første flyavdelingene. Den første norske skvadronen på Værnes ble 332 som med sine Spitfire LF IXe ble overført dit fra Gardermoen i juni 1945.

Ved omorganiseringen av Luftforsvarets distriktsgrupper i Luftkommandoer fra den 1. mars 1946 ble Luftkommando Trøndelag naturlig nok etablert på Værnes. Den ble der helt til Ørland ble utbygget til hovedflystasjon, og LKT flyttet dit.

Våren 1946 gjorde Luftvernartilleriet sitt inntog på Værnes, og allerede samme sommeren ble de første menige innkalt til tjeneste. LVA hadde sin forlegning på Øyanmoen, men i 1958 ble Værnes og Øyanmoen slått sammen til en leir under samme leirkommando.

Fra slutten av 40-årene huset Værnes også en lagringsavdeling eller lagringssveit som var den første betegnelsen på avdelingen. Nærmest utallige er de fly som har vært innom denne avdelingen, og best kjent er nok Vampire, Thunderjet og Cornell som ble solgt ved store auksjoner i siste halvdel av 50-årene. Da Thunderjet-flyene gikk på auksjon i 1958-60, kunne man faktisk få kjøpt et lite flyvåpen til skrotpris. Inklusive motor kostet et slikt fly da ikke mer enn 1.000,— til 1.500 kroner!

Selv om operative skvadroner som 332, 331 og 337 var stasjonert på Værnes fra 1945 frem til utgangen av 1954, er det Flygeskolen de fleste forbinder med stasjonen. Etter en noe omflakkende tilværelse rundt 1950 ble Flygeskolen flyttet til Værnes den 3. juni 1952 og har siden hatt tilhold der. Idag utgjør skolegruppen det som på andre flystasjoner er operasjonsgruppen. Ellers finnes en administrasjonsgruppe, forsyningsgruppe, sanitetsgruppe, LVA-kadrebataljon og rekruttskole.

Værnes fikk sin nåværende standard ved utbyggingen som ble avsluttet i 1957. På den sivile delen har det imidlertid skjedd stadige utvidelser, sist ved et nytt ekspedisjonsbygg i 1982.

Ørland hovedflystasjon

Tyskerne fant behov for en fremskutt flyplass ved innløpet til Trondheimsfjorden og konfiskerte de første gårdene allerede i 1941. Byggingen av flyplassen begynte i april det året, og Luftwaffe rykket snart inn. På det høyeste hadde de 4 Staffeln (skvadroner) der med Messerschmitt Bf. 109, Focke-Wulf Fw. 190 og Messerschmitt Bf. 110

Etter krigen og frem til 1950 hadde Ørland status som øvingsflyplass. I desember 1950 ble dette endret til deployeringsflyplass, og utvidelse av banen ble påbegynt for norske midler. Da arbeidet ble avsluttet i juni 1952 var rullebanen forlenget til 2.700 meter. Samme år ble imidlertid Ørland inkludert i NATO's infrastrukturprogram som hovedflystasjon, og størstedelen av utbyggingsprogrammet som da fulgte, var avsluttet i 1954.

I oktober samme året ble 338 skvadron overført fra Sola til Ørland, hvor den siden har vært. En ny hangar ble oppført i skvadronområdet i 1957, og Luftvernartilleribataljonen kom over fra Værnes i september året etter.

Det skjedde ikke store forandringer på Ørland før i første halvdel av 70-årene. Da kom 330 skvadrons C-ving i 1973, og flybunkere ble bygget i året som fulgte.

I 1983 ble det igjen stor utvidelsesvirksomhet. Hangar og oppstillingsplattform for AWACS-fly ble bygget, samtidig som det ble foretatt forsterkningsarbeider på hoved- og parallellbanene. Det ble også anlagt parkeringsplattform for strategiske transportfly.

338 skvadron har altså vært på Ørland siden oktober 1954 som operativ jagerbomberavdeling. Fra den 1. januar 1984 har skvadronen også tatt seg av overføringen av nye flygere til Northrop F-5.

Fra 1955 til 1967 hadde stasjonen Støtteving 7192 med helikoptere og kommunikasjonsfly, erstattet fra 1967 av 720 skvadrons D-ving med en Bell UH-1B. Denne ble igjen erstattet av redningsskvadronens Sea King helikoptere fra 1973.

Luftvernartilleribataljon Ørland var til å begynne med utstyrt med 40 mm Bofors L/60 kanoner, 12.7 mm Browning firling mitraljøser og AN/TPS-1D søkeradar. 40 mm Bofors L/70 kom i 1960, RSS-40 Superfledermaus i 1965 og L/TR-1A taktisk radar i 1970.

Stasjonen er Forward Operating Location (FOL) for NATO's Airborne Early Warning & Control fly, med en støtteavdeling betegnet E-3A/Avdeling Ørland hovedflystasjon, samt en av SACEUR's Collocated Operating Bases (COB). Videre er Ørland også base for jagerflydelen av den brigade US Marines som kan bli satt inn i Trøndelag ved en eventuell krigssituasjon.

Luftforsvarets skoler

Det er naturlig å begynne med Luftforsvarets flygeskole — for selv om alle ledd er viktige for at et komplisert luftforsvar skal fungere, er det vel ingen tvil om at uten flygeskole og flygere hadde man ikke hatt noe luftforsvar.

Flygeskolen

Da Luftforsvaret ble en realitet i november 1944, var det allerede tatt skritt fra norsk side for å få overført treningsleiren (FTL) i Muskoka i Canada, bedre kjent under navnet "Little Norway", til England. Bakgrunnen for en slik overføring var et ønske om å få sentralisert virksomhet og ledelse i Storbritannia, ta opp sider ved treningen som hittil var overlatt kanadiske eller britiske skoler og ikke minst unngå de mange problemene som var forbundet med å ha en så viktig funksjon på den andre siden av Atlanterhavet.

Air Ministry godtok de norske ønskene, og man fikk tildelt flystasjonen Winkleigh i Devonshire som administrativt sorterte under No. 23 Group RAF Training Command. Den norske avdelingen fikk betegnelsen Norwegian Training Base, i dagligtale forkortet til NTB.

I Canada ble det siste elementærkurset, nr. 20, avsluttet i oktober og elevene sendt til videregående en- eller to-motors trening i løpet av oktober og november. De siste norske flygere som mottok vingen i Canada under krigen, var åtte elever ved No. 16 SFTS og ni elever ved No. 1 SFTS, alle den 29. mars 1945.

Ordren om overføring til Winkleigh var mottatt i februar, og det hastet med å få flyene sendt over Atlanteren. De 14 sist mottatte Fairchild (fem PT-26, to PT-26A og syv PT-26B) ble aldri benyttet i Canada og sto lagret i kasser på

Muskoka i august 1944

Island Airport i Toronto. Disse flyene var de første som ble skipet til Storbritannia. De øvrige ble demontert i Toronto og sendt avgårde utover våren 1945 inntil det hele var avsluttet i mai måned.

En Harvard (serienr. 2503) som var lånt fra det kanadiske flyvåpnet, ble tilbakelevert i mars 1945, og i juni avsluttet de ti siste elevene sin navigasjonstrening ved No. 2 Air Navigation School. Seks av de norske elevene la beslag på de seks første plassene på kurset og avsluttet derfor på en verdig måte treningen i Canada.

På Winkleigh begynte arbeidet i slutten av 1944, men man støtte fort på problemer. Britiske myndigheter tillot ikke at det ble trukket ut personell fra de oppsatte avdelingene under RAF's kommando, men ved et godt samarbeide med Training Command ble britisk nøkkelpersonell og andre mannskaper tildelt. Flyplassen ble overtatt komplett med bygninger og utstyr, og RAF skulle bidra med Harvard for videregående en-motors trening og Oxford for tilsvarende to-motors.

Den 20. januar 1945 var det 113 nordmenn og 44 briter på Winkleigh, og utstyr til flyene begynte å ankomme. Flyoppsettingen ved NTB var planlagt å være ni Oxford, 27 Harvard og 26 Cornell.

De første som ankom var ni Harvard den 7. februar, og deretter fulgte flyene i rask rekkefølge. Ved utgangen av mars var styrken oppe i 430 norske og 40 britiske mannskaper, og i april tok treningen til med kurs F.21 som ble gitt undervisning i cockpitdrill, oppstarting og gjennomgåelse av Harvard. Uttakskommisjonen hadde dessuten plukket ut elevene til kurs F.25, det siste kullet som skulle få sin elementærtrening utenfor Norge.

I midten av april ankom de første ni Fairchild PT-26 fra Canada, og innen utgangen av måneden var det ialt 26 slike fly på stasjonen. Flygetreningen

Denne Waco SRE (konstr.nr. 5084) ble i september 1940 innkjøpt av Hærens flyvåpen i Toronto for bruk som radiotreningsfly. Natten til den 9. mars 1943 ble den sterkt skadet i en brann som oppsto i radioanlegget. Etter å ha blitt reparert på Island Airport ble maskinen solgt til en amerikansk forhandler i mai året etter.

North American Harvard

Prototypen til Harvard, North American NA-16-1, kom i luften i april 1935, og Harvard er fremdeles i bruk nesten 50 år etter.

Luftforsvarets Harvard var dels bygget i Canada og dels i USA. Tilsammen ble 40 av denne typen tatt i bruk, inklusive et fly som havarerte på Winkleigh den 10. oktober 1945. I tillegg ble et fly lånt i noen måneder høsten og vinteren 1944/45 på Muskoka. Norske flygere fikk imidlertid sin trening på Harvard helt fra flykull nr. 1 startet ved No. 32 SFTS Moose Jaw i Canada den 16. april 1941 og til flytypen ble utrangert i Norge i 1956. ★

Fairchild PT-19/PT-26

Dette primærtreningsflyet ble opprinnelig utviklet for den amerikanske hærens flyvåpen (USAAC), og da treningsleiren i Toronto skulle etableres ble flytypen nærmest tilfeldig valgt. Daværende flyattaché i Washington, B.F. Motzfeldt, overvar en kort demonstrasjon ved Fairchild-fabrikken i Hagerstown den 25. juli 1940 og bestilte de seks første flyene på stedet. Ytterligere 29 fly ble etterhvert innkjøpt for norske midler og nok ett kom som gave fra nordmenn i Syd-Amerika.

Fra 1942 til 1944 ble 50 PT-26 levert på låne- og leiebetingelser. Dette var fly fra de store kontraktene britene hadde plassert på typen, og nå kom også navnet Cornell, som var RAF's betegnelse.

Under treningsflyging i Canada totalhavarerte 11 fly, og ett ble avskrevet etter et havari ved Winkleigh senere.

Etter krigen gikk Cornell inn i Flygeskolens oppsetting, samtidig som typen ble benyttet ved stasjoner og skvadroner. Hele 29 fly ble avskrevet etter havarier. I 1947 ble fem fly solgt til sivile selskaper og flyklubber, og fra 1955 til 1958 ble de gjenværende avhendet, noen ved vanlig salg og andre på auksjon. Norsk Aero Klubb fikk vederlagsfritt overta 15 av disse flyene og fordelte dem på flyklubber over hele landet.

Norge mottok 14 PT-19, 22 PT-19A, 21 PT-26, 2 PT-26A og 27 PT-26B i tidsrommet august 1940 til august 1944. ★

ble imidlertid noe utsatt da man ventet på instruksjoner fra Air Ministry om merking av flyene!

Av de totalt 120 elevene ved kursene F.21 til F.25 skulle bare ca. 45 plukkes ut for videregående trening i Norge. De øvrige skulle dimitteres for eventuelt å gis avsluttende trening på et senere tidspunkt.

Som en følge av den tyske kapitulasjonen i Norge ble det ytret ønske om å få Flygeskolen hjem når forholdene tillot det, og man fikk derfor avtale med britene om bruk av Winkleigh frem til den 1. november 1945. Dette hadde også et økonomisk aspekt, idet virksomheten ved NTB inngikk i avtalen med RAF om at all gjensidig ytelse var fri hvis den var tilknyttet krigen. Denne avtalen skulle gjelde i seks måneder etter krigens avslutning, i praksis til den 8. november 1945. Luftforsvaret betalte bare en mindre brukeravgift for stasjonen samt omkostningene for det personell som ikke ble ferdige med utdannelsen før dette tidspunkt.

Treningen forløp ikke uten uhell, men heldigvis gikk ikke menneskeliv tapt. Den 9. august totalhavarerte Fairchild nr. "269" (serienr. FZ718) da en flyelev på solo-tur forsøkte å nødlande etter at motoren skar seg. Eleven slapp fra hendelsen med skrekken, men flyet ble kassert. Bra gikk det også den 22. september da Harvard FT166 gikk i bakken. Også i dette tilfellet ble flyet sendt på skraphaugen.

To-motors treningen med Oxford kom aldri igang, og flyene ble tilbakelevert RAF. Harvard-flyene ble derimot overtatt av Luftforsvaret på låne- og leiebetingelser.

Ved avslutningen av virksomheten på Winkleigh var personellstyrken oppe i hele 633 nordmenn og 152 briter. Den 7. november var det ugjenkallelig slutt, og i halv-to tiden tok 22 Harvard av fra plassen for å fly via Kontinentet og Danmark til Gardermoen. 21 fly kom til Norge, det siste (serienr. FT309) havarerte under mellomlanding på Valkenburg i Nederland og kom først frem to år senere etter å ha blitt reparert ved Fokker-fabrikken!

De monterte Fairchild-flyene ble overført til Norge på samme vis. Fly som var lagret og ikke skulle brukes ved NTB, ble sendt med skip til Norge, og de første ankom allerede i august.

For de 45 utvalgte elevene som skulle få sin operative trening i Norge, ble det den 22. november opprettet en Operational Training Unit på Gardermoen ved å slå 331 skvadron sammen med deler av Flygeskolen. Den 25. februar 1946 var denne avdelingen oppsatt med 17 Spitfire Mk. IX, 12 Harvard og seks Fairchild. Betegnet Feltflyskolen var avdelingen i virksomhet frem til den 27. mars 1947, da 331 skvadron igjen ble aktivisert og de øvrige flyene tilbakeført Flygeskolen.

I 1946 ble elementærtrening igjen satt igang på Gardermoen og vinterøvelser gjennomført i traktene rundt Fagernes i Valdres.

North American Harvard IIB ved Feltflyskolen på Gardermoen i 1946. I en periode fra 1945 til høsten 1946 hadde Luftforsvarets Harvardfly påmalt en tobokstavs kode. Bildet viser AI (serienr. FS897). Dette flyet totalhavarerte på Liastølfjell den 3. mars 1949.

Flyskolen i idylliske omgivelser. Bildet er tatt på gamle Rygge i 1952 og viser skolens Cornell- og Harvard-maskiner.

Etterhvert som de operative skvadronene ble aktive igjen mot slutten av 40-årene ble forholdene på Gardermoen vanskelige for Flygeskolen. Inntil den planlagte utbyggingen av Jarlsberg flyplass kom igang, ble det derfor bestemt at skolen skulle flytte treningsflygingen til den opprinnelige Rygge flystasjon, som tyskerne hadde anlagt under krigen. Rygge egnet seg bra for trening og hadde ypperlige nødlandingsforhold rundt plassen. Man hadde også forsøkt å operere fra Sola, men der var værforholdene for dårlige i vinterhalvåret.

Svakheten ved Rygge var gressdekket som kunne gi nokså mye problemer om våren og høsten, men flyttingen dit ble gjennomført fra den 1. juli 1949. Det var ingen forlegning på stedet, og en bondegård måtte tas i bruk. Grisehuset gjorde tjeneste som administrasjonsbygg og låven ble spisesal, kjøkken, forlegning, klasserom og messe.

Den første tiden var det bare Fairchild-maskiner på Rygge. Treningen med Harvard fortsatte på Gardermoen som tidligere. Befalsutdanningen på seks måneder før selve flytreningen foregikk også på Rygge.

Den 15. juli 1950 fikk 15 flygere og tre navigatører tildelt sin ving under en større seremoni på stasjonen. Som en følge av Norges inntreden i NATO og det store våpenhjelpprogrammet ble det imidlertid inngått avtaler om at all videregående trening av flygere og navigatører heretter skulle foregå ved skoler i USA og Canada. Dette medførte en nedtrapping av virksomheten på Rygge, og stasjonen ble så nedlagt den 22. november 1951.

Flygeskolens oppgaver ble nå å gi befalsopplæring samt foreta uttaksflyging før elevene fortsatte treningen ved skolene i utlandet. Fra 1951 ble oppgaven som flyskole satt bort på kontrakt til Widerøes Flyveselskap A/S som startet virksomheten på Eggemoen flyplass ved Hønefoss. Flymateriellet ble stilt til disposisjon av Luftforsvaret.

SAAB 91 Safir

Det svenske treningsflyet Safir ble valgt i konkurranse med flere andre slike fly, som for eksempel det amerikanske jetdrevne Temco T.T.1 Pinto, da Flyvåpnet skulle finne en erstatning for Harvard og Cornell.

Safir fløy første gang i november 1945, og 25 fly av versjonen 91B-2 ble levert til Flyvåpnet i 1956 og 1957.

Kjøp av erstatning for Safir ble utsatt flere ganger, noe som resulterte i anskaffelse av ytterligere fem maskiner så sent som i 1979.

De fleste gjenværende Safir ble solgt i 1982, men Luftforsvaret disponerer fremdeles noen ganske få maskiner. ★

Vinterforhold på Eggemoen i den tiden Widerøe drev Flygeskolen for Luftforsvaret.

Da han skulle gå inn for landing etter endt tokt den 26. april 1977, oppdaget Lidvar B. Benberg, instruktør ved Flygeskolen, at nesehjulet på hans Safir "341" (serienr. 57-341) ikke ville låse seg i nedfelt stilling. Nødlanding var ikke til å unngå, og Benberg kretset en times tid for å bruke opp flyets drivstoff.
I mellomtiden ble den gamle nord-sør banen på Værnes skumlagt, og så snart alt var klart kom Benberg inn for landing. Like før flyet tok bakken kuttet han motoren, og Safir'en ble satt lett nedpå. Nesehjulet foldet seg bakover og forsvant, samtidig som maskinen tippet forover og skle et par hundre meter så skumsprøyten sto.
Alt gikk bra. Benberg steg uskadd ut av flyet — og var i luften igjen dagen etter.

Trening foregikk tidlig i 1952 også fra Fornebu og Jarlsberg, inntil Flygeskolens endelige etablering på Værnes den 3. juni samme året.

Luftforsvaret hadde igjen overtatt det fulle ansvar for skolen, og flyttingen til Værnes kom til å bety en permanent stasjonering der frem til idag og videre i overskuelig fremtid.

En viktig utskifting av materiell fant sted i 1956/57 da skolen mottok 25 SAAB 91B-2 Safir til erstatning for Cornell, som hadde vært benyttet helt siden opprettelsen av FTL i 1940. Harvardflyene var tatt ut av tjeneste et par år tidligere.

Safir var et meget godt skolefly, og det var hovedsakelig tekniske årsaker som førte til at typen i 1981 ble skiftet ut med SAAB MFI 15-200 Safari.

Selve treningsprogrammet har ikke endret seg vesentlig opp gjennom årene og består nå av en åtte ukers aspirantperiode fulgt av 11 ukers uttak på Safari, hvor flygerelevene får ca. 20 timers trening og navigatørelevene ca. 15. I denne perioden blir alltid en god del elever skilt ut.

Straks etter uttaksflygingen fordeles de gjenværende elevene som jager-, maritim-, transport- eller helikopterflygere eller som navigatører. Utdanningen på Værnes avsluttes så med en 22 ukers befalsopplæring før elevene sendes til skoler i USA, hvor all videregående trening foregår.

Jagerflygerelevene trenes ved EURO-NATO Joint Jet Pilot Training School (ENJJPT) på Sheppard Air Force Base i Texas. Utdannelsen tar 13

SAAB MFI 15-200A Safari på Værnes.
Allerede i 1973 var typen til vurdering i Luftforsvaret, men ble dengang ikke ansett å være krevende nok for Flygeskolen.
Ved årsskiftet 1980/81 kom det imidlertid et nytt tilbud fra SAAB Scania på 16 fly til en pris av 7.5 millioner norske kroner. Dette tilbudet ble akseptert av Forsvarsdepartementet en måneds tid senere, og de første flyene ble levert i september 1981. Senere har Luftforsvaret kjøpt ytterligere tre slike fly.
Ifølge Langtidsplanen 1974-78 ønsket Forsvaret å skifte ut sine Safir, Super Cub og Bird Dog mot en felles flytype. Ved anskaffelsen av MFI-15 er imidlertid dette ønsket tilsidesatt, idet Flygeskolen overtok alle flyene. MFI-15 er ikke lenger i produksjon, så noen standardisering av småflyene kan ikke la seg gjennomføre.

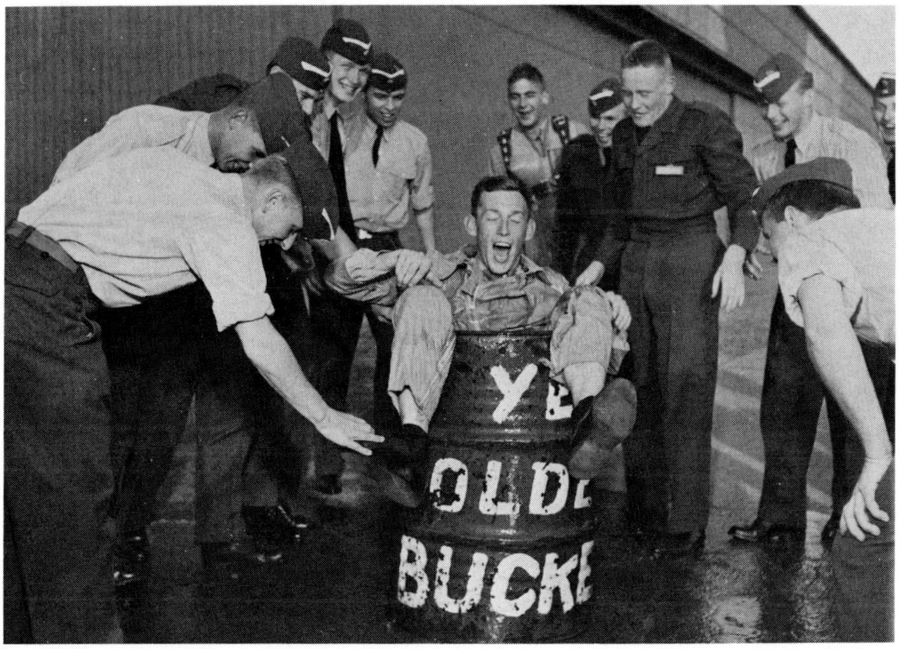

Selv om "dåpen" etter første solo-tur ved flyskolen var fuktig nok, kunne det vente værre ting ute ved skvadronene. I 1953 fikk 11 fenriker følgende "festmåltid" før de ble antatt som fullverdige medlemmer av 332 skvadron:

Cocktail — aperitif: Halvråtne rå egg via tåteflaske.
Hovedrett: En stk. rå sild med hode og innvoller.
Dessert: Et stort glass gin med svartbrent sildefett.

måneder, og elevene får tilsammen rundt 260 flytimer, alle på jettreningsfly av typene Cessna T-37 og Northrop T-38. Denne skolen har instruktører fra mange NATO-land, deriblant endel nordmenn.

De som skal fly maritime og transportfly opplæres av US Navy og er innom flere baser i løpet av de 13 månedene utdannelsen tar. Totalt får elevene rundt 190 flytimer, først på en-motors Beech T-34C og deretter på Beech T-44A, en to-motors maskin.

Den amerikanske hæren utdanner Luftforsvarets helikopterflygere ved Fort Rucker i Alabama. Treningen varer i 11 måneder og består blant annet av ca. 130 flytimer på Hughes TH-55 og Bell UH-1H.

US Air Force, som tidligere har utdannet norske flygerelever, tar nå hånd om navigatørene. De får sin trening ved Mather Air Force Base i California, og flyene som benyttes er Boeing T-43 og Cessna T-37. Navigatørutdannelsen omfatter imidlertid også mye teori og tar totalt rundt 15 måneder.

De første årene etter krigen var søkningen til Flygeskolen enorm, men har senere variert noe. Kravene har det imidlertid aldri vært firt på, og søknadsmassen har alltid holdt seg såpass stor at det har vært et trangt nåløye man må igjennom for å komme inn på skolen. Slik må det også være — utdannelsen er Forsvarets dyreste. Elevene som etter uttakingen på Værnes er blitt sendt til USA eller Canada har holdt mål, og ofte har nettopp nordmennene hevdet seg blant de beste på sine kull.

SAAB MFI-15 Safari

SAAB Safari er den siste varianten av en flytype svensken Björn Andreasson begynte å konstruere på fritiden tidlig i 50-årene. BA-7 ble prototypen kalt, og den fløy første gang den 10. oktober 1958. Senere ble flyet utviklet og modifisert ved Malmö Flygindustri, og den første MFI-9 foretok sin prøvetur den 17. mai 1961.

Produksjonen kom igang i Sverige og Vest-Tyskland, og i april 1969 ble MFI-9 kjent over hele verden som kampfly under krigen som fulgte etter at provinsen Biafra brøt ut av Nigeria. Nye versjoner ble utviklet og solgt til Danmark og Pakistan.

I 1981 kjøpte Luftforsvaret 16 MFI-15 200 som alle ble tildelt Flygeskolen. De var opprinnelig bygget for et annet land, men Norge fikk overta ordren for 7.5 millioner kroner, noe man karakteriserte som halv pris. Senere har ytterligere tre fly blitt anskaffet til erstatning for tap og forventede tap. ★

Luftforsvarets tekniske skole

I "Little Norway" ble det satt igang mekanikerutdannelse helt fra begynnelsen, og mekanikerne til de første skvadronene fikk derfor sin opplæring i Canada. Siden de norske skvadronene i Storbritannia opererte sammen med Royal Air Force, ble den tekniske vedlikeholdstjenesten naturlig nok lagt opp helt etter RAF-mønster, og fra 1943/44 ble utdannelsen overtatt av RAF. Norsk personell ble derfor godt kjent med RAF's utdannelsesapparat, noe som fikk stor betydning ved oppbyggingen av forsvarsgrenens tekniske skoler etter hjemkomsten til Norge.

Behovet for utdanning av mekanikere var meget stort, og allerede i august 1945 ble det første kurset satt igang på Kjeller, som var valgt som skolesenter for flyteknisk, våpen-, sambands- og radarpersonell. Utdannelsen var helt basert på britiske lærebøker som instruktørene oversatte "på strak arm" mens elevene noterte ned, og renskrev og rentegnet på brakka om kvelden.

Plassmangel gjorde seg snart gjeldende på Kjeller, og senere samme høst flyttet sambands- og radarskolen til Lutvann, mens våpenskolen og den

De tekniske skolene på Kjevik er den skoleenhet innen Luftforsvaret som har lengst sammenhengende stasjonering på en flystasjon, helt siden februar 1946 da skolen ble flyttet fra Kjeller.

tekniske skolen flyttet til Kjevik i februar 1946 og fikk navnet Luftforsvarets tekniske skole (LTS). Våpenskolen ble skilt ut i 1948 og flyttet da til Lista.

Forholdene på Kjevik var gode, og selv om de tidligere tyske etablissementene neppe kunne karakteriseres som luksuriøse, var det en trivelig plass å være på. Den første tiden utdannet skolen kun mekanikere, men høsten 1947 ble de første spesialistkurs satt igang.

Etter Norges inntreden i NATO og overgang til amerikansk flymateriell måtte den tekniske tjenesten i Luftforsvaret legges om etter mønster av USAF. Dette førte til en meget omfattende endring av LTS, men etter god hjelp av amerikanerne og helhjertet innsats fra skolens instruktører kunne man sette igang det første kurset etter amerikansk modell i januar 1952. Året etter begynte også kurs på bakkeutstyr.

Fotokursene ble overført fra Gardermoen i 1961, likeledes kom redningsutstyrskursene som inntil da hadde vært på Værnes. Utdannelsen i teknisk materielltjeneste ble flyttet over fra Fornebu i 1962, og våpenskolen kom tilbake fra Lista året etter.

Fra den 1. januar 1964 ble skolen befalsskole og skiftet navn til Luftforsvarets tekniske befalsskole (LTBS). I 1965 begynte man også å utdanne tekniske grenadérer, og skolen fikk status som videregående verkstedskole. Undervisningsopplegget omfattet dessuten en rekke tilleggskurs samt assistentkurs for soldater inne til førstegangstjeneste.

En revisjon av utdannelsesordningen ble gjennomført i 1972, idet skolen opprettet teknisk fagskole — elektronikklinje, som gir sivil teknikerkompetanse. I 1977 ble all teknisk utdannelse i Luftforsvaret samlet på Kjevik, da sambands- og radarskolen også flyttet dit, og et nytt navneskifte ble foretatt — til Luftforsvarets tekniske skolesenter, Kjevik, med den gamle, gode betegnelsen LTS.

Det året fikk skolen også ny befalsforlegning, tre nye mannskapsforlegninger, idrettshall, og ikke minst et stort nytt undervisningsbygg på ca. 4.000 kvadratmeter.

Luftforsvarets tekniske skole på Kjevik tidlig i 50-årene.
Douglas C-47A BW-T fløy aldri i Luftforsvaret. Det var tidligere amerikansk og hadde havarert på Bardufoss i 1945. Reparasjon ble da ikke ansett formålstjenlig, og Luftforsvaret fikk inventarlisten øket ved at det ble gitt i gave fra USAF. Flyet ble i 1947 transportert til Kjevik for instruksjonsformål og fikk i 1951 det fiktive kjennetegnet som bildet viser.
Ellers ses i venstre rekke forfra Spitfire PR XI AZ-B (serienr. PL979) fra Nr. 1 Fotorekognoseringsving, Fairchild PT-19 L-AC (konstr.nr. T40-210) tidligere fly "105" i Toronto og Muskoka og gitt LTS i april 1946 samt tre de Havilland Vampire F.Mk.III fra 336 skvadron, PX-U (serienr. EEP 42232), PX-H (EEP 42459) og B-AM (EEP 42282). Disse ble gitt LTS som instruksjonsmateriell i henholdsvis mars 1953, januar 1953 og juli 1951.
Først i rekken til høyre på bildet er Harvard IIB M-AR, gitt LTS i april 1946. De to F-84G er AH-Z (serienr. 51-9818) som bare var på besøk og FN-5 (52-8326) gitt LTS i mars 1954.

Det stadig mer kompliserte tekniske utstyret har ført til at også undervisningstiden er blitt vesentlig lengre. De vanlige mekanikerkursene etter britisk modell de første årene etter krigen hadde en varighet på fem måneder. Nå er man oppe i tre år — med teknisk fagskole, befalsopplæring og spesialisering.

Naturlig nok har skolens utstyr opp gjennom årene vært fly og flykomponenter av alle typer. Mye av utstyret har entusiastiske instruktører vedlikeholdt og forbedret, blant annet ved å lage gjennomskårne modeller.

Skolen har i alle år maktet å holde tritt med den rivende flytekniske utviklingen, med stadige endringer og oppdateringer av skoleplaner og undervisningsmateriell. Og den har maktet å forsyne forsvarsgrenenes operative avdelinger med velutdannet teknisk personell — det viser de praktiske resultatene!

FLYTEKNISK
(Utgått)

Rekruttskolen på Tromøya ved Arendal. Virksomheten her opphørte den 1. oktober 1963.

VÅPENTEKNISK
(Utgått)

Luftforsvarets våpentekniske skole

Skolen var i utgangspunktet en del av LTS på Kjevik, frem til høsten 1948. Da var det besluttet å gjøre Lista flystasjon til senter for våpenopplæring og -trening, og sommeren 1949 ble det første kurset i våpenflyging gjennomført. Den 1. mars 1951 ble så Luftforsvarets skyte- og bombeskole offisielt opprettet.

Det ble lagt et solid grunnlag for våpenutdannelsen i disse årene, og skolen hadde en stamme av instruktører med krigserfaring over et meget bredt spekter.

Allerede våren 1953 ble imidlertid skyte- og bombeskolen flyttet til Sola, idet man fant sanddynene på Revtangen mer velegnet for kanonskyting og bombing i lav høyde enn det steinfylte skytefeltet i Marka.

Den våpentekniske skolen fortsatte på Lista helt frem til 1963, da den igjen ble flyttet tilbake til Kjevik.

Luftforsvarets bombe- og skyteskole

Våpenflyging i de første etterkrigsårene foregikk i skvadronenes regi, men fra 1949 ble det satt igang korte kurs i sommerhalvåret på Lista, mens planleggingen og utarbeidelsen av håndbøker fant sted om vinteren. Etterhvert kom det hele inn i fastere former, og den 1. mars 1951 ble Luftforsvarets skyte- og bombeskole opprettet. Navnet ble forøvrig senere snudd til bombe- og skyteskole.

Skytefeltet på Lista hadde sine begrensninger, og våren 1953 ble skolen flyttet til Sola, etterat man hadde funnet frem til Revtangen som nytt skytefelt. Dette falt i tid sammen med den store leveransen av Republic F-84G, noe som førte til betydelig økt aktivitet. Virksomheten gikk derfor over på helårsbasis. Man benyttet Revtangen til øvelsesvåpen, Rott-Flatholmen til skarpe våpen og et område ute i havet vest for Utsira til luftmålsskyting. Feltet på Rott gikk etterhvert ut av bruk da jagerbomberskvadronene fikk anledning til å bruke Hærens skytefelter på Hjerkinn og Setermoen.

Sammenlignet med andre skoler i Luftforsvaret hadde LBSS liten personelloppsetting, særlig fordi den ikke hadde noen egne fly. Skolen ville imidlertid ikke kunne ha løst sine oppgaver hvis den ikke hadde vært oppsatt på en operativ flystasjon, slik at man kunne "trekke på" stasjonens øvrige avdelinger.

Særlig nært var samarbeidet med 718 skvadron, og i 1965 kom LBSS og 718 under samme tak — i hangar 4 og 5 på Sola. I januar 1969 ble skrittet tatt fullt ut, sammenslåingen var offisielt et faktum, og navnet ble til Luftforsvarets flytaktiske skole — 718 skvadron.

ELEKTRONISK
(Utgått)

Luftforsvarets sambands- og radarskole

Luftforsvarets sambandsskole, som den het til å begynne med, fikk en meget tidlig start — av en helt spesiell grunn som kanskje ikke er særlig kjent.

RAF's No. 88 Group etablerte etter frigjøringen i 1945 et nett av flyruter og en alliert luftmilitær kontroll, som det var forutsetningen at Norge skulle overta når assistansen fra RAF opphørte i november 1945. Luftforsvaret kom hjem med operative skvadroner av topp standard, men hadde ikke eget organisert elektronisk bakkeapparat. Målet var imidlertid å overta de sambands- og navigasjonshjelpemidlene som RAF hadde etablert.

Det første kullet ved Luftforsvarets sambandsskole startet sin utdannelse allerede den 7. juli 1945! Kullet hadde 71 elever, varte i ca. to måneder og lånte lokaler av Telegrafskolen i Kirkegaten i Oslo. Sikringstelegrafistkurs nr. 2 startet i oktober med 58 elever på Kjeller. Resultatet av disse tiltakene var at RAF's installasjoner ble overtatt punktlig på fastsatt dag og ble drevet tilfredsstillende.

Fra januar 1946 kom utdannelsen inn i fastere former. Lutvatn leir utenfor Oslo ble tatt i bruk. Den besto av "tyskerbrakker", endel andre bygninger og ellers det som trengtes til å dekke de mest nødvendige behov.

Skolen kom ganske snart igang med en rekke forskjellige kurs for radiosendervakter, fjernskriveroperatører, radarteknikere og radioteknikere. Etterhvert kom også fullstendige telegrafistkurs og konverteringskurs for flytelegrafister.

I leiren kom nye bygninger til, og de gamle ble utbedret, samtidig som det hele tiden foregikk en stadig tilføring av nytt og moderne undervisningsmateriell. Den første store forandringen skjedde ved overgangen til amerikansk utstyr i begynnelsen av 1950-årene, da både personellorganisasjonen og utdannelsesmønsteret ble lagt om.

Tidlig i 50-årene ble også radiolink innført i Norge. Det var et banebrytende kjempeprosjekt som kom til å bety svært mye for landet telekommunikasjonsmessig.

Det har i alle årene Luftforsvaret har bestått foregått en kolossal utvikling med hensyn til anvendelsen av elektronikk i forsvarsgrenen, og kompleksiteten av utstyret har også økt meget sterkt. Dette har medført et stort press på skolen for at den skulle kunne holde seg på topp i utviklingen. Utdannelsesformer og opplæringsmønstre har stadig måttet justeres. Det som særpreger utdannelsen i elektronisk bransje, vil jo være vanskelighetsgraden — vesentlige deler av utdanningen består av abstrakt teori.

I 1965 kom overgangen til befalskole, da spesialistutdannelsen ble utvidet til også å omfatte befalsutdannelse. En ny omlegging fant sted i 1972 idet befalselevene gjennomgikk den tekniske fagskole og befalsutdannelsen på Kjevik, mens de fikk sin spesialutdannelse i sambands- eller radarteknikk på Lutvatn.

En stor omveltning ble det da skolen på ettersommeren 1977 flyttet fra Lutvatn til Kjevik, hvor den gikk inn som en del av Luftforsvarets tekniske skolesenter. Lutvatn leir ble da overtatt av Stor-Oslo HV-område. I løpet av de drøyt 31 år skolen hadde holdt til på Lutvatn, gjennomgikk ca. 11.000 elever kurser av kortere eller lengre varighet — kurser av en slik kvalitet at personellet har vært svært så ettertraktet på mange områder i det sivile næringsliv. Og uten den elektroniske utdannelsen skolen har gitt, ville Luftforsvaret neppe ha blitt en effektiv organisasjon istand til å løse sine oppgaver.

Skolen hadde flere offisielle navn i den perioden den holdt til på Lutvatn, men det navnet som har gått igjen og blitt et begrep er rett og slett — Lutvatn!

Luftforsvarets skoler Stavern

LSS holder til i kanskje det eldste og vakreste miljøet av militær art i Norge, det gamle Fredriksvern Verft som skriver seg helt tilbake til 1680-årene. Det som nå heter LSS, har imidlertid hatt en svært skiftende tilværelse i årene etter krigen.

Luftvernartilleriet sto helt på bar bakke da oppbyggingen av våpnet startet høsten 1945 og hadde et stort behov for utdannelse av befal. Våren 1946 ble Luftvernartilleriets skole- og øvelsesavdeling (LVSØ) etablert på Fredriksvern Verft, og skyteskole (LVSS) og befalsskole (LVBS) ble igangsatt våren og sommeren samme året. Skolene kom etterhvert til å bli godt utbygget.

Midt i 1949 var det tid for navneskifte og omorganisering. Avdelingen ble da kalt Luftvernartilleriets skyte- og våpenskole (LVSVS), mens befalskolen beholdt sitt gamle navn.

Kommandomessig fant overgangen til Hæren sted den 15. august 1953. Dette førte ikke til forandringer av skolens organisasjon, men til nye betegnelser idet A for artilleri kom inn i alle navn, som ble lange som et vondt år: Skyte- og våpenskolen for Luftvernartilleriet (SVSLVA), Befalsskolen for Luftvernartilleriet (BSLVA), Skyteskolen for Luftvernartilleriet (LVASA/SS) og Våpenskolen for Luftvernartilleriet (LVASA/VS).

Etter fire år i Hæren ble LVA igjen ført sammen med Flyvåpnet fra den 1. juli 1957, og med dette begynte en nedgangsperiode for skolen. Hovedvåpnet, tungt luftvernartilleri, ble nedlagt, noe som hadde stor innvirkning på virksomheten.

Fra den 1. februar 1960 kom den nye organisasjonen for fullt, og Luftforsvarets stasjon Fredriksvern Verft ble opprettet. Luftvernartilleriets skoleavdeling skulle utgå og Luftforsvarets befals- og administrasjonsskole (LBAS) etableres. Skyteskolevirksomheten ble sterkt redusert og våpenskolen nedlagt.

Befalsskolen ble først nedlagt, men deler av den kom igang igjen i 1961 sammen med den tidligere sersjantlinjen fra FVAS og fikk betegnelsen LBAS/S. Skolen varte i 14 måneder, men utdannelse i luftvernartilleri ble ikke gitt. Det måtte eventuelt tas som et fire måneders tilleggskurs ved det som var igjen av skyteskolen. I 1961 kom også Offiserslinjen (LBAS/O) til Stavern.

Man hadde på det tidspunkt fjernet den siste rest av Luftvernartilleribetegnelsen ved skolen i Stavern. Først i 1965 ble LBAS/S gjort om til en linjedelt befalsskole med en rakett-artilleri-linje (LVA).

I 1973 ble den nåværende skoleordningen iverksatt, og navnet ble Luftforsvarets skoler Stavern — LSS. I hovedtrekk består LSS av Luftvernskyteskolen (LVSS), Luftforsvarets offisersskole (LOSK), Luftforsvarets befalsskole (LBSK) og UB-/Assistentskolen. Denne omorganiseringen førte til at skolen igjen fikk bedre kår.

Tjenesten ved skoleavdelingen i Stavern har i de aller fleste år vært drevet godt og effektivt. Særlig har den hatt stor betydning for utbyggingen av Luftvernartilleriet etter krigen. Skolen må derfor få sin del av æren for at den raske styrkeoppbyggingen av LVA frem til 1950 ble muliggjort.

Idag er hovedoppgaven fortsatt generell, militær befalsopplæring. Hertil kommer fagutdannelse for LVA- og administrasjonspersonell, forsøksvirksomhet og reglementer for Luftvernartilleriet og ikke å forglemme driften av luftvernskytefeltet ved de fryktede Rakke-båene.

Luftkrigsskolen

Ved hjemkomsten til Norge i 1945 hadde Luftforsvaret et befalskorps med blandet bakgrunn. Noen hadde krigsskoleutdannelse fra Hæren eller Sjøforsvaret, men de fleste hadde stor operativ erfaring og en utmerket krigsinnsats bak seg, uten å ha fått anledning til å gjennomgå noen krigsskole. De av krigsbefalet som ønsket å fortsette og ble funnet skikket til det, ble innpasset i det faste offiserskorpset uten at de ble pålagt å ta utdannelse ved krigsskole.

Spørsmålet om opprettelse av en egen krigsskole for Luftforsvaret ble tatt opp umiddelbart etter frigjøringen, men det skulle gå fire år før planene ble realisert. Den 1. oktober 1949 ble så Luftfkrigsskolen offisielt etablert på Akershus festning, og det første kullet på tyve elever tok fatt på sin utdannelse.

I 1955 flyttet skolen til Fornebu, men måtte nokså snart videre på grunn av flyplassutvidelsene. Etter endel undersøkelser ble Kuhaugen leir i Trondheim funnet egnet. Leiren var bygget av tyskerne under krigen, og den norske arkitekten hadde av de kommunale myndigheter fått beskjed om at leiren skulle tegnes og bygges slik at den lett kunne la seg gjøre om til gamlehjem når krigen var slutt! Luftkrigsskolen flyttet inn på Kuhaugen i 1961 etter at en grundig rehabilitering hadde funnet sted. Senere er det blant annet oppført et stort, moderne undervisningsbygg, og alt i alt er det ingen tvil om at skolen har funnet seg tilrette i Trondheim, i nær kontakt med et akademisk miljø og i en by med rike tradisjoner også militært.

Fra starten var Luftkrigsskolen to-årig, men fra høsten 1970 gikk man over til tre år for å holde tritt med de økte krav til utdannelse som både utviklingen i Luftforsvaret og samfunnet forøvrig hadde ført med seg.

Fra 1984 blir en ny krigsskoleutdannelse satt iverk. Ordningen innebærer at Luftkrigsskolen og Luftforsvarets offisersskole slås sammen og at alle bransjer får adgang til krigsskoleutdannelse. Utdannelsestiden forlenges igjen — fra tre til fire år — og deles i to trinn, Luftkrigsskolen 1. avdeling og 2. avdeling.

Grunnlag for opptak ved LKSK er blant annet den videregående utdannelse som tidligere ble kalt examen artium og befalsskole/flygeskole. Målsettingen er å gi kadettene den høyere militære og sivile utdannelse som er det generelle grunnlag for tjenestegjøring som ledere i Luftforsvaret. Fagkretsen er bygget rundt en grunnmodell bestående av tre hovedelementer:

Oppstilling foran skolebygget i anledning kongebesøket under Luftkrigsskolens 25-års jubileum.

Lederskap, operasjoner og forvaltning. Rundt kjernen av militære fag er det også en omfattende fagkrets av almendannende karakter.

I løpet av skoletiden sendes kadettene på utvekslings- og studiebesøk til luftkrigsskolene i de nordiske land og til Storbritannia, til krigsskolene for Hæren og Sjøforsvaret, samt på studiebesøk til en rekke avdelinger og institusjoner både i og utenfor Forsvaret. Særlig for flygerne kan det være problematisk med for lange avbrekk fra praktisk flyging, og kadettene gjør derfor tjeneste ute ved avdeling i sommermånedene.

Helt siden opprettelsen har Luftkrigsskolen hatt en sentral plass i forsvarsgrenen. Den nye skoleordningen, med blant annet forlengelse av utdannelsestiden og adgang til krigsskole for alle bransjer, vil ganske sikkert bidra til ytterligere å styrke skolens posisjon.

Luftforsvarets stabsskole

I slutten av 1949 besluttet sjefen for Luftforsvaret, generalløytnant Bjarne Øen, at forberedelser for etablering av en stabsskole etter mønster av RAF Staff College skulle ta til. RAF Staff College var verdens første i sitt slag og ble etablert så tidlig som i 1922.

Kull nr. 1 startet den 2. oktober 1950 med 12 elever. De fire første kursene varte i seks måneder, men senere ble kursperioden økt til ni måneder. Skolen har i alle år hatt nær og naturlig kontakt med RAF Staff College og hadde i de ti første årene fast tilbeordret en engelsk studieleder. Senere har en slik studieleder vært ved skolen ca tre uker årlig.

Starten i 1950 var nok noe haltende. Staben var liten, og rommene i Luftkrigsskolens lokaler i Myntgaten uferdige og tildels uegnede. I 1952 fikk skolen sine nåværende lokaler på Kronprinsens Bastion på Akershus festning, hvor også de øvrige forsvarsgreners stabsskoler og Forsvarets høgskole holder til. Dette har i stor grad lettet det nære samarbeide som eksisterer mellom stabsskolene.

Bygningen ligger sentralt til i Oslo, og det har sin betydning i forbindelse med det ganske store antall foredragsholdere fra Oslo-området som benyttes ved skolene. Tidligere var bygningen landsfengsel, og endel av cellene i tredje etasje er beholdt. De er selvsagt gjort om til forlegningsrom — men uten å miste preg av hva de opprinnelig var.

Skolens målsetting er å gi utvalgte offiserer i Luftforsvaret en utdannelse som kvalifiserer for tjeneste ved nasjonale og allierte staber, samt for selvstendige kommandostillinger.

Våren 1980 ble skolen delt i Stabsskole I og Stabsskole II med henholdsvis tre og seks måneders varighet. Hovedhensikten med delingen var å gi generell stabsutdannelse på et tidligere tidspunkt i karrieren enn før. Det første kurs Stabsskole I tok til den 31. august 1981 og det første Stabsskole II den 1. desember året etter.

For dem som har gjennomgått stabsskolen, står vel arbeidspresset, med tildels helt forskjelligartet arbeide, studiereisene og det gode kameratskapet sterkest i erindringen. Den spesielle atmosfæren er skapt av arbeidsmåten, forholdet mellom elever og skolestab, livet på cellene i øverste etasje og ikke minst samarbeidet med elevene ved de andre stabsskolene.

Det hersker ingen tvil om den store betydning stabsskolen har hatt for Luftforsvaret helt siden starten, ikke minst i den sterke utbyggingsperioden i 1950- til 1960-årene.

Forsvarsgrenens sjefer

Generalmajor Hjalmar Riiser-Larsen
Sjef for Luftforsvaret 10.11.44 - 15.3.46

Hjalmar Riiser-Larsen gjennomgikk Marinens flyveskole i 1915 og tjenestegjorde som flyger i Marinens flyvevæsen frem til 1918, da han ble sjef for Haugesunds flybåtstasjon. I 1919-20 fungerte han som direktør ved Marinens flyvebaatfabrik og var i årene etter sjef ved flere flybåtstasjoner og instruktør ved marinens flyveskole. Han ble utdannet som luftskipsfører i England i 1921 og gjennomgikk senere Skyteskolen og Torpedoskolen. Riiser-Larsen var en pionér innen polarflyging og deltok blant annet som flyger og luftskipsfører i Roald Amundsens luftferder over polområdene. I årene 1933 til 1940 organiserte og ledet han Det Norske Luftfartsselskap. Han var marineattaché i Washington ved utbruddet av den annen verdenskrig. I 1940-41 var Riiser-Larsen midlertidig sjef for Marinens flyvåpen og ble den 4. april 1941 tilsatt som sjef for Flyvåpnenes felleskommando, frem til han ble den første sjef for Luftforsvaret.

Generalmajor Hjalmar Riiser-Larsen var Kommandør med stjerne av St. Olavs Orden og innehadde Kongens fortjenestemedalje i gull i tillegg til en rekke utenlandske dekorasjoner.

Generalløytnant Bjarne Adolf Øen.
Sjef for Luftforsvaret 16.3.46 - 30.11.51

Bjarne Øen ble uteksaminert fra Krigsskolen i 1920 og gjennomgikk den Militære Høiskole året etter. I 1923-24 var han elev ved Hærens flyveskole og fortsatte som instruktør ved skolen frem til 1925. Han var innom Sønnenfjeldske flyveavdeling og Nord-Norges flyveavdeling som sjef før han vendte tilbake til Hærens flyveskole i 1930 som førstelærer. Øen var sjef ved Trøndelag flyveavdeling fra 1934 til 1937, da han ble garnisonskaptein i Flyvebataljonen. Under den annen verdenskrig var han sjef ved Hærens flyvåpen i Canada en kort periode før han dro til England for å forberede oppsettingen av 1. jagerving og senere tjenestegjøre ved Flyvåpnenes felleskommando. Derfra ble han overført til Forsvarets overkommando, og like før krigen var slutt, beordret til gruppe 1 i Oslo. Etter å ha vært sjef for Luftforsvaret i fem år, ble general Øen beordret som norsk representant ved SHAPE og sjef for Den Norske Militærmisjon i London. Deretter fulgte en treårs-periode som direktør ved Forsvarets høgskole. General Øen var sjef for Forsvarsstaben fra 1957 til 1964.

Generalløytnant Øen er Kommandør med stjerne av St. Olavs Orden, innehar Kongens Fortjenestemedalje i gull, Order of the British Empire, Legion of Merit, Æreslegionen og flere andre dekorasjoner.

Generalløytnant Finn Lambrechts.
Sjef for Luftforsvaret/Flyvåpnet 1.12.51 - 31.10.55

Finn Lambrechts ble uteksaminert ved Sjøkrigsskolen i 1924 og gjennomgikk Marinens flyveskole umiddelbart etterpå. I årene 1928 til 1932 var han sjef for Kristiansand flybåtstasjon. Deretter var han, frem til krigen, i tjeneste både som flyger, skipsoffiser og instruktør. Etter kampene i Norge kom han til England og tjenestegjorde fra 1941 til 1945 som sjef for 333 skvadron. Etter en kortere periode som luftattaché i Stockholm var han sjef for Luftkommando Vestlandet frem til 1951. Fra 1951 til 1955 var general Lambrechts Sjef for Luftforsvaret, senere Flyvåpnet. Han ble deretter sjef for Forsvarsstaben, men døde i 1956.

Lambrechts var tildelt Krigskorset med sverd, St. Olavs Orden, Distinguished Flying Cross og flere andre norske og utenlandske dekorasjoner.

Birger F. Motzfeldt ble uteksaminert fra Krigsskolen i 1920 og begynte sin militære tjeneste som nestkommanderende i 1. Gardekompani. I 1924 gjennomgikk han Hærens flyveskole og tjenestegjorde fra 1926 til 1931 som vingsjef ved Nordenfjeldske flyveavdeling. I de påfølgende fire årene var han 1. lærer ved Flyveskolen. I årene 1935 til 1940 tjenestegjorde Motzfeldt ved Flyvebataljonen og assisterte som militærattaché i Washington det første året av den annen verdenskrig. Gjennom resten av krigen var Motzfeldt stabssjef i Flyvåpnenes felleskommando.

I etterkrigsårene frem til 1948 var han stabssjef ved Luftforsvarets overkommando. Deretter fulgte to år som sjef ved Luftkommando Trøndelag, to år i London som flyattaché og luftstabsoffiser ved Den Nordeuropeiske Regionale Sjefsnemnd og tre år som Flykommandør Syd før han ble tilsatt som Sjef for Flyvåpnet i 1955. I de siste tre årene før han tok avskjed i 1963, ble general Motzfeldt stilt til disposisjon for sjefen for Forsvarsstaben.

General Motzfeldt innehar en rekke norske og utenlandske ordener og er bl.a. ridder med storkors av Royal Victorian Order.

Generalløytnant Birger Fredrik Motzfeldt
Sjef for Flyvåpnet/Luftforsvaret 1.11.55 - 31.10.60

Odd Bull ble uteksaminert fra Krigsskolen i 1928 og tjenestegjorde som garnisonsløytnant ved Infanteriregiment nr. 9 frem til han gjennomgikk Flyveskolen i 1930. Bull fortsatte som nestkommanderende og sjef ved flere avdelinger i Hærens flyvåpen frem til den annen verdenskrig. I 1940-41 var han med på å reorganisere Hærens flyvåpen i Canada. Gjennom resten av krigen hadde Bull en variert tjeneste i både England og Canada, blant annet som skvadronsjef for 331 og 332, og sist som sjef for Organisasjonsavdelingen i nyopprettede Luftforsvarets overkommando. Fra 1948 til 1951 var han stabssjef i Luftforsvarets overkommando og var siden flykommandør før han i 1960 ble Sjef for Luftforsvaret. Etter fire år som Sjef for Luftforsvaret ble general Bull stilt utenfor nummer og tjenestegjorde for FN frem til han tok avskjed i 1969.

General Odd Bull er Kommandør av St. Olavs Orden og innehar St. Olavs-medaljen med ekegren samt en rekke ordener fra inn- og utland.

Generalløytnant Odd Bull
Sjef for Luftforsvaret 1.11.60 - 31.5.63

Wilhelm Mohr startet sin militære karriere som elev ved Hærens flyveskole i 1937. Etter kampene i Norge, reiste han til den norske treningsbasen i Canada som flyger og instruktør. I årene 1941 til 1945 tjenestegjorde han som kampflyger i flere forskjellige norske og britiske skvadroner, kun avbrutt av ett års tjeneste ved Luftforsvarets hovedkvarter i London. Tilbake i Norge var han innom en rekke stabsstillinger før han i 1960 ble stabssjef i Luftforsvarets overkommando og senere Sjef for Luftforsvaret. General Mohrs siste stilling i Forsvaret var som direktør ved Forsvarets høgskole.

Han innehar Krigskorset med sverd, er kommendør av St. Olavs Orden, Krigsmedaljen, Distinguished Flying Cross og flere andre inn- og utenlandske utmerkelser.

Generalløytnant Wilhelm Mohr
Sjef for Luftforsvaret 1.6.63 - 30.6.69

Kåre Stenwig hadde en lang og allsidig militær karriere bak seg da han i 1969 ble Sjef for Luftforsvaret, fra desember 1970 med tittelen Generalinspektør for Luftforsvaret.

Fra 1935 til den annen verdenskrig startet, gjennomgikk Stenwig flere skoler i Hæren. I 1941 gikk han navigatørskole i RAF og kom deretter til 333 skvadron i Woodhaven. Stenwig gikk videre til RAF og gjennomførte 62 tokt med bombefly, avbrutt av en periode i Transport Command. Deretter gjennomførte han flyskolen i Canada og tjenestegjorde som flyger mot slutten av og etter krigen. Før han ble sjef for Luftforsvaret, hadde Stenwig blant annet vært sjef på Bodø hovedflystasjon og personellsjef i Luftforsvarets overkommando.

Generalmajor Stenwig har mottatt Krigskorset med sverd, St. Olavs Orden, St. Olavsmedaljen med ekegren, Krigsmedaljen, Distinguished Flying Cross med bar og flere andre utenlandske og norske utmerkelser.

Generalmajor Kåre Johannes Stenwig
Generalinspektør for Luftforsvaret 1.7.69 - 31.10.75

Generalmajor Nils Weyer Arveschoug
Generalinspektør for Luftforsvaret
1.11.75 - 31.10.78

Nils W. Arveschoug begynte sin militære løpebane under den annen verdenskrig, først ved politistyrkene i Sverige, siden ved Luftforsvaret i London før han i 1944 ble uteksaminert fra flyskolen i Canada. I etterkrigsårene tjenestegjorde han blant annet som instruktør ved flyskolen før han i årene 1949-52 var instruktør og senere sjef ved Luftforsvarets bombe- og skyteskole. Deretter fulgte en toårs-periode som sjef for 330 skvadron. Fra midten av 50-årene til 1969 var Arveschoug operasjonsgruppesjef ved Gardermoen og Ørland og ved luftkommandoene i Sør-Norge og Nord-Norge. Før han ble Generalinspektør for Luftforsvaret, var han stasjonssjef ved Ørland og i fire år Kommandør for luftstridskreftene i Nord-Norge.

General Arveschoug er Kommandør av St. Olavs Orden, har Forsvarsmedaljen med laurbærgren og Deltagermedaljen samt er Kommandør av Legion of Merit.

Generalløytnant Ingar Tore Narvhus
Generalinspektør for Luftforsvaret
1.11.78 - 31.5.81

Narvhus begynte i Luftforsvaret i 1947 og ble navigatør året etter. Han gikk ut fra Luftkrigsskolen i 1951, ble operativ flyger i 1952 og fullførte Luftforsvarets stabsskole i 1960. Fra 1951 var Narvhus i operativ tjeneste ved flere skvadroner. Han var sjef for 339 skvadron i årene 1956-59. Fra 1964 var han stabsoffiser ved Luftforsvarets overkommando. Han var videre sjef for Operasjonsgruppen ved Bodø flystasjon frem til 1967. Deretter tjenestegjorde Narvhus ved NATO's Nordkommando på Kolsås, før han ble sjef for jagerflykontoret i Luftforsvarsstaben. I 1973 ble han beordret som stabsoffiser til SHAPE i Brussel, inntil han høsten 1975 ble sjef for Andøya flystasjon. I desember samme år ble han stasjonssjef for Bodø, i februar 1977 stabssjef ved Forsvarskommando Nord-Norge, og i november 1977 Kommandør for luftstridskreftene i Nord-Norge. Fra 1978 til 1981 var Narvhus Generalinspektør for Luftforsvaret. I mars 1981 ble han utnevnt til generalløytnant og beordret til tjeneste som Deputy Commander-in-Chief ved Nordkommandoen fra den 1. juni samme år. Fra høsten 1984 overtok Narvhus stillingen som Forsvarsattaché og rådgiver for MBFR (Mutual Balance Force Reduction) i Wien.

General Narvhus innehar Forsvarsmedaljen med laurbærgren. Deltagermedaljen og Vernedyktighetsmedaljen med tre stjerner.

Generalmajor Magne Tobias Sørensen
Generalinspektør for Luftforsvaret 1.6.81 -

Magne Tobias Sørensen, nåværende Generalinspektør for Luftforsvaret, gjennomgikk flyskolen i 1952 og tok umiddelbart etter Luftkrigsskolen. Sin operative tjeneste begynte han som flyger ved 332 skvadron. Deretter fulgte en treårs-periode som nestkommanderende ved 338 skvadron, før han i 1957-58 var nestkommanderende ved Flyvåpnets bombe- og skyteskole. Sørensen var skvadronsjef ved 336, stabsoffiser ved Luftkommando Sør-Norge og skvadronsjef ved 331, før han i 1967 ble operasjonsgruppesjef ved Bodø hovedflystasjon. I årene 1971-74 var han sjef ved Luftforsvarets stasjon Gråkallen, deretter sjef for Luftkrigsskolen. I 1976 ble han oberst og stasjonssjef på Ørland. Før han ble Generalinspektør for Luftforsvaret i 1981, var Sørensen en kortere periode stabssjef ved Forsvarskommando Nord-Norge, og fra 1978 Kommandør for luftstridskreftene i Nord-Norge.

General Sørensen er dekorert med Forsvarsmedaljen med laurbærgren, Vernedyktighetsmedaljen med tre stjerner og er Kommandør av Legion av Merit, samt Storoffiser av Ordre National du Merite.

Luftforsvarets flyoppsettinger

	Avdeling:	Stasjon:	Flytype:	Antall:
Flyoppsettinger ved No. 88 Group RAF den 1. november 1945	No. 128 Wing HQ.	Gardermoen	Martinet Mk. I	2
	No. 88 Gr. Comm. Sqn.	Gardermoen	Anson Mk. XII	12
	No. 129 Sqn.	Gardermoen	Spitfire Mk. IX	19
	No. 331 Sqn.	Gardermoen	Spitfire Mk. IX	18
	No. 334 Sqn.	Gardermoen	Mosquito FB VI	9
	No. 129 Wing HQ.	Sola	Martinet Mk. I	3
	No. 330 Sqn.	Sola	Sunderland Mk. V	9
	No. 333 Sqn.	Fornebu	Catalina Mk. IV	4
	No. 132 Wing HQ	Kjevik		
	No. 130 Sqn.	Kjevik	Spitfire Mk. IX	18
	No. 276 Sqn.	Kjevik	Walrus Mk. I	9
			Anson Mk. I	2
	No. 130 Wing HQ.	Værnes		
	No. 165 Sqn	Værnes	Spitfire Mk. IX	17
	No. 332 Sqn.	Værnes	Spitfire Mk. IX	16
Avdelinger under norsk kommando den 1. november 1945	No. 20 Transp. Sqn.	Fornebu	Lodestar	7
			C-47A	7
			C-53D	3
	No. 22 Transp. Flight	Bardufoss	Ju. 52/3m	2
	No. 21 Transp. Flight	Skattøra	Ju. 52/3m (See)	1

Flyskolen på Winkleigh var under overføring til Gardermoen.

1. april 1954

	Avdeling:	Stasjon:	Flytype:	Til disp.:	Opps.:
Luftkommando Østlandet	330 skv.	Gardermoen	F-84G	24	25
	332 skv.	Gardermoen	F-84G	27	25
	336 skv.	Gardermoen	F-84G	27	25
	Vedlikeholds skv.	Gardermoen	F-84E	3	0
	335 skv.	Gardermoen	C-47A	9	10
	H/K-seksjon	Gardermoen	Bell 47 D/G	3	3
	Komm. ving. LKØ	Jarlsberg	Norseman	4	4
			Harvard	5	0
	Luftkrigsskolen	Fornebu	Harvard	1	0
	Rygge flystasjon		PT-26	1	0
Luftkommando Vestlandet	331 skv.	Sola	F-84G	26	25
	334 skv.	Sola	F-84G	24	25
	338 skv.	Sola	F-84G	5	10
	Jettreningsvingen	Sola	T-33A	10	12
	333 skv.	Sola	Catalina IV B	2	6
			Norseman	4	4
	Nr. 1 Fotorek.ving	Kjevik	Spitfire PR XI	2	0
			Norseman	1	1
	H/K-seksjon	Sola	Bell 47 D/G	2	3
	FvTS	Kjevik	F-84G	2	0
			Vampire F III	1	1
	FvVS	Lista	F-84G	1	0
			Vampire FB 52	1	0

	Avdeling:	Stasjon:	Flytype:	Til disp.:	Opps.:
Luftkommando Trøndelag	337 skv.	Værnes	Vampire F III	2	0
			Vampire FB 52	21	24
			Vampire T 55	6	0
	Flygeskolen	Værnes	Harvard	11	27
			PT-19	13	13
			PT-26	28	31
	Forsyningsgr.	Værnes	Norseman	4	4
Luftkommando Nord-Norge	337 skv. detasjem.	Bardufoss	Vampire F III	7	8
	Komm. ving	Bardufoss	Norseman	3	4
			Harvard	1	0
			PT-26	2	0
	Bardufoss flystasjon		Storch	2	0
Flyvåpnets forsyningskommando		Kjeller	F-84G	4	0
			F-84E	3	0
			Vampire FB 52	6	0
			C-47A	1	0
			Norseman	1	1
		Horten	Catalina IV B	1	0
			PBY-5A	1	0
			Bell 47 D/G	3	0
			Norseman	3	0
			Harvard	9	0

31. juli 1960

Luftkommando Østlandet	332 skv.	Rygge	F-86F	17	16
	336 skv.	Rygge	F-86F	18	16
	337 skv.	Gardermoen	F-86K	22	14
	339 skv.	Gardermoen	F-86K	20	14
	335 skv.	Gardermoen	C-119G	6	8
			C-47A	3	2
	7190 Støtteving	Rygge	Bell 47J	2	2
			Safir	3	4
	Forsyningsgr.	Gardermoen	F-86K	1	0
Luftkommando Vestlandet	717 skv.	Sola	RF-84F	12	16
	718 skv.	Sola	T-33A	18	20
	333 skv.	Sola	PBY-5A	2	6
	7191 Støtteving	Sola	Bell 47 D/G	2	2
		Sola	H-19D	0	1
			Safir	3	4
	Forsyningsgr.		T-33A	1	0
	LTS	Sola	F-86F	1	0
		Kjevik			
Luftkommando Trøndelag	338 skv.	Ørland	F-86F	16	16
	7192 Støtteving	Ørland	Bell 47 D/G	2	1
			H-19D	1	1
			DHC-3	1	1
			Safir	2	2
	Flygeskolen	Værnes	Safir	15	13
			Piper L-18C	10	0
	Lagringsavd.	Værnes	Piper L-18C	3	0

	Avdeling:	Stasjon:	Flytype:	Til disp.:	Opps.:
Luftkommando Nord-Norge	331 skv.	Bodø	F-86F	18	16
	334 skv.	Bodø	F-86F	0	14
	333 skv. detasjem	Bodø	PBY-5A	3	0
	7193 Støtteving	Bodø	Bell 47 D/G	1	3
			H-19D	2	2
		Bodø	DHC-3	3	5
	Forsyningsgr.		F-86K	3	0
Luftforsvarets forsyningskommando		Kjeller	C-119G	2	0
			C-47A	1	0
			F-86K	6	0
			F-86F	11	0
			RF-84F	7	0
		Horten	Bell 47 D/G	1	0
			H-19D	1	0

I tillegg kommer to DHC-3 Otter utlånt til FN-styrkene i Kongo.

15. juni 1970

Luftkommando Sør-Norge	332 skv.	Rygge	F-5A	12	15
			F-5B	1	1
	336 skv.	Rygge	F-5A	13	15
			F-5B	1	1
	717 skv.	Rygge	RF-5A	16	16
	718 skv.	Sola	F-5A	7	8
			F-5B	6	8
	338 skv.	Ørland	F-5A	12	15
			F-5B	2	1
	720 skv.	Gardermoen	Safir	3	3
			UH-1B	3	6
			Bell 47 D/G	2	2
	720 skv.	Sola	Safir	1	2
			UH-1B	1	1
	720 skv.	Ørland	Safir	1	0
			UH-1B	1	1
	Flygeskolen	Værnes	Safir	16	11
	335 skv.	Gardermoen	C-130H	6	6
			C-47A	4	4
	Gardermoen flystasjon		Cessna 0-1A	13	0
			Piper L-18C	5	0
	Værnes flystasjon		Cessna 0-1A	6	0
			Piper L-18C	4	0
Luftkommando Nord-Norge	331 skv.	Bodø	F-104G	19	16
			TF-104G	1	2
	334 skv.	Bodø	F-5A	12	15
			F-5B	1	1
	339 skv.	Bardufoss	UH-1B	8	9
	333 skv.	Andøya	P-3B	5	5
	719 skv.	Bodø	DHC-6	3	4
			UH-1B	3	4
	Bardufoss flystasjon		Cessna 0-1A	5	0
Luftforsvarets forsyningskommando		Kjeller	F-5A	6	0
			TF-104G	1	0
			RF-84F	9	0
			DHC-6	1	0
			UH-1B	3	0
			Cessna 0-IA	2	0

Forkortelser

Bruken av forkortelser innen Luftforsvaret, og Forsvaret generelt, er meget omfattende. Samarbeidet med våre allierte har også medført at et stort antall engelskspråklige uttrykk er i bruk. Oppstillingen som følger tar for seg forkortelser benyttet i denne boken, men er ingen total oversikt over forkortelser som brukes innen Luftforsvaret og NATO.

AWACS	Airborne Warning and Control System
BOAC	British Overseas Airways Corporation
BSLVA	Befalsskolen for Luftvernartilleriet
C&R	Control and Reporting
COB	Collocated Operating Bases
COMTAFSNOR	Commander Allied Tactical Air Forces South Norway
DNL	Det Norsk Luftfartsselskap
ENJJPT	EURO-NATO Joint Jet Pilot Training
F.A.	Flygeavdeling (Marinens flyvåpen)
FAFOPT	Feltartilleriets Fly-OP-tjeneste
F.F.	Kjeller flyfabrikk
FFK	Flyvåpnenes felleskommando
FLAK	Flieger-Abwehr Kanone
FN	De Forente Nasjoner
FO	Forsvarets overkommando
FOL	Forward Operating Location
Forsyningsgr.	Forsyningsgruppen
FTL	Flyvåpnenes Treningsleir, Canada
FVAS	Flyvåpnets administrasjonsskole
FVTS	Flyvåpnets tekniske skole
FVVS	Flyvåpnets våpentekniske skole
GCA	Ground Controlled Approach
GIL	Generalinspektøren for Luftforsvaret
GILA	Generalinspektøren for Luftvernartilleriet
H/K-seksjon	Helikopter-seksjon
HF	High Frequency
HFA	Hålogaland flygeavdeling
HOK	Hærens overkommando
HQ	Headquarters
HV	Heimevernet
I Hawk	Improved Hawk
IFF	Identification Friend or Foe
IFF/SIF	Identification Friend or Foe/Selective Identification Feature
IRAN	Inspection and Repair as Neccessary
JATO	Jet Assisted Take-Off
JTS	Jettreningsskvadron
K&V	Kontroll- og varsling
KNM	Den Kongelige Norske Marine
Komm.ving	Kommunikasjonsving
Konstr.nr.	Konstruksjonsnummer
LBAS	Luftforsvarets befals- og administrasjonsskole
LBAS/O	Luftforsvarets befals- og administrasjonsskole/Offiserslinjen
LBAS/S	Luftforsvarets befals- og administrasjonsskole/sersjantlinjen
LBSK	Luftforsvarets befalsskole
LBSS	Luftforsvarets bombe- og skyteskole
LFK	Luftforsvarets forsyningskommando
LFTS	Luftforsvarets flytaktiske skole
LK	Luftkommando
LKN	Luftkommando Nord-Norge (opprinnelig Nord)
LKS	Luftkommando Sør-Norge
LKSK	Luftkrigsskolen
LKT	Luftkommando Trøndelag
LKV	Luftkommando Vestlandet (opprinnelig Vest)
LKØ	Luftkommando Østlandet (opprinnelig Øst)
LOK	Luftforsvarets overkommando
LOSK	Luftforsvarets offisersskole

LSS	Luftforsvarets skoler Stavern
LTBS	Luftforsvarets tekniske befalsskole
LTS	Luftforsvarets tekniske skole
LTS	Luftforsvarets tekniske skolesenter (fra 1977)
LVA	Luftvernartilleriet
LVASA/SS	Luftvernartilleriets skoleavdeling/ Skyteskolen
LVASA/VS	Luftvernartilleriets skoleavdeling/ Våpenskolen
LVBS	Luftvernartilleriets befalsskole
LVHV	Luftvernheimevernet
LVSS	Luftvernartilleriets skyteskole
LVSS	Luftvernskyteskolen
LVSVS	Luftvernartilleriets skyte- og våpenskole
LVSØ	Luftvernartilleriets skole- og øvelsesavdeling
MAAG	Military Assistance Advisory Group
MAP	Mutual Aid Programme
MDAP	Mutual Defence Aid Programme
M.F.	Marinens flyvebaatfabrik (fra 1939 Marinens flyfabrikk)
NADGE	NATO Air Defence Ground Environment
NAEW & C	NATO Airborne Early Warning and Control Force
NAK	Norsk Aero Klubb
NASA	National Air and Space Administration
NATO	North Atlantic Treaty Organization
NOAH	Norwegian Adapted Hawk
NORAIR	Norwegian Air Transport Squadron
NORCCIS	Norwegian Command, Control, and Information System
NorMASH	Norwegian Mobile Army Surgical Hospital
NTB	Norwegian Training Base
RAF	Royal Air Force
RNAF	Royal Norwegian Air Force
RNoAF	Royal Norwegian Air Force
SACEUR	Supreme Allied Commander Europe
SAMCAP	Surface to Air Missile Capability
SAS	Scandinavian Airlines System
SFTS	Service Flying Training School
SHAEF	Supreme Headquarters Allied Expeditionary Force
SHAPE	Supreme Headquarters Allied Powers in Europe
Skv.	Skvadron
SOC	Sector Operations Center
SOC/Ø	Sektor-operasjonssenter Østlandet
SOK	Sjøforsvarets overkommando
Sqn.	Squadron
STOL	Short Take-Off and Landing
SVSLVA	Skyte- og våpenskolen for Luftvernartilleriet
TFA	Trøndelag flygeavdeling
UN	United Nations
UNIFIL	United Nations Interior Forces in Lebanon
US Army	United States Army
US Marines	United States Marine Corps
USAAC	United States Army Air Corps
USAAF	United States Army Air Force
USAF	United States Air Force
USN	United States Navy
VHF	Very High Frequency
VIP	Very Important Person(s)

Bibliografi

"Fra Spitfire til F-16" er en generell historikk om Luftforsvaret og har dessverre ikke plass til de mange gode og personlige historiene forfatterne så gjerne skulle ha inkludert. Heller ikke kan man gå i detalj om enkeltpersoner eller avdelinger. Gjennom årene har det imidlertid kommet ut en rekke bøker og publikasjoner om emner i tilknytning til norsk militær flyhistorie. Alle er nok ikke like gode eller korrekte i sine opplysninger, men de som ønsker å vite mer, vil finne mye interessant lesestoff i listen nedenfor.

Det finnes også et stort antall bøker som kommer inn på ting av norsk flyhistorisk interesse, men hvor dette bare utgjør en mindre del av bokens totale innhold. Særlig gjelder dette bøker med temaer fra den annen verdenskrig. Med et par unntak er bøker av denne typen ikke tatt med på listen.

Noen av bøkene og publikasjonene bør fremdeles kunne skaffes gjennom bokhandelen, mens andre ikke lenger er å få kjøpt. Vær imidlertid oppmerksom på at en god del av dem fremdeles finnes til utlån ved bibliotekene landet rundt.

Generell litteratur

Asbjørnsen, Øivind: DET NORSKE LUFTVERNARTILLERIS HISTORIE 1916—1945 (Stavern 1983)
Balchen, Bernt: KOM NORD MED MEG (Oslo 1958)
Juve, Jørgen (red.): OLE REISTAD. SKILDRET AV VENNER (Oslo 1959)
LFK, Kjeller: FRA TRE OG DUK TIL JET OG ELEKTRONIKK (Oslo 1976)
Lillevik, Finn: FORSVARETS LUFTFLAADE 1912-1982 (Oslo 1984)
Lindtveit, Thorleif/Thoresen, Gunnar: PÅ VINGENE OVER NORGE (Oslo 1980)
Meyer, Fredrik: HÆRENS OG MARINENS FLYVÅPEN 1912-45 (Oslo 1972)
Riiser-Larser, Hjalmar: FEMTI ÅR FOR KONGEN (Oslo 1957)
Tvedte, Jon: FLYVNINGEN — DET MODERNE EVENTYR. Bind 1 (Oslo 1958)
Tvedte, Jon: FLYVNINGEN — DET MODERNE EVENTYR. Bind 2 (Oslo 1960)
331 SKVADRON 40 ÅR (Bodø 1981)

Førkrigsårene

Arnesen, Odd/Sem-Jacobsen, Einar: TIL VEIRS PÅ NORSKE VINGER (Oslo 1930)
Arnesen, Odd: NORSK FLYBOK (Oslo 1938)
Dons, Hans F.: "START". EN NORSK FLYVEHISTORIE FRA 1912—1913 (Oslo 1935)
Furuseth, Ola O.: LIVET BAKOM SKYENE (Oslo 1942)
Høver, Johan: MARINENS FLYVEBÅTFABRIKK. Volund, Norsk Teknisk Museums Årbok 1975 (Oslo 1976)
Ibsen, Tancred: TRO DET ELLER EI (Oslo 1976)
Norsk Flyhistorisk Forening: DOUGLAS DT-2B/C (Oslo 1975)
Nordbø, Ole G.: MOTH OG TIGER MOTH I NORGE (Oslo 1976)
Sem-Jacobsen, Einar: AEROPLANERNES BETYDNING FOR FORSVARET (Kristiania 1912)

Krigen 1940–45

Arnesen, Finn: VÅRE FLYGERE I KAMP (Oslo 1956)
Arnesen, Odd: NORGE PÅ FRIE VINGER (Oslo 1945)
Brodersen, Arnfinn G.: NORGE GLEMTE OSS (Oslo 1971)
Cammemeyers Forlag: MED NORSKE FLYGERE PÅ KONTINENTET (Oslo 1945)
Chorley, W. R.: TO SEE THE DAWN BREAKING. 76 SQUADRON OPERATIONS (Devon 1981)
Eriksrud, Finn: MED MOSQUITO MOT TYSKERNE (Oslo 1945)
Flekstad, Stein: LANDING FØR NATTEN ER SLUTT (Oslo 1945)
Forsvarsdepartementet: DEN NORSKE REGJERINGS VIRKSOMHET 1940-45. Bind IV (Oslo 1948)
Girbig, Werner: JAGDGESCHWADER 5. "EISMEERJÄGER" (Stuttgart 1975)
Giæver, John: FRA LITTLE NORWAY TIL KARASJOK (Oslo 1964)
Grundt Sprang, Helner: DEN HEMMELIGE KAMPEN (Oslo 1961)
Guhnfeldt, Cato: NORTHROP-FLYENE PÅ ISLAND (Oslo 1981)
Hafsten, Bjørn: HEINKEL HE 115N (Oslo 1976)
Haga, Arnfinn: VI FLØY CATALINA (Oslo 1983)
Hysing-Dahl, Per: VINGER OVER EUROPA (Oslo 1962)
Hålogaland flygeavdeling: KRIGSDAGBOK FRA FELTTOGET I NORD-NORGE 1940 (Oslo u.å.)
Larsstuvold, Ulf: KRIGEN KOMMER TIL BODØ (Bodø 1976)
Ljone, Oddmund: TALLY-HO! (Oslo 1980)
MacClure, Victor: GLADIATORS OVER NORWAY (London 1942)
Mehre, Helge: SPITFIRE (Oslo 1982)
Mæsel, Knut: LUFTKRIGEN OVER SØRLANDET (Kristiansand S 1982)
Müller, Jens: TRE KOM TILBAKE (Oslo 1946)
Norsk Flyhistorisk Forening: SLIPP OVER NORGE (Oslo 1982)
Pedersen, Einar Sverre: POLARBASILLEN (Oslo 1969)
Reed Olsen, Oluf: VI KOMMER IGJEN (Oslo 1945)
Rønhof, K.: VI STARTEDE FRA ENGLAND (København 1945)
Saunders, Reginald: LITTLE NORWAY IN PICTURES (Toronto u.å.)
Thelle, Thorstein: NORDMENN VED SPAKEN (Oslo 1962)
Tvedte, Jon: OPP MED SPITFIRE (Oslo 1946)
Werner-Hansen, Georg: PÅ VINGENE FOR NORGE (Oslo 1947)

Luftforsvaret etter 1945

Arnesen, Odd: GRØNNE VINGER OVER NORGE (Oslo 1984)
Ljone, Oddmund: KAN FLYET KOMME (Bergen 1957)
Norsk Flyhistorisk Forening: SABRE F-86F/K (Oslo u.å.)
Normann, Jens Erik: HVIT SLAVE BLANT SVARTE (Oslo 1972)
Normann, Jens Erik: GREPET UT AV LUFTEN (Oslo 1978)
Paulsson, Bjørn Konow: PÅ VEI MOT VINGEN (Oslo 1973)
Urskau, Anders: EN FUGL FØLGER FLÅTEN (Oslo 1977)

En rekke skvadroner, avdelinger og stasjoner har utgitt egne hefter, som oftest i forbindelse med jubiléer. Disse heftene vil alltid være av interesse for folk som har tjenestegjort der — og for andre som er interessert i Luftforsvarets historie.

Tidsskrifter som Norsk Flyhistorisk Forenings "NFF Kontakt" og Norsk Aero Klubbs "Fly Nytt" bringer stoff om militær flyhistorie og flygning. Spesielt interesserte vil også ha nytte av "Norsk Luftmilitært Tidsskrift", som utkom fra 1950 til og med 1983.

Forfatternes takk

Den foreliggende boken er resultatet av arbeide både i den senere tid og av mange års tidligere forskning i norsk flyhistorie. Det sier seg selv at dette har bragt forfatterne i kontakt med mange mennesker som på en eller annen måte har kunnet bidra til det endelige resultatet.

Spesiell takk går til:

Generalmajor Magne T. Sørensen, Generalinspektør for Luftforsvaret, som har foretatt en kritisk og sakkyndig gjennomlesning av manuskriptet samt bidratt med bokens forord.

Generalmajor Eyvind Schibbye, Kommandør for Luftstridskreftene i Sør-Norge, som også har foretatt en sakkyndig vurdering av manuskriptet.

Oberst Nils M. Jørgensen, sjef for Luftforsvarets Bedømmelseskommisjon for Forsvarsmuséet fra 1974 til 1983, som med sin forståelse for forsvarsgrenens historie så betydningen av en jubileumsbok og støttet forfatterne helt fra begynnelsen.

Pressekonsulent, major Ole R. Bollmann, Presse- og informasjonsavdelingen i Forsvarets overkommando, som har stilt opp både sent og tidlig med bilder og opplysninger, lest gjennom manuskriptet og kommet med mange nyttige tips og råd samt hjulpet forfatterne på alle vis.

Jon Krokmoen, arkivar ved Riksarkivet, som gjennom flere år har gitt uvurderlig bistand under forskningsarbeide på de delene av Forsvarets arkiver som er overført Riksarkivet.

Sten Stenersen, som har vært forfatternes støtte og medarbeider under arbeidet med boken.

Knut Arveng, som bearbeidet endel stoff for boken på et tidlig tidspunkt i skrivingen.

Forfatterne vil også gjerne få takke sine nærmeste for tålmodighet i den tiden arbeidet med boken ble prioritert foran familielivet.

Bildematerialet har i noen tilfeller nådd forfatterne via fotosamlinger og arkiver, og dessverre er ikke alltid fotografens navn påført. Man har forsøkt å fremskaffe dette der det er mulig, men vil allikevel få rette en hjertelig takk til eventuelle ukjente bidragsytere hvis fotografier og informasjoner vi har benyttet i arbeidet med boken.

Følgende har bidratt med bilder og/eller opplysninger: Morgan Andersen, Andøya flystasjon, major Bjørn Arnesen, Odd Arnesen, oberst I Johan Bakken, førstesekretær Odd Bakken, Bardufoss flystasjon, O.E. Bjørnaali, A. Blegeberg, major G. Blomlie, oberstløytnant Peter C. Brambani, major Alf. J. Brandvik, Per Brath, British Aerospace, Charles E. Brown, Tormod Dahl, oberstløytnant Hans Dramstad, Odd Engdahl, Egil Eriksson, FE/Rygge, Flight International, kaptein E. Flom-Jacobsen, Fokker-VFW, Forsvarets rekrutterings- og opplysningstjeneste, Forsvarsmuséet, Ernst Furuhatt, major E. Garnes, kaptein T. Gether-Rønning, kaptein B.F. Gimnes, kaptein Roar Glenne, Cato Guhnfeldt, Stein Gulli, oberst Martin Gran, generalløytnant Alf Granviken, major Bjørn Grimstad, oberstløytnant A. Grønheim, Kay Hagby, Per Hansen, oberst B.T. Helland, major Per Hetty, oberstløytnant Karl F. Honningsvåg, oberstløytnant Arne Hove, Stuart Howe, kaptein Leif Hølen, Imperial War Museum, oberstløytnant F. Iversen, Iacob G. Iuell, løytnant Finn Jacobsen, T. Jacobsen, løytnant K. Jahre, kaptein O.K. Jansen, Gustav A. Jensen, oberstløytnant A.H. Jenssveen, Anker Johansen, løytnant A. Johansson, P. Jonsson, sersjant E. Karlsen, kaptein R. Olsen Kihle, Hans Kofoed, E. Kollerud, kaptein Åsmund Kopstad, oberstløytnant Simen Korsvold, kaptein H.P. Krabbedal, Wouter Langen, Gunnar Lindaas, Bjarte Lyssand, Leif Lyssand, LTS Kjevik, korporal Lørhammer, major Jarle Markussen, kaptein K. Mathisen, Jack Mc Nulty, generalmajor Helge Mehre, Kjell Meum, Stein Meum, major Martin Mikalsen, overstløytnant Hans O. Moe, oberstløytnant Peder Morken, Odd H. Myrvold, Gro Nicolaysen, major Georg Nilsen, A. le Nobel, Ole G. Nordbø, kaptein H. Nordli, C. Nørsgaard, major Egil Næsbakken, Knut Næss, major Jan Ove Owe, Stephen Peltz, kaptein Roger Persson, oberst I Gunnbjørn Røkke, Jan Olaf Røre, kaptein N. Sakariassen, kaptein H.O. Sandnes, major A. Sem-Henriksen, Oddvar Simonsen, Per-Øivind Skarphol, løytnant Per Jarle Sogn, Sola flystasjon, Ingv. Solaas, Dag R. Stangeland, kaptein Knut Støre, Odd Børre Sørensen, oberst K. Tangen, generalmajor Roald Juel Thommesen, oberstløytnant E. Thorheim, kaptein B. Thorud, major Olav Thovsen, oberst I Bredo Thurmann-Nielsen, H. Thuve, kaptein Robert Vennes, kaptein Konrad Vik, kaptein Leif Voldseth, Eivind Vorland, major Gerd Westgaard, Westland Helicopters Ltd., A.J.M. Wever, Bo Widfeldt, major Jan Chr. Wiig, Per Wium, oberstløytnant Ragnar Østby, Ørland flystasjon, kaptein Aagaard, generalmajor Olav Aamoth, Luftforsvarets skvadroner og sist, men ikke minst, Norsk Flyhistorisk Forenings arkiver.

Norsk Flyhistorisk Forening ble stiftet i februar 1967 og består idag av flere hundre medlemmer over hele landet. Medlemmene er en aktiv blanding av folk med sivil og militær bakgrunn, men alle har de en sterk og levende interesse for norsk flyhistorie. Foreningen har utgitt en rekke publikasjoner, og tidsskriftet "NFF Kontakt" kommer fire ganger i året. Store foto- og informasjonsarkiver, blant annet over samtlige allierte og norske luftoperasjoner over Norge under krigen, er bygget opp. Alt materialet blir kontinuerlig supplert fra både innen- og utenlandske kontakter, og NFF har et nært samarbeide med Forsvaret, Norsk Aero Klubb, sivile og militære muséer og flyhistorikere over hele verden.

Flere fly er i foreningens eie, blant annet en Tiger Moth som er utlånt til Forsvarsmuséet og "Putte", en av de to Interstate Cadet som ble benyttet i Canada under krigen.

Foreningen er alltid interessert i å komme i kontakt med likesinnede entusiaster og med folk som kan bidra til informasjons- og bildearkivet. Adressen er: Norsk Flyhistorisk Forening, Postboks 226 Sentrum, 0103 OSLO 1.